BIBLIOTHÈQUE DES ÉCOLES DU DIMANCHE

LA VIE DOMESTIQUE

EN

PALESTINE

PAR

MARY ELIZA ROGERS

SEULE TRADUCTION AUTORISÉE

PARIS
AGENCE DE LA SOCIÉTÉ DES ÉCOLES DU DIMANCHE
13, RUE DE L'ABBAYE, AU COIN DE LA RUE BONAPARTE

1865

LA VIE DOMESTIQUE

EN PALESTINE

PARIS. — IMP. SIMON RAÇON ET COMP., RUE D'ERFURTH, 1.

LA VIE DOMESTIQUE
EN
PALESTINE

PAR

MARY ELIZA ROGERS

SEULE TRADUCTION AUTORISÉE

PARIS
AGENCE DE LA SOCIÉTÉ DES ÉCOLES DU DIMANCHE
13, RUE DE L'ABBAYE, AU COIN DE LA RUE BONAPARTE
—
1865

Tous droits réservés

PRÉFACE DES ÉDITEURS

On a beaucoup écrit dans ces derniers temps sur la Palestine, et cependant, malgré le nombre des ouvrages déjà répandus, nous croyons que le livre dont nous publions aujourd'hui la traduction est appelé à prendre une place importante par la nouveauté du point de vue auquel s'est placé l'auteur, comme par la manière dont il l'a traité. Miss Rogers en effet a dû à son sexe et à la position officielle de son frère, consul d'Angleterre en Palestine et aujourd'hui consul à Damas, des facilités exceptionnelles pour pénétrer dans l'intérieur de la famille orientale, si soigneusement fermée d'ordinaire aux regards des hommes et surtout aux regards des étrangers.

Mêlée, ainsi qu'elle le raconte elle-même, à des gens de toutes les croyances et de toutes les classes, admise familièrement dans l'intimité du harem, elle a pu observer de plus près et mieux comprendre les habitudes, les préjugés, la façon de penser et d'agir de ce monde étrange séparé si complétement du monde extérieur. Avec plus de délicatesse que ne l'a fait dans ses lettres Lady Mary Wortley Montagne, Miss Rogers nous initie aux mystères de la vie des femmes en Syrie et en Palestine, et glane dans ses notes de voyages une foule de faits nouveaux et complétement inconnus avant elle. Ajoutons que sa connaissance des saintes Écritures et des mœurs de l'Orient lui permet de saisir au passage, dans les scènes familières dont elle est le témoin, des rapprochements inattendus qui viennent rendre plus vivants pour le lecteur bien des passages de l'Ancien et du Nouveau Testament.

Aussi *la Vie domestique en Palestine* a-t-elle rencontré en Angleterre, lors de son apparition, l'accueil le plus favorable; les critiques les plus compétents, le journal l'*Athenænm* entre autres, ont loué sans réserve la fraicheur, la nouveauté des scènes décrites par Miss Rogers, comme le ton simple et sans prétention avec lequel elle avait essayé de les peindre. Nous avons mis tous nos soins à ce que la traduction faite sur la deuxième édition anglaise, avec l'autorisation de l'auteur, ne fît rien perdre à l'original de son charme et de sa simplicité.

Paris, novembre 1864.

HENRY PAUMIER

LA VIE DOMESTIQUE EN PALESTINE

CHAPITRE PREMIER

De Londres au Levant. — Vue de Jaffa. — Arrivée en Palestine. — La station de quarantaine. — Déjeuner à Jaffa. — Toilette des dames Arabes. — Sit Leah et son premier-né. — Les jardins de Jaffa. — Ai-Wa. — Ramlé. — Les lépreux. — « Le village des Vignes. » — « La fontaine des oiseaux. » — Vue de Jérusalem. — Arrivée à Talibyeh. — La vie sous la tente.

Il est inutile de raconter ici la scène d'adieux qui se passa à bord du *Rhin*, près du pont de Londres, la nuit du 14 juin 1855. A minuit, la marée était favorable, la cloche du bateau sonna, la vapeur jaillit, les amis attardés se retirèrent rapidement, et je me trouvai seule avec mon frère. Il était venu se reposer quelques mois en Angleterre, après avoir passé plus de six ans en Syrie comme attaché à un consulat, et lorsqu'il lui avait fallu reprendre ses fonctions, j'avais été heureuse de l'accompagner. Le lendemain, nous débarquâmes à Boulogne, et nous arrivâmes à Marseille à temps pour nous embarquer sur *l'Égyptien* dans la matinée du 21 juin. Le 22, à midi, nous traversions le détroit de Bonifacio, et le dimanche 24, nous étions sur les côtes de Malte, où nous passâmes quelques heures.

Le mardi matin nous arrivâmes à Alexandrie, et, après avoir vu le palais de Saïd-Pacha, l'aiguille de Cléopâtre et la colonne de Pompée, nous nous embarquâmes de nouveau sur *le Tage* dans la soirée du vendredi 29. Le bateau était encombré de passagers grecs, syriens, turcs et juifs, qui tous quittaient Alexandrie à cause de l'invasion du choléra. Au moment où le bateau glissait hors du port, le canon du fort saluait le coucher du soleil.

Nous restâmes sur le pont jusqu'à une heure avancée de la nuit, écoutant les chants des matelots grecs, qui célébraient la fête de leur patron saint Paul. Tous les passagers s'efforçaient de prendre des arrangements un peu confortables pour la nuit, et bientôt, hommes, femmes, enfants, musulmans, chrétiens et juifs, enveloppés dans des tapis, des manteaux, des couvertures ouatées, ressemblaient à de gigantesques chrysalides, éclairées par la lune.

Au lever de l'aurore, nous étions encore dans l'élégant petit salon, et quand les matelots vinrent pour laver le pont, je vis avec compassion la foule des dormeurs, réveillés en sursaut, se sauver çà et là pour échapper, eux et leurs bagages, à l'inondation.

Le soleil parut bientôt à l'horizon ; la surface de la mer, d'abord grise et terne, fut soudainement changée en or liquide, et la teinte plombée du ciel en couleur de feu ; mais la terre, que j'étais impatiente d'apercevoir, n'était pas encore en vue.

Le matin du jour suivant, 1er juillet, je fus réveillée par la joyeuse nouvelle que nous approchions du rivage, et je fus bientôt sur le pont, contemplant avec un mélange d'émotion et de plaisir, au delà de la mer bleue, la côte de Palestine, qui étendait au loin, au nord et au sud, l'ondulation de ses lignes, presque au niveau de la mer. Tout d'un coup, l'enceinte de la ville pittoresque de Jaffa, l'ancienne Joppé, se dessina devant moi, avec ses maisons de pierres blanches, bâties au niveau de la mer et s'élevant en amphithéâtre sur une colline arrondie qui descend jusqu'au rivage.

Mon frère me dit : « Regardez à l'est, un peu vers le sud, précisément là où le soleil vient de se lever. Ces collines lointaines, qui sont maintenant presque perdues dans un brouillard lumineux, sont celles qui entourent Jérusalem, et c'est de leurs sommets que vous aurez la première vue de la cité sainte ; elles sont séparées des collines plus basses qui descendent vers la côte, par les vastes et fertiles plaines de Sharon et de Philistia. » Il me rappela comment les pins et les cèdres du Liban *étaient apportés par mer à Joppé*, et conduits de là à Jérusalem, pour la construction du Temple.

Cet ancien port, avec ses quais populeux, ses vastes couvents, ses minarets élevés, ses palmiers, ses jardins étendus, est le seul coin de terre riant de cette côte monotone, dont la ligne presque uniforme court entre la base du mont Carmel, qui élève sa tête hardie environ à cinquante milles au nord, et les ruines de Gaza, à quarante milles au sud.

Nous fûmes bientôt à l'ancre, précisément à l'entrée d'un hémicycle de rochers, dont quelques-uns élevaient leurs flancs sombres hors de la mer, tandis que d'autres, plongés au-dessous de sa surface, n'étaient indiqués que par le bouillonnement de l'eau au-dessus des écueils. Cette ceinture de rochers, placée comme une barrière au-devant de la ville, forme un port naturel d'environ cinquante pieds de large, mais les petits bateaux seuls y peuvent entrer, et il n'offre aucune protection dans les mauvais temps. La tradition a attaché les noms de Persée et d'Andromède à ces roches menaçantes. Deux vaisseaux de guerre autrichiens étaient à l'ancre auprès de nous : ils attendaient le bon plaisir de l'archiduc Maximilien et de sa suite, qui étaient alors à Jérusalem. On y voyait aussi quelques vaisseaux marchands grecs et français, et quelques petits bateaux arabes qui voguaient çà et là.

Nous fûmes accostés par un bateau de la quarantaine, contenant un officier et un *garde de santé*, et l'on reçut à bord des corbeilles d'oranges, d'abricots et de citrons. On m'offrit une admirable branche d'oranger, couverte de son brillant feuillage et chargée de fruits mûrs. Ce n'était pas une petite difficulté que de descendre dans l'étroit bateau de la quarantaine destiné à nous conduire à terre, car la brise était fraîche et la mer agitée enflait ses vagues entre les deux embarcations. Les matelots arabes, qui étaient sur le bateau remorqueur ne voulaient pas toucher à celui qu'il devait remorquer, même pour les manœuvres indispensables, de crainte d'être compromis et emprisonnés dans la station de quarantaine. Après beaucoup de vaines tentatives, nous parvînmes, deux moines franciscains et nous, à descendre fort gauchement avec nos bagages dans le malencontreux petit bateau, échappant à grand'peine à un plongeon dans la mer; et quand nous fûmes séparés du *Tage*, nous fûmes entraînés impétueusement vers la côte. Le petit bateau remorqueur nous était de temps en temps entièrement caché par une vague, sur laquelle il bondissait, en nous laissant de l'autre côté. A mesure que nous approchions de la ceinture de rochers, il nous sembla que nous allions infailliblement être mis en pièces, et, pendant que nous avancions à travers cet étroit passage, la peur me rendait muette; mais le danger, apparent ou réel, fut bientôt passé. Dans l'enceinte des rochers, la mer était unie comme un lac, et je commençai à promener des yeux ravis sur la scène qui m'entourait. Cette enceinte est ouverte des deux côtés, au nord et à l'ouest : nous étions entrés par l'ouverture de l'ouest, et je sentis le bateau toucher les roches sur lesquelles nous passions.

Il était alors huit heures et demie du matin, et les quais étaient déjà couverts d'une foule revêtue en grande partie de brillants costumes indigènes. Il y avait aussi un petit nombre d'Européens, habillés, comme il est d'usage dans le Levant, de vêtements blancs de la tête aux pieds. Les pavillons flottaient sur les maisons des consuls, aussi bien qu'aux mâts des navires, car c'était un dimanche, et tout avait une apparence de fête.

Nous passâmes devant la ville, nous dirigeant vers la station de la quarantaine, bâtiment isolé à une petite distance au delà des murs, du côté méridional.

L'arrivée de mon frère fut saluée du rivage par des voix amies, en langues arabe, italienne, française et anglaise. Lorsque nous fûmes en face du lieu de notre destination, le bateau fut tiré sur le sable, et le *garde de santé*, vêtu seulement d'une chemise grossière, serrée par une ceinture, sauta dans l'eau jusqu'aux genoux, me saisit dans ses bras robustes et m'emporta en courant sur le fond de sable, en faisant jaillir autour de lui l'écume de la mer. Quand nous fûmes arrivés à terre, il continua à courir et ne voulut point me lâcher qu'il ne m'eût placée sous la conduite d'un autre garde, au bas du rude escalier qui mène au pic aride où est située la station de quarantaine. Il se hâta alors de retourner au bateau, pour ramener l'un après l'autre sur la terre ferme mes compagnons de voyage.

J'avais songé d'avance aux impressions que je devais éprouver en débarquant pour la première fois en Palestine; mais ce mode de débarquement avait complètement fait évanouir tout sentiment de poésie. J'oubliais presque que j'étais sur la terre sainte, préoccupée seulement de mon état de prisonnière. Aussitôt que mon frère et les moines m'eurent rejointe, on nous conduisit, par l'escalier dont j'ai parlé, à une porte ouvrant sur une enceinte carrée, contenant deux bâtiments en pierres, très-bas, au toit plat et presque en ruines. Au centre du carré se trouve un hangar de bois, qui couvre un puits profond, et un mûrier magnifique aux larges feuilles, qui répand une ombre épaisse et bienfaisante. La station était alors plus occupée que de coutume, en raison de l'invasion du choléra en Égypte.

Nos compagnons de voyage, les franciscains, furent logés avec quelques pèlerins ecclésiastiques, et entassés huit dans une chambre.

La seule pièce qui fût alors inoccupée ouvrait sur une petite cour, dans l'angle gauche du carré ; c'est dans celle-là que nous fûmes confinés. Le logis était loin d'être agréable, mais nous étions déterminés à en tirer le meilleur parti possible. C'était une chambre d'environ douze pieds carrés ; le sol était pavé et les murailles blanchies à la chaux ; la porte, formée de planches grossières, ne pouvait se fermer à l'intérieur. Une fenêtre, dont la vitre était à moitié brisée, s'ouvrait au nord et nous laissait voir la mer bleue, la côte rocheuse et la partie méridionale des murs de Jaffa, avec ses maisons aux toits plats, s'élevant étage par étage, et dominées de place en place par un minaret ou par un palmier. Plus près de nous, des groupes d'enfants jouaient sous des arbres. Cette vue compensait en quelque sorte l'aspect désolé de notre intérieur.

Il n'y avait dans la chambre que nos bagages, notre *garde de santé*, avec son long bâton, des milliers de mouches, une fourmilière et nous-mêmes. Je m'assis sur le rebord de l'étroite fenêtre, tandis que mon frère se jeta sur le portemanteau et les malles. Au bout de quelques minutes, nous nous mîmes à rire l'un de l'autre, et de la ridicule position dans laquelle nous étions ; elle aurait été plus sérieuse si nous avions été de moins excellente santé et de moins bonne humeur.

Heureusement mon frère n'était plus un étranger dans le pays, et l'on nous vint bientôt en aide. M. Kayat, le consul anglais, natif de Syrie, nous envoya son drogman, qui nous pourvut de nattes, de matelas, de couvertures ouatées, à l'aide desquels nous fîmes une sorte de divan improvisé.

Bientôt après, nous reçûmes la visite de notre excellent ami M. Graham, de Jérusalem. Il resta en dehors de la fenêtre, en présence de notre gardien qui nous surveillait continuellement. Si notre ami avait touché la main de l'un de nous, il aurait été obligé de partager notre prison de quarantaine. M. Graham nous prêta quelques-uns des meubles de sa tente, quelques ustensiles de cuisine, etc., et rendit notre habitation plus confortable.

Lorsque nous envoyions chercher des provisions au marché, nous devions mettre l'argent dans un vase plein d'eau, de peur de la contagion, et cependant nous avions l'air beaucoup plus sain qu'aucun des sales petits messagers, à moitié nus, qui exécutaient nos commissions, et par l'entremise desquels nous obtenions des volailles, du lait de chèvre, du café, du riz, des légumes et des fruits à un prix très-raisonnable.

Deux autres chambres, attenant à la nôtre, ouvraient sur la cour : l'une était occupée par une compagnie de voyageurs musulmans, et l'autre par les pèlerins franciscains. La cour était ombragée et plus fraîche que les chambres, de sorte que, d'un commun accord, ce fut là que nous prîmes tous nos repas.

Les Musulmans, après avoir versé de l'eau sur leurs mains et sur leurs pieds, étendaient leurs tapis, faisaient leurs prières et s'asseyaient ensuite en rond autour d'un plat de riz et de tomates, accommodés au beurre. Ils mangeaient rapidement et en silence, puisant tous ensemble au plat; après quoi, ils lavaient de nouveau leurs mains et fumaient le chibouk et le narghilé. Les moines, qui parlaient français, italien et espagnol, nous invitèrent à prendre notre part de leurs conserves et de leurs sirops.

Lorsque la chaleur du jour fut passée, on nous permit une promenade, toujours accompagnés d'un garde, destiné à prévenir notre contact avec tout être humain.

Nous fûmes charmés de descendre l'escalier de notre prison, et nous atteignîmes les sables du rivage. Le soleil couchant colorait la mer, le ciel et les murailles blanches de Jaffa d'un rouge éclatant. Nous nous dirigeâmes vers le Sud; de petites collines de sable mouvant, plus ou moins couvertes de végétation, s'élevaient à notre gauche; sur la droite, les vagues de la mer s'avançaient vers nous. Nous rencontrâmes le squelette d'un chameau, à demi enseveli dans le sable; nous trouvâmes aussi beaucoup de coquilles et d'os de sèches. A environ un mille de la station de la quarantaine, la côte était entièrement composée de coquilles, la plupart brisées; les rochers, qui forment des jetées naturelles ou qui s'élèvent en falaises, semblent être une agglomération de sable et de coquilles, à tous les degrés de pétrification. Ces rochers étaient en apparence tous semblables, et cependant les uns étaient aussi fermes et aussi durs que le marbre, tandis que d'autres s'émiettaient facilement, et les coquilles, qui y étaient ensevelies, se séparaient du sable avec très-peu de difficulté. Lorsque le soleil eut entièrement disparu, notre gardien retourna vers la maison, et nous le suivîmes docilement. La ville était déjà illuminée, et la surface unie de la mer réfléchissait les lumières des vaisseaux qui étaient à l'ancre; les étoiles brillaient, car la nuit succède très-rapidement au jour dans ces latitudes, et à peine y existe-t-il quelques instants de crépuscule.

Le jeune garçon, qui remplissait les fonctions de cuisinier et de domestique, avait préparé notre repas du soir; il était servi par terre, sous le grand mûrier. Une lanterne posée sur un large bloc de pierre, à côté de nous, jetait une lumière vacillante sur les mets variés; le sel, qui était très-grossier et très-âcre, était contenu dans le creux d'une coquille bien polie, sur laquelle notre jeune maître d'hôtel appela notre attention, afin d'obtenir nos applaudissements. Nous nous assîmes sur des nattes de roseaux; des fourmis rouges, longues de trois quarts de pouce, s'agitaient autour de nous, et des chats, sortant des ténèbres, accouraient pour nous disputer notre repas.

Les pèlerins et les bédouins dormaient sur le sable, en plein air, et des matelas furent étendus sur les toits plats ou terrasses des bâtiments qui nous entouraient.

Aucune femme n'est employée dans le service de l'établissement, et il n'y en avait aucune non plus parmi nos compagnons de prison. Tandis que mon frère se promenait de long en large en fumant, à la lumière des étoiles, je préparai notre chambre aussi confortablement que possible. Nous trouvâmes un certain plaisir dans les privations et les inconvénients de notre situation, en même temps que nous apprenions à faire quelques distinctions utiles entre les nécessités réelles et les besoins imaginaires de la vie civilisée.

Le jour suivant, un médecin français, attaché à la quarantaine, nous fit dire qu'il viendrait nous visiter pour s'assurer de l'état de notre santé.

Il apparut aussitôt dans la petite cour, accompagné de trois aides. Ils s'arrêtèrent à quelque distance de notre porte d'entrée, évitant soigneusement tout contact avec nous et avec les autres habitants de la quarantaine. Il nous aborda avec une profusion de compliments sur notre apparence de bonne santé, et nous félicita d'avoir obtenu le *meilleur logement* de la station, et spécialement l'avantage de ne le partager avec personne. Il nous quitta avec des saluts solennels et nous dit, en nous envoyant un baiser avec la main : « J'aurai le plaisir de vous envoyer demain votre *exeat*. »

Le lendemain donc, 5 juillet, à sept heures et demie, nous fûmes rendus à la liberté. Nous tournâmes gaiement le dos à la station de la quarantaine, pour monter un sentier qui conduisait à un vaste cimetière. Après l'avoir traversé, nous passâmes devant les greniers du gouvernement, vaste bâtiment en dehors de la ville, où une foule de chameaux attendaient d'être déchargés de leurs fardeaux. Des femmes voilées, ensevelies dans des draperies blanches, étaient là, en groupe, avec des corbeilles de mûres et de raisins qui se balançaient sur leurs têtes. A notre gauche, étaient les murailles de Jaffa, crénelées et entourées de fossés, et, de l'autre côté, des jardins plantés d'orangers, de citronniers, de grenadiers et de palmiers, qui jetaient leurs ombres variées sur le sol sablonneux. Nous arrivâmes bientôt à la grande route, en dehors des portes de la ville; les chameaux, les paysans, les mules, les muletiers y étaient assemblés et y apportaient les provisions à un marché de fruits et de légumes, bruyant et animé. Des hangars et des tentes, plantés sous de grands arbres, abritaient les fumeurs en turban et en tarbouche; les vendeurs de café, de sorbets, de charbon allumé, prêts à donner du feu aux centaines de pipes et de narghilés qui réclamaient leurs secours, étaient en grande faveur.

En passant sous les arcades pour entrer dans la ville, nous dûmes faire la plus grande attention pour éviter de nous enchevêtrer dans les licous des chameaux. Je fus enchantée de trouver dans les bazars un abri contre le soleil brûlant. Ces bazars sont de longues galeries couvertes de nattes ou d'étoffes, où de petites boutiques sont rangées de chaque côté. Ici ce sont des cordonniers, découpant des pantoufles de maroquin jaune ou des bottes de cuir rouge; là, des tailleurs dessinant de gracieux modèles pour des broderies d'or; puis des fabricants de pipes, modelant avec de l'argile rouge le fourneau des chibouques; tous assis sur leurs talons, sur de petites plates-formes, à deux pieds environ au-dessus du sol. Dans une autre partie du bazar, les soies d'Alep et de Damas, les cotons de Manchester, les voiles de mousseline de Constantinople et de Suisse étaient exposés en vente. Les marchands fumaient avec gravité, à demi couchés à leur aise, au milieu de leurs brillantes marchandises. Les boutiques de barbier et celles où l'on vend le café sont beaucoup plus grandes et plus fréquentées que les autres. Je ne vis point de femmes dans les bazars; ce sont les hommes et les jeunes garçons qui s'occupent des achats dans les villes de la terre sainte.

Nous descendîmes par un escalier en ruines au consulat anglais, qui était, en ce moment, fermé du côté du rivage. On nous y reçut cordialement, et on nous conduisit, à travers une cour, à une chambre en pierres de taille, voûtée, où, dans une profonde embrasure, un balcon lourdement construit donnait sur la mer. Un divan carré garni de coussins et un tapis de Turquie faisaient de cette casemate une très-agréable retraite; heureuse d'être délivrée de la captivité de la quarantaine, je m'y trouvai bientôt tout à fait comme chez moi, quand madame Kayat, native de Syrie, nous eut dit avec une hospitalité orientale : « Cette maison est la vôtre, disposez-y de toutes choses à votre gré. »

Sa jeune sœur, Furrah, parlait très-bien anglais, grâce à l'école des missionnaires américains de Beyrouth; elle portait une robe de mousseline blanche, ouverte jusqu'à la ceinture, et laissant voir une chemise d'un tissu très-fin, qui ne cachait ni son cou ni sa poitrine, et au travers de laquelle on pouvait voir ses pantalons turcs de soie bleue. Leur mère était habillée d'une casaque de velours noir, brodée en argent et d'une tunique de soie blanche.

Dans une chambre, au-dessous de nous, se trouvaient un certain nombre de messieurs qui, aussi bien que les dames, fumaient le narghilé; du café noir sans lait était servi dans de petites tasses rondes, contenues dans une enveloppe de filigranes d'argent, pareilles pour la forme et la grosseur à la moitié d'un œuf. L'usage veut qu'après avoir reçu la tasse, on incline légèrement la tête, en élevant la main jusqu'au front pour saluer l'hôte ou l'hôtesse qui, en retour, vous rend le même salut.

Un déjeuner arabe était préparé dans cette salle, et une assemblée nombreuse était réunie pour y prendre part, y compris les trois charmantes petites filles du consul, qui portaient un joli costume semi-européen, semi-oriental. Un grand plat de riz, bouilli dans le beurre, avec des morceaux de viande froide enfouis sous le riz, était le mets principal. Des courges dont on avait rempli l'intérieur d'un hachis de viande et d'épices, d'excellent poisson, des viandes hachées, du riz roulé dans des feuilles de vigne et préparé comme de petites saucisses; un heureux mélange de viande, de tomates, de beurre et d'œufs, suivi de volailles rôties et d'une bonne salade; enfin un dessert composé de tous les fruits que les jardins de Jaffa pouvaient produire, me donnèrent une impression très-favorable des ressources gastronomiques que pouvait fournir, en été, une ville de la côte de Palestine.

Vers midi et après le déjeuner, presque tous les membres de la famille cherchèrent le repos en s'étendant, les uns sur des divans, les autres sur des lits entourés de moustiquaires, soit pour fumer, soit pour dormir. Quand l'heure brûlante de midi fut passée, madame Kayat m'invita à aller avec elle voir sa cousine Sit-Leah et son fils nouveau-né. Les dames furent bientôt prêtes pour la promenade, car le vêtement qu'elles portent toutes pour sortir est très-simple : un voile de fine mousseline, environ d'un mètre carré, brodé de couleurs diverses et très-vives, est jeté sur la tête et couvre le visage ; une écharpe est attachée en ceinture autour de la taille ; puis une pièce de percale de plus de deux mètres carrés recouvre le tout. Cette espèce de manteau passe par-dessus la tête, est plié régulièrement sur le front, attaché sous le menton et croisé sur la poitrine ; il est relevé par devant dans la ceinture, de manière à laisser un intervalle de trois pouces entre le bord et la terre ; mais, par derrière, on le laisse tomber jusque sur les talons. Les mains sont cachées dans ce vêtement et le maintiennent, de sorte que la seule portion visible de toute la personne est le masque de mousseline coloriée tendu sur le visage. Personne ne peut être reconnu sous ce déguisement, si ce n'est par quelque particularité dans la démarche ou dans la tournure. Des babouches rouges ou jaunes, à pointe retroussée, complètent la parure.

Mes lectrices peuvent parfaitement imiter ce costume avec un drap et un mouchoir de soie de couleur ou de voile, et se former ainsi une idée très-juste de l'aspect des femmes dans les principales villes de la Palestine. On doit se souvenir qu'on n'y rencontre pas vestige de crinoline, et que les pantalons froncés, quelquefois recouverts d'une jupe et d'une veste, sont tout ce que l'on porte sous l'*izzar*[1]. Les trois dames, ainsi ensevelies sous leurs voiles blancs, me conduisirent avec elles, tandis qu'un *kawass* marchait devant nous pour nous frayer le chemin. Son assistance ne nous était pas inutile, car dans ces rues étroites et tortueuses pratiquées en escaliers, dont les marches sont souvent brisées, il est bon

---

[1] Est-ce là l'espèce de vêtement dont il est parlé dans le Livre des Juges, ch. xiv, v. 12 et 18, lorsque Samson dit : « Si vous devinez le mot de mon énigme, je vous donnerai trente chemises et trente robes de rechange ? »

d'être averti à l'avance de la rencontre d'un cheval fringant, d'une mule pesamment chargée ou d'un énorme chameau.

A l'entrée de quelques grandes maisons, sous le porche voûté, je remarquai des fragments de colonnes de granit, de piédestaux de marbre et de chapiteaux sculptés qui avaient probablement été transportés là des ruines d'Ascalon. Ces débris servent maintenant de marchepied pour monter à cheval et en descendre.

Nous passâmes sous une porte basse, et nous nous trouvâmes dans une cour, où un groupe de négresses étaient occupées à laver; elles s'emparèrent par surprise de mes mains, qu'elles baisèrent et qu'elles pressèrent ensuite sur leurs fronts d'ébène. J'appris bientôt à me tenir sur mes gardes et à retirer mes mains poliment, mais avec fermeté, pour éviter qu'elles fussent baisées, car j'observai que c'était là un acte de soumission. Le refus d'accepter le baise-main montre que vous ne voulez pas qu'on s'humilie devant vous.

Dans certaines circonstances toutefois le cas est différent; par exemple, si une personne vient vous demander pardon, si elle sollicite votre protection ou une faveur quelconque, votre refus de lui permettre de baiser vos mains ou vos pieds est un signe certain que sa requête ne lui est point accordée.

Les prêtres exigent toujours cet hommage, et il leur est rendu avec beaucoup d'empressement; mais des laïques, qui l'acceptent ordinairement, reçoivent, en général, le sobriquet de *khouri* (prêtre).

Nous montâmes par un escalier de pierres jusqu'à une terrasse, sur laquelle s'ouvraient deux chambres. Nous entrâmes dans la première, jolie petite pièce carrée, blanchie à la chaux, drapée de mousseline blanche et rose; dans un coin était un lit dressé sur le sol, et une natte étroite, large seulement d'un mètre environ, courait tout autour des autres côtés de la chambre; des coussins couverts de soie de Damas étaient appuyés contre le mur et permettaient de s'y reposer confortablement. Un tapis de Turquie couvrait les dalles de la chambre; plusieurs dames étaient assises à la turque sur le divan, fumant des narghilés; leurs tuyaux longs et flexibles se détachaient de la masse de cristaux de Bohême, de verres et de bouteilles qui brillaient au centre de la chambre et qui, par intervalles, faisaient entendre un léger cliquetis. La jeune mère, étendue sur le lit qui, comme je l'ai dit, était dressé par terre, était inclinée de notre côté; ses cheveux noirs et ondés couvraient l'oreiller brodé; sa coiffure rouge était ornée de bandes de crêpe bleu et de fleurs d'immortelles. Ses mains pâles et fines reposaient sur la couverture ouatée de soie cramoisie; et son vêtement de soie d'Alep, rayé jaune et blanc, contrastait avec l'éclat de ses yeux noirs et de son teint animé par la fièvre. Je pris sa main dans la mienne, et elle me dit : « Soyez la bien-venue, ma sœur; mes lèvres doivent garder le silence, mais mon cœur parle à votre cœur. » Elle souleva une petite couverture de velours bleu, brodée en argent, et me montra un petit garçon, né peu de jours auparavant. Je le pris dans mes bras, et toutes les dames, d'un commun accord, s'écrièrent : « Puissiez-vous avoir bientôt la joie de tenir dans vos bras un nouveau rejeton de la maison de votre père! Puisse votre frère être bientôt marié et voir sa maison bénie par la naissance de plusieurs fils! » L'enfant que je tenais dans mes bras était tellement garrotté dans ses langes, qu'il était parfaitement ferme et immobile, et plutôt semblable à une petite momie qu'à un enfant. Une bande, liée sous son menton, se croisait sur son front, et il portait, par-dessus, un petit bonnet de soie ouatée, parsemé de petites pièces d'or. Le manteau, qui enveloppait cette petite figure, était de soie rayée, cramoisie et blanche; le tout ne laissait apercevoir ni jambes, ni bras, ni pieds, ni mains.

— La belle-sœur de Leah, dont la tête était ornée de bijoux

et de fleurs artificielles, me reprit l'enfant et le plaça dans un berceau, drapé en mousseline blanche et rose, et décoré de fleurs d'immortelles. Elle couvrit la petite créature de couvertures si pesantes qu'elle me sembla en danger d'être suffoquée ; elle ferma ensuite les rideaux tout autour du berceau, de façon qu'il ne resta pas une seule fente par où un moustique pût entrer.

Après que les sorbets et le café eurent été offerts autour de la chambre par des domestiques noirs, on me conduisit dans la pièce à côté, où je trouvai mon frère avec Abib-Nazir, le mari de Leah et l'heureux père d'un fils premier-né. Je le félicitai, et il me répondit par le vœu que je pusse bientôt féliciter mon frère dans une occasion semblable, ce qui est la réponse d'usage.

Chacune des chambres était ornée de peintures grecques modernes représentant des sujets sacrés, grossières imitations de l'ancien art byzantin, et témoignant qu'Abib était un membre de l'Église grecque.

Je retournai au consulat, afin de préparer notre départ pour Jérusalem. M. Graham et M. H. qui venait d'arriver de Crimée, alors théâtre de la guerre, sur un bateau autrichien, s'arrangèrent pour voyager avec nous. Lorsque nos bagages furent confiés aux muletiers et que nos chevaux furent prêts, nous prîmes dans la chambre de madame Kayat une légère collation de fromage de chèvre, de fruits et de confitures ; nous étions assis sur des coussins autour d'une table basse, recouverte de nacre de perle.

Après avoir pris congé de notre excellent hôte et de sa famille, nous quittâmes cette maison hospitalière au milieu de toutes sortes de souhaits et de bénédictions : « Allez en paix, nous disait-on, et revenez-nous en bonne santé. — Revenez promptement. — La paix soit avec vous ! » Les enfants et les domestiques faisaient chorus, et nous entendîmes l'écho de leurs paroles jusqu'à ce que nous fussions hors de vue. Un vieillard, vêtu d'un habit de plusieurs couleurs, taillé comme un sac et orné sur le dos d'une mosaïque curieuse rappelant un tableau de Van Dyck, conduisait mon cheval, lui faisant monter les marches des rues étroites, traverser les bazars où la foule se pressait, et enfin franchir la porte de la ville par laquelle nous étions entrés le matin. Cette porte, la seule qu'il y ait à Jaffa, est située au milieu de la muraille, à l'est de la ville. Je dois rappeler ici à mes plus jeunes lecteurs que les véhicules à roues sont inconnus en Palestine; je n'y ai même jamais vu rien qui ressemblât à une brouette. Il est vrai que les routes sont si mauvaises que toute espèce de voiture y serait inutile; on n'y peut voyager que sur des chameaux, des mules, des ânes ou des chevaux, comme nous le faisions. Il était environ six heures du soir; au dehors de la porte de la ville, les habitants de Jaffa se reposaient en fumant leurs pipes à l'ombre de ses murailles, car le soleil descendait vers la mer; d'autres galopaient le long de la grande route sablonneuse qui nous conduisit à un agréable sentier, entre des haies de cactus gigantesques dont les grandes tiges charnues, pressées les unes contre les autres et terminées par de belles fleurs jaunes, promettaient une ample moisson de poires épineuses. Ces haies formidables, s'élevant jusqu'à la hauteur de huit et quelquefois de douze pieds, étaient tapissées de guirlandes gracieuses de clématites et de vigne vierge qui entrelaçaient leurs vrilles. Notre ami de Crimée nous fit observer qu'une semblable haie de cactus offrirait une barrière impénétrable à la cavalerie. Ce joli sentier nous conduisit pendant trois ou quatre milles entre de beaux vergers où les palmiers, chargés de fruits d'or, s'élevaient au-dessus de tous les autres arbres. Les oranges, les limons, les pistaches, les mûres, les abricots, les amandes, murissaient déjà; les grenadiers avec leurs épais buissons de fleurs écarlates, les acacias, les tamaris, les oliviers argentés et les figuiers aux larges feuilles étaient tout en fleurs. Il était environ six heures et demie lorsque nous atteignimes le pays découvert, au delà des grands et fertiles jardins de Jaffa. Le soleil descendait, derrière nous, sur la mer ; les collines éloignées, vers lesquelles nous nous dirigions au sud-est, se couronnaient d'un rouge éclatant, tandis que les ombres de la nuit montaient rapidement. Nous traversâmes des champs de mauve et des jardins de concombres, où l'on rencontre de temps en temps de petites loges en pierre destinées à abriter les jardiniers. Le soleil était déjà caché ; les vautours et les milans semblaient nager dans l'air ; l'obscurité s'accroissant, notre petite caravane, composée seulement de six muletiers et de nos domestiques, se disposa à marcher en rangs plus serrés pour faire le reste du chemin. Nous pouvions encore distinguer les groupes de laboureurs et de bœufs se reposant au bord de la route. Quelquefois, à la lueur d'un feu de racines et d'épines, des groupes de paysans à demi nus, au visage rude et basané, semblables à ceux des tableaux de Rembrandt, nous apparaissaient, couchés sur le terrain d'une aire nouvellement battue. Les uns dormaient, les autres allumaient leurs longues pipes avec la braise odoriférante. Nos muletiers faisaient entendre un chant monotone et plaintif, interrompu seulement de temps en temps, quand les soubresauts des mules, se ruant les unes contre les autres, dérangeaient leurs chargements ; leurs conducteurs criaient alors : *Ai-wa! ai-wa!* Cette interjection, d'une signification très-large, répond à peu près à notre : *Allons donc!* lorsqu'on s'en sert comme d'un terme de reproche, ou à notre : *Cela va bien ; courage!* quand on l'emploie en bonne part[1].

Nous continuâmes notre route dans les ténèbres, suivant

---

[1] *Ai-wa* est probablement une abréviation de : *Ai-Wallah!* jurement très-expressif.

les ondulations de la plaine, passant tantôt à côté d'un puits, tantôt auprès d'une tombe, d'un petit village endormi, ou bien d'un petit bois de vieux oliviers, et, à neuf heures et demie, nous atteignîmes Ramlé.

Nous avions été invités à passer la nuit dans la maison de l'un des principaux Arabes chrétiens de la ville, et nous rencontrâmes bientôt ses domestiques et ses porteurs de lanterne qui nous attendaient. Ils nous conduisirent par un escalier de pierre à une petite cour carrée, autour de laquelle étaient bâties de grandes et belles chambres.

Notre hôte nous mena à la chambre des amis, vaste pièce à l'étage supérieur, meublée avec des divans et des sièges garnis de coussins dans l'embrasure des fenêtres.

Sa femme, belle et grande personne d'un extérieur grave, vêtue d'un riche costume oriental, vint nous saluer et nous souhaiter la bienvenue ; elle me conduisit à une longue chambre voûtée où l'on avait étendu sur le sol deux matelas, l'un pour moi et l'autre pour deux négresses désignées pour me servir. Le souper, préparé pour les voyageurs, fut dressé sous une arcade de la cour par deux Abyssiniens, qui remplirent leurs fonctions avec intelligence et promptitude.

Immédiatement après, deux jeunes filles, fort disgracieuses, mais avenantes, me conduisirent à ma chambre ; elles étaient grandes, les cheveux crépus, les pieds nus et aussi noires que leurs robes étaient blanches. Elles me versèrent alternativement de l'eau chaude et de l'eau froide sur les pieds et sur les mains, et firent tout ce qu'elles purent pour mon bien-être. Après quelques heures de repos, je me levai au clair de lune qui brillait au travers de la vaste fenêtre en arcade, sans jalousies et sans vitres.

Les gonds, les serrures, les poignées des portes étaient, dans toute la maison, ornés de très-beaux dessins, ressemblant aux ornements italiens du seizième siècle.

Pendant que je me préparais à repartir, les muletiers s'étaient éveillés, nos chevaux étaient prêts, le soleil se levait, et nous nous hâtâmes de continuer notre route. Les places des marchés fourmillaient déjà d'acheteurs et de vendeurs. Les jardins de Ramlé sont étendus et fertiles; les dattiers spécialement y abondent, le sol est sablonneux [1].

A la sortie de la ville, sous un bosquet de tamaris, un groupe d'Arabes, de l'extérieur le plus sale, vêtus de haillons pittoresques, se leva sur notre passage, et tous, quittant leur siège de pierre, s'avancèrent vers nous en nous présentant une petite coupe d'étain dans laquelle ils recueillent les aumônes. Je reconnus alors que ces pauvres créatures étaient des lépreux; leurs faces étaient si défigurées, qu'à peine avaient-elles forme humaine; les paupières et les lèvres de quelques-uns d'entre eux étaient entièrement rongées, tandis que, chez d'autres, la face, démesurément enflée, ne présentait plus qu'une masse effrayante. C'était le plus triste spectacle que j'eusse jamais vu.

Les familles affligées de ce fléau terrible et héréditaire se marient entre elles; il arrive quelquefois que les enfants nés de ces mariages sont affranchis de toute apparence de maladie, mais on est assuré de la voir reparaître dans la génération suivante. Quelques-uns d'entre ces malheureux semblent parfaitement bien portants jusqu'à l'âge de dix-neuf ou vingt ans; mais ils sentent qu'ils appartiennent à une race condamnée et vivent entièrement à part du reste du monde, subsistant presque complétement de charités, car souvent leurs doigts tombent, rongés par la lèpre, et les privent d l'usage de leurs mains [2].

[1] Ramlé est un mot arabe qui signifie : sablonneux; les noms de lieux, en langue arabe, sont très-fréquemment descriptifs.

[2] Les lépreux vivent dans des quartiers qui leur sont spécialement assignés dans quatre villes de Syrie : Jérusalem, Damas, Ramlé et Na-

En retour de quelques piastres que nous leur donnâmes, ils s'écrièrent d'une voix rauque : « Puisse-t-il vous être rendu dix fois plus! — Que la paix soit avec vous! » Nous traversions des champs et des vergers fertiles; des paysans conduisant des bœufs ou des chameaux, de jeunes bergers guidant au pâturage des troupeaux de chèvres, animaient déjà le paysage. Quoique le soleil fût encore bas et dessinât derrière nous nos ombres allongées, ses rayons cependant envoyaient déjà une vive lumière et une ardente chaleur. L'aspect des champs de sésame, appelé en arabe *simsim*, me parut charmant. C'est une plante élevée, d'un beau vert, dont les tiges droites sont garnies de fleurs qui ressemblent à la digitale blanche nuancée de rose. La semence produit une excellente huile, presque égale à l'huile d'olive. Les chicorées bleues, les fleurs de lin jaune, les salsifis, des convolvulus de toutes les couleurs et de toutes les dimensions, bordaient la route. Nous atteignîmes bientôt une partie inculte de la plaine où le terrain, aride et brûlé, était coupé de profondes crevasses, et où de grands blocs de pierre projetaient leur ombre. Une multitude de lézards verts et de reptiles qui m'étaient inconnus couraient rapidement autour et au-dedans des crevasses, au-dessus et au-dessous des rochers, s'arrêtant quelques secondes, ouvrant au soleil des yeux brillants et tournant avec grâce leurs larges têtes. Les canards sauvages battaient des ailes au-dessus de nos têtes; des cha-

---

blous. Les malheureux qui sont nés accidentellement dans quelque autre lieu, sont renvoyés dans une de ces quatre villes, aussitôt que la maladie s'est pleinement déclarée. Ils sont mieux traités que ne le sont en général les mendiants, car il y a pour eux des fondations; et, dans toutes les classes, en Orient, on considère comme un grand acte de charité toutes les marques de compassion envers ces infortunés. Ceux de Damas, étant presque tous chrétiens, furent tués ou, faute de secours, périrent dans les flammes durant le massacre et l'incendie de l'été de 1860.

meaux, attachés par trois ou quatre, passaient à côté de nous, tandis que leurs conducteurs s'inclinaient, en portant la main à leurs fronts, avec un geste plein de grâce. Plusieurs de ces paysans étaient à peine vêtus. Les troupeaux de chèvres et de gros bétail broutaient l'herbe rare et à demi-brûlée de cet aride pâturage, et les petits bergers soufflaient dans de grossiers instruments faits de tubes de roseaux. Un peu après huit heures et demie du matin, nous nous trouvâmes à l'ombre des collines, et nous nous arrêtâmes quelques moments à l'entrée d'une vallée boisée et rocailleuse, nommée Wâdy-Aly. Quelques Arabes nous apportèrent un supplément d'eau fraîche dans des outres. M. Finn, consul de S. M. Britannique à Jérusalem, nous avait envoyé son domestique pour nous venir en aide et nous montrer le chemin; car, dans cette contrée montagneuse, un guide expérimenté est nécessaire. Les figuiers sauvages, les chênes nains et les épines croissent parmi les rochers, et des milliers d'alouettes, troublées à notre approche, s'élevaient dans les airs, mais sans faire entendre le doux chant des alouettes de nos guérets.

Nous montâmes les collines sauvages et rocailleuses, dont les sentiers sont remplis de pierres roulantes qui glissent sous les pieds des chevaux et les font trébucher à chaque pas. Le chemin devenait parfois si étroit que nous étions obligés d'avancer à la file les uns des autres, épiant attentivement la marche de notre guide à travers les buissons et les rochers. On voit, sur la cime arrondie de plusieurs collines, des ruines et de larges pierres taillées, objets de longues discussions parmi les savants qui se sont occupés de la topographie biblique. Nous vîmes des restes de terrasses, et partout des vestiges d'une culture avancée; mais les torrents de l'hiver ont emporté les pierres protectrices de ce sol cultivé; la terre végétale, d'une riche teinte rouge, a été balayée, et, dans beaucoup d'endroits, de grandes étendues de pierre à chaux sont exposées à la vue ; mais partout où il est resté un peu de terre, on trouve de la végétation. Les arbres fruitiers sauvages, les arbrisseaux variés, les herbes aromatiques, les épines et les chardons prouvent la fertilité naturelle du sol. Même sur de petites poignées de terre portées par les eaux dans les trous et les crevasses des rochers, on voit s'élancer de petites fleurs aux couleurs éclatantes, principalement des œillets roses et une espèce de géranium. Nous suivîmes, sur le flanc des collines, des sentiers en zigzag, qui s'élevaient presque perpendiculairement ; quelquefois nous atteignions une hauteur d'où la vue commandait, d'un côté, la grande mer et la plaine de Shâron, et de l'autre les coteaux qui nous cachaient la ville de Jérusalem ; puis, nous nous retrouvions dans une étroite vallée fermée par un amphithéâtre de collines en apparence sans issue. De temps en temps, notre sentier était si resserré entre un monticule s'élevant tout d'un coup comme une muraille perpendiculaire au-dessus de nos têtes et un précipice au-dessous, que nous prenions la précaution d'envoyer notre guide jusqu'au bout du passage, pour voir si le chemin était libre et pour le maintenir tel jusqu'à ce que nous l'eussions traversé. Les aigles et les vautours planaient dans les airs ; le ciel était d'un bleu intense, et le soleil très-ardent ; les moineaux et les chardonnerets sautillaient parmi les branches des arbres.

Environ vers dix heures, nous descendîmes de cheval auprès d'une petite enceinte, au centre d'un espace triangulaire, où se rencontrent trois vallées. Il y a là un puits d'excellente eau douce ; et des figuiers, des oliviers, des acacias et des chênes verts croissent à l'entour. Une troupe de Bédouins y faisaient boire leurs chameaux dans la pierre attenante au puits. Nous nous reposâmes à l'ombre bienfaisante des arbres, et nous étalâmes, sur un lit de thym et de marjolaine parfumés, nos frugales provisions, des fruits d'été, quelques gâteaux de farine et un peu de vin nouveau. A l'entrée d'une vaste caverne, ouverte à la base d'une colline en face de la nôtre, dormait un groupe de paysans; la grotte, de même que beaucoup d'autres moins grandes que nous avions déjà rencontrées, avait été primitivement creusée par la nature; mais les hommes, soit à une époque, soit à une autre, en ont poli les parois intérieures et y ont établi leurs demeures.

Après être remontés à cheval, nous traversâmes une contrée en partie cultivée; des bouquets d'oliviers bordaient le lit desséché des torrents; des pièces de vigne, des plates-bandes de légumes, des champs couverts de chaume apparaissaient sur des plates-formes à mesure que nous atteignions, dans le voisinage d'Ajalon, des collines plus élevées, dont les pentes escarpées étaient couvertes de sauge et de lavande sauvage. La chaleur s'était considérablement accrue lorsque, vers midi, s'éleva une brise délicieuse; il en est ainsi généralement dans ce pays montagneux pendant la saison d'été; la brise s'élève vers le milieu du jour, dure une heure ou deux et rafraîchit l'air. Nous arrivâmes de nouveau à une région cultivée annonçant la proximité d'un village, et nous vîmes, en effet, bientôt, sur un des côtés de la colline, les murailles blanches des maisons carrées d'Abu-Ghôsh, et les belles ruines d'une ancienne église chrétienne, laquelle appartenait jadis à un couvent de Franciscains. Nous mîmes pied à terre sous l'arcade du vaste porche; le dôme et une partie de la nef, soutenus par de hautes et massives colonnes, sont dans un bon état de conservation. Ce bâtiment sert maintenant d'écurie et de camp, mais il a longtemps servi de forteresse. Bien des années se sont écoulées depuis le temps où ces murailles répétaient l'écho des chants des Franciscains, car ils en furent chassés vers le milieu du treizième siècle, lorsque le sultan d'Égypte conquit Jérusalem. Un cousin du chef de voleurs, le célèbre Abu-Ghôsh, est maintenant cheik du village, et il se montre par politique très-poli envers les voyageurs français.

Nous nous reposâmes quelques instants sur les marches de l'église; non loin de là, un groupe de femmes tirait de l'eau d'un puits. Nous les suivimes des yeux, tandis qu'elles retournaient l'une après l'autre dans le village, leurs jarres remplies et parfaitement en équilibre sur leurs têtes. Des troupeaux de chèvres et de bétail dispersés sur les collines environnantes, les vergers et les vignobles soigneusement cultivés et quelques palmiers annonçaient que ce petit village était riche et florissant; il est maintenant nommé Kuryet-el-Enab, *le village des raisins*, probablement l'ancien Kiriath-Zearim.

Nons traversâmes encore, avec plus ou moins de difficultés, d'autres collines, dont l'une ne semblait praticable que pour les chèvres et les lézards. Nous mîmes pied à terre, glissant sur des dalles de pierre aussi polies que le marbre, et sautant de rochers en rochers, par-dessus les épines et les bruyères jusqu'à ce que, trop fatiguée de cet exercice, je me trouvai heureuse de remonter à cheval. Nous arrivâmes ensuite à une belle route tracée sur le plateau d'une colline; de là la vue plonge dans une vallée fertile, où un village arabe a été construit sur l'emplacement d'une ancienne colonie romaine, dont le souvenir est conservé dans le nom moderne de Kolonieh. On me fit remarquer des traces d'amphithéâtre et de fortifications; nous traversâmes jusqu'au côté opposé de la vallée et poursuivîmes notre route le long des parois des rochers jusqu'à ce que nous fussions arrivés à une source d'eau vive, qui filtre à travers une roche plus élevée et qui ne tarit jamais. L'eau descend dans la vallée par de petites rigoles qu'elle s'est creusées; le capillaire, les plantes grimpantes et les fougères croissent à l'entour, et des milliers d'oiseaux s'y rassemblent; aussi est-elle nommée la fontaine des oiseaux.

Nous jouîmes avec délices, nous et nos chevaux, de la fraîcheur du lieu et de la limpidité des eaux. Bientôt, de nouveau en route, nous traversâmes un ancien pont romain bâti sur un cours d'eau ; là sont les restes d'une cité juive. La tradition locale dit que c'est dans le lit de ce torrent que David ramassa le caillou qui donna le coup mortel à Goliath. De larges pierres soigneusement taillées sont disposées ou réunies en monceaux, à moitié cachées par des buissons d'aubépine, d'églantiers et de ronces chargées de fruits. D'autres, dans le fond de la vallée, au milieu des pierres brutes, marquent les limites des vignobles et des vergers contigus ; nul doute que ces grandes pierres, taillées à angles aigus, ne soient les restes des palais et des forteresses élevés jadis par les habiles architectes des anciens Hébreux. Amos dit : « Nous avons bâti des maisons de pierres taillées, mais nous n'y habiterons point ; nous avons planté de beaux vignobles, mais nous n'en boirons pas le vin. »

Les Arabes ont un proverbe populaire qui dit : « Les Juifs bâtissent, les Grecs plantent et les Turcs détruisent. » Il est vrai que, dans la plupart des villes, des villages ou des ruines abandonnées de la Judée, on retrouve quelques traces de la massive architecture dont le peuple juif avait fait le rude apprentissage en Égypte parmi les pyramides et les temples ; ces vestiges ont quelquefois servi de fondations à des citadelles romaines et à des théâtres qui, à leur tour, sont tombés pour faire place aux minarets, aux ogives mauresques et aux murailles de terre de la maison du paysan ; tandis que toutes les anciennes plantations d'olivier, alignées à égale distance, formant avenue dans toutes les directions, ont, dit-on, été faites par les Grecs et présentent un contraste frappant avec le désordre pittoresque des plantations plus récentes, maintenant aussi abondantes en fleurs et en fruits que le sont encore les vieux arbres tombant en décrépitude.

« A présent, miss Rogers, nous dit M. Graham, préparez-vous à une agréable surprise ; lorsque nous atteindrons le sommet de cette colline, nos yeux pourront contempler la ville du grand roi. » J'oubliai ma fatigue, je pressai le pas de ma monture, et fus bientôt au sommet de la colline. Là, je m'arrêtai pour regarder autour de moi, et je n'eus besoin d'aucun cicérone pour discerner la ligne longue et basse des murailles crénelées, avec le petit nombre de dômes et de minarets qui s'élèvent au-dessus des murs, couronnant le plateau d'une colline plus haute que les autres. Je reconnus que Jérusalem était devant moi, « bâtie comme une cité, et les montagnes autour d'elle. » Le soleil de l'après-midi brillait derrière nous, illuminant les murailles blanches de la ville, le vert grisâtre du mont des Oliviers, qui s'élève un peu au-delà, et la longue chaîne des montagnes de Moab, qu'on aperçoit à l'horizon, au delà des espaces qui s'ouvrent çà et là entre les collines de Jérusalem. Le mont des Oliviers, « qui est devant Jérusalem, à l'est, » dit Zacharie, est séparé par de légères dépressions de terrain en trois parties distinctes. Au point central et le plus élevé, est un village musulman, aux murailles blanches, entourées d'oliviers et de mûriers. Un peu au-dessous du sommet de la colline septentrionale, se détache une petite tour carrée en pierres et parfaitement isolée. M. Graham, en me la montrant, m'invita à venir lui faire une visite, dans sa retraite d'été, communément appelée par les Européens de Jérusalem : le château Graham.

En descendant la colline, nous nous retrouvâmes dans une longue et étroite vallée pierreuse, sans aucune échappée de vue ; mais celle que nous avions eue des sommets que nous venions de quitter était déjà photographiée dans mon imagination, et je n'en ai jamais perdu l'impression. Quoique j'aie vu depuis Jérusalem sous des aspects beaucoup plus remarquables, ce premier coup d'œil a gardé pour moi son charme particulier.

Nous quittâmes la route de Jaffa et suivimes le chemin de Talibych, où M. Finn, le consul anglais, séjourne en été, et qui est situé à un mille environ, à l'ouest de la ville, dont nous approchions rapidement. Une muraille basse, en pierres brutes, enclôt un assez grand espace de terre, en partie cultivé, jusqu'à un monticule, qui s'élève graduellement vers Jerusalem. Sur la partie la plus haute est un petit bâtiment carré, en pierres, autour duquel sont plantées sept ou huit tentes, parmi les rochers, les arbrisseaux et de jeunes arbres; c'était là le campement du consulat. Je fus heureuse d'y mettre pied à terre, à quatre heures, et j'y fus cordialement accueillie par le consul et sa famille.

La maison de pierre consiste simplement en une grande chambre haute, voûtée, séparée en deux, et qui sert de salle à manger et de salon, avec une véranda tournée à l'est. Du côté de l'ouest, sous une arcade, une autre retraite (ou *lewan*, comme on l'appelle en arabe et en turc) est à l'abri du soleil du matin. Les cuisines et les offices occupent la troisième et la quatrième façade. Cette maison a été construite par des laboureurs juifs, en pierres rouges et jaunes, extraites, sur les lieux mêmes, d'une carrière qui fait partie de la propriété. La maison n'est recrépie ni extérieurement ni intérieurement.

Madame Finn me conduisit par un sentier raboteux, au milieu de petites plates-bandes de terre rouge nouvellement cultivées, où prospéraient les melons, les concombres et les courges. Des touffes de palma-christi et d'autres plantes oléagineuses s'élançaient entre des blocs de rochers; sous leur ombre, le basilic parfumé, les œillets, les roses et même beaucoup de plantes de nos climats, dont les semences avaient été apportées d'Angleterre, et qui essayaient là leur nouvelle existence, composaient un jardin d'un aspect charmant, quoique un peu sauvage, autour d'une jolie tente égyptienne préparée pour moi ; les cordes en étaient attachées à quelques vigoureux oliviers de deux ou trois ans. Mon bagage y était déjà placé, car les muletiers étaient arrivés une ou deux heures avant nous. La tente en toile bleue, bordée avec de jolis dessins noirs et écarlates sur du canevas blanc, le tapis cramoisi, les meubles très-simples qui la garnissaient, tout avait un aspect d'élégance et de gaieté. Au delà de la porte de la tente, la vue de la plaine de Bethléem, de la montagne de Sion et de Jérusalem me jetèrent dans le ravissement.

Nous passâmes la soirée très-agréablement avec M. et madame Finn, racontant notre voyage et faisant des projets pour ceux que nous devions entreprendre. Les enfants étaient empressés à nous montrer leurs trésors et à me faire voir tous les lieux mémorables du voisinage, avec lesquels ils étaient familiers, car ils y étaient nés et n'avaient presque jamais quitté les environs de Jérusalem. « Je vous mènerai au mont des Oliviers et au sommet du mont Scopus, et ensuite vous viendrez voir le Jourdain et la mer Morte, » dit Alexandre, l'aîné des garçons ; et la petite Constance ajoutait : « Maman, puis-je emmener miss Rogers pour voir l'arbre de Juda et le jardin de Gethsémani ? Pouvons-nous aller à Bethléem et aux étangs de Salomon ? »

Ces enfants, qui avaient grandi parmi les lieux et les souvenirs de la Palestine, et qui avaient appris à parler l'arabe en même temps que l'anglais, m'intéressaient infiniment, en me rendant plus sensible, dans tout ce qu'ils disaient et tout ce qu'ils faisaient, l'influence du pays que j'étais venue chercher. Je montrai à Constance une gravure qui représentait une vue des côtes d'Angleterre, et immédiatement elle dit, en indiquant un château : « Ceci est la tour de David. » Désignant ensuite un établissement de bains, elle s'écria :

« Voici les tombeaux des rois, et ici la mer Morte, » la seule mer qu'elle eût jamais vue. Après le thé, une charmante bonne arménienne, Um Issa, emmena les enfants dans la tente de la *nursery*, et Alexandre, en me souhaitent le bonsoir, ajouta : « N'ayez pas peur, si vous entendez les chacals crier et aboyer; ils ne viendront pas jusqu'à nos tentes; mais nous les entendons toutes les nuits, et ils éveillent les chiens, les chevaux et l'âne, et quelquefois alors ils font tous ensemble un grand tapage. » Avant que la soirée fût avancée, Helwé, une femme de Bethléem, apporta les lanternes qui devaient nous éclairer jusqu'à nos tentes. Madame Finn me conduisit à la mienne et me montra comment je devais la fermer; sa nièce m'avertit de bien visiter mes habits et de les secouer le lendemain matin avant de les mettre, afin de les débarrasser des fourmis, des araignées et peut-être des scorpions qui pourraient s'y glisser pendant la nuit. Je suivis de l'œil les lanternes qui se dispersaient sur le chemin des diverses tentes, et bientôt, je tombai profondément endormie, au milieu d'objets si nouveaux pour moi et de bruits que je n'avais jamais entendus. J'avais peine à admettre comme une réalité que j'eusse quitté Londres trois semaines auparavant.

CHAPITRE II

Jérusalem. — L'église de Saint-Jean. — Vers luisants. — Le campement de l'évêque Gobat. — La chèvre de Holman Hunt. — Le dimanche sur la montagne de Sion. — Bazars et marchands. — Jeunes filles de Béthanie et de Siloé. — Un fou voyageur. — Constructions mauresques. — Vue de la terrasse du sérail. — Les habitations européennes à Jérusalem. — Domestiques indigènes. — Un ouragan pendant la nuit. — Le couvent de la Croix.

Le lendemain matin, de bonne heure, des voix enfantines m'appelèrent pour le déjeuner, du côté ombragé de la maison. Le soleil brillait splendide sur la ville, et sur les collines, mais le côté occidental des murs et des talus était encore dans l'ombre.

Après le déjeuner, nous passâmes dans le parloir, qui était aussi simplement meublé qu'un ermitage : des tables rustiques, des pliants, des nattes, quelques planches raboteuses pour recevoir les livres et les jouets, composaient tout le mobilier. Je m'assis sur le seuil et remarquai, au delà d'un talus couvert d'épines et de rocailles, une crête qui, me dit-on, dessinait le cours de la vallée de Hinnom, au-dessus de laquelle s'élève la muraille occidentale de Jérusalem ; la tour de David, flanquée de tourelles, d'un aspect massif, et la porte de Jaffa en interrompent la monotonie.

L'église anglicane et le consulat anglais, remarquables par leur apparence toute moderne, le couvent arménien, avec son vaste dôme blanc, un minaret, un petit nombre de palmiers, de pins et de cyprès, ce fut là tout ce que je pus apercevoir de la ville sainte.

A ma droite était la plaine de Raphaïm : elle s'étend au sud, vers une colline arrondie, couronnée par le couvent de Mar-Élias. De longues files de chameaux, des cavaliers, des troupeaux de chèvres, des ânes chargés de légumes, des groupes de paysannes avec des paquets ou des corbeilles sur leurs têtes, allaient et venaient tout le jour, le long de la grande route qui traverse la plaine. Les vautours et les aigles planaient dans les airs.

Dans l'après-midi, je montai à cheval avec mon frère. Nous descendîmes dans la vallée pierreuse du couvent de la Croix. En passant devant les blanches murailles du couvent grec nouvellement restauré, nous continuâmes notre chemin parmi les rochers et les épines jusqu'à la vallée d'Hinnom, bien plantée d'oliviers, de figuiers et de grenadiers. Nous montâmes la colline qui conduit à la porte de Jaffa, où nous nous croisâmes avec beaucoup de gens à pied et à cheval, qui se hâtaient de faire une promenade avant le coucher du soleil ; nous passâmes sous l'arcade profonde et la chambre voûtée de la grande porte ; nous longeâmes le mur et le fossé de la citadelle ou tour de David, et descendîmes ensuite un étroit passage conduisant au consulat, qui est attenant à l'église anglaise. Là, nous mîmes pied à terre, et je sentis une joie inexprimable, lorsque, pour la première fois, mes pieds foulèrent le sol dans l'enceinte de tes portes, ô Jérusalem !

M. Bartlett nous a rendu les rues de la sainte cité si familières, dans « ses promenades autour de Jérusalem, » et l'excellent manuel de M. Murray nous donne si parfaitement la statistique et la topographie de cette ville, que je renvoie mes lecteurs à ces sources, et leur donnerai seulement une légère esquisse de la cité telle que je l'ai vue. Mon frère nous ramena jusqu'à la place qui est devant la citadelle et où se tient le marché de grand matin; nous passâmes devant un café, où fumaient des soldats et des groupes de musulmans. Vis-à-vis de la citadelle, est un édifice remarquable, très-bien bâti en pierres; c'est le couvent des Latins; ses longs toits plats servent de terrasses, où marchaient, comme dans une procession monotone, un certain nombre de moines et d'enfants en robes noires. La Maison de ville de l'évêque anglican regarde la place du marché, à l'angle de laquelle nous prîmes une rue en escalier, encombrée par la foule, et pavée de marches si polies, si usées et si parsemées de côtes de melons et de débris d'autres végétaux, qu'il était fort difficile d'y poser le pied avec sûreté. De chaque côté de la rue, étaient des boutiques arabes, dont les marchands pliaient leurs étoffes aux couleurs brillantes, ou renfermaient leurs corbeilles de fruits secs ou de tuyaux de pipe, se préparant à fermer pour la nuit, car il était déjà plus de la onzième heure. Nous prîmes la première rue à gauche, appelée la rue des Chrétiens; là, outre les boutiques véritablement orientales des barbiers, on voit des cafés, des fabricants de pipes et des boulangers. On y trouve aussi plusieurs établissements européens, tenus par des Maltais, des Italiens, des Allemands, approvisionnés, par Londres et par Paris, de mille articles de toilette, tant d'utilité que d'agrément, mais, comme on peut bien le supposer, considérablement renchéris. La foule était mêlée de Musulmans, d'Espagnols, d'Allemands, de Juifs, de Bédouins, de Grecs et de moines de divers ordres. J'entendis les passants saluer mon frère par son nom, dans beaucoup de langues diverses, car il était fort connu dans la ville, où il avait résidé plusieurs années comme chancelier du consulat britannique. Nous continuâmes notre route jusqu'à l'église du Saint-Sépulcre; nous nous arrêtâmes dans la cour carrée qui précède l'édifice, pour contempler sa belle façade. Deux portes en arceaux, l'une à côté de l'autre, ornées de moulures profondément creusées, de fleurs en relief, sont séparées par une magnifique rangée de cinq colonnes de marbre. Les colonnes du centre et de l'extérieur sont vertes et les autres blanches. Les chapiteaux d'ordre corinthien sont richement sculptés; les portes sont ornées de frises sous les arceaux; celle de droite est décorée d'arabesques en forme d'enroulements, dans lesquels jouent des figures d'enfants. La frise au-dessus de la porte gauche (la seule par laquelle on entre dans l'église) est un beau bas-relief de l'entrée de Notre-Seigneur à Jérusalem et de la dernière Cène; elle diffère de caractère avec les autres frises. A quelques pas de là, nous visitâmes les ruines de l'église des chevaliers de Saint-Jean. Nous passâmes sous une arche basse et d'architecture normande, sous laquelle gisaient des débris de colonnes de marbre, de chapiteaux sculptés, de moulures et d'ornements de toutes sortes. Nous franchîmes des monceaux de poussière, où pourrissaient des débris de légumes, des cadavres de chiens et de chats, dont se régalaient les mouches et les fourmis, tandis que de pauvres enfants à demi nus, et d'un aspect misérable, jouaient, en grignottant des côtes de melons. Nous traversâmes une cour pleine d'abominables immondices, assaillis par les aboiements et les grognements des chiens, mais séduits par l'étrange beauté de ces restes profanés de l'ancienne chevalerie. Nous trouvâmes encore debout trois hautes murailles de l'édifice extérieur, où des divisions indiquaient trois compartiments distincts; l'un d'entre eux sert maintenant de tannerie, et, dans l'autre, étaient entassés des squelettes d'ânes et de chevaux; car, lorsque des animaux meurent dans le voisinage, leurs carcasses sont jetées dans cet endroit abandonné, pour y être dévorées par les chiens et les vautours. Nous enjambâmes par-dessus les débris et les trous pleins de chaux vive, pour arriver à un escalier assez dangereux, qui nous conduisit à une galerie supérieure, correspondant avec le cloître qui est au-dessous. Là, de larges fenêtres, avec des appuis en pierre et des sculptures qui rappellent le caractère de l'ancienne architecture anglaise, sont en assez bon état de conservation.

Nonobstant les désagréables émanations qui s'en exhalent, je fis plusieurs visites à ces ruines intéressantes, dont le style, en général, ressemble à celui de l'architecture normande en Sicile, tandis que certaines parties me rappelaient notre style primitif anglais.

L'ensemble des bâtiments paraît avoir été construit originairement pour servir de forteresse aussi bien que de retraite ecclésiastique. Ils ont été fondés, dit-on, dans le onzième siècle, comme un asile pour les pèlerins qui venaient au saint Sépulcre ; l'importance de cet asile s'accrut constamment et rapidement jusqu'au milieu du treizième siècle, époque où l'influence des chrétiens fut soudainement anéantie, et où tous les monuments qu'ils avaient élevés furent ou détruits ou condamnés à périr lentement dans l'abandon. Tel fut le sort de l'église et du couvent des chevaliers de Saint-Jean de Jérusalem. Je remarquai au-dessus de la porte normande, par laquelle nous étions entrés, un riche bas-relief représentant des groupes de figures emblématiques et des monogrammes finement sculptés ; mais ces ornements ont été naguère si brutalement traités qu'ils sont presque entièrement effacés, et les voyageurs futurs auront grand'peine à les retrouver et à les expliquer. Lorsque, quatre ans après, en 1859, je visitai de nouveau ces lieux, je trouvai la porte maçonnée, et l'espace, qui est devant, clos et converti en boutique, pour la vente des chapelets et des bracelets de verroterie qui se fabriquent à Hébron.

Nous secouâmes la poussière de nos pieds et poursuivîmes notre chemin sur la *Voie douloureuse*, jusqu'au moment où l'obscurité croissante et les cris qui s'élèvent, le soir, des minarets d'alentour nous avertirent que le soleil était couché. Nous nous hâtâmes de traverser les rues et les bazars; les petites boutiques étaient presque toutes désertées par leurs propriétaires et fermées pour la nuit.

Nos chevaux nous attendaient à la porte, qui était restée ouverte pour nous ; un petit nombre de traînards se hâtèrent de profiter de notre passage ; mais immédiatement après notre entrée dans la ville, les pesantes portes furent fermées, pour ne plus s'ouvrir qu'au lever du soleil.

Les étoiles se montraient l'une après l'autre dans le firmament, à mesure que nous traversions la vallée d'Hinnom, pour rentrer dans nos tentes. Au centre d'une plantation, appartenant à la communauté grecque et close de tous les côtés, nous vîmes un groupe d'Arabes, rangés en cercle autour d'un puits ombragé par des arbres, assis sur des coussins et chantant à gorge déployée, en se balançant lentement, comme s'ils se berçaient avec la mélodie monotone de leurs chants. Une grosse lanterne, suspendue à une branche d'arbre éclairait leurs figures basanées, leurs vêtements aux couleurs vives et variées, et produisait des effets frappants d'ombre et de lumière.

Nous fûmes bientôt sur le territoire de Talibyeh ; une prodigieuse quantité de vers luisants, étincelants comme des étoiles, bordaient le sentier qui conduit à la maison. En en plaçant plusieurs à la fois sur une pierre ou sur une feuille, j'obtenais assez de clarté pour pouvoir lire à la lueur verte qui émane de leurs petits corps, semblables à des lampions.

Le lendemain matin, nous descendîmes dans la vallée de la Croix, et, sur les collines couvertes de rochers, de *poterium spinosum* et de broussailles, nous arrivâmes au petit village de Lifta, près duquel, sous un magnifique bois d'oliviers, situé sur un plateau de la colline, l'évêque Gobat et le révérend Crawford étaient campés avec leurs nombreuses familles. Leurs tentes étaient distribuées d'une manière pittoresque sous l'ombrage des grands arbres.

Il n'y avait point de maison bâtie, comme à Talibyeh, pour servir de retraite ou d'abri contre la chaleur du jour; mais les arbres sous lesquels était dressée la tente qui composait le charmant salon de madame Gobat, offraient une protection presque aussi efficace contre l'ardeur du soleil. Les sofas, les coussins, les chaises longues, les bureaux, les tables à ouvrage, les enfants avec leurs poupées ou leurs livres d'étude, donnaient à ce lieu une apparence de vie stable et d'habitudes domestiques qui faisait disparaître l'idée de l'existence nomade et transitoire des tentes. Madame Gobat me reçut avec une grande cordialité; elle me présenta à ses amis, qui vinrent à nous des tentes environnantes, et me montra ses enfants, qui laissèrent leurs jeux et leurs études pour me souhaiter la bienvenue. Une société nombreuse fut bientôt réunie sur le sofa de la tente ombragée par un arbre. Après nous avoir offert une collation de pain, de fruits, d'olives et de fromage, madame Gobat se mit à fumer un narghilé, qui lui procurait évidemment une grande jouissance. J'essayai d'en faire autant, et c'est de ce moment que date mon goût pour le tabac. Des domestiques abyssiniens apportèrent ensuite le café, des sorbets aux mûres et des bonbons. Les enfants de madame Gobat, beaux et d'apparence vigoureuse, et la jolie petite Crawford semblaient jouir pleinement de la vie sous la tente. Ils me montrèrent leur escarpolette dans la plantation de mûriers et leurs essais d'architecture, dont ils avaient pris les matériaux dans les monceaux de pierres environnants. Ils me promenèrent avec beaucoup d'empressement d'une tente à l'autre, aux cuisines, aux offices, à l'école et enfin aux tentes qui contenaient les petits lits ; puis ils me montrèrent quelques-uns des plus beaux points de vue. D'un côté, sur le sommet d'une colline en forme de cône, ils me firent remarquer *Neby Samuel*, la tombe du prophète Samuel, et de l'autre une vaste vallée, où l'on distinguait un petit village, entouré de champs, de vignobles et d'aires à battre le grain. Une magnifique chèvre blanche suivait tous nos pas ; elle avait servi de modèle à M. W. Holman Hunt, lorsqu'il finissait son tableau bien connu du *Bouc émissaire*. Deux étaient mortes à son service, mais celle-ci, devenue tout à fait apprivoisée, avait complétement répondu à ses désirs, et son tableau fini, il la donna aux enfants de madame Gobat. Sur chaque branche d'olivier, on entendait le cri aigu des cigales ; on m'assura que, pendant la nuit, ce bruit était assez fort pour tenir éveillée une personne qui n'y serait pas accoutumée.

Je passai dans cette retraite, en diverses occasions, plusieurs journées agréables : un jour, à un dîner chez l'évêque, où il présidait, sous les arbres, une longue table de convives ; un autre, à une joyeuse réunion chez les Crawford, où nous prîmes le thé sous leurs tentes, tant au clair de la lune qu'à la lueur des lanternes suspendues aux arbres ou attachées aux pieux qui soutiennent les tentes. Dans ces réunions et dans quelques autres semblables, chez M. Finn, je fis la connaissance de la plupart des membres européens de la communauté protestante de Jérusalem. Quelquefois nous visitions en compagnie les vignobles, les plantations de sumac, d'un vert brillant, et les huttes de terre recouvertes de branches d'arbre, qui servaient d'abri aux gardiens des terrains cultivés. Dans l'un de ces petits réduits, nous vîmes une pierre meulière, où deux femmes travaillaient à moudre le blé.

Les Européens de Jérusalem, spécialement ceux qui ont

des enfants ou qui ont habité des climats tempérés, campent ainsi, en général, depuis le mois de juin jusqu'au mois de septembre, et choisissent un site élevé, à un mille ou plus de la ville : les hommes pouvant venir chaque jour à Jérusalem, tandis que les femmes et les enfants y paraissent rarement, si ce n'est le dimanche. C'est là une des phases les plus agréables de la vie des Européens, et l'on doit cette heureuse innovation à M. Finn, qui le premier a osé se confier, lui et sa famille, à un établissement en plein air. Sa petite maison de pierres, sur le Talibyeh, qu'il fit construire lui-même par des ouvriers juifs, fut la première et pendant longtemps la seule habitation située hors de la ville, tandis que maintenant, en 1862, des constructions importantes et des demeures commodes s'élèvent rapidement de tous côtés sur les collines, autour de Jérusalem.

Le dimanche 8 juillet, nous fîmes une agréable promenade dans la ville, et le carillon des cloches des églises saluèrent notre bienvenue. Les pavillons flottaient sur tous les consulats; les femmes et les enfants, venus des campements éloignés, descendaient, à la porte de l'église anglicane, de leurs ânes élégamment harnachés. La congrégation, en y comprenant les enfants, se composait d'une centaine d'Européens et d'environ la moitié autant de Juifs et d'Arabes convertis. Les transepts étaient occupés par les enfants des écoles diocésaines; tous étaient habillés très-simplement à l'européenne, mais on reconnaissait aisément parmi eux la physionomie animée et intelligente des enfants juifs, l'expression douce et aimable des petits Abyssiniens, les longues têtes des Cophtes, les traits réguliers et l'apparence précoce des Arabes, enfin les jolis petits Arméniens, en dépit de l'uniformité de leur costume. La chaleur était excessive et la réverbération du soleil très-fatigante. J'acceptai bien volontiers un abri chez M. Nicolayson, jusqu'au retour de la fraîcheur, et nous remontâmes au Talibyeh un peu avant le coucher du soleil. Une foule d'Arabes, en habits de fête, se promenaient sur le Médan, plateau très-étendu au nord-ouest de la ville, où l'on exerce les troupes, et qui est la promenade favorite des citadins.

L'habillement des hommes est extrêmement pittoresque et varié : toutes les formes, toutes les nuances, toutes les couleurs s'y rencontrent : ici la robe sombre des moines en procession, là les vestes éclatantes et brodées des officiers et des employés turcs ; plus loin le chapeau pointu et la longue redingote des Juifs, les brillantes ceintures et les riches turbans des Musulmans élégants, les habits ornés de légères broderies et la coiffure rouge des Chrétiens arabes. Les femmes, qui se tenaient en groupe tout à fait à part des hommes, assises sous les oliviers, ou se promenant dans la vallée au-dessous, étaient toutes enveloppées dans leurs grands manteaux blancs, juives, chrétiennes, musulmanes ; la seule variété dans leur parure dépendait de la couleur du voile ou masque appliqué sur leur visage, et de la forme ou de la couleur de leurs souliers. Quelques-unes des dames portaient des souliers à l'européenne, d'autres des socques et des pantoufles pointues en cuir jaune ; les esclaves noires avaient simplement des pantoufles rouges ou jaunes, et pouvaient ainsi être distinguées de leurs maîtresses. Un petit nombre de dames portaient des parasols de couleur claire, brodés de paillettes.

A la lueur des étoiles, nous montâmes sur l'éminence, derrière Talibyeh ; nous vîmes les feux allumés sur la plupart des collines à l'entour et dans la plaine de Bethléem : au milieu du silence de la nuit, nous entendions les voix perçantes des bergers qui gardaient leurs troupeaux, et qui peut-être envoyaient des signaux à d'autres qui, au loin, veillaient en même temps qu'eux.

Le mardi 10 juillet, je retournai de nouveau à la ville ; je traversai le quartier des Chrétiens et des principaux bazars, tantôt descendant des rues en escalier, tortueuses et remplies de boue, tantôt passant sous des arches étroites, sombres et couvertes de poussière, et tantôt sous les arcades larges et élevées des bazars, où l'on vendait de la viande, du pain, des fruits, des grains et du cuir.

Les marchands criaient aux passants : « Ho ! que celui qui a de l'argent entre et achète. Ho ! qui que vous soyez, entrez et achetez. » Mais quelques-uns semblaient plus désintéressés et, l'un d'eux, en m'offrant des conserves, disait : « O madame, prenez de nos fruits, sans argent et sans aucun prix ; tout est à vous, prenez tout ce que vous voudrez. » Et il aurait chargé volontiers notre *kawass* de toutes les bonnes choses que renfermait son magasin, sauf à nous demander ensuite le double de leur valeur. Dans une rue conduisant à l'un des bazars, un certain nombre de paysannes, femmes et filles de Béthanie et de Siloé, vendaient des légumes et des fruits. Elles ne portent pas le manteau blanc des femmes de la ville ; leur parure se compose principalement d'un tissu teint en bleu indigo, qui a la forme d'une longue chemise, retenu autour de la taille par un châle ou une ceinture rouge. Leurs têtes étaient couvertes d'un mouchoir de couleur, ou d'un châle, ou d'une serviette blanche, arrangé de manière à cacher en partie leurs visages, qui sont très-bruns et tatoués avec des étoiles bleues et des mouches sur le front et autour des lèvres. Leurs grands yeux sombres semblent encore plus sombres et plus grands, en raison de la couleur noire dont elles teignent leurs paupières et leurs sourcils. Elles portent des bracelets de verre de couleur faits à Hébron, des anneaux d'argent autour de la cheville, et quelques-unes d'entre elles ont des colliers de pièces de monnaie et des bagues d'argent. Une jeune fille de Siloé, d'une beauté

3.

frappante, me dit en prenant le bord de ma robe : « O sœur, goûtez les fruits de notre jardin et de notre vigne. » Mon frère, en passant dans une rue où la foule se pressait, se croisa avec une figure tout enveloppée de son manteau et chaussée de jaune ; ayant dérangé légèrement les plis de son vêtement, il lui dit : « Oh ! pardon, ya sitti, (oh ! pardon, madame). Elle répondit : « Ne dites pas ya sitti à moi, mais dites-le plutôt à la reine du ciel. » Nous rencontrâmes un grand nombre de gens affligés d'ophthalmies qui les privaient de la vue, en partie ou entièrement ; mais les personnes difformes sont relativement très-rares en Palestine.

Dans l'un des bazars les plus animés, nous vîmes un homme grand et maigre, gesticulant au milieu de la foule ; il était à demi nu, car il portait seulement des lambeaux de vêtements autour des reins ; il tenait, d'une main, un énorme bâton et, dans l'autre, une grosse pierre. Ses exclamations véhémentes, ses manières exaltées et ses yeux enflammés me rappelèrent les images des anciens prophètes et les descriptions des possédés du démon. Ses cheveux étaient longs et en désordre, et sa barbe descendait jusqu'à la ceinture.

Il criait en arabe : « La ville sera dans la désolation, le feu du ciel la consumera, à cause de ses iniquités. » Nonobstant la violence de ces malédictions, et malgré le danger que pouvaient faire courir les instruments dont il était armé, le peuple, qui l'entourait, ne cherchait ni à le contenir ni à le tourmenter. Il était évidemment fou, ou *majnûn*, comme disent les Arabes ; mon frère m'apprit que, depuis des années, cet homme errait dans les bazars, toléré par tout le monde, et que, partout où il allait, il était suivi d'une foule oisive. Il vivait de charité. Les Orientaux traitent toujours avec bonté, et même avec considération, les êtres qui sont ainsi affligés de maladies mentales, croyant qu'ils sont sous la protection spéciale de Dieu. Ils s'imaginent que leur connaissance des choses spirituelles augmente en proportion de leur défaut d'intelligence des choses de ce monde ; et, à l'appui de cette opinion, nous voyons qu'en Orient, le nom de fou ou de prophète est presque synonyme.

Nous entrâmes dans la rue tranquille et pittoresque, mais très-étroite, dans laquelle réside le consul de Prusse. Des arches pointues, avec des toits aux arêtes découpées, traversent la rue de distance en distance, et quelques-unes des maisons sont soutenues par de beaux arcs-boutants, construits en larges pierres taillées en biais, et liées ensemble par du plomb ou du mortier. De la voûte de l'arcade profonde des portes d'entrée, descendent des ornements sculptés d'un bon style mauresque ; sous le portail, des bancs et des divans de pierre très-bas étaient occupés par des esclaves noirs ou des domestiques armés, d'un extérieur grave. Sur des tablettes d'albâtre incrustées dans les murailles, sur des frises, sur le dessus des portes, sous les fenêtres en ogive ou dans les niches, on voit des inscriptions et des monogrammes arabes, délicatement sculptés en demi-relief et quelquefois peints en couleur rouge, bleue et or. Les caractères gracieux de l'écriture orientale, avec leurs ondulations, se prêtent on ne peut mieux à cette sorte d'ornementation, aussi fréquemment employée à l'extérieur qu'à l'intérieur des monuments mauresques. Auprès des portes, d'anciens chapiteaux sculptés servent de marchepied ; souvent, les chevaux sont attachés à de larges blocs de pierre, percés pour cet usage et qui font saillie en avant des murailles.

Nous continuâmes notre chemin, le long de la *Voie douloureuse*, nous arrêtant de temps en temps pour laisser passer une longue file d'ânes, chargés de pierres ou de broussailles et enveloppés d'un nuage de poussière, ou une troupe de pesants chameaux, portant des melons au marché.

Nous rencontrâmes le colonel de la cavalerie turque

avec plusieurs de ses officiers ; ils m'invitèrent poliment à monter le rude sentier qui conduit à la terrasse large et élevée du sérail ou palais du Pacha. De ce point central, j'eus, pour la première fois, le coup d'œil général de la ville et des collines environnantes. Le bâtiment, auquel appartient cette terrasse, est en partie formé par la muraille septentrionale de l'enceinte de la grande mosquée ; ainsi en regardant vers le sud, j'embrassai dans son ensemble tout l'espace qu'il occupe, et qui est presque égal en étendue au quart de la ville tout entière. Le célèbre Kubbet-es-Sakhara, ou dôme du rocher, est au centre.

La magnifique coupole, soutenue par une base circulaire, couronne un vaste bâtiment octogone, dont chaque côté est orné de six hautes arcades ; la partie inférieure est recouverte de tuiles peintes de couleurs diverses et éclatantes. Le bâtiment est construit sur une large plate-forme carrée et considérablement élevée au-dessus des autres parties de l'enceinte. On y arrive de six côtés par de larges escaliers qui conduisent à d'élégants portiques, divisés par trois ou quatre colonnes finement sculptées et des arches en pointe. De petites niches, des dais en pierre supportés par des colonnes, des chaires d'albâtre, sont dispersées sur la plate-forme, aussi bien que sur le gazon de l'enceinte inférieure, où la blancheur des dômes et des murailles est relevée par la sombre beauté des cyprès, le feuillage argenté des oliviers et quelques touffes de buissons en fleurs. Un très-beau bouquet de grands arbres conduit à la mosquée el Aksa, située dans la partie sud, où son long toit en pignon, son vaste dôme et sa façade d'architecture sarrazine attirent les regards. Là, des groupes de Turcs coiffés de turbans blancs, assis à l'ombre des arbres, recueillis dans leur dévotion devant des niches ou des reliquaires, les sentinelles turques, qui vont et viennent lentement, et les esclaves noirs, gardiens de la sainte mosquée, jettent de l'animation sur ce paysage, qui sans cela aurait la tranquillité d'un tableau.

La beauté de cette vue contraste singulièrement avec celle de l'autre partie de la ville, qui est traversée par une vallée et couverte de masses irrégulières de bâtiments, de terrasses et de dômes blancs, dominés çà et là par un arbre, une église ou un minaret. Le quartier de l'extrême sud, habité par les Juifs, est le plus désolé. La partie sud-ouest est particulièrement peuplée par les Arméniens; leur couvent s'y fait remarquer par sa blancheur. Le nord-ouest est fréquenté surtout par les Européens, ainsi que l'indiquent l'église du Saint-Sépulcre, le couvent des Latins, l'église protestante et les divers consulats. Au nord-est est le quartier des Musulsans. Les terrains vacants, qui se rencontrent dans la ville, servent, les uns, à faire sécher les tissus teints en indigo, les autres à recevoir les monceaux de poussière et de fumier. Je pouvais suivre les murs crénelés de la cité, tantôt descendant dans la vallée, tantôt élevant leur ligne irrégulière pour couronner les hauteurs de Sion.

Après nous être oubliés quelques moments, fascinés par les scènes qui nous entouraient, nous fûmes abordés par le gouverneur militaire, qui nous conduisit à un divan où l'on nous servit le café et des sorbets. Il s'excusa de ne pas prendre ces rafraîchissements avec nous, car c'était le Ramadan, mois dans lequel, comme on le sait, les Musulmans jeûnent chaque jour depuis le lever du soleil jusqu'à son coucher.

De là, nous allâmes rendre visite à plusieurs familles européennes, anglaises, allemandes, grecques et russes. Les chambres voûtées en pierres, dans lesquelles nous fûmes généralement reçus, étaient fraîches et agréables, même à l'heure de midi ; elles étaient meublées de manière à combiner le bien-être de l'Orient et de l'Occident : de moelleux coussins étaient disposés dans les niches des murailles et dans les larges embrasures des fenêtres, au devant desquelles flottaient des draperies de mousseline qui tamisaient l'air. De brillants tapis de Turquie, des nappes égyptiennes couvraient les dalles; des étagères de bibliothèque, des journaux, des tableaux, des pianos et de petits ouvrages d'art ou d'adresse annonçaient que ces demeures étaient occupées par des Européens. Sur les terrasses et dans les galeries, des fleurs anglaises s'épanouissaient parmi les plantes indigènes, à l'ombre de treillages couverts de vignes; cependant, dans ces maisons à l'européenne, les domestiques européens sont très-rares. Presque partout on recherche les Abyssiniens, de préférence aux natifs, car ils sont intelligents, actifs et fidèles. Les femmes de Bethléem, quoiqu'un peu volontaires, sont recherchées comme servantes, car elles sont propres et comparativement soigneuses. J'ai reconnu que la direction et le gouvernement des domestiques, en orient, est l'une des plus grandes difficultés contre lesquelles les dames européennes ont à lutter.

Le 15 juillet fut un jour brûlant, et nous nous retirâmes tous de bonne heure sous nos tentes, fatigués par l'extrême chaleur. A minuit environ, je fus réveillée par un violent mouvement de la tente légère sous laquelle j'étais couchée et par un bruit dont je ne pus d'abord discerner la cause. Ma première pensée fut qu'un tremblement de terre ébranlait les collines; puis, je m'imaginai qu'une bête sauvage s'approchait en rugissant; enfin, j'arrivai à cette conclusion, qui se trouva être fondée, que ma tente était en danger d'être emportée par un tourbillon. Il s'était frayé un chemin par deux ouvertures, et les murailles flexibles de la tente battaient contre le léger établissement de mon coucher. Le bruit des toiles flottantes, le frôlement des cordes contre les pieux, le bruissement et le craquement des jeunes arbres et le perpétuel balancement de tout ce qui m'entourait me tinrent éveillée pendant très-longtemps. Je m'attendais à rester complètement sans abri, car j'habitais la partie la plus élevée du campement.

Le 16 juillet, au matin, chacun était occupé à raffermir et à réparer les tentes, à chercher des marteaux et des chevilles, car tout le matériel des habitations avait été plus ou moins endommagé par la tempête de la nuit précédente. Au lever du soleil, l'air était redevenu doux et chaud, mais les nuages étaient chassés du nord en larges masses dorées par le soleil levant. Un vent de sud-ouest avait amené ces nuages de l'Égypte, un jour ou deux auparavant, et maintenant ils étaient chassés de nouveau vers leur point de départ, le Nil majestueux. Nous parcourûmes notre camp, replantant les arbres déracinés, mettant des supports à ceux qui étaient ébranlés, car aucun n'avait échappé au ravage de la nuit.

Avant le déjeuner, j'allai à cheval, avec mon frère, au couvent de la Croix, dans la vallée solitaire à laquelle il donne son nom. Ce couvent a été depuis peu entièrement restauré par les Grecs, à qui il appartient maintenant; un excellent collège y a été établi pour quarante ou cinquante élèves. C'était autrefois la propriété des Géorgiens, et il fut fondé par eux au quinzième siècle, sur la place même où croissait l'arbre qui fournit le bois de la croix. Telle est au moins la tradition que le moine qui nous servait de guide nous répéta gravement, tandis qu'il nous conduisait dans l'église. C'est un beau monument d'environ soixante-dix pieds de long, avec un toit en dôme, supporté par quatre piliers massifs; les murailles sont couvertes de fresques curieuses; sur le devant de l'autel, est représentée l'histoire de l'Arbre sacré, depuis le temps où il fut planté par Abraham et Loth jusqu'à celui où il fut coupé et équarri pour former la croix du Sauveur. Comme la sculpture est rigoureusement interdite dans les églises grecques et géorgiennes, toutes leurs décorations consistent dans les peintures. Cependant dans quelques-uns des tableaux, on a eu recours à un compromis; les figures sculptées en bois très-mince sont appliquées sur un fond préparé pour les recevoir. Le nimbe est presque toujours formé d'or pur, et des bijoux, ainsi que des pierres précieuses, sont introduits dans l'ornementation des vêtements.

Au centre du pavé de l'église, est une grande mosaïque carrée, la plus belle que j'aie rencontrée en Palestine; elle représente des symboles chrétiens, de brillants oiseaux et des figures curieuses. Les espaces en losange, laissés par l'intersection des lignes, sont remplis par les plus riches arabesques. Les pierres dont cette mosaïque est composée, ont environ trois quarts de pouce carré, et sont noires, blanches, rouges, bleues et jaunes.

Nous nous hâtâmes de revenir déjeuner; des groupes de nuages floconneux étaient rapidement chassés sur le ciel bleu et leurs ombres se projetaient sur les montagnes, autour de nous. On voyait une colline tout à coup inondée de lumière, et un instant après, plongée entièrement dans l'ombre. Des troupeaux de chèvres broutant sur les versants, des paysannes marchant vers la ville, chargées de légumes, de vases pleins de lait, de paniers de volailles, animaient le paysage. L. et les enfants revinrent avec moi au couvent, où je passai toute la journée à dessiner avec délices quelques-unes des curieuses mosaïques[1]. On est surpris en songeant que, ces bâtiments étant abandonnés et en ruines depuis deux ou trois siècles, un si grand nombre des restes de leur ancienne splendeur se soient si bien conservés. On nous conduisit dans un souterrain, sous l'autel, et là on nous montra, dans un creux noir et humide, la place même où avait poussé l'Arbre sacré. Nous

---

[1] Je renvoie ceux qui s'intéressent aux origines de l'art chrétien, au n° 878 du *Builder*, publié le 3 décembre 1859, dans lequel plusieurs de ces dessins ont été publiés d'après mon album.

vîmes quelques ouvriers en train de détruire un ancien manuscrit géorgien ; ils se servaient du parchemin pour faire des sacs, destinés à contenir leurs couleurs en poudre, et ils m'en donnèrent volontiers quelques feuillets. La terrasse du jardin du couvent est recouverte d'une treille, où grimpait une vigne qui laissait pendre ses plus beaux fruits sur nos têtes, en grappes serrées. Nous retournâmes à pied à nos tentes, cueillant en chemin la bourrache d'un bleu éclatant, des œillets sauvages et du géranium.

Le coucher du soleil, enveloppé de nuages rouges, fut suivi d'un beau clair de lune et d'une nuit calme, troublée seulement par les aboiements des chacals et des chiens sauvages et par les glapissements des hyènes au dehors, et au dedans par le bourdonnement des moustiques.

Le lendemain matin, je trouvai les rideaux de la tente trempés de rosée et les habits que j'y avais suspendus pendant la nuit trop humides pour que je pusse les remettre sans danger.

CHAPITRE III

J'apprends l'Arabe. — Course à cheval à Beit-Lahm (Bethléem). — Le couvent et ses sanctuaires. — Le sculpteur de Bethléem et sa famille. — Le voile de Ruth. — *La mère de Joseph.* — La maison et son mobilier. — Note sur un passage de saint Marc. — Les champs de Booz. — Miracles de la grotte du Lait. — Les jeunes filles de Bethléem. — Bédouins en marche. — Les jardins de Salomon. — Urtàs. — Le réservoir. — Aqueducs et routes. — Un remède contre la morsure des moustiques.

Toutes mes heures de loisir étaient employées à étudier l'arabe ; les enfants qui m'entouraient n'étaient jamais fatigués d'ajouter à mon vocabulaire, et, de mon côté, je ne manquais jamais d'en faire usage, toutes les fois que j'avais l'occasion de me trouver avec des visiteurs ou bien des ouvriers arabes, et aussi dans mes rapports journaliers avec les domestiques indigènes, dont le langage me devint bientôt familier. Plusieurs servantes, parmi les plus âgées, étaient très-démonstratives et très-affectueuses, et souvent, lorsque je leur adressais une requête ou que je leur donnais un conseil avec quelque phrase nouvellement apprise, elles me témoignaient leur joie en me pressant dans leurs bras et en m'embrassant. J'étais accoutumée à entendre parler l'arabe, depuis plus d'une année, de sorte que les sons ne m'en étaient pas étrangers.

Le 17 juillet, après une journée de paisibles études, je partis avec mon frère pour Beit-Lahm, c'est-à-dire Bethléem. Le soleil descendait vers l'horizon, et les ombres empourprées s'élevaient rapidement dans le ciel. Nous nous frayâmes un chemin sur une pente rocailleuse, où le sentier n'était point tracé, puis à travers quelques champs de sésame, jusqu'à la route large et unie qui traverse la fertile plaine de Raphaïm, où les Philistins furent défaits par David; cette route a environ un mille de longueur et c'est la seule qui reste praticable aux voitures dans le voisinage de Jérusalem, quoiqu'en beaucoup d'endroits on puisse voir des vestiges d'anciennes routes, témoignage du temps où « le roi Salomon avait 4,000 « écuries pour des chevaux et des chariots; et 12 000 ca-« valiers, qu'il caserna dans les villes fortes et à Jérusalem. »

Nous traversâmes rapidement la plaine, notre kawass galopant devant nous, et nous arrivâmes bientôt à un endroit où aucune voiture n'aurait pu nous servir. Nos chevaux trébuchaient à chaque instant sur des pierres roulantes ou des débris glissants de rochers, tandis que nous gravissions la colline arrondie sur laquelle est situé le couvent de Mar-Elias ou Elijah. C'est un bâtiment massif, d'une teinte grise, au milieu de bouquets d'oliviers et de plantations vigoureuses. Le mince croissant de la nouvelle lune et l'étoile, sa compagne, brillaient dans le firmament d'un bleu clair, précisément au-dessus de la cime argentée des oliviers. Nous fîmes une halte sur la colline pour laisser reposer nos chevaux haletants et pour jeter un coup d'œil autour de nous : au sud, nous apercevions la ville pittoresque de Bethléem, d'une éblouissante blancheur. Entre les collines de l'est, nous entrevoyions, par échappée, la mer Morte, et, au delà, les montagnes de Moab. Au nord, nous vîmes les murailles méridionales de Jérusalem, brillant au clair de la lune, et les bâtiments qui couronnent la montagne de Sion ; à l'ouest, un bois d'oliviers bornait la vue. Le kawass m'apporta, dans une curieuse petite coupe de poterie rouge, un peu d'eau puisée dans le réservoir de pierres entretenu pour les voyageurs par les bons moines de Mar-Elias.

Nous descendîmes dans la vallée par une pente presque à pic qui m'aurait terrifiée, une semaine ou deux auparavant; mais je m'étais accoutumée aux ascensions les plus rudes et aux descentes les plus rapides dans mes excursions sur les collines abruptes qui environnent Jérusalem. Nous remontâmes ensuite en spirale sur des versants couverts de terrasses bien entretenues et plantées d'oliviers et de figuiers. Les parapets de pierres brutes, soutenant la terre fertile, étaient garnis de plantes grimpantes, dont le riche feuillage jetait son ombre délicatement découpée sur la blancheur des pierres à chaux. Çà et là nous vîmes des rangées de superbes corbeaux, perchés par étages superposés sur le bord des rochers, les uns silencieux et immobiles, les autres inclinant tour à tour la tête, comme s'ils se consultaient. Un agréable sentier, partageant une large vallée, nous conduisit jusqu'aux murailles blanches et aux maisons à toit plat de Bethléem. Nous passâmes sous une arcade pointue, à travers des maisons basses et irrégulièrement dispersées; puis nous suivîmes une rue sombre et bordée de hautes murailles. En regardant à notre gauche, nous entrevîmes, à travers les portes ouvertes, des familles assemblées dans des chambres élevées de quelques marches au-dessus du niveau de la route et éclairées par une lampe. Des femmes et des enfants, d'un aspect riant, des hommes à l'air sombre avançaient la tête et s'efforçaient de voir à travers les ténèbres, quels étaient les étrangers qui passaient à cheval devant leur porte et troublaient le silence du soir. Plus loin, nous arrivâmes à une terrasse découverte, d'où nous aperçûmes le penchant des collines au-dessus et au-dessous, parsemées de maisons aux toits plats, sur lesquels plusieurs familles étaient déjà endormies. A travers les fenêtres sans vitres brillaient des lumières vacillantes; des bouquets d'arbres croissaient çà et là au milieu de la ville. L'église de la Nativité, entourée par les bâtiments du monastère, s'élève comme un sombre château féodal sur le flanc le plus escarpé de la colline.

Une arche profonde nous conduisit dans la cour du couvent, où nous mîmes pied à terre, et où nous fûmes reçus avec beaucoup de bienveillance par les moines latins qui nous attendaient. Le consul espagnol de Jérusalem et sa femme y étaient aussi ; nous passâmes une agréable soirée avec eux, le supérieur et un petit nombre de moines espagnols et italiens très-bien élevés. Après nous avoir servi un excellent souper, on nous conduisit dans nos divers appartements. Le supérieur m'introduisit dans une grande chambre voûtée, d'un aspect sombre, dans laquelle, lorsque je fus laissée seule et que la pesante porte eût été fermée sur moi, je me sentis tout à fait perdue. Huit lits de fer, complètement entourés de leurs rideaux, garnissaient la chambre. Je soulevai les rideaux avec timidité pour jeter un coup d'œil sur chacun d'eux. Une petite lampe d'argile rouge et de forme antique, avec un rebord d'un côté pour soutenir la mèche allumée, était placée dans une niche; mais sa faible lueur rouge se perdait presque dans l'éclat du clair de lune qui inondait les murs et les rideaux blancs par l'ouverture de la fenêtre grillée et sans vitres, placée au-dessus de la porte. Je fus, cette nuit-là, martyre des moustiques ; et aussitôt que l'aube parut, je me levai pour errer dans les corridors. J'y rencontrai les moines qui se rendaient au cloître pour la prière du matin, et j'assistai à la distribution de pain faite aux pauvres pensionnaires du couvent, dont la foule se pressait aux portes. Les femmes emportaient leurs provisions dans le coin de leurs voiles de lin, mais les hommes et les petits garçons mettaient les pains qu'on leur donnait dans le devant de leurs chemises ouvertes, au-dessus de leurs ceintures qui soutenaient le fardeau.

Je retrouvai mon frère, et nous allâmes ensemble, guidés par un moine, à l'église de la Nativité, bâtie par l'impératrice Hélène, l'an de grâce 327. C'est, dit-on, le plus ancien monument d'architecture chrétienne qui existe dans le monde. Les fûts des quarante colonnes qui soutiennent la magnifique architrave et le toit en ruines sont chacun d'un seul morceau de marbre, de plus de deux pieds de diamètre et d'environ seize pieds de hauteur, et surmontés de chapiteaux élégamment sculptés ; ces colonnes doivent avoir fait partie de quelques bâtiments plus anciens. On a prétendu qu'elles avaient été apportées là des ruines du temple de Jérusalem. Leur partie supérieure est peinte de figures byzantines de saints et de martyrs, tandis que plus bas se trouvent des dessins curieux et des monogrammes, tracés peut-être par les croisés ou par les pèlerins du moyen âge. Au-dessus des colonnes et sur les murailles, on voit des restes d'anciennes mosaïques de verre, de pierre et de métal : je parvins à y distinguer des groupes de figures, des vues de villes et des encadrements ornés. Ces mosaïques avaient été récemment découvertes sous le plâtre qui les cachait, et allaient être impitoyablement grattées, lorsqu'un voyageur anglais en arrêta la destruction, en signalant au supérieur la valeur et l'intérêt de ces antiques vestiges.

Les Grecs, les Latins et les Arméniens célèbrent leurs divers cultes dans cette église, et il y a quelquefois entre eux de très-violents conflits. Nous descendîmes dans la grotte de la Nativité, qui aujourd'hui, grâce aux dioramas, est connue de tout le monde avec ses lampes d'argent, ses encensoirs fumants, ses tapisseries de soie et ses saints dorés. Sur le pavé, au-devant de l'autel, une étoile indique la place même où, selon la tradition, le Christ est né ; mais je ne m'y sentis

pas saisie d'un respectueux tremblement, car ce n'était pas
ainsi que je me représentais la scène de la Crèche. Entourée
comme je l'étais de prêtres en robes magnifiques, de tableaux, de trésors venus de France, d'Italie, d'Espagne et de
Grèce, je pus à peine me croire à Bethléem.

Nous visitâmes les écoles du couvent. Dans une chambre
étaient quatorze beaux garçons de Bethléem, à la figure intelligente, qui apprenaient l'italien. Ils nous montrèrent leurs
exercices et leurs traductions, et nous chantèrent, en latin,
un hymne à la Vierge, en faisant entendre, à la fin de chaque
vers, cette intonation aiguë particulière aux Orientaux. Nous
entrâmes dans une autre classe, où étaient réunis de plus
jeunes garçons, qui apprenaient à lire et à écrire en arabe;
mais ils étaient très-sales, mal tenus et bruyants; nous ne
nous arrêtâmes pas longtemps auprès d'eux.

Après avoir déjeuné avec le supérieur des Latins, qui nous
raconta des histoires de miracles récemment arrivés dans la
grotte sacrée (la ferveur et la simplicité de son récit montraient qu'il y ajoutait une foi entière et souhaitait que nous
en pussions tirer quelque fruit), nous quittâmes le couvent,
et nous nous engageâmes dans les rues et les passages escarpés parmi les maisons irrégulièrement dispersées de la ville.
Celle-ci est presque entièrement peuplée de Chrétiens arabes
des Églises latine, grecque et arménienne; leur nombre réuni
s'élève environ à trois mille deux cents[1]. Ils cultivent avec

[1] Il y avait anciennement, dans Bethléem, un quartier musulman considérable; mais après l'insurrection du peuple, en 1854, il fut entièrement détruit. Les Musulmans sans asile s'enfuirent et se dispersèrent
dans les campagnes voisines; quelques-uns s'établirent dans les villages
musulmans; d'autres s'enrôlèrent; un petit nombre adopta la vie nomade sous la tente; et depuis est toujours resté errant comme les Bédouins, sauf qu'ils ont conservé leurs coutumes et leurs observances religieuses, leurs fêtes et leurs jeûnes, plus strictement que les tribus
nomades ne le font en général. Durant le mois du ramadan, ils choi-

soin leurs champs et leurs jardins en terrasse, et envoient chaque jour à Jérusalem d'abondantes provisions de légumes et de fruits; mais une des principales occupations des Bethléémites est la fabrication de divers articles sculptés en nacre de perle et en bois d'olivier.

Nous prîmes des informations sur un jeune homme, un orphelin, que mon frère connaissait pour l'un des plus habiles sculpteurs de la ville. Ses voisins, qui nous guidèrent jusqu'à la porte, nous dirent en l'ouvrant : « Soyez contents et entrez avec joie, car c'est aujourd'hui une maison de réjouissances. » Nous trouvâmes le graveur à son ouvrage, assis sur le sol; il se leva, évidemment charmé de recevoir mon frère qui l'avait autrefois protégé et aidé à s'établir. « Soyez le bienvenu, dit-il, ô mon maître! Dieu soit béni de vous avoir ramené dans ce pays pour y voir le fruit de vos bontés, l'ouvrage de vos mains! Vous avez bâti ma maison, vous êtes l'auteur de ma félicité, vous m'avez donné un fils! » Mon frère lui répondit en riant : « O mon ami, vous me parlez en énigmes; expliquez-vous plus clairement, je vous prie. » Le graveur prit alors une poignée de ses outils, en disant : « O mon protecteur, vous m'avez donné ces outils; ces outils m'ont procuré de l'or; l'or m'a procuré une femme, et ma femme m'a donné un fils dans la nuit de la nouvelle lune. »

Il avait jadis été au service de mon frère, qui avait remarqué en lui un goût décidé pour le dessin et la sculpture, et qui l'encouragea en lui donnant quelques leçons et quelques instruments anglais. Autour de la chambre, sur les murs

---

sissent pour leur campement une place en vue de Jérusalem, afin qu'ils puissent voir l'éclair du canon qu'on tire du haut de la citadelle, au coucher du soleil, pour annoncer le moment où les Musulmans peuvent rompre leur jeûne.

Quelques-uns de ces mahométans reviennent toutefois peu à peu s'établir à Bethléem.

lanchis à la chaux, étaient suspendues un grand nombre de
etites incrustations de nacre de perle pour des dessus de
able, d'environ un demi-mètre carré, destinées aux guéri-
ons et aux escabeaux sur lesquels on place, en Orient, le
afé et les conserves dans les établissements publics. La cham-
re était encore décorée de rosaires ciselés, de crucifix, de
oupes et de croix en bois d'olivier. L'artiste nous montra,
on sans orgueil, de larges coquilles plates, sur lesquelles il
vait sculpté des sujets sacrés et des scènes des lieux saints, ainsi
que des chapelets en bitume provenant des rives de la mer
Iorte. Durant les dernières fêtes de Pâques, il avait fait une
très-bonne récolte, car les pèlerins achètent ces objets avec
e plus grand empressement, et, lorsqu'ils sont bénits, ils les
conservent comme des reliques. Les voyageurs anglais lui
avaient acheté une grande quantité de couteaux à papier, de
bracelets, de broches, faits sur les dessins de mon frère; le
graveur avait conservé ces esquisses avec un soin affectueux,
et il me les montra avec de nouvelles expressions de reconnaissance, en me disant : « Que la paix soit sur ses mains! »
Lorsqu'il parlait, sa physionomie était remarquablement animée et intelligente; son long vêtement d'un bleu foncé rayé
de rouge, sa ceinture cramoisie et le châle rouge et jaune
roulé autour de sa tête en forme de turban, lui allaient à
merveille. Il m'invita à voir sa femme et son enfant. J'acceptai avec empressement, et je le suivis à travers une petite
cour carrée, abritée en partie par des nattes tendues sur des
pieux et des branches d'arbres, et, en partie, par une vigne
qui courait sur des treillages grossiers. Dans un coin de cette
cour on voyait un grand nombre de coquilles d'huîtres de la
mer Rouge, dont quelques-unes avaient un quart de mètre
de largeur; des monceaux de bitume, provenant du désert
de Aïn-Jidy, et des fragments de roches rouges et jaunes,
apportés de Jérusalem : c'était la provision de matériaux

4

bruts dont se servait l'artiste, et qu'il me fit remarquer [en] passant. Plus loin était une pile de beaux melons et une r[an]gée de jarres pleines d'eau. Un bêlement plaintif attira m[on] attention d'un autre côté, où se trouvait un bel agneau gr[as] qui broutait des feuilles de mûrier. Les quatre chamb[res] de la maison ouvraient sur cette cour centrale, et, comm[e] elle est bâtie sur le penchant d'une colline, le sol de la bo[u]tique est d'un pas ou deux au-dessous du niveau de la cou[r] tandis que la chambre du côté opposé est beaucoup pl[us] élevée. Nous montâmes quelques marches, et notre hôte nou[s] conduisit à la porte ouverte de cette chambre supérieure, dans laquelle se tenait, assise sur une natte, une très-jol[ie] jeune femme, au visage rond et à la physionomie enfantin[e] et joyeuse. Ma visite inattendue ne lui causa aucun embarras[;] elle se leva et, après avoir posé sa main sur son cœur, pu[is] sur son front, elle me dit : « Sois la bienvenue et qu'il t[e] plaise de te reposer ici! » C'était l'épouse du sculpteur. Un[e] femme âgée qui, je l'appris plus tard, était sa mère, arrange[a] pour moi quelques coussins sur un petit tapis, et prena[nt] ensuite sous les rideaux d'un berceau de bois peint en roug[e,] un petit être emmailloté, elle le posa sur le bord de ma rob[e] en me disant : « Regarde le don de Dieu! » Je pris la petit[e] créature dans mes bras; son corps était roide et tout d'un[e] pièce, tant il était étroitement serré dans un maillot de toil[e] blanche et pourpre; ses mains et ses pieds étaient complè[te]tement cachés, et sa tête était entourée d'un petit châle roug[e] très-doux, qui passait sur son front et sous son menton; u[n] médaillon de cristal, contenant une relique de saint Joseph[,] réduite en poussière, y était attaché. Sa mère portait une lon[n]gue chemise en toile de couleur bleue, assez étroite, et ou[n]vrant sur le devant jusqu'à la ceinture; une pelisse ou ja[c]quette étroite et courte, en étoffe de soie rayée, cramoisie e[t] blanche, et un châle autour de la taille; un long voile d[e] aisse mousseline blanche descendait de sa tête sur ses épaules et cachait en partie sa coiffure qui était ornée d'un rang de petites pièces d'or et de quelques branches d'immortelles. La grand'mère était vêtue d'une épaisse chemise ou d'une espèce de sac de lin bleu, dont les larges manches pendantes et ouvertes découvraient des bras tatoués et ornés de bracelets. Un long voile blanc tombait en plis gracieux de sa tête sur ses épaules et jusqu'à ses pieds, qui étaient nus. Un voile semblable à celui-ci enveloppait Ruth, la jeune veuve moabite, lorsque, trois mille ans auparavant, elle glanait dans les champs fertiles de la vallée au-dessous de Bethléem, et lorsque son parent, Booz, homme riche et puissant de Bethléem, lui donna gracieusement six mesures d'orge en lui disant : « Prends le voile que tu as sur ta tête, et tiens-le. Elle le tint, et il mesura six mesures d'orge et les lui donna, puis il retourna dans la ville. (*Ruth*, ch. III, v. 15.)

Je demandai à la jeune mère son nom. « Miriam est mon nom, » répondit-elle ; mais sa mère dit : « Non, elle ne s'appelle plus maintenant Miriam, mais Um Yousef (mère de Joseph), car un fils lui est né, dont le nom est Joseph. »

L'usage universel en Orient est que la mère prenne le nom de son fils premier-né, précédé du mot *Um* (mère) ; ainsi, Um Elias, mère d'Elias, ou Um Elia, mère d'Élie, d'où peut-être sont venus les noms d'*Em*ma, d'*Em*ilie et d'*Am*élie. D'après le même principe, le nom du père change aussitôt qu'il a un fils, dont il adopte le nom, précédé du mot *Abu* (père). C'est le sujet d'un grand chagrin et d'un grand désappointement pour les parents s'ils sont, faute d'un fils, obligés de conserver leurs propres noms.

La petite créature que j'avais dans les bras, enveloppée de bandelettes comme une momie, commença à donner quelques signes de vie en faisant entendre de faibles sons dans la langue universelle des nouveau-nés. La mère le prit de mes mains et, avant de l'approcher de son sein, elle baisa respectueusement un petit sachet de soie, brodé en or, et le pressa ensuite sur son front. En réponse à mon regard interrogateur, elle m'expliqua, en partie par des paroles et en partie par des signes, que ce petit sachet suspendu à son cou contenait un débris d'une pierre blanche, provenant d'une grotte près de Bethléem, sanctifiée par le lait de la bienheureuse Vierge, qui y avait coulé une fois, et que les mères procuraient avec empressement pour le placer sur leurs poitrines comme un talisman.

La chambre dans laquelle nous étions assis était très simplement meublée, de forme presque carrée, avec le sol pavé de dalles et les murs blanchis à la chaux. Sur une large tablette, courant le long de trois de ses côtés, étaient rangés beaucoup d'articles de poterie indigène : coupes, jarres, lampes et plats de métal. Une natte de roseaux, un tapis, environ de la largeur d'un devant de foyer, plusieurs oreillers ou coussins étaient étalés par terre. Un grand coffre rouge, avec des ornements et des poignées de bronze, servait de garde-robe à la famille. Le berceau rouge, un grand bassin et son aiguière en métal, et quelques petites tasses à café sur un guéridon bas en ébène, incrusté de nacre, complétaient le mobilier de la chambre. Dans une niche profonde, vis-à-vis de la porte, étaient empilés, avec beaucoup d'ordre, des matelas et des couvertures ouatées. Dans les véritables maisons arabes, les couchettes sont inconnues et, par conséquent, il n'y a point de pièce à part pour servir de chambre à coucher. On étend les matelas partout, dans les diverses chambres, dans les cours ou sur les terrasses, selon la saison ou la convenance du moment; ces objets de literie sont roulés et mis de côté, pendant le jour, dans des réduits faits exprès. Ainsi, avec une provision suffisante de matelas et de couvertures, un grand

ombre d'hôtes peuvent recevoir l'hospitalité, chaque soir,
t en un instant. La chambre était bien aérée par de grandes
uvertures carrées, pratiquées près du plafond vis-à-vis l'une
de l'autre; l'une, au-dessus de la porte, l'autre, au-dessus
de la niche où les matelas étaient empilés[1]. Je pris une
asse de café et quelques dragées et pris congé, en disant à
Miriam : « Que Dieu soit avec vous. » La grand'mère me reconduisit à travers la cour, me montrant, d'un côté, une
cuisine, et de l'autre, un cellier bien fourni de provisions.
Lorsque nous entrâmes dans la boutique, elle releva son
long voile blanc sur la partie inférieure de son visage; elle
baisa les mains de mon frère et nous servit ensuite du café
et des confitures.

[1] Cette sorte de lit put être aisément emporté par le malade de Capharnaüm, à qui Jésus-Christ dit : « Lève-toi, prends ton lit et retourne
dans ta maison. » Et si les maisons de Capharnaüm étaient alors bâties
comme le sont aujourd'hui la plupart de celles des villes de la Palestine,
il est facile de s'expliquer le quatrième verset, où il est dit : « Que le
toit fut découvert pour descendre le malade jusqu'aux pieds de Jésus-
Christ. » La cour intérieure des maisons est en général plus spacieuse
qu'aucune des chambres qui l'entourent, et souvent, de chaque côté, il
y a des bancs de pierre recouverts de tapis et garnis de coussins, qui servent de divans pendant le jour et de lits pour la nuit. Notre Seigneur a
pu se retirer dans une de ces cours, lorsque la foule se fut accrue. Nous
pouvons donc bien nous le représenter avec le peuple émerveillé autour
de lui et les scribes rusés et hostiles assis sur des divans, tous abrités
contre la chaleur du soleil par des nattes ou par des toiles soutenues sur
un treillis de branches d'arbre ou de planches, composant un couvert
plus ou mons solide. Lorsque le malade fut apporté par ses amis à la
maison où le Christ prêchait, ils ne purent « *arriver jusqu'à lui, à cause
de la foule;* » ils montèrent donc très-naturellement sur la terrasse ou
sur le sommet de la maison, et « *découvrirent le toit* » de la cour, c'est-
à-dire qu'ils enlevèrent les nattes qui l'abritaient, et qu'ensuite « *ils bri-
sèrent* » le treillage et descendirent le lit où gisait le paralytique. S'ils
avaient brisé le toit d'une maison ordinaire, les poutres, le ciment et les
pierres dont il est composé auraient pu, en tombant, mettre en danger
la vie de ceux qui étaient au-dessous.

4.

Nos domestiques arrivèrent alors avec les chevaux, et nous quittâmes l'atelier du sculpteur de Bethléem. Ces paroles d'adieu : « La paix du Seigneur soit avec vous, ô mon protecteur ! » et la réponse de mon frère : « Que la bénédiction de Dieu soit sur vous et sur votre maison ! » me rappelèrent les salutations échangées autrefois entre Booz et ses moissonneurs, dans l'un des champs étendus au pied de la colline que nous descendions et où nous voyions çà et là des bœufs foulant le grain sur le sol battu des aires.

Nous approchions du lieu que la tradition locale a spécialement consacré aux noms de Ruth et de Booz ; c'était assez pour moi d'être assurée qu'ils s'étaient rencontrés sur quelque point de cette vaste et fertile vallée et que la ville de Bethléem, quoique changée, était bien la ville même où Ruth se réjouissait de la naissance de son premier-né, où la tristesse de Noémi fut changée en joie, et « où les femmes de son voisinage se réjouirent avec elle. » Nous nous arrêtâmes au milieu d'un petit groupe d'hommes, de femmes et d'enfants. Quelques-uns surveillaient les mules et les bœufs sur l'aire; d'autres glanaient et sarclaient dans les champs voisins, et les plus bruyants et les plus actifs étaient occupés à charger les sacs de grains sur le dos des chameaux agenouillés. La contemplation de cette scène animée, le souvenir des incidents de la matinée me transportaient dans le passé, et je me représentai parfaitement l'admirable histoire de Ruth. Nous traversâmes un champ de maïs afin de nous reposer un moment à l'ombre d'un bouquet d'arbres planté, dit-on; pour marquer la place où les bergers gardaient leurs troupeaux pendant la nuit, lorsque la « *bonne nouvelle* » leur fut annoncée. Ce lieu est maintenant appelé le jardin des Bergers, et il est sous la garde des moines de Bethléem. Nous remontâmes de nouveau le penchant de la colline et nous jetâmes un coup d'œil dans la grotte du Lait, où la tradition dit que Marie s'arrêta, le soir de sa fuite en Égypte. C'est une grotte creusée dans un rocher de pierre à chaux très-blanche, qui est soumise, depuis des siècles, à de nombreuses excavations, en raison de la vertu qui, ainsi que je l'ai dit, est attribuée à ces pierres. Des fragments en sont conservés dans toutes les contrées de la Syrie et dans beaucoup de pays de l'Europe, et je les ai souvent vu employer avec succès. Il se peut que le regret de n'être pas pourvu de cette relique suffise, chez des personnes nerveuses, pour empêcher la formation du lait; dans ces cas-là, les remèdes des sages-femmes et des docteurs sont impuissants; mais si l'on peut obtenir, par les mains d'un prêtre, quelques fragments de la pierre sacrée, alors l'âme recouvre sa tranquillité, et la guérison en est la conséquence. C'est ainsi que l'on peut expliquer un grand nombre de prétendus miracles.

Nous nous dirigeâmes au sud vers Urtàs, à travers des collines en terrasses, que les vignes, les oliviers et les figuiers couvraient d'une splendide végétation. Du milieu de l'épais feuillage, s'élevaient çà et là, pour la surveillance des plantations, de petites tours en pierres blanches. Les méandres du sentier nous approchaient de temps en temps d'une hutte bâtie en pierres non taillées et recouverte simplement de branches d'arbres, placée dans un jardin de concombres ou de tomates, ou dans un clos de vigne. L'une de ces agrestes demeures était gauchement réparée par un groupe de jeunes garçons qui, pour cet objet, avaient rassemblé des pierres et des pieux, et qui poussaient des cris de joie en voyant les progrès de leur travail. D'une autre de ces petites huttes, nous vîmes, tout d'un coup, sortir comme par enchantement (car cet étroit espace ne paraissait pas capable de les contenir) cinq jeunes filles de Bethléem; trois d'entre elles étaient de très-jolies brunes; les autres, plutôt blondes. Toutes semblaient fortes et saines, avec des couleurs fraîches et de grands yeux limpides. Elles s'avancèrent avec un mélange de timidité et de hardiesse, curieuses de nous voir au passage. Leurs vêtements, couleur de pourpre, simplement retenus à la taille par une ceinture, leurs longues et larges manches, d'où sortaient des bras bronzés, ornés de bracelets; leurs voiles blancs, d'un tissu grossier, rejetés en arrière et descendant sur leurs épaules et leurs pieds nus, étaient en parfaite harmonie avec les scènes pastorales qui nous entouraient.

Je mourais de soif; j'appelai une de ces jeunes filles, en lui disant : « Abreuve-moi avec de l'eau, ô ma sœur. » Immédiatement elle me tendit un vase de terre poreuse, rouge et noir, de forme antique. Tandis que je buvais l'eau fraîche et pure qu'elle contenait, toutes les jeunes filles autour de moi disaient : « Dieu veuille qu'elle vous désaltère, ô dame! » Et avertie par mon frère, je répondis, selon la coutume : « Dieu vous conserve. » Nous leur demandâmes où elles avaient puisé cette eau délicieuse : « Du puits, auprès de la ville, répondirent-elles. » Ainsi, peut-être avions-nous goûté à cette même eau après laquelle soupirait David lorsqu'il disait: « Oh! qui me donnera de l'eau du puits de Bethléem, du puits qui est à sa porte? » Nous donnâmes, en partant, un *backsish* aux jeunes filles, et en retour nous reçûmes leurs bénédictions.

Les hommes et les petits garçons que nous rencontrâmes ou que nous vîmes de loin, travaillant dans les vergers de la colline ou en bas dans la plaine, ne portaient rien qu'une courte et grossière chemise blanche, serrée avec un ceinturon de cuir rouge, orné de piqûres et de broderies; leurs têtes étaient protégées par des châles de couleurs brillantes rouges et jaunes, roulés avec goût autour de leurs bonnets, garnis de pompons de soie, et dont la calotte était blanchie par le soleil. Un petit nombre d'entre eux portait des bottes rouges à pointes recourbées, grossièrement faites, mais d'un aspect pittoresque. Quant à ceux qui n'avaient pas de chaussures, la nature avait durci leurs pieds de façon à les rendre insensibles aux épines et aux pierres.

Dans la vallée au-dessous de nous, nous vîmes de vastes champs de millet vert et de houque (dont la tige de cinq ou six pieds de haut sert à faire des balais), mais le froment et l'orge étaient déjà moissonnés, et les mules et les bœufs étaient occupés à fouler le grain sur l'aire.

Du côté oriental de cette vallée, les collines étaient incultes et, sur les terrasses négligées, croissaient les figuiers sauvages, les épines et les chênes verts. Entre les sommets de ces collines, comme au travers d'une brèche ouverte, nous pouvions par instant apercevoir la mer Morte, calme, bleue, brillante sous les rayons du soleil, et au delà la longue chaîne des collines de Moab qui bornait la vue à l'horizon et se confondait avec le ciel.

Le soleil était très-ardent, car nous étions à la cinquième heure du jour, c'est-à-dire entre dix et onze heures. Nous nous mîmes à l'abri des coups de soleil, en tournant autour de nos chapeaux de longues écharpes de mousseline, en forme de turban, la plus convenable de toutes les coiffures dans les pays chauds. Nous ne voyions plus trace de terres cultivées ; les collines étaient revêtues d'épines, de chardons, de thym et de sauge sauvage, excepté dans les endroits où le sol avait été entraîné par les eaux et laissait à découvert la roche d'un gris bleuâtre.

En descendant dans la vallée d'Urtâs par une pente où aucun sentier n'était tracé, nous nous arrêtâmes pour regarder une longue caravane de chameaux et une troupe considérable de bédouins qui y entraient, par un étroit défilé, en face de nous. Ils étaient précédés par trois hommes d'un aspect sauvage, montés sur des chevaux et portant des lances d'environ douze pieds de long, garnies de touffes de plumes d'autruche.

Cette tribu était évidemment à la recherche d'un site favorable pour son campement d'été, car elle était accompagnée d'un grand nombre de femmes et d'enfants, que les chameaux, en tête de la caravane, portaient dans des paniers ou des berceaux, tandis que les autres bêtes étaient chargées de tentes de crin noir, de faisceaux de pieux pour les tentes, d'ustensiles de cuisine, de jarres pour contenir l'eau, de nattes et de sacs de provisions. Les troupeaux de chèvres et de moutons et quelques ânes formaient l'arrière-garde, s'arrêtant pour boire dans un petit étang naturellement creusé au milieu de la vallée et bordé de fleurs et d'herbes fraîches. Le tintement des clochettes des chameaux, le chant plaintif, sauvage et monotone des femmes retentissaient encore à nos oreilles, longtemps après que nous les eûmes perdus de vue. Sans nul doute, ces Arabes nomades plantèrent leurs tentes et établirent leur domicile au coucher du soleil, auprès de quelque ruisseau ou de quelque fontaine d'eau douce. Leurs sombres demeures s'élèvent promptement, et ils se bâtissent un village en l'espace d'une heure.

Lorsque nous atteignîmes le fond de la vallée et que nous eûmes dépassé un rocher creux qui se projette hardiment sur la route et la force à un brusque détour, je tressaillis de surprise et d'admiration à la vue du tableau qui se déroulait devant nous, le plus délicieux que j'eusse vu en Orient.

Il n'est pas surprenant que tous ceux qui se sont occupés de la topographie de la Bible, s'accordent à considérer Urtâs comme l'emplacement des jardins de Salomon, car on conçoit aisément que Salomon ait choisi cette vallée pour sa retraite favorite et y ait fait planter ses jardins de plaisance. Ce lieu peut avoir été beaucoup plus magnifique de son temps, lorsque les colonnes, qui maintenant couvrent le sol, soutenaient les bâtiments grandioses, et que les terrasses étaient pavées avec les mosaïques maintenant en poussière. Toutefois, même dans ces jours de splendeur, il ne peut guère avoir été plus agréable et plus frais qu'il ne l'est aujourd'hui, car maintenant comme alors les grenadiers plient sous le poids de leurs fruits, les vignes sont chargées de grappes dorées, les figuiers laissent pendre leurs figues vertes autour de la fontaine des jardins. Des courges, des concombres, des melons, des tomates tapissent le lit de la vallée de leurs larges feuilles et de leurs fruits brillants. Des champs de lentilles, de fèves, de pommes de terre, de millet, de maïs doré, de tabac en fleur et de sésame parfaitement cultivés proclament l'habileté agricole des successeurs de Salomon. Plus loin, dans la vallée, est un splendide verger où les pêchers, les pommiers, les pruniers fleurissent à côté les uns des autres avec les arbres les plus communs de la contrée, tous arrosés par des ruisseaux, étincelants au soleil, qui se divisent, comme des fils d'argent, à travers les jardins et les rochers.

Nous suivîmes un étroit sentier qui s'élevait un peu au-dessus du fond de la vallée et qui nous conduisit à une maison solitaire, bâtie en pierres, adossée contre la pente escarpée de la colline, à droite. Là, nous mîmes pied à terre et nous fûmes cordialement reçus par les habitants de la maison, M. Meshullam et sa famille, les tenanciers actuels de ce lieu favorisé et qui le faisaient valoir. Ils sont juifs de naissance ; mais devenus chrétiens, ils sont maintenant sous la protection du gouvernement anglais. Nous nous reposâmes sous un immense figuier, sur un banc de rochers et de pierres construit autour de son tronc massif et recouvert de tapis et de coussins. Vis-à-vis était l'entrée de la maison, vaste portail voûté en arcade ; un bahut en bois et deux bancs de pierre couverts de nattes et de coussins en occupaient les trois côtés. Cette sorte de vestibule ouvert sert de salon d'été:

Au-dessus de la porte conduisant aux chambres intérieures, étaient suspendues, pour sécher, des peaux de blaireau, des queues de renards et des défenses de sanglier, trophées du courage et de l'habileté des jeunes Meshullam. Des faisceaux de maïs, de grandes gourdes sèches en forme de coupe, d'une teinte dorée, étaient attachés au-dessous de la voûte avec les cages de quelques oiseaux captifs et une grosse lanterne.

La chambre où nous dînâmes avec M. Meshullam et sa famille, était aussi simple que l'extérieur de la maison. L'un des convives, M. Henri Went-Worth Monck, vivait là depuis deux ans, presque de la vie d'un ermite. Son seul compagnon habituel était un Nouveau Testament grec et il ne conservait guère de relations avec le monde que par la lecture du *Times*. Il passait à peu près tout son temps en plein air, ne rentrant dans la maison que pour dormir et pour manger. (Son portrait, frappant de ressemblance, fait par Holman Hunt, a paru à l'exposition de l'Académie royale, en 1860).

Notre hôtesse, mistress Meshullam, juive italienne, me dit qu'elle ne pouvait me donner qu'un dîner de paysans italiens, car elle ne nous attendait pas ce jour-là ; mais la délicieuse soupe aux lentilles et autres légumes, le plat de fèves bien assaisonnées, les beignets de patates, les omelettes et les fruits qu'on nous servit démentaient ses paroles et se seraient parfaitement passé d'excuses.

Après le dîner, les fils de M. Meshullam nous conduisirent obligeamment visiter les ruines d'Urtâs, sur le penchant rocailleux de la colline. Il n'en reste plus que des blocs de pierre dispersés, des colonnes renversées, quelques fondations de maisons et des murs en ruines. Un petit nombre d'Arabes de la tribu de Tâmari hantent ces ruines et les cavernes creusées dans les collines de pierre à chaux, qui s'élèvent derrière elles, attirés qu'ils sont par la source qui jaillit impétueusement d'un rocher recouvert de mousses, de fougères et ombragé de beaux arbres. L'eau tombe bruyamment, en large nappe, éclaboussant tout à l'entour, dans un réservoir carré, où un groupe de petits bédouins jouissaient du bain de pluie que leur envoyait la cascade. Quelques hommes baignaient leurs pieds et lavaient leurs mains dans le réservoir, avant de faire leur prière.

De ce bassin, l'eau s'échappe et tombe dans un plus grand réservoir, au-dessous du premier, où un certain nombre de femmes et de filles d'Urtàs lavaient leurs chemises de lin blanches et pourpres et leurs voiles déchirés, par le procédé primitif, c'est-à-dire en pliant le linge et le plaçant sur une dalle polie de la margelle du bassin, un peu au-dessous de la surface de l'eau, puis en le battant avec des pierres plates qu'elles tenaient dans leurs mains. De petits enfants nus à la peau bronzée s'ébattaient en sautant dans l'eau, comme des grenouilles. Les jeunes filles m'invitèrent à descendre dans le réservoir pour y baigner mes pieds. Les murailles de pierre brute, qui enfermaient les deux bassins, étaient tapissées de fougère, de cresson, de capillaire et d'hépatique.

Nous suivîmes le cours du ruisseau et descendîmes avec lui dans la vallée, entre les murs d'appui qui enferment les plantations d'oliviers, de figuiers, de citronniers et de grenadiers, nous frayant le chemin avec précaution, et suivant tantôt d'un côté, tantôt de l'autre, le cours du ruisseau qui coulait doucement dans son lit pierreux.

L'agréable murmure des eaux courantes, les chansons des chardonnerets, la vue des arbres chargés de fleurs et de fruits dans les jardins encaissés entre les pentes des coteaux, la fraîcheur de la brise chargée du parfum des figuiers, semblable à celui de l'héliotrope, et les aromes des fleurs et des herbes sauvages qui nous entouraient, nous jetèrent dans le ravissement. Le roi Salomon n'éprouvait sans doute pas de plus douces émotions, lorsqu'il venait jadis dans son jardin

pour en manger les fruits savoureux. « Éveille-toi, ô vent
« du nord, et toi, vent du sud, souffle sur mon jardin, afin
« qu'il puisse répandre ses parfums. »

Le ruisseau nous conduisit au fond de la vallée où il prit
paisiblement son cours dans un lit étroit, bordé d'herbes
vertes, de genêts, de véroniques, suivant le pied de la colline
qui était festonnée de masses de capillaire et de mousse du
vert le plus éclatant. Nous traversâmes le jardin sur une
espèce de jetée en pierres ou de viaduc et nous passâmes à
travers un champ de graminées, dont chaque tige était couronnée d'un panache soyeux et entourée d'une guirlande de
convolvulus roses et blancs. Beaucoup de jardiniers, employés
par M. Meshullam, travaillaient à ce jardin. Il a à Jérusalem
une boutique, exclusivement pour la vente des fruits et des
légumes de ce domaine; il a introduit dans le pays beaucoup
d'arbres fruitiers et de plantes potagères qui n'avaient jamais
été cultivés en Orient. Ils y réussissent bien, spécialement les
graines et les boutures d'Amérique. Toutefois, sans l'énergique protection que M. Finn lui accorde, il ne pourrait pas
résister aux envahissements des tribus arabes de ce district,
et la fertile vallée deviendrait bientôt un désert.

Après avoir pris congé des Meshullam, nous nous dirigeâmes vers la partie supérieure de la vallée, pour voir les
trois grands étangs, étagés les uns au-dessus des autres, qui
recueillent les sources de tous les alentours. Le premier et le
plus large a cinq cents quatre-vingt-deux pieds de long et
cinquante de profondeur; le second a quatre cents vingt-
trois pieds de long et trente-neuf de profondeur, et le plus
élevé a trois cents quatre-vingts pieds de long et vingt-cinq de
profondeur. Une eau bleue et limpide remplit à moitié ces
bassins, qui sont une si précieuse ressource pour les époques
de sécheresse. Le fond de l'étang supérieur est plus élevé que
le bord de celui qui est au-dessous, et il en est de même du

second relativement au troisième. Ils sont formés, en partie d'excavations dans le roc, en partie d'immenses pierres taillées. On les appelle étangs de Salomon, qui, peut-être, pensait à eux ainsi qu'à ses jardins d'Urtâs, lorsqu'il disait : « Je me suis fait des jardins et des vergers, et j'ai planté des arbres de toute espèce de fruits ; je me suis fait des étangs d'eau pour en arroser les racines qui font pousser les arbres. » Sans doute, les fontaines et les ruisseaux, qui entretiennent ces étangs, descendaient autrefois dans la vallée d'Urtâs jusqu'à la mer Morte, et allaient perdre leurs eaux douces dans ce lac salé, jusqu'à ce que la main de Salomon les recueillît dans ces grands réservoirs, et qu'il bâtît le fameux aqueduc, autour du penchant des collines, et au-dessus des plaines et des vallées, pour conduire l'eau au temple du mont Moriah. Maintenant encore la fontaine qui est en face de la mosquée El-Aksa, est alimentée par ces mêmes eaux. Quelquefois, il est vrai, cette alimentation est insuffisante, à cause de l'incurie des gardiens de l'aqueduc ; car les passants abreuvent leurs chevaux aux nombreuses ouvertures qui se trouvent dans le trajet du conduit, ou gaspillent l'eau de toute sorte de façons avant qu'elle puisse atteindre la ville. Chaque nouveau pacha fait de son mieux pour prévenir ces abus par des mesures énergiques ; mais, en général, il y renonce au bout de peu de temps.

Nous revînmes au logis, en suivant d'aussi près que nous le pûmes le cours de l'aqueduc. A chaque ouverture, nous voyions une nappe d'eau courante s'échapper à travers les touffes de mousse et de capillaire. Sur plusieurs de ces points, contrairement à la loi, des femmes lavaient leurs habits et remplissaient leurs jarres. Il me vint à l'esprit qu'il pouvait y avoir eu là une route carrossable, parallèlement à l'aqueduc, et qu'elle avait dû jadis lui servir comme de parapet. On ne voit plus maintenant trace de route semblable, et, dans quelques endroits, le passage est très-difficile, même pour une mule. Cependant, quand nous considérons quels ravages le débordement des torrents peut causer dans un seul hiver, nous devons nous étonner que les torrents de tant de siècles ne se soient pas montrés plus destructeurs.

Il faut croire qu'en Palestine les routes ont demandé des soins particuliers. Il est dit, dans le Talmud, que pour l'arrivée des tribus à Jérusalem, qui avait lieu trois fois par an, les routes devaient être réparées. « Préparez la voie du peuple; tracez les grandes routes, rassemblez les pierres en tas et écartez les pierres d'achoppement du chemin de mon peuple. » Je m'imaginais aisément l'espèce de préparation qu'exigeait ce commandement; comment les pierres, les roches, les débris des collines, entraînés par les pluies d'hiver, étaient enlevés par les travailleurs, comment les arbres tombés étaient emportés, les ornières comblées et les ravines remplies. Je voyais en imagination les grandes routes, tournant autour des collines en terrasses, traversant les vignobles, les beaux jardins et les pâturages de la plaine, comme dans les jours où régnait Salomon le magnifique, ou bien Hosias le protecteur de l'agriculture. (*Voy.* II Chron., ch. xxvi, v. 10 et 11.)

Le soleil était descendu, splendidement enveloppé de pourpre et d'or, lorsque nous quittâmes le cours tortueux de l'aqueduc; nous n'entendions plus le joyeux murmure des ruisseaux, dont les eaux coulaient librement vers Jéruralem, et nous prîmes une route plus directe se dirigeant vers le couvent de Mar Elias. Nous montâmes la colline et traversâmes au galop la plaine de Raphaïm, rencontrant de longues files de chameaux déchargés et un grand nombre de femmes et de paysans de Bethléem, qui, ayant vendu leurs produits à Jérusalem, revenaient avec leurs corbeilles vides sur leurs têtes.

La nuit était tout à fait venue, lorsque nous atteignîmes Talibyeh. Pendant la journée, quelques pauvres Juifs avaient été employés à construire une espèce de véranda avec des roseaux, sur la façade de la petite maison de pierre, ce qui faisait une très-agréable retraite. Ces roseaux avaient été recueillis sur les bords du Jourdain ; ils ont environ un pouce et demi ou deux pouces de diamètre et douze ou treize pieds de haut; ils sont terminés par une sorte de panache, qui représente comme une miniature de palmier. C'est vraisemblablement de cette espèce de roseau qu'il est question dans l'histoire de la Passion, lorsqu'il y est dit : « Aussitôt l'un d'entre eux courut et prit une éponge et, l'ayant emplie de vinaigre, la mit au bout d'un roseau et lui donna à boire. » (S. Matth., xxvii, 48.)

Excédée de fatigue, mais contente de ma journée, je me retirai sous ma tente et, conformément aux conseils des femmes arméniennes, je baignai mes pieds et mes bras avec du lait et du vinaigre, pour apaiser l'irritation causée par les moustiques, qui m'avaient tourmentée dans le couvent de Bethléem. Je trouvai le remède efficace, et je recommande aux voyageurs d'en essayer.

CHAPITRE IV

L'arc-en-ciel. — Les guêpiers. — La fontaine de Philippe. — Un cheval échappé. Catherine et ses déceptions. — Départ pour Haïfa. — La jeune fille boiteuse de Kubâb. — Sieste à Ramlé. — L'esclave abyssin. — Le chant du Bédouin à son chameau. — Un dimanche à Jaffa. — Exhibition d'une chèvre savante. — Circoncision. — Fabrication du pain. — Scènes sur un bateau arabe. — La douane à Tantùra. — Ruines de Dora et d'Athlite. — Une noce. Les berceaux. — Les carouges et le miel sauvage. — Les moines du mont Carmel. — Haïfa.

Notre première intention était de ne rester que peu de temps à Jérusalem ; mais mon frère avait été retenu pour les affaires du consulat, et il fut désigné pour suivre Kamil-Pacha dans une expédition à Hébron, qui avait pour but d'y apaiser une sérieuse insurrection.

Je fus laissée aux soins de mes bons amis de Talibyeh, où je trouvai d'excellentes occasions de me perfectionner dans l'étude de l'arabe et de recueillir des informations sur le peuple de la Palestine. Chaque jour m'apportait quelque nouveau plaisir ; je visitai tous les lieux intéressants du voisinage, dessinant et prenant des notes, et j'eus le privilége d'accompagner sir Moses et lady Montefiore, quand ils explorèrent les mosquées et les sanctuaires du mont Moriah.

M. W. Holman-Hunt était alors occupé dans son atelier sur le mont Sion, où j'assistai aux progrès de son admirable tableau de « la Rencontre dans le Temple, » et je feuilletai avec délices ses portefeuilles et ses albums. Le 21 août, j'allai à Hébron, et, après quelques jours passés avec mon frère au camp du pacha, je retournai à Talibych. Je ne m'arrêterai pas à parler ici en détail de ces charmantes excursions.

Le 9 septembre, au point du jour, je fus surprise par la pluie, que je voyais pour la première fois tomber en Palestine. Elle ne dura qu'une demi-heure, et paraissait tout à fait locale. Plusieurs arcs-en-ciel, l'un au-dessus de l'autre, descendirent jusqu'au pied des collines, mesurant les vallées et produisant un effet admirable. Aussitôt que la pluie eut cessé, apparut une nuée d'oiseaux venant du nord; leurs cris aigus et étranges se faisaient entendre de plus en plus fort à mesure qu'ils approchaient; c'étaient des guêpiers, oiseaux aux couleurs très-vives, de l'espèce des hirondelles. Un grand vent du nord, qui s'éleva bientôt, emporta la pluie, les nuages et les oiseaux, et rafraîchit l'air, qui avait été brûlant.

Le 11 septembre, miss Creasy, qui avait longtemps résidé à Jérusalem, me prit avec elle pour aller voir la fontaine de Philippe, qui est au sud-ouest de la ville, à deux heures de marche environ. Nous partîmes de bonne heure avec un kawass, et nous arrivâmes par les collines rocheuses au couvent de la Croix, avant que la rosée eût disparu. Nous rencontrâmes de grandes troupes de *fellahin* (paysannes), se rendant ensemble à la ville, avec des fruits et des légumes. La plupart avaient des chemises de lin bleu, des voiles de coton blanc, tombant sur leurs épaules, et des ceintures cramoisies, serrées très-bas autour de la taille. Celles qui marchaient en tête portaient une grande variété de concombres et de courges, ainsi que des aubergines, reconnaissables à leur forme de poire, à leur couleur d'un rouge violet et à leur peau lisse et luisante. Un groupe de jeunes filles balançaient sur leurs têtes des corbeilles de raisins, cueillis dans les jardins des Grecs; les branches pendantes et les vrilles de la vigne retombaient jusque sur leurs épaules. Nous descendîmes dans une étroite vallée, nouvellement plantée de mûriers et de vignes par les moines entreprenants du couvent grec. Sur le sommet d'une colline escarpée, à notre droite, nous vîmes le pittoresque petit village de Malihah; un grand four à charbon brûlait sur les terrasses au-dessous.

Nous arrivâmes au Wady-el-Werd, ou vallée des roses, la bien nommée : dans toute sa largeur, de plus d'un mille, elle n'est réellement qu'un buisson de roses (cultivées pour faire de l'eau de roses et des conserves). Au delà de ce jardin, peuplé par des milliers d'oiseaux, qui viennent s'y régaler des fruits vermeils de l'églantier, nous trouvâmes des vergers de figuiers, des buissons de mûres et de noisetiers. A gauche, nous vîmes les restes de l'ancien bâtiment, de larges pierres taillées, des excavations dans le roc vif, quelques colonnes couchées par terre et une petite fontaine de pierre appelée *Aïn Yalo*, ou la fontaine d'Ajalon. Nous suivîmes le tracé de l'ancienne route, « qui descend de Jérusalem à Gaza, » et que l'eunuque de la reine de Candace suivit jadis dans son char; mais, à cette époque, les Romains entretenaient le chemin; aucun char n'y pourrait passer maintenant; ce n'est plus guère qu'un sentier pour les mulets, qui court le long d'une sorte de terrasse, à mi-côte, sur la partie gauche de la vallée. Au-dessus et au-dessous, la colline est coupée de lignes de rochers; un petit nombre de troupeaux paissaient les épines et de maigres herbages; mais au-dessous, dans le lit de la vallée, on voyait des champs de chaume et des aires à battre le grain. Environ à un mille au delà de Aïn-Yalo, nous arrivâmes à Aïn-Haniyeh, belle source d'eau limpide, communément appelée la fontaine de Philippe. Deux pilastres, à chapitaux corinthiens d'une belle sculpture, s'élèvent des deux côtés d'un bassin semi-circulaire, formé de pierres très-larges et parfaitement taillées. Au milieu de ce bassin, sort, d'une niche profonde, une belle nappe d'eau qui tombe avec impétuosité dans un plus petit bassin, puis de là déborde dans un réservoir de pierre situé au-dessous, pour former ensuite un étroit ruisseau, qui poursuit sa course dans la vallée. Avec l'aide d'un petit berger, je grimpai sur d'immenses blocs de pierre, pour cueillir les capillaires et les mousses qui festonnent la niche d'où sort la source. Immédiatement au delà, on trouve les traces d'un bassin beaucoup plus grand, et à environ quarante pas vis-à-vis de la fontaine est un fragment de fût de colonne de près de six pieds de diamètre, mais seulement de cinq pieds de haut. Quelques colonnes plus petites sont encore dispersées dans un champ voisin. Les paysans des environs emportent les pierres taillées qu'ils trouvent dans ce lieu, pour bâtir leurs petites tours d'observation ou pour réparer leurs maisons. Selon la tradition locale, c'est à cette fontaine même que s'arrêta l'eunuque d'Éthiopie, lorsqu'il dit à Philippe : « Voici de l'eau ; qu'est-ce qui empêche que je ne sois baptisé? » De jeunes garçons et de jeunes filles, d'un aspect plus sauvage que les pauvres chèvres qu'ils conduisaient boire à la fontaine, s'assemblèrent autour de moi, tandis que j'étais assise sur la grande colonne pour esquisser le paysage. Pendant ce temps, mon cheval, moins obéissant que celui du char de l'Éthiopien, avait rompu les liens qui le retenaient à un bloc de pierre et courait au galop dans la vallée. De grands cris partis de toutes les directions me témoignèrent la bonne volonté des petits garçons à poursuivre le fugitif, et, après quelques instants, l'animal effrayé fut enveloppé et saisi par cette petite troupe, la plus sauvage et la plus bruyante que j'aie vue de ma vie. Les quelques piastres que je distribuai à ces pauvres enfants leur parurent une fortune.

Nous revînmes par une route différente; nous passâmes auprès d'une autre fontaine, plus simple que les autres, mais cependant très-pittoresque et formée principalement de blocs de pierres brutes. Les femmes lavaient leur linge et leurs voiles dans le réservoir; autour d'elles, un certain nombre d'hommes, à figures de brigands, semblaient complétement désœuvrés. Ils jetèrent un coup d'œil sur mon papier tandis que j'esquissais la fontaine et quelques groupes, et l'un d'entre eux dit : « Quand nous irions chercher tous les hommes de la vallée et tous les hommes des collines, ils ne pourraient pas faire cela. » Leur remarque semblait indiquer qu'à leurs yeux le talent de dessiner était une faculté particulière aux Européens. Ils nous assourdirent de leurs clameurs pour obtenir des *backsishs*, et nous suivirent à quelque distance, en murmurant, en grognant et en se disputant entre eux. Lorsqu'ils eurent renoncé à nous poursuivre, je m'aperçus que j'avais perdu mon portefeuille, qui contenait des papiers de valeur. Je revins en galopant à la fontaine de Philippe, quoique les rayons du soleil fussent très-ardents. J'expliquai ma perte aux petits bergers, devenus mes fidèles alliés, et je poussai jusqu'à l'autre fontaine, où je trouvai le groupe des hommes qui nous avaient suivis, occupés à tenir conseil. Je ne doutai pas que mon portefeuille ne fût tombé entre leurs mains; je leur dis que je venais du consulat anglais, et leur demandai de m'aider dans mes recherches; mais ils déclarèrent si positivement que mon portefeuille n'avait pas été perdu dans cet endroit, que je me sentis tout à fait convaincue qu'ils l'avaient trouvé. J'essayai alors de l'effet d'une petite pièce d'or, en déclarant qu'elle appartiendrait à celui qui m'apporterait l'objet perdu. Un instant après, l'un des hommes retira le portefeuille de sa ceinture et le remit avec quelque hésitation entre mes mains. Craignant qu'il ne s'en repentît, je le donnai immédiatement au kawass pour qu'il en prît soin, et je repartis, très-heureuse de ce dénoûment. Ces hommes étaient tous bien armés, mais vêtus d'habits grossiers et délabrés ; on voyait à leur mine qu'il eût fallu peu de chose pour les pousser à des entreprises hasardeuses et faire d'eux des malfaiteurs. Lorsque nous fûmes assez éloignés d'eux, nous nous assîmes pour manger les provisions que nous avions emportées avant de partir. Nous restâmes à l'ombre d'un noyer durant l'heure brûlante de midi, et nous n'atteignîmes pas le Talibyeh avant trois heures ; nous y étions attendus avec anxiété, car la route de Gaza n'est pas considérée comme très-sûre. Sous un porche, derrière la maison, des figues d'Urtâs, liées ensemble, étaient suspendues pour sécher au soleil. L'une des servantes, assise à l'ombre, était occupée à dépouiller de leur bourre filandreuse les longs épis du maïs mûr. Elle me dit qu'elle allait en faire un matelas pour l'un des domestiques, et elle ajouta que les pauvres qui ne pouvaient pas acheter de coton faisaient leurs lits avec de la pelure d'oignon parfaitement séchée, adoucie par l'exposition au soleil, et cousue dans des sacs de toile grossière.

Le jour suivant, mon frère revint d'Hébron et fut enfin libre de quitter Jérusalem et de partir pour son vice-consulat à Haïfa. Quelques jours furent employés à faire nos préparatifs de voyage. Je pris à mon service une veuve de Bethléem, nommée Catherine. Elle m'était chaudement recommandée comme une femme fidèle et affectionnée, mais avec l'inconvénient sérieux d'être sujette à des accès de dérangement d'esprit. Dans l'année 1834, lorsque sa ville natale fut le théâtre de la rébellion, son mari et ses petits-fils furent massacrés en sa présence. La terreur et le désespoir troublèrent sa raison. Qui peut calculer combien de mala dies de cette nature ont été la conséquence des derniers massacres du Liban et de Damas, et combien d'intelligences affaiblies seront ainsi transmises aux générations suivantes? Les hommes survivent à la vue d'un champ de bataille, mais qui peut s'étonner que des femmes deviennent folles de rage et de terreur, en voyant leurs fils et leurs pères massacrés sous leurs toits?

Au bout d'un jour ou deux, Catherine fut tout à fait à l'aise avec moi. Elle connaissait mon frère depuis de longues années, et s'imaginait que nous étions ses propres enfants. Elle nous racontait souvent des histoires curieuses de notre enfance, pures fictions de son esprit. Ses illusions la rendaient heureuse et lui donnaient un plus grand dévouement pour notre service.

Le 14 septembre, je fus réveillée avant le jour par le tintement des clochettes des mulets, qui me rappela que notre voyage avait été fixé à ce jour-là. Tout était mouvement et animation dans le camp; des groupes de domestiques arabes étaient assis parmi les rochers; les malles et les bagages étaient dispersés de tous côtés; on enlevait et on empaquetait les tentes et les pieux; les mulets et les muletiers attendaient les ordres. M. Finn allait faire une excursion avec sa nièce et un ami, et il s'était arrangé pour voyager avec nous jusqu'à Jaffa.

Après beaucoup de délais, toute notre suite fut enfin prête à onze heures du matin; mais il arriva que mon frère, qui avait été de bonne heure à Jérusalem pour affaires, y fut retenu et s'y trouva prisonnier; car c'était un vendredi, jour du sabbat des Musulmans : les portes de la ville sont toujours fermées ce jour-là durant les heures de la prière du matin, et nous savions qu'il ne pourrait être délivré avant midi. (Cette coutume est rigoureusement observée par suite d'une prophétie annonçant que la cité sainte sera envahie et conquise pendant le temps de la prière du Sabbat.) Le consul partit donc avec les siens, nous donnant rendez-vous à Jaffa, et je passai une soirée de plus au Talibyeh avec madame Finn et ses enfants. Le lendemain matin, à trois heures et demie, je me levai à la clarté des étoiles, assistée de la lumière d'une lanterne. Je cueillis une branche de l'olivier qui s'élevait au-dessus de la tente où j'avais reposé pendant dix semaines; je déjeunai avec madame Finn, et je partis sur un bon cheval, au moment où les premières lueurs de l'aurore paraissaient à l'orient.

Un kawass musulman nous montrait le chemin, et ma *soi-disant* mère Catherine, chrétienne catholique, complétement voilée et enveloppée dans un manteau arabe rouge, chevauchait à califourchon sur la large selle d'un agile petit âne; deux mulets, chargés de nos bagages, suivaient sous la conduite d'un muletier. Quoique nos gens fussent de croyances diverses, ils fraternisèrent très-bien pendant la route.

Nous ne nous arrêtâmes qu'à la Fontaine-des-Oiseaux, où un petit paysan nous apporta de beaux raisins et nous aida à faire boire nos bêtes. Les vergers, à l'entour, étaient en plein rapport et dans toute leur magnificence. Les grenadiers étaient couverts de fruits et de fleurs. Les figuiers, d'un beau vert et humides de rosée, exhalaient le parfum de l'héliotrope et étaient entourés de guirlandes de vigne chargées de raisins. Une multitude de petits oiseaux sautillaient entre les branches argentées de l'olivier, et, de temps en temps, leurs essaims joyeux s'envolaient tous à la fois en faisant entendre leurs petits cris ou leurs chansons.

A huit heures, nous atteignîmes Abu-Gosh, et, tandis que nous attendions Catherine et le muletier, restés en arrière, j'esquissai la vieille église; puis je me hâtai de me remettre en route. A dix heures, nous prîmes quelque repos et une collation sous un arbre, à côté d'un puits, près de Latrone, et le kawass s'ingénia à nous faire du café. Je fus surprise en reconnaissant que j'avais voyagé à travers le pays montagneux de la Judée, sans crainte et sans fatigue, par la même route qui, peu de temps auparavant, m'avait paru si pleine de difficultés et de dangers. Il me semblait que « les collines s'étaient abaissées, et que les chemins escarpés s'étaient aplanis ». Lorsque nous entrâmes dans la plaine, le soleil était de temps en temps ombragé par des nuages qui se succédaient rapidement, et la brise, qui s'éleva de l'ouest, nous éventait agréablement.

Nous continuâmes à avancer au trot dans la plaine, jusqu'à ce que nous eussions atteint un village, nommé Kubab, de pauvre apparence et composé de maisons éparses, avec quelques jardins entourés de haies de cactus jaunes tout en fleurs. Nous nous arrêtâmes encore auprès d'un puits, dans une sorte de cour de ferme. Une jeune fille boiteuse nous apporta un peu d'eau dans une jarre rouge; elle nous faisait des gestes et des signes bizarres, et nous vîmes bientôt qu'elle était sourde et muette ; nous lui donnâmes un bakshish, et elle s'en alla en clopinant, bien contente. Un jeune garçon nous suivit et courut après nous, en mendiant avec de grands cris, mais nous ne lui donnâmes rien; il revint alors sur la pauvre fille boiteuse, la jeta à terre et lui enleva son petit trésor. Elle se releva avec difficulté et, dans une rage impuissante et silencieuse, elle jetait des poignées de poussière contre son voleur; puis, quand il fut hors de sa vue, elle commença à déchirer ses haillons. Nous revînmes auprès d'elle pour nous efforcer de la consoler; toutes nos paroles furent inutiles, mais quelques gâteaux au chocolat furent plus efficaces; lorsque nous la quittâmes, elle les mangeait de grand cœur, et nous continuâmes notre chemin en songeant combien sa vie devait être triste et misérable.

Avant midi, nous étions à Ramlé, laissant nos domestiques

fort en arrière. Nous passâmes sous de hauts palmiers chargés de fruits pourpres et dorés, qui pendaient en grappes au bout de leurs tiges couleur d'orange. Des files de chameaux et d'ânes chargés encombraient les rues sales et poudreuses, et nous nous frayâmes avec difficulté un chemin jusqu'à la maison d'un Arabe de nos amis. Mon frère fut reçu avec des embrassements par les fils de la maison, et je fus conduite par un esclave abyssin (un eunuque) en présence de sa maîtresse. C'était une veuve, d'un aspect imposant, vêtue de soie noire brodée en fil d'or. Elle me dit : « Sois la bienvenue, ma fille! » et, après m'avoir fait servir de la limonade, elle me conduisit dans une chambre charmante, ouvrant sur une terrasse couverte de vases de fleurs où s'épanouissaient des œillets et des roses. Elle appela l'esclave abyssin, qui étendit aussitôt par terre un matelas pour moi. Sa maîtresse me prit ensuite elle-même mon chapeau et mon manteau, et me dit : « Repose en paix! » et, s'asseyant à mes côtés sur de moelleux tapis, elle m'éventa doucement pour écarter les mouches et les moustiques. Lorsque je me réveillai, après une heure ou deux d'un sommeil rafraîchissant, je ne vis plus mon hôtesse; mais l'esclave était agenouillé à côté de moi, agitant autour de mon visage un petit éventail fait de feuillage vert de palmier, artistement tressé. Son visage, d'un noir brillant, et ses grands yeux qui contrastaient avec son turban blanc, son vêtement de coton blanc et sa ceinture de soie cramoisie, me firent tressaillir avant que je pusse me rappeler parfaitement où j'étais.

J'appris ensuite que cet esclave était le confident et le favori de la famille, à laquelle il appartenait depuis plusieurs années.

Il me versa de l'eau de roses sur les mains et me conduisit dans une cour où était préparé pour nous un véritable repas arabe. Il consistait en orge bouillie, accommodée au beurre, et mêlée à de la viande hachée; en poisson grillé sur un lit d'abricots, et de riz en compote[1]; en volailles cuites au four, garnies de tomates, farcies de riz et de viande. Le dessert se composait de raisins, de dattes, de gelée au sucre avec des amandes. Après le café et les pipes, nous appelâmes nos domestiques, et, vers cinq heures du soir, nous étions sur la route de Jaffa.

Le soleil couchant frappait directement sur nos visages, et nous le regardions descendre graduellement derrière les collines basses de la côte qui nous cachaient la vue de la Méditerranée.

Bientôt la lune se leva pure et brillante, projetant devant nous nos ombres allongées sur le sable de la route.

Un groupe d'Arabes bédouins étaient assis sur le côté du chemin, prenant leur repas du soir. Aussitôt que nous eûmes passé, ils se levèrent tous ensemble et se mirent à courir avec des cris et des vociférations, et, comme nous ralentîmes le pas pour attendre les domestiques qui étaient restés en arrière, ils nous dépassèrent en courant toujours, en dansant, en se jetant l'un à l'autre leurs calottes blanches, faisant le moulinet avec leurs bâtons, lançant en l'air et rattrapant leurs mouchoirs, criant et chantant. Leurs têtes étaient rasées, excepté sur le sommet, où ils avaient laissé croître une longue mèche de cheveux. Cette mèche est tressée, roulée sur elle-même et entièrement cachée sous la calotte ou le tarbouche.

Nous reconnûmes bientôt que ces hommes, d'apparence si sauvage, étaient tout à fait inoffensifs. Ils s'étaient simplement réunis sur le bord du chemin pour jouir d'un repas meilleur que de coutume; ils avaient permis à leurs chameaux de s'en aller en liberté avec deux ou trois chameliers, et ils

---

[1] Ce mélange, qui est très-usité en Orient, me rappelait toujours le poisson grillé et le miel dont il est parlé dans saint Luc, xxiv, 42.

couraient pour les rattraper, ce qu'ils eurent bientôt fait. Ils poursuivirent alors leur chemin si lentement que nous les eûmes bientôt dépassés. Quelques-uns d'entre eux étaient montés sur ces animaux à l'allure pesante, et ils accompagnaient d'un chant doux et plaintif le balancement monotone du pas de leurs montures. Voici les paroles de ce chant qui se mariait au tintement des clochettes :

> « Tu m'es cher comme la prunelle de mes yeux,
>   O mon chameau !
> Tu m'es aussi précieux que le souffle de ma vie,
>   O mon chameau !
> Doux à mes oreilles est le son de ta clochette,
>   O mon chameau !
> Douce aussi à tes oreilles qui m'écoutent
>   Est ma chanson du soir. »

Quelquefois ces Bédouins errants passent plusieurs jours sans prendre aucune nourriture substantielle ; mais, pour se dédommager de leur abstinence, ils mangent avec voracité et font bombance quand ils en trouvent l'occasion.

Le sentier, qui traversait les jardins de Jaffa, était devenu sombre ; mais le grand nombre et l'éclat des feux qui brillaient dans les enclos montraient que l'on faisait bonne garde et que les fruits mûrs étaient en sûreté.

Nous passâmes les portes de la ville, où se pressait une foule oisive. Le bazar principal était tout éclairé par des lampes et des lanternes ; mais nous nous enfonçâmes bientôt, l'un après l'autre, dans les rues étroites, sombres et tortueuses, taillées en escalier. On m'avertit de suivre le kawass de très-près et avec beaucoup de soin. Ses larges pantalons blancs à la turque, semblaient se mouvoir d'eux-mêmes devant moi par quelque pouvoir mystérieux, car le cheval noir qu'il montait était tout à fait invisible dans les ténèbres ; son fez rouge et sa veste brodée ne se voyaient pas non plus ; de temps en temps seulement deux yeux brillants se tournaient vers moi, pour s'assurer que j'étais en sûreté. Je suivis mon guide fantastique avec toute la prudence possible, jusqu'à ce que nous eussions atteint le consulat britannique, situé au bord de la mer. Là, nous fûmes reçus affectueusement par nos amis, M. et madame Kayat, et M. Finn qui était arrivé une heure seulement avant nous. Il avait couché à Ramlé la nuit précédente, et il fut surpris que nous eussions pu faire si facilement le voyage de Jérusalem en un seul jour. Des fusées parties d'un vaisseau à l'ancre nous attirèrent à la fenêtre qui regarde la mer, et nous y restâmes longtemps assis, contemplant les vagues qui roulaient vers la côte, couronnées d'une crête d'écume blanche et éclairées d'une lueur phosphorescente qui ne s'éteignait qu'au moment où elles venaient, l'une après l'autre, se briser sur les rochers.

Le jour suivant, dimanche, nous allâmes, accompagnés de nos hôtes et de nos amis, entendre dans la maison de M. Crusé le docteur Bowen (récemment mort évêque de Sierra-Leone et tant regretté) ; il prononça un sermon simple, sérieux et parfaitement approprié à l'auditoire. Un petit nombre d'enfants arabes, appartenant à l'école des missionnaires, madame Crusé avec sa famille et le révérend Henry Richard, du Caire, complétaient la petite congrégation. Quelques dames arabes de la maison voisine nous regardaient par la fenêtre ouverte et paraissaient s'amuser beaucoup. Les hymnes furent chantées avec beaucoup d'énergie en langue arabe, et les petits écoliers arabes répondirent à la liturgie, qui fut lue en anglais, avec véhémence et netteté. Je passai le reste de la journée avec M. Finn et sa société dans la maison neuve et bien bâtie d'un ami arabe. Nous étions assis sur une terrasse abritée, embaumée par les œillets et les jasmins, et d'où l'on voyait les toits plats des maisons et la mer étincelante. Au-dessous de nous, à gauche, était la muraille méridionale de la ville et le fossé profond ; au delà, une plaine pierreuse où galopaient des cavaliers, qui déployaient leur habileté à manier l'épée et le mousquet. Plus loin encore, on apercevait le grand cimetière turc, au centre duquel s'élevait une coupole posée sur des arcades ; des enfants jouaient et des fumeurs en turban se reposaient à son ombre. Un jardin, planté de figuiers, de palmiers et de tamaris, descendait en pente douce sur la plage sablonneuse, entre nous et la station de quarantaine, et l'on distinguait, à travers les arbres, les voiles blancs des groupes de femmes. Des falaises sablonneuses bornaient la vue ; la mer calme, d'un bleu brillant, se brisait doucement contre la ceinture de rochers qu'elle festonnait d'écume. Nous contemplions le coucher du soleil ; les collines, au sud, devinrent roses, violettes et enfin grises ; au couchant, le ciel était couvert de nuages sombres, couleur d'ardoise et frangés d'or. Après que le coup de canon qui annonce le coucher du soleil eut été tiré, nos hôtes nous conduisirent, au sommet de la maison, sur une terrasse couverte, pour dîner à la lumière des lanternes. Pour le dessert, parmi d'autres fruits, nous eûmes un plat de grains de grenade couleur de rubis, arrosés de vin et saupoudrés de sucre ; des amandes blanches formaient la bordure de ce plat très-séduisant à voir.

Le jour suivant, j'étais assise à la fenêtre du consulat anglais avec le docteur Bowen, tandis que M. Kayat était occupé dans le fond de la chambre avec un capitaine anglais et plusieurs Arabes. Tout d'un coup, des nuages noirs, poussés rapidement par le vent d'ouest, couvrirent le ciel au-dessus de la mer devenue couleur de plomb. « Quand vous voyez, dit le docteur Bowen, en citant les paroles de Jésus-Christ, quand vous voyez un nuage s'élever à l'occident, vous dites aussitôt : la pluie va venir et il en est ainsi. » Il avait à peine prononcé ces mots que les nuages s'ouvrirent et versèrent des torrents de pluie ; la mer s'enfla et roula ses vagues pesantes vers le rivage ; les vaisseaux semblaient prêts à briser les câbles de leurs ancres, et d'effroyables roulements de tonnerre faisaient trembler violemment la fenêtre près de laquelle nous étions assis. Le capitaine se précipita dehors, inquiet du sort de son vaisseau, ballotté contre la côte hérissée de rochers. Lorsque la pluie eut cessé et que le soleil brilla de nouveau, je sortis à cheval avec le docteur Bowen pour visiter M. Gones, missionnaire américain, qui demeurait dans un beau jardin, à l'est de la ville. Il avait fait beaucoup de bien, en donnant aux jardiniers et aux agriculteurs arabes des habitudes d'ordre et de méthode, mais il les avait trouvés très-lents à s'instruire.

Le jour suivant, au lever du soleil, la pluie tomba de nouveau par torrents, sans interruption jusqu'à midi. A ce moment, je m'assis dans ma retraite favorite, l'embrasure de la fenêtre, avec Nasif-Giamal, le frère de madame Kayat. Nous vîmes, juste au-dessous de nous, une foule d'hommes et d'enfants rassemblés autour d'un individu étrangement habillé qui montrait une chèvre, à laquelle il avait appris à exécuter quelques tours curieux : ainsi, elle rassemblait ses quatre pieds sur le sommet d'un pieu très-haut et, dans cette attitude, se laissait porter par son maître tout autour de l'assemblée ; ensuite, elle se perchait sur quatre bâtons et se laissait de nouveau promener. Une petite bande de musiciens, fifres, tambours et tambourins, appelaient le peuple de toutes les parties de la ville à jouir de ce spectacle. Au son des instruments, la chèvre dansait, se balançait parfaitement en mesure, en prenant des attitudes tout à fait contre nature, comme si elle entendait les paroles et les commandements de son maître. Les hommes qui regardaient les tours de la chèvre, avaient l'air aussi grave et aussi sérieux que s'ils assistaient à une leçon de philosophie ou de mathématiques.

Un instant après, la foule assemblée fit place à une longue procession, précédée par des hommes à cheval qui portaient de longues lances et des fusils. Derrière eux, venaient deux petits garçons, parés d'habits de fête, couronnés de fleurs et montés tous les deux sur le même cheval blanc. Deux grands volumes, posés sur des coussins brodés, étaient portés par deux domestiques. Deux femmes, hermétiquement voilées, marchaient à côté des enfants, en chantant une mélodie sauvage et produisant, dans leurs gorges, un bruit particulier, assez semblable au hennissement d'un cheval et rendu légèrement musical par les modulations. Nasif, qui parlait anglais, m'apprit l'objet de la procession : « Ces enfants, me dit-il, sont musulmans; ils ont été soumis à une cérémonie qui n'est pas observée par les Chrétiens, mais qui l'est toujours rigoureusement par les Juifs et par les Mahométans. » Ces paroles m'expliquèrent que les enfants avaient été circoncis et qu'on les conduisait en triomphe autour de la ville.

Mon frère s'arrangea avec le propriétaire d'un petit bateau à rames, qui devait nous conduire à Haïfa, sitôt que le vent du sud s'élèverait. Deux moines du mont Carmel demandèrent à nous accompagner. Nous prîmes nos dispositions de manière à être tout prêts pour le moment du départ, et nous passâmes la soirée avec Sit-Lea. Elle était complétement rétablie et nous montra avec orgueil son petit Sélim; je remarquai que, toutes les fois qu'on lui parlait ou qu'on parlait d'elle, on ne l'appelait pas autrement que *Um-Sélim* (mère de Sélim), et le père recevait le nom d'*Abu-Sélim*.

Le vendredi, 19 septembre, on vint me réveiller avant le lever du soleil et m'avertir que le *reis* (capitaine arabe) nous envoyait chercher, car le vent était favorable. Nous descendîmes promptement vers le quai avec les deux moines et Nasif; mais, pendant ce peu d'instants, le vent avait tourné et le reis ne pouvait pas entreprendre de gouverner contre le vent. « Toutefois, dit-il, il soufflera de nouveau du sud vers minuit, et alors nous pourrons gagner Haïfa en huit ou dix heures. » Nous employâmes nos loisirs à visiter la ville. Les habitants commençaient à sortir de leurs maisons ; on relevait les volets des boutiques dans les bazars : ils sont faits comme des portes battantes et attachés par des gonds très-forts au-dessus des boutiques ; quands ils sont relevés et projetés en avant, ils forment un excellent abri pendant le jour, et pour la nuit, il est facile de les abaisser et de les assujettir. A mon retour au consulat, je trouvai deux des servantes faisant le pain, assises par terre devant une table de bois très-basse ; l'une d'elles humectait la farine avec de l'eau, l'autre y ajoutait du sel et une petite portion de levain « pour faire lever toute la pâte ; » après quoi, elle la pétrissait vigoureusement tour à tour avec sa compagne. Lorsque la pâte fut levée, les deux filles aînées du docteur Kayat la partagèrent par portions égales, la roulèrent en petites miches rondes, qui furent portées au four sur de larges claies de roseaux. Nous nous préparâmes pour le voyage et, de bonne heure, nous nous jetâmes sur nos lits sans nous déshabiller. À minuit, en effet, le reis nous envoya chercher et nous descendîmes immédiatement dans les ténèbres avec Nasif et deux ou trois porteurs de lanternes. Je remarquai, en passant, un certain nombre d'hommes enveloppés dans des couvertures et dormant sur des pierres, ou à côté de leurs chameaux agenouillés dans les rues près du quai. Le Muzzelim ou gouverneur parcourait gravement la place. Nasif me dit qu'il se promenait ainsi à des intervalles irréguliers, quelquefois déguisé, pour connaître l'état de la ville pendant la nuit et pour s'assurer, par ses propres observations, si les gardes faisaient bien leur devoir. Nous trouvâmes les deux moines du Carmel sur le quai obscur, et la sortie du port nous fut ouverte. Je fus descendue doucement dans un petit bateau à rames à une assez grande profondeur et dans la plus complète obscurité, et je fus confiée aux soins de deux vigoureux bateliers. Après beaucoup d'acclamations et de secousses, nous fûmes tous jetés pêle-mêle sur le bateau à voiles, qui nous attendait en dehors du banc de rochers. Le bâtiment était divisé en trois parties : le centre, découvert, semblable à un fond de cale, de quatre pieds de profondeur et de huit pieds carrés ; les deux ponts, à l'avant et à l'arrière, encombrés de cordages et couverts de matelots qui chantaient à pleins poumons. La cale, éclairée par deux lanternes et recouverte de nattes, était réservée aux passagers et aux bagages. Nos porte-manteaux, nos sacs de voyage nous servaient de couches, et les moines étaient assis sur leurs valises, confortablement enveloppés dans leurs longues robes à capuchon. La pauvre Catherine, qui, n'ayant jamais été sur mer, était très-effrayée, se roula dans son manteau, s'étendit tout de son long à mes côtés, et heureusement fut promptement endormie. Notre kawass, au-dessus de nous, fumait sa pipe, en compagnie du reis, et d'un Italien qui s'était glissé à bord, lui et son bagage, dans l'obscurité et la précipitation du départ. Le firmament était étincelant d'étoiles ; le vent soufflait du sud et gonflait les voiles. Je m'assoupis, réveillée à chaque instant par les brusques mouvements du vaisseau, jusqu'à la pointe du jour. Je me levai alors et regardai le petit groupe qui m'entourait : les moines encapuchonnés dormant profondément, mon frère à mes pieds, appuyé contre un panier, et Catherine, si bien enveloppée que je ne pouvais pas distinguer sa tête de ses pieds.

Le vent avait cessé d'être favorable et les matelots étaient occupés à carguer les voiles. Cependant, le soleil parut au-dessus des basses collines de la côte ; le vent avait sauté à l'ouest et nous étions en danger d'être jetés sur les rochers. Mais le vent tourna subitement au nord, et souffla si violemment que le capitaine fut obligé de jeter l'ancre; alors nous fûmes ballottés sur une mer houleuse, près d'une côte désolée, où il n'y avait aucune possibilité de débarquer. Vers neuf heures, le soleil devint très-ardent; on étendit au-dessus de la cale une tente faite avec les voiles devenues inutiles. Notre installation était loin d'être confortable, mais nous étions déterminés à tout prendre en bonne part. Vers midi, la chaleur était si suffocante dans la cale, que je grimpai sur le pont, où je m'assis sur un monceau de câbles, au pied du mât. La violence du vent et l'écume de la mer me ranimèrent.

La côte, qui nous était à chaque instant cachée par les hautes vagues, n'était qu'une ligne de falaises, dont quelques troupeaux de chèvres paissaient les maigres pâturages. Aucune habitation humaine, aucun être humain ne frappa nos yeux; de tout le jour, nous ne vîmes ni un navire, ni un bateau.

Dans l'après-midi, le vent cessa, mais le bâtiment continua d'être ballotté par l'agitation de la mer, qui n'était pas encore apaisée.

Mon frère me lut le voyage de saint Paul, dans le xxvii⁰ chapitre des Actes des Apôtres. Il me sembla plus intéressant que jamais. Nous n'étions pas loin du port de Césarée, dans lequel saint Paul s'était embarqué, et il fut secoué par les vents contraires, pendant plusieurs jours, sur cette même mer. C'était sans doute aussi vers la même époque de l'année, pendant les vents d'équinoxe, où, comme il le dit, « *la navigation est dangereuse.* » Il est clairement expliqué que c'était après le grand jeûne de l'expiation, qui a lieu le 10 du mois de Tisri, et correspond à notre dernière partie du mois de septembre.

Vers le coucher du soleil, le vent souffla doucement du sud, les voiles furent bientôt hissées de nouveau; nous reprîmes courage et nous nous assîmes pour notre repas du soir. Nous partageâmes nos poulets et nos conserves de potage avec les moines, qui y ajoutèrent leurs œufs, leur fromage et un peu de cognac. Nous passâmes une nuit sans sommeil, naviguant lentement, et, vers le matin, nous étions à peu près vis-à-vis de Tantûra. Le vent avait tourné au nord-est, de sorte que mon frère insista pour débarquer, afin de poursuivre notre voyage par terre. Nous virâmes de bord, en mettant toutes voiles dehors, et nous nous laissâmes pousser par la violence du vent vers la côte pittoresque. De petites îles de rochers, des remparts d'ancienne construction étaient devant nous, battus par les vagues. Après quelques manœuvres, le vaisseau aborda sans accident dans la baie. Une foule d'hommes de Tantûra vinrent à notre rencontre et nous transportèrent sur le sable jaune et uni de la plage.

Je fus ravie de me retrouver sur la terre ferme; je me ressouviendrai toujours de l'avis que saint Paul donna au centurion, et je me prononce contre la navigation dans le Levant, pendant l'automne.

L'officier de la douane vint à nous, et, suivis par une troupe d'hommes et d'enfants, nous approchâmes de la petite ville. Elle contient environ trente ou quarante maisons, grossièrement bâties, avec des blocs de pierres taillées et irrégulièrement entassées, des fragments de colonnes brisées et des amas de terre glaise.

L'officier de la douane, Abu-Abib, nous servit de guide jusqu'à sa maison, qui consistait en une chambre carrée, large et basse, recrépie en argile et dont le toit était fait de trois branches noircies à la fumée. Une moitié du plafond était cachée par des nattes et l'autre par des feuillages, dont les branches pendaient d'une façon pittoresque. De petites ouvertures servaient de fenêtres, et la porte, grossièrement fabriquée, était portative; un matelas, étendu par terre,

6

servait de divan. Des jarres de grès et des poêlons de métal étaient contre le mur. Une cuisine était bâtie dans un coin, en pierres anciennement et artistement taillées, et en briques. Près de là, étaient des paniers de gros sel marin. Abib, fils de notre hôte, nous prépara le café; il le grilla en notre présence et le pila ensuite dans un mortier de pierre. Un grand coffre, orné de serrures et de gonds de fer ciselé, était auprès de la porte, et je me perchai dessus, pour être aussi loin que possible du sol bourbeux, où je pouvais distinguer une nombreuse assemblée de grosses mouches, dansant et sautillant çà et là. Les moines, avec une véritable vertu monastique, semblaient ne pas s'en apercevoir. Des femmes de maigre apparence, cachant leur visage sous leurs voiles de coton blanc déchirés, nous regardaient à la dérobée, et de petits enfants fort sales, mais très-jolis, se pressaient autour de nous.

Catherine fit un tour dans la ville et revint me prendre pour me conduire dans la maison qu'elle considérait comme la plus propre et la mieux tenue.

Les femmes qui m'y reçurent étaient habillées de vestes étroites et de pantalons larges, faits avec des indiennes de Manchester, et tout rapiécetés, sans égard aux dessins et à la couleur. Leurs têtes étaient couvertes de mouchoirs de mousseline de couleur; leurs cous, ornés de pièces de monnaie, et leurs bras, de bracelets de filigrane d'argent. Mon petit nécessaire de voyage les amusa beaucoup; elles me dirent qu'elles n'avaient jamais vu auparavant de brosse à cheveux. Elles défont les tresses de leurs longs cheveux, teints avec du henné, une fois par semaine seulement; et, à l'occasion, elles les nettoient avec de la terre à foulon, qu'on trouve dans le voisinage; elles se servent alors d'un peigne fin en os ou en bois.

Après quelques délais, on nous procura des montures;

nous avions heureusement nos selles avec nous. Nous laissâmes nos gros bagages aux soins du reis et, à deux heures après midi, nous prîmes congé de Tantûra. Notre procession était assez grotesque ; le kawass, chargé de nos sacs de voyage, ouvrait la marche sur une mule efflanquée ; les deux moines étaient montés sur des ânes si petits que leurs sandales et leurs robes pesantes touchaient presque à terre. Mon frère avait enfourché un vieux cheval blanc dont la tête était garnie d'un harnachement de soie rouge, orné de coquilles. J'étais, quant à moi, sur un petit poney qui avait perdu sa crinière et sa queue, et qui, ne pouvant rien comprendre à une selle de côté, persistait à tourner sur lui-même pour pénétrer ce mystère. Catherine enfin, à qui était échu en partage un âne récalcitrant, avait la plus grande difficulté à nous suivre.

Nous nous dirigeâmes vers le nord, le long du rivage, qui était parsemé de blocs de marbre et de pierres taillées. Des femmes et des enfants étaient occupés à recueillir dans de grands paniers le gros sel marin, qui s'amasse dans les cavités naturelles et les bassins artificiels creusés dans les roches de la plage. De grands troupeaux de bétail et de chèvres (la principale richesse de Tantûra) paissaient à notre droite, dans la plaine, qui était couverte d'épines, de chardons, de mimosas nains et de broussailles peu élevées.

Un peu au delà de Tantûra, sur le sommet d'un promontoire escarpé, est l'ancienne Dora ou Dor, entourée de ses murs ruinés. Au centre, s'élève ce qui me sembla d'abord une citadelle ou une haute tour ; mais, en approchant, je reconnus que c'était seulement une portion de muraille d'environ trente pieds de haut, reste d'un édifice depuis longtemps écroulé. Ce lieu est maintenant tout à fait abandonné, car toutes les murailles sont branlantes et s'affaissent graduellement ; les pierres en sont successivement emportées pour bâtir Tantûra. Du côté opposé à ces ruines, la plaine nous était cachée par une ligne de collines basses et rocheuses, courant le long du rivage sablonneux, qui est égayé çà et là par un groupe de palmiers.

Nous continuâmes à longer la mer, jusqu'à ce que nous fussions arrivés, au bout d'une heure et demie environ, à Athlite ou *Castellum Pelegrinum*, curieux assemblage de ruines sur un cap hérissé de rochers. Les pierres des fondements sont si massives qu'elles ont résisté à des siècles de tempête et attestent une ancienneté supérieure à la domination des Romains. Ce sont eux néanmoins qui, sans doute, ont élevé la forteresse, bâti les murs et sculpté les colonnes maintenant en train de tomber. Les croisés y ont aussi laissé quelques traces de leur passage; les arcades en pointe et les ruines d'une église chrétienne nous parlent encore d'eux. Dans l'enceinte des murailles de l'église et à l'ombre de la forteresse, on a construit grossièrement des maisons modernes, habitées par une pauvre population musulmane. Un groupe de femmes se reposait auprès d'un puits de pierres sculptées, hors de l'enceinte des murailles. Vis-à-vis de ce lieu intéressant, nous trouvâmes un étroit défilé, taillé dans le roc, conduisant directement à l'est, du rivage à la plaine. De profondes ornières pour les roues des chariots étaient tracées sur la route, juste assez large pour que deux hommes à cheval pussent y passer de front. D'abruptes murailles de pierre calcaire se dressaient, toutes blanches, de chaque côté, tachetées seulement par places d'herbes odoriférantes et de lichen couleur d'ambre. Aux deux extrémités de ce passage, deux piliers indiquent qu'il était jadis protégé par des portes, et des ruines de fortifications le surmontent.

Nous entrâmes, au sortir de ce curieux défilé, dans la plaine ou vallée de Dor, fertile, mais cultivée seulement en partie; nous cheminions entre la chaîne du Carmel et les collines rocheuses de la côte, dont l'ombre nous protégeait agréablement. On voyait à une grande distance, au nord, les deux lignes montueuses se rencontrer à angle aigu. De temps en temps des fissures dans les rochers ou de petites vallées, rendues fertiles par les torrents d'hiver, nous dévoilaient le soleil et la mer.

Nous nous arrêtâmes, pour désaltérer nos bêtes, à une source nommée Aïn-Dustré, qui forme un petit lac, et qui de là se fraye son cours vers le rivage, à travers les collines. Un groupe de chevriers, avec des chalumeaux de roseau, étaient assemblés autour d'un abreuvoir en argile, où leurs troupeaux de chèvres se pressaient pour boire. Autour de la fontaine et sur les bords du ruisseau, la végétation était extrêmement riche. Les lauriers-roses, les arbousiers, les lupins et les hautes herbes y abondaient. Les moines nous montrèrent bientôt avec délices le couvent blanc de Mar-Elias, sur la pointe du Carmel.

En ce moment nos oreilles furent frappées d'un joyeux bruit de voix, de chants, de cloches et d'éclats de rire, et nous vîmes venir à notre rencontre une petite compagnie très-animée, montée sur des chameaux, dont la tête et le cou étaient décorés de colliers de coquilles, de touffes de soie cramoisie et de rangées de petites clochettes sonnantes. Je m'arrêtai sur le côté de la route pour regarder cette petite caravane à mesure qu'elle passait. Il y avait treize chameaux attachés les uns aux autres, portant chacun deux ou trois femmes et enfants, tous en habits de gala, faits de soie cramoisie avec des raies blanches dentelées. Leurs têtes étaient couvertes d'écharpes ou de voiles, de couleurs variées et d'étoffes diverses (soie, mousseline et laine) descendant jusque sur les sourcils, puis jetés en arrière et ramenés de manière à couvrir entièrement le visage, à l'exception de deux yeux brillants. Les bouts, terminés par une bordure ou une

6.

frange, tombaient gracieusement sur les épaules. Quelques-unes des femmes avaient fait glisser leurs voiles ou guimpes jusqu'au-dessous de leurs lèvres, afin de joindre leurs voix aux chants improvisés des deux chanteuses de profession qui les accompagnaient. Mon frère reconnut que c'était un cortége nuptial en entendant leur chant, dont les paroles ressemblaient beaucoup à celles du « Cantique des cantiques de Salomon. » Un cortége d'hommes suivait à pied et formait une pittoresque arrière-garde aux femmes inspirées. C'étaient les gens d'un des villages de la plaine ou vallée de Dor; ils avaient été à Haïfa acheter des parures, des bijoux et des meubles pour deux mariages qui devaient se faire prochainement dans une famille de quelque importance. Ils étaient à peine hors de la portée de nos oreilles, que nous rencontrâmes un autre groupe non moins bruyant, composé d'hommes et de jeunes garçons qui amenaient sur un petit nombre de chameaux, de mulets et d'ânes les emplettes faites pour les noces : ustensiles de cuisine, corbeilles de riz, nattes de roseau, ballots de meubles avec deux coffres de bois rouge ornés de gonds dorés, le tout entassé pêle-mêle sur les bêtes de somme.

Le plus grand des chameaux portait sur sa bosse deux petits berceaux de bois peint en bleu, en rouge et en jaune destinés aux deux fiancées. Cette portion du mobilier est regardée, en Orient, comme l'article le plus important et le plus nécessaire d'un trousseau, et malheureuse est la femme qui ne voit pas bientôt se balancer dans le joli berceau un petit enfant, un fils, grâce auquel elle sera honorée parmi les femmes.

A mesure que nous avancions vers le nord, la plaine se rétrécissait tellement que nous pouvions distinguer les profondes excavations ou plutôt les cavernes creusées dans les parois des collines opposées, et qui ont tour à tour servi de lieu de refuge ou de retraite aux prophètes, aux saints, aux anachorètes, aux voleurs et aux bêtes de proie.

On me montra le village de Tireh, entouré de vergers et de champs cultivés. Des groupes de palmiers y croissent çà et là, et les pentes des collines sont couvertes de chênes nains, de figuiers sauvages et de carouges. Le fruit de la carouge, quand il est mûr, est semblable à une grande cosse de fève recourbée, brune et lisse, remplie de grosses graines; il est si nourrissant que les enfants des pauvres en vivent exclusivement durant la mauvaise saison, et qu'ils ne cherchent aucune autre nourriture, car celle-ci contient tous les éléments nécessaires à l'entretien de la vie; la fécule, le sucre, l'huile s'y rencontrent en proportions convenables. Ce fruit me sembla, quand il est frais, trop sucré pour mon goût. Les enfants semblent l'aimer beaucoup et s'en bien trouver; ils mangent la cosse aussi bien que la graine. Lorsque ce fruit est conservé, il devient quelque peu sec et moins doux; mais lorsqu'il est trempé dans le miel, il recouvre sa première fraîcheur. Les Arabes aiment tous les aliments sucrés, et l'on peut dire de beaucoup d'hommes de Judée et de Galilée, comme de saint Jean-Baptiste : « Il se nourrissait de carouges et de miel sauvage[1]. »

Avant le coucher du soleil nous atteignîmes le pied du promontoire qui forme au sud la limite de la baie d'Akka, et au sommet duquel est situé le couvent.

Il était trop tard, et nous étions tous trop fatigués pour faire le tour du promontoire et aller chercher de l'autre côté le chemin par lequel on monte ordinairement. Nous poussâmes donc nos montures à travers les rochers escarpés, couverts de broussailles, de chardons et d'épines, dans des

---

[1] Le nom arabe de la plante est kharûb, et le fruit en est communément appelé : *Pain de saint Jean*.

chemins qui ne semblaient faits que pour les chèvres et les lapins.

Les moines, qui avaient été nos invités pendant le voyage, devinrent alors nos guides et nos hôtes, car ils étaient sur les terres du couvent. Ils nous conseillèrent de nous cramponner solidement, pendant la montée, aux crins de nos coursiers épuisés, et je reconnus alors le désavantage d'être sur un poney sans crinière. Après environ dix minutes d'une ascension difficile, nous atteignîmes un jardin cultivé, sur un plateau, en face du couvent vaste et bien bâti.

Le frère Charles, ancien ami de mon frère, vint à notre rencontre pour nous souhaiter la bienvenue et l'embrasser, lui et les deux moines, à plusieurs reprises.

Nous étions alors à environ six cents pieds au-dessus de la plaine, et nous avions devant nous un tableau magnifique. Le soleil descendait derrière l'horizon, et la grande mer était inondée d'une lumière pourprée. A notre droite étaient la baie d'Akka et la plaine entourée par les collines de Galilée. Au-dessous de nous, nous apercevions les ruines d'une forteresse et d'un ancien port, et, à environ un mille au delà, la petite ville de Haïfa, très-intéressante pour moi, car c'était là que je devais m'installer, avec mon frère, au vice-consulat britannique.

Nous passâmes une charmante soirée avec les bons moines; bien que ce fût un vendredi, ils ne nous firent pas jeûner, et ils nous tinrent même compagnie, en causant agréablement, tandis que nous savourions le poisson, la viande et la volaille de leur excellente cuisine. Après le dîner, nous nous rendîmes au divan, ou salon, et je feuilletai l'album du couvent, qui est tout à fait polyglotte, contenant des autographes de beaucoup de grands personnages et d'hommes célèbres, témoignages de l'hospitalité et de la bonté que l'on est toujours sûr de trouver au couvent.

Trois ou quatre exemples de zèle déplacé et d'intolérance de la part des pèlerins avaient attiré la satire, le blâme ou les raits piquants d'autres pèlerins plus éclairés. Le frère harles me montra un petit nombre de pages croisées, reroisées et interlignées par les commentateurs indignés; il it remarquer qu'elles paraissaient toujours particulièrement ntéressantes aux Anglais, dont elles provoquaient tour à tour e rire ou la colère. Ces pages lui avaient évidemment été traduites.

Nous reposâmes avec reconnaissance cette nuit-là dans des chambres propres, confortables, convenablement meublées et sur des lits à la française, entourés de rideaux et défendus par des moustiquaires. Le matin, de très-bonne heure, j'entendis les sons de l'orgue et le chant des moines. A sept heures un domestique m'apporta le café au lait dans ma chambre et me dit que mon frère était déjà descendu à Haïfa.

Le frère Charles et nos compagnons de voyage me conduisirent à la chapelle; on y voit un dôme de belles proportions, un pavé tout en marbre et quelques statues d'albâtre.

Le rez-de-chaussée du couvent est occupé par les offices, la cuisine, la pharmacie et l'infirmerie. Le reste est réservé pour les pauvres pèlerins, à qui on accorde l'hospitalité.

Le premier étage contient une succession de belles chambres très-bien meublées; elles sont préparées pour les voyageurs qui sont censés devoir payer le prix des hôtels de première classe; mais on ne leur adresse jamais aucune demande. On arrive au second étage par un escalier étroit, au pied duquel une inscription, en italien et en français, annonce que les femmes n'y sont point admises. Les moines me dirent qu'il y avait là une excellente bibliothèque composée de livres latins, anglais, français et italiens, ainsi qu'un vaste réfectoire et un grand nombre de cellules; le toit en terrasse offre une belle promenade pour les reclus.

Un kawass vint à ce moment, m'amenant un cheval et une invitation d'aller passer la journée chez M. Finn, dont la tente était plantée en dehors d'Haïfa. Je partis donc avec Catherine qui avait revêtu sa robe de pourpre et son voile blanc, le kawass nous servant de guide. Je sortis du couvent et descendis sur la pente nord-est par un sentier tournant, presque semblable à un escalier taillé dans le roc. Le haut de la colline était couvert de fleurs sauvages, de plantes aromatiques, de buissons, d'artichauts, d'acanthes et de chênes nains; sur les terrasses inférieures croissaient quelques figuiers et un beau bouquet d'oliviers.

Nous avions devant nous la petite ville d'Haïfa; au-dessus de tous les consulats flottaient les drapeaux, pour souhaiter la bienvenue à M. Finn et à mon frère; je fus surprise d'en reconnaître un si grand nombre : Français, Autrichien, Prussien, Grec, Hollandais et Américain. La ville avait vraiment un air de fête.

Nous traversâmes la plaine au pied de la colline, à travers plusieurs champs couverts de chaume, quelques terres pierreuses et de jeunes plantations, et nous trouvâmes la tente de M. Finn établie sous un grand térébinthe, près du rivage de la mer et à une assez petite distance du mur occidental de la ville.

Les visiteurs allaient et venaient tout le jour, et le café et les pipes étaient mis continuellement en réquisition.

La vue qu'on avait de la tente, ouverte du côté du nord, était charmante. Je voudrais essayer de vous la décrire telle que je la vis dans cette après-midi, éclairée par un beau soleil. Représentez-vous un premier plan de roches blanches et de buissons d'épines noires; puis, un sentier pierreux entourant un jardin, dont la pente s'incline doucement vers le rivage, si bien que la grève sablonneuse est cachée par les arbres fruitiers, et que la mer bleue et étincelante semble baigner a haie verdoyante qui le borde. Sur le côté gauche du tableau, le ciel et la mer se touchent ; mais à droite, une ligne de collines ondulées, teintes de pourpre, de violet, d'orangé, ferme l'horizon et se termine par un pic hardi, d'une blancheur éclatante, appelé Ras-el-Abiod (le *promontorium album* de Pline), qui contraste avec le bleu foncé du ciel et le bleu plus foncé encore de la mer. Le rivage opposé de la baie, distant de neuf milles, est marqué par une ligne de sable blanc, qui semble séparer la mer des vertes plaines, situées au pied des collines, et, sur un promontoire plus bas, à la droite du Ras-el-Abiod, la petite cité d'Akka s'élève fièrement et forme le point central du tableau. Au-dessus des sommets nettement dessinés des collines, reposent des nuages argentés. Le mont Hermon, dans le lointain, se dresse pâle et à demi dans l'ombre, jusqu'à ce que le soleil, en descendant, le teigne de pourpre et d'or. Quatre vaisseaux, sur la droite, sont à l'ancre et, au nord, un vaisseau entre à pleines voiles dans la baie ; au large, croise un vaisseau de guerre. Un haut palmier d'un côté et, de l'autre, un chêne et un figuier, aux branches mortes et blanchies, encadrent le tableau.

Le sentier qui traversait le premier plan était animé par les passants. Des bandes de petits garçons, aux pieds nus, chassaient devant eux des ânes chargés de pierres de taille, prises dans les ruines de la forteresse pour être portées à Haïfa, où beaucoup de maisons neuves étaient en construction. Des chameaux, chargés de grains et de melons, se dandinaient non loin de là, et quelques gens de la ville allaient et venaient, comme pour jeter un coup d'œil dans l'intérieur de nos tentes. Au coucher du soleil, le sentier se couvrit de troupeaux de chèvres et de bétail, que l'on ramenait à la ville pour les mettre en sûreté pendant la nuit ; car il n'est pas prudent de les laisser en pleine campagne, même sous la garde de pâtres bien armés.

Haïfa est une ville entourée de murailles, en forme de parallélogramme, agréablement située près de la mer, sur une pente douce. Une colline escarpée, comme une sorte d'éperon du mont Carmel, s'élevait immédiatement par derrière, couronnée par un petit château, auquel je grimpai avec M. Finn, pour jeter de là un coup d'œil sur la ville. Les maisons y sont distribuées irrégulièrement ; celles qui sont occupées par les consuls et par les marchands sont grandes, solidement bâties, en pierres de taille, avec une cour centrale et de larges terrasses. Les maisons de la classe pauvre sont faites en terre et en pierres brutes ; elles n'ont point d'étage supérieur et tous les toits sont plats.

De chaque côté de la petite ville, sont de beaux vergers, plantés principalement de figuiers et de grenadiers. Un bosquet de palmiers borde la plage à l'est de la ville[1].

Je retournai au couvent pour y passer la nuit, et après être encore restée le jour suivant, dimanche, sous les tentes avec M. Finn, je me préparai à entrer à Haïfa, pour la première fois, au clair de la lune.

---

[1] La ville d'Haïfa fut bâtie à la place où elle est maintenant par le fameux Dàher, gouverneur d'Acre, vers le milieu du siècle dernier. On voit encore, sur le rivage de la mer, au-dessous du mont Carmel, les ruines de la vieille ville de Sycaminum. Dàher trouva cette situation trop exposée aux incursions des tribus nomades de la plaine d'Athlite. Quelques-uns des plus anciens habitants d'Haïfa se souviennent que leurs pères leur ont montré la place de leurs premières habitations dans la vieille ville.

CHAPITRE V

Arrivée à Haïfa. — Notre maison et nos serviteurs. — Pétition de la pauvre veuve. — Population d'Haïfa. — Siége de la ville. — Retraite des Tiréhites. — Secours d'un vaisseau anglais. — Une fausse alarme. — Un mariage à l'église grecque. — La procession des noces. — Chants et danses. — Manière dont on prépare les fiancées. — Les bains turcs. — Le Kohl et le Henné. — Angelina et le clergé d'Haïfa. — Condamnation des mitaines de soie. — Le bazar par une nuit de fête. — Jane Eyre et les conteurs arabes. — Mohammed Bey et Miriam. — Le cheik Abdallah et ses sept femmes. — Le dictionnaire de divination. — Mon rêve interprété.

Quoique les tentes fussent très-près de la ville, M. Finn insista, en riant, pour que je ne fisse pas à pied ma première entrée dans Haïfa. Je montai donc à cheval, et, accompagnée de mon frère et de quelques-uns de ses amis arabes, je longeai le sentier qui bordait les jardins, et j'arrivai aux murs crénelés de l'entrée de la ville. Ces épaisses portes de bois, garnies de plaques de fer, s'ouvrirent devant nous à deux battants en criant sur leurs gonds, poussées par les gardiens endormis, dont les matelas étaient étendus sur une plate-forme de pierre, dans une chambre carrée et voûtée, près de la porte. Ils nous accueillirent avec les mots : « Entrez en paix. » Nous leur dîmes : « Puisse Dieu vous garder ! Bonne nuit. » A quoi ils répondirent : « Puissiez-vous avoir mille bonnes nuits ! » Mais leurs salutations furent presque étouffées par les aboiements furieux d'une troupe de chiens, réveillés par le fracas des grandes portes se fermant derrière nous.

Au dedans de la ville, tous les espaces libres étaient remplis par des troupeaux étendus et pressés au clair de la lune, et, dans les rues tortueuses, étroites et sales, nous rencontrions de temps en temps un âne égaré ou une vache mugissante, d'un aspect misérable. Nous passâmes devant une petite chapelle latine, avec un beffroi, ombragée par un grand poivrier ressemblant à un saule, puis devant une modeste mosquée et un minaret, auprès desquels s'élevait un palmier. Nous arrivâmes ensuite à un espace ouvert, près du rivage de la mer, où un certain nombre de chameaux, de chameliers et de paysans étaient endormis autour du brasier encore rouge d'un feu de bois.

Nous descendîmes de cheval, à l'entrée d'une maison, dont les fenêtres donnaient sur ce tableau, et je passai sous une voûte basse, dont la porte s'ouvrait sur une cour grossièrement pavée. Elle était éclairée par les lampes et les lanternes allumées dans les chambres qui l'entouraient et dont les portes étaient ouvertes; car leurs habitants, nos voisins, veillaient pour nous attendre et nous recevoir. Je montai un escalier de pierre, très-roide et découvert, qui se terminait à un grand espace honoré du nom de terrasse, et conduisant à deux chambres carrées très-élevées et très-aérées, avec des murs blanchis à la chaux, et pavées en pierres. Mon frère y avait autrefois demeuré pendant plus d'une année, et c'est là que nous devions habiter temporairement. Catherine, avec l'aide d'un tapissier (un juif arabe), avait été très-occupée à disposer nos logements.

Au bout de la terrasse était une petite chambre où l'on trouvait tout ce qui était nécessaire pour préparer les pipes, le café et les sorbets. Les narghilés, les chibouques, les blagues à tabac, les tasses à café et les verres garnissaient les murailles. Yousouf, notre petit page préposé au café et aux pipes, et à qui cet emploi procurait une satisfaction infinie, vint, paré de ses plus beaux habits, me baiser les mains. Il avait évidemment fait de son mieux pour produire une impression favorable sur sa nouvelle maîtresse. Il était vêtu de larges pantalons de coton blanc, d'une veste écarlate et d'un châle en ceinture; une calotte blanche lui couvrait la tête. Catherine était tout à fait contente de son nouveau logement, au rez-de-chaussée, et elle me dit qu'elle avait trouvé, tout à fait inopinément, quelques cousins à Haïfa. Je la félicitai, devinant toutefois que ce n'était encore là qu'une de ses singulières illusions.

Le drogman et le secrétaire de mon frère, Mohammed, son groom égyptien et plusieurs aspirants au service du vice-consulat, se pressèrent autour de moi pour me souhaiter la bienvenue, et pour solliciter ma faveur et ma protection, dans un langage qui avait l'air d'être emprunté à l'Ancien Testament.

Une vieille femme musulmane, au visage flétri par les chagrins autant que par les années, se présenta à son tour, et, après m'avoir saluée, me dit : « Si maintenant votre servante a trouvé grâce devant vos yeux, parlez pour moi à mon seigneur, votre frère, pour qu'il prenne mon fils à son service; parlez-lui maintenant, je vous en supplie; un mot pour mon fils, car c'est mon fils unique et je suis veuve. »

Des matelas, des oreillers, des coussins nouvellement recouverts de toiles peintes, placés très-près les uns des autres tout autour de la chambre, sur des espèces de tréteaux de bois, quelques meubles de fabrique européenne et une jolie petite bibliothèque très-bien garnie, donnaient à la chambre un air élégant et confortable. Le bateau de Tantûra arriva sans accident, pendant la nuit, avec nos bagages.

Le jour suivant, 24 septembre, deux hommes vinrent de

Nazareth pour nous saluer, et me donnèrent un agneau gras. Un peu après, une petite troupe arriva de Shefa Amer, avec un chameau chargé de beaux melons d'eau, et un paysan d'un village voisin nous apporta quelques fromages de chèvre.

Je dois dire que ces offrandes sont généralement payées à un prix beaucoup plus élevé que celui du marché.

Notre voisin, Saleh Sekhali, chrétien arabe, à la physionomie intelligente et pensive, déjeuna avec nous. Il me dit que mon frère était le seul Anglais qui eût jamais résidé à Haïfa, et qu'avant moi jamais femme anglaise n'avait passé une nuit dans les murs de la ville. Il ajouta que les Arabes se faisaient d'étranges idées sur les femmes et la société anglaises. Ses amis lui exprimaient une grande curiosité à ce sujet, et ils espéraient maintenant trouver l'occasion d'en juger par eux-mêmes dans leurs rapports avec nous.

Saleh ne comprenait aucune langue de l'Europe, mais son intelligence était prompte et nette, et il était passionné pour l'étude. Il m'offrit très-obligeamment de m'enseigner l'arabe et de me faire lire chaque jour.

En m'informant de la population d'Haïfa, j'appris qu'elle était, en 1854, composée ainsi :

Musulmans.	1,200.	
Catholiques grecs.	400	Unis au pape et, par conséquent, sous le patronage de la France.
Catholiques latins.	50	
Maronites.	30	
Grecs orthodoxes.	300.	
Juifs.	32.	
Total.	2,012 âmes.	

Dans l'année 1860, le recensement de la population la porta à 2,300 âmes.

Nous prîmes congé de M. Finn, qui était lui-même sur le point de partir pour Akka, et dont les tentes étaient déjà toutes emportées. Nous nous rendîmes ensuite à chacun des consulats; car, parmi les Européens, dans le Levant, les nouveaux venus doivent faire la première visite. Le consul français (qui avait servi fort jeune dans les rangs de l'armée du premier Napoléon) nous reçut très-cordialement, et me présenta à sa femme, dame syrienne, qui parlait très-couramment le français. Le consul d'Autriche est né dans les îles de la Dalmatie. Les autres consulats étaient tenus par des Ioniens et des natifs de Scio, qui nous reçurent avec beaucoup de politesse et de bienveillance. L'agent consulaire américain est un Arabe qui parle un peu de mauvais anglais. Les femmes de ces diverses familles étaient toutes ou Syriennes ou Grecques; mais la plupart d'entre elles parlaient italien. Toutes me reçurent dans leur cercle avec une gracieuse cordialité. Deux autres familles, d'origine française, engagées dans le commerce, complétaient la population européenne d'Haïfa. Leurs maisons sont bâties à la mode orientale, avec des cours rondes, dont quelques-unes sont pavées de marbre noir et blanc; les chambres étaient meublées avec des divans à la turque, des miroirs de France, des consoles et des tableaux. Je ne dois pas omettre le petit café, appelé Hôtel Victoria, et tenu par un Maltais.

Le mercredi 26 septembre, une réunion de femmes, enveloppées de voiles blancs, vinrent de bonne heure m'apporter des miches de pain plates, sur lesquelles était imprimée une croix formée des monogrammes sacrés : IC. XC. NI. KI, etc., pour la célébration de la fête grecque de la Sainte-Croix.

L'évêque grec d'Akka vint nous faire une visite; il portait une longue robe bleue, ouverte et très-flottante, laissant voir la robe de dessous en soie cramoisie, une ceinture de même couleur et des souliers noirs à pointes. Il n'ôta pas son chapeau noir, à forme basse, sans ganse, à bords légèrement recourbés et s'élargissant un peu vers le haut.

Après qu'il se fût retiré avec sa suite, on remit à mon frère une lettre qui le fit sortir précipitamment. Je le suivis des yeux par la fenêtre de la façade, et je reconnus bientôt des signes évidents de trouble dans la ville. De petits groupes d'hommes armés allaient et venaient en hâte sur la place. Bientôt, je vis tous les consuls, précédés de leurs kawass portant leurs épées et leurs cannes à pommes d'argent, se diriger en corps vers le château du gouverneur. Mon frère accourut un instant pour me dire que Tireh et les villages d'alentour s'étaient réunis pour attaquer Haïfa, et que trois ou quatre cents paysans étaient, en ce moment hors des murs, s'efforçant d'y pénétrer. Nous fûmes immédiatement mis en état de siége : les deux portes furent fermées et gardées, et, partout où les murs étaient faibles, on y plaça des détachements de volontaires improvisés. Je m'assis seule, épiant ce qui allait se passer. Des hommes paradaient dans les rues, armés de vieux fusils, de bâtons, de pieux et d'épées de toutes les tailles et faisant grand bruit. Les enfants suivaient leur exemple, marchant avec des bâtons, poussant de grands cris qui semblaient inspirés moitié par la peur, moitié par le désir de s'amuser. J'entendais, de temps en temps, des détonations de fusils derrière la ville, et les clameurs des femmes et des enfants terrifiés.

Des jeunes filles des maisons voisines et de la cour au-dessous se précipitèrent dans ma chambre avec leurs mères, toutes tremblantes et tout éplorées. Elles s'étonnaient que madame Inglesy, comme elles m'appelaient, ne donnât aucun signe de frayeur. J'essayai de les calmer, en leur disant : « Soyez tranquilles ! Allah est bon ! » Mais elles me réduisirent presque au silence, en me répliquant : « Allah est bon, loué soit Allah ! mais les fils de Tireh sont méchants. » Et elles refusèrent mes consolations.

Un groupe de cavaliers, pesamment armés, faisaient piaffer

leurs chevaux, comme pour exciter le peuple à l'action.

Les consuls revinrent du château, où on avait tenu conseil. Ils avaient rédigé et signé une protestation contre le gouvernement.

J'appris que quatre des hommes les plus hardis du parti des assaillants avaient été tués sous les murailles, du côté du sud, et que quelques-uns de nos gens de la ville avaient été légèrement blessés. Les Tiréhites s'étaient retirés ; mais comme on s'attendait à ce qu'ils renouvelassent l'attaque à la fin de la journée, on fit des préparatifs pour la résistance ; car l'enceinte d'Haïfa n'est pas très-forte et peut facilement être escaladée ou démolie.

On dépêcha dans un bateau un messager à Akka, afin de demander assistance ; en même temps, mon frère, à la requête du gouverneur, procura des fusils et des munitions d'un vaisseau anglais qui était dans le port. Notre chambre fut convertie en arsenal ; notre escalier et notre terrasse furent bientôt encombrés d'une foule d'hommes demandant des armes. On leur en distribua, mais avec prudence ; un secrétaire du gouvernement écrivait la liste des volontaires à qui on en avait fourni.

Au coucher du soleil, l'excitation s'était grandement accrue et personne ne semblait songer au repos. Les consuls veillaient soigneusement aux murailles, et les hommes de la ville faisaient l'exercice au clair de la lune, en criant : « Nos épées sont fortes et notre confiance est en Dieu ! » Paroles que les jeunes garçons, avec leurs bâtons levés, répétaient de leurs voix les plus aiguës.

Plusieurs femmes arabes de mon voisinage vinrent auprès de moi pendant l'absence de mon frère. L'une d'elles apporta un mets favori des Arabes, composé de noix écrasées et de vermicelle, cuits dans le beurre avec du sucre ; ce plat fut mangé chaud. Les femmes portaient toutes de larges pantalons et des vestes collantes, quelques-unes en toile peinte et d'autres en soie de Damas rayée. Le simple costume Bethléémite de Catherine, qu'elles n'avaient jamais vu auparavant, leur parut tout à fait étrange. Elles fumaient, babillaient, riaient et pleuraient tour à tour. Elles se retirèrent, en se voilant précipitamment, lorsque mon frère revint, à minuit, me dire que cinquante hommes d'artillerie et trente bachibouzoûchs étaient arrivés d'Akka, par suite de la protestation des consuls. Ils furent placés, comme sentinelles ou comme patrouilles, dans des positions convenables. Près de trois à quatre cents paysans d'un village ami vinrent aussi offrir leur assistance; beaucoup d'entre eux étaient montés sur des chevaux et portaient de longues lances; les autres étaient armés de pesants fusils. Avec tous ces secours réunis, la petite place prit un air tout à fait guerrier, et, ainsi protégés, nous dormîmes en paix.

Le lendemain matin, une compagnie considérable de cavaliers arriva de Sheffa-Amer et mit pied à terre devant notre maison, car ils étaient venus, disaient-ils, pour protéger le vice-consulat britannique.

Les Tiréhites s'étaient complètement retirés, mais notre petite ville était encore pleine d'agitation. Les volontaires rassemblés et les paysans armés galopaient en chantant et en poussant des acclamations, et, de temps en temps, ils déchargeaient leurs fusils. Ils parurent fort désappointés de n'avoir à faire aucun emploi utile de leurs armes; la place était si bien gardée qu'il ne pouvait plus y avoir aucune crainte d'attaque.

Un instant avant le coucher du soleil, je visitai avec mon frère la cour du château, qui était occupée par l'artillerie. Nous allâmes à la porte de l'Est, et, en traversant le cimetière musulman, nous arrivâmes aux jardins fruitiers et aux bosquets de palmiers. Nous retournions chez nous par les sables, lorsque notre attention fut attirée par les éclats de voix et les discussions violentes de quelques pâtres qui conduisaient vers la ville un grand troupeau de bétail. Quelques-uns de ces animaux, disait-on, étaient des bêtes volées, et c'était là le sujet de la dispute. Un cercle se forma aussitôt, le bruit augmenta; puis, aux paroles succédèrent les coups. Mon frère me conduisit hors du chemin, et je m'assis sur une digue, élevée, plusieurs années auparavant, par les soldats d'Ibrahim-Pacha. La querelle fut naturellement mal interprétée par les vaillants défenseurs d'Haïfa; et une troupe de paysans à cheval sortit des portes, leurs longues lances en avant, faisant voler la poussière sous les pas de leurs chevaux lancés au galop, tandis que leurs longs manteaux rayés et les châles qui leur servaient de coiffures flottaient au vent comme des bannières.

Le bétail et les chèvres s'enfuirent dans toutes les directions. Dans leur frayeur aveugle ils ne savaient plus où ils allaient; quelques-uns des animaux s'embarrassèrent dans les buissons; d'autres allèrent se heurter contre des rochers et des tombes; d'autres se précipitèrent dans la mer, et je fus sur le point d'être renversée par quelques-uns d'entre eux.

Plus d'une centaine d'hommes sortirent des portes avant d'avoir découvert que c'était une fausse alerte, et ils retournèrent, tout désappointés, sur leurs pas. Saleh, qui était avec nous, me dit que je devais considérer cet incident comme une petite fantasia exécutée pour mon amusement particulier.

Après notre repas du soir, mon frère fut appelé au dehors. Je consacrai quelque temps à ma leçon d'arabe, et montai ensuite sur la terrasse, où deux de nos domestiques étaient déjà endormis. Je crus rêver en me voyant seule, assise au clair de la lune, dans le silence de la nuit, qu'interrompaient seuls le murmure des vagues se brisant sur le rivage, les bê-

7.

lements plaintifs de mon agneau et le bruit des chants et des clameurs éloignées.

Le jour suivant, le pacha d'Akka arriva et visita chacun des consuls; puis il tint un conseil au château. On proposa d'envoyer des forces contre Tireh, afin d'arrêter et de punir les auteurs de la dernière attaque contre Haïfa ; mais il devint bientôt évident que les Tiréhites avaient des amis à la cour et des protecteurs dans le conseil. Quelques Musulmans qui jouissaient d'une grande influence dans Haïfa, avaient un intérêt personnel à la prospérité de Tireh, car ils y possédaient des propriétés considérables, et quelques-uns des Tiréhites étaient leurs débiteurs pour des sommes importantes. Par leur intervention et leurs intrigues, l'affaire fut étouffée, nonobstant l'indignation fortement exprimée des consuls et d'autres personnages.

Quelques jours après, je fus invitée à une noce de la famille Sekhali, Arabes chrétiens, de la congrégation des grecs orthodoxes.

Environ à huit heures du matin, je fus conduite dans leur église, monument surmonté d'un dôme éclairé par le haut et décoré de copies informes, mais richement coloriées, des anciennes peintures byzantines ; car, quoiqu'il ne soit pas permis aux Grecs d'avoir des images pour exciter leur dévotion, ils peuvent avoir des tableaux, pourvu que les figures n'en soient pas trop semblables aux créatures vivantes.

Le milieu de l'église, dans l'espace vide que laissaient les stalles ou les chaises, était déjà presque rempli par des invités de la noce, tenant chacun un cierge de cire allumé ; on en plaça un dans ma main.

Au centre de la foule, devant un pupitre, se tenait un prêtre, et, immédiatement devant lui, l'épouse, entièrement enveloppée dans un long manteau blanc. Un voile de mousseline de couleurs variées cachait complétement ses traits. A côté e l'épouse, l'époux, qui n'avait pas plus de dix-sept ans, tait vêtu d'une parure bleu de ciel, brodée de fils d'or, et n très-beau châle cramoisi et blanc lui servait de ceinture. I n'avait vu qu'une seule fois le visage de l'épouse, et il y avait de cela six mois, le jour des fiançailles.

Le service se fit en langue arabe, débité très-rapidement d'une voix claire, mais d'un ton monotone. La plus importante partie de cette liturgie me sembla être le récit de l'évangile relatif aux noces de Cana en Galilée. Tandis que le prêtre le lisait, le pain et le vin furent donnés au jeune homme; il en passa un peu à la jeune fille qui, en les prenant, fut très-attentive à ne pas découvrir son visage. Immédiatement après, elle tendit une de ses mains teintes avec le henné, et l'on mit à son doigt un anneau orné de pierres précieuses. Ensuite deux couronnes, faites de feuilles dorées, furent apportées par les garçons et les demoiselles d'honneur et posées sur la tête des mariés. Ceux-ci alors se donnèrent la main et, suivis chacun de leurs deux assistants, firent plusieurs fois le tour de l'église au milieu du peuple, qui se rangeait pour les laisser passer et les aspergeait, pendant leur marche, avec de l'eau de roses et d'autres eaux de senteur, en faisant entendre des chants et des vœux pour leur bonheur. Lorsqu'ils eurent fait sept fois le tour du cercle, les voiles de l'épouse et de sa demoiselle d'honneur étaient entièrement trempés d'essences, et les deux hommes à leur tour, sans faire la plus légère résistance, se laissèrent verser sur leurs tarbouches de pleins flacons de parfums. L'entrain croissant toujours, l'aspersion devint générale, et j'en eus aussi ma part. Ainsi finit la cérémonie religieuse.

Durant ce temps, les amies de l'épouse, entassées dans les galeries grillées au-dessus de nos têtes, faisaient entendre un accompagnement de chants aigus. Il y avait très-peu de femmes dans le bas de l'église, et celles qui y étaient admises étaient de proches parentes des nouveaux ma

Les hommes formèrent ensuite une procession, au m
de laquelle ils placèrent l'époux, et ils sortirent de l'église.
porteur de pipes attendait, tenant une chibouque magni
qu'il présentait au marié. Chaque fois, ceux qui conduis
la procession s'arrêtaient pour danser la danse de l'épée
pour chanter d'extravagantes chansons d'amour. L'eau
roses fut encore versée sur la tête du marié du haut des t
ou des fenêtres sous lesquelles il passait.

L'étiquette exigeait qu'il conservât son calme et sa t
au milieu du bruit et de l'excitation, et Saleh me dit
avait gardé sa dignité toute la journée, tandis que ses
et ses concitoyens se réjouissaient autour de lui, en
geant et en chantant des chansons nuptiales.

Pendant ce temps, la fiancée avec ses suivantes et ses
pagnes, toutes voilées et enveloppées de blanc, marchait
lentement vers sa maison, la maison où s'était écoulée
enfance, car elle ne devait pas en sortir pour se réunir
l'époux avant le coucher du soleil. Je l'accompagnai; n
portions toutes nos cierges allumés, quoique ce fût la t
sième heure, c'est-à-dire environ neuf heures du matin. N
nous arrêtions de temps en temps, tandis qu'une des c
teuses de profession improvisait un solo approprié à la
constance. Toutes les femmes répétaient les paroles et f
maient un chœur lorsque nous recommencions à march
Une strophe faisait allusion à la présence aux noces d'une fi
de l'Angleterre, considérée comme un présage favorable.
chœur reprit en chantant une prière pour le bonheur et
paix de la fille anglaise.

Nous montâmes un large escalier en pierres, et nous
trâmes par un corridor dans une vaste chambre éclai
par un grand nombre de fenêtres. L'épouse fut conduite
une sorte de trône fait avec des coussins et des oreillers b

és, et je fus placée à côté d'elle. Son manteau et son voile lancs furent enlevés, et elle parut alors effroyablement ible et fatiguée. Elle ne devait pas avoir plus de quatorze ns; son visage était ovale, ses lèvres un peu fortes et ses ourcils arqués, noirs et délicatement dessinés. Elle avait les eux fermés, car l'usage fait un point d'honneur à une épouse e ne pas les ouvrir depuis le moment où elle quitte l'église usqu'à celui où elle rencontre l'époux, à la nuit. Elle s'assit vec solennité, agenouillée sur ses talons, la paume des nains reposant sur ses genoux, comme sont représentées quelques divinités indiennes; sa coiffure était presque entièrement cachée par des cordons de perles, des festons de petites pièces d'or, des diamants, des rosettes et des fleurs éparses. Ses longs cheveux tressés pendaient sur ses épaules en neuf tresses, pesamment chargées de petits ornements d'or et de pièces de monnaie.

Elle portait une veste de velours pourpre, très-ouverte par devant, laissant voir sa chemise de crêpe et sa poitrine, qui était ornée de petites découpures de feuilles d'or; son collier de pièces d'or était magnifique. Un tissu de soie jaune et blanche l'enveloppait presque entièrement; ses pantalons étaient de soie jaune. Ses bras et ses mains étaient mouchetés de taches de henné d'un brun orange; mais ce qui me frappa le plus, ce fut l'éclat extraordinaire de sa peau. Tandis que j'examinais attentivement l'épouse, ses compagnes s'étaient entièrement transformées; elles avaient toutes rejeté leurs vêtements blancs et m'apparaissaient maintenant sous toutes les couleurs de l'arc-en-ciel combinées de mille façons. Le visage de la plupart était d'une teinte aussi chaude que celui de l'épouse; presque toutes avaient de très-grands yeux noirs, dont les paupières et les cils étaient noircis avec du charbon. Leurs bouches étaient plutôt grandes et montraient des dents blanches qui brillaient comme les dents des animaux sauvages. Leur teint est généralement brun, mais clair et éclatant. Elles s'avancèrent une à une pour baiser la main de l'épouse, qui resta entièrement passive et ne répondit à aucune salutation. Les danses et les chants commencèrent. Une femme jouait du tambourin, et deux ou trois danseuses, au milieu de la chambre, prenaient des attitudes gracieuses, mais voluptueuses. Elles commencèrent très-lentement, s'avançant, comme avec une sorte de répugnance ou de timidité, vers un objet invisible, se retirant pour s'avancer encore, et accélérant graduellement leurs pas et leurs gestes. Autour d'elles un double rang de spectatrices, assises sur des nattes, frappaient des mains, en mesure avec le tambourin, et chantaient, sur un mode mineur, des chants sauvages et passionnés. Aussitôt qu'une des danseuses était fatiguée, une autre se levait pour la remplacer ; quatre d'entre elles parvinrent à se mettre dans un tel état d'excitation qu'elles semblaient mourantes ; après quoi, elles se retirèrent. Quelques-unes des plus jeunes filles portaient des habits de percale blanche, parsemée de petites paillettes d'or, très-rapprochées les unes des autres. D'autres étaient enveloppées de mousseline blanche par-dessus des pantalons de soie rouge ou bleue, et des vestes de velours rouge ou noir. En dansant, elles tenaient dans leurs mains des châles brodés qu'elles balançaient avec beaucoup de grâce.

A midi, on servit des confitures, des fruits, des crèmes et plusieurs autres mets.

Après le coucher du soleil, la mère et les parentes de l'époux vinrent chercher la fiancée. Elle commença alors à pleurer et à se lamenter amèrement ; ces signes de douleur font partie de l'étiquette ; qu'elle éprouve ou non du regret, elle doit témoigner du chagrin en quittant sa maison, et elle doit montrer de la répugnance à aller au-devant de l'époux. Cette répugnance affectée ou réelle est quelquefois portée si oin, que l'épouse en pleurs doit être poussée et tirée d'une façon fort disgracieuse. J'ai été témoin de scènes de ce genre fort burlesques. L'épouse voilée, dont les yeux sont toujours supposés fermés (mais elles se permettent de temps en temps un regard à la dérobée), est généralement placée sur un cheval, et, lors même que sa nouvelle demeure est dans la rue voisine, elle fait le tour de la ville ou du village au petit pas, suivie par une grande troupe de femmes et de jeunes filles portant des torches allumées, chantant et poussant des cris étranges.

J'ai souvent prêté mon cheval à une pauvre fille, afin qu'elle pût ainsi aller en triomphe, au milieu de la foule des porteuses de torches, à la rencontre de son époux, et très-souvent, vers minuit, j'ai été attirée à la fenêtre pour voir passer de semblables processions.

Avant que l'épouse ne sorte, une troupe d'hommes et de femmes porte son trousseau dans sa nouvelle maison, à la lueur des torches. Un berceau de bois peint en rouge, un coffre rouge en sont toujours les objets les plus remarquables. Quelquefois on étale avec orgueil un petit miroir dans un cadre doré. Des oreillers de soie aux couleurs éclatantes, une boîte de savons parfumés, un matelas ou deux, un coussin, tout cela de plus ou moins de valeur, selon le rang de l'épouse, font partie des objets qu'elle apporte avec elle.

Je suis parvenue, par des recherches persévérantes auprès des dames arabes, à découvrir comment le visage des épouses était si brillant. J'ai appris qu'on prépare une jeune fille pour le mariage par un grand nombre de cérémonies, et il y a des femmes dont la profession spéciale est de travailler à la beauté des épouses.

Une veuve, nommée Angélina, est, en ce genre, la première artiste d'Haïfa. Elle emploie habilement ses ciseaux et ses pinces à épiler les sourcils, afin de leur donner la forme d'un arc, qu'elle perfectionne avec une teinture noire. Elle prépare une pâte gommeuse très-épaisse, et l'applique par degrés sur tout le corps, en l'y laissant une minute ou deux; puis elle l'enlève précipitamment, en arrachant ainsi tout le duvet de la peau, qui se trouve alors parfaitement épilée, avec un brillant et un poli artificiels, fort admirés des Orientaux. Le visage exige des précautions toutes particulières[1]. Lorsque les femmes se sont soumises une fois seulement à cette opération, elles deviennent effrayantes, si elles n'y reviennent pas de temps en temps, car le duvet ne repousse plus doux et fin comme auparavant. Peut-être est-ce là une des raisons pour lesquelles les vieilles femmes arabes, qui ont entièrement renoncé à tous ces artifices de toilette, sont si affreuses et si semblables à des sorcières. Quelquefois ces procédés irritent légèrement la peau, et l'on est obligé de l'adoucir avec de l'huile d'olive ou de sésame parfumée, ou bien avec des lotions rafraîchissantes d'eau de sureau. La fiancée, avant le jour des noces, invite ses amies à l'accompagner au bain public, et envoie à chacune d'elles un paquet de henné, deux ou trois morceaux de savon et deux bougies. C'est, en général, Angélina qui est chargée de porter ces messages et ces présents qui lui valent toujours quelque gratification. J'ai de temps en temps accepté des invitations semblables. Les amies de la mariée se rassemblent donc et passent quelquefois trois jours consécutifs dans les luxueux loisirs des bains turcs. On y sert des pipes, des sorbets, le café et d'autres rafraîchissements; on y chante des chan-

---

[1] David a-t-il fait allusion à cette coutume (qui est évidemment très-ancienne), lorsque priant pour la prospérité temporelle de son royaume, il dit : « Puissent nos filles être comme les pierres de l'angle, polies « comme les murailles d'un palais? » C'est seulement comme fiancées et comme femmes qu'elles peuvent être comparées aux pierres de l'angle, servant à construire la nation, car c'est alors que l'on travaille à l'éclat et au poli de leur visage.

sons en l'honneur de la fiancée, qui est, comme de raison, accompagnée d'Angélina, et sur qui se concentre toute l'attention. Ses cheveux sont défaits ; on la déshabille lentement, et ensuite, les reins entourés d'une ceinture lâche en soie cramoisie, montée sur de hauts patins, on la conduit à travers des salles et des passages dont la température s'accroît graduellement, et dont le pavé de marbre est inondé par des fontaines. On la place sur une plate-forme de marbre, près d'un jet d'eau chaude ; on lui frotte la tête avec une argile qui lui nettoie les cheveux ; tout son corps est couvert de mousse de savon, et frotté avec une poignée d'étoupes. On verse de nouveau sur elle de l'eau chaude en grande abondance, puis on l'enveloppe dans de longues serviettes, et on la ramène, par degrés, à travers une température de plus en plus modérée, jusqu'à une fontaine d'eau froide. Ses compagnes, pendant ce temps, subissent le même traitement ; puis, enveloppées de mousseline, de crêpes ou de baptiste, elles s'asseyent toutes ensemble en fumant, jusqu'à ce qu'elles soient reposées et rafraîchies. Pour noircir le bord des paupières, on se sert d'un petit instrument, semblable à un poinçon d'argent ; on le plonge dans l'eau, puis dans une bouteille ou dans une boîte contenant une poudre impalpable appelée *khol*, faite d'antimoine et de suie soigneusement préparés, et on passe doucement la pointe noircie le long des paupières presque closes. Les pauvres gens se servent simplement de suie, et l'appliquent avec une épingle faite de bois de gaïac [1].

Les bras, les mains, les jambes et les pieds sont entourés de galons étroits ou de tresses, comme les bandelettes qui

---

[1] Ézéchiel (ch. 23, v. 40) fait probablement allusion à ce procédé, lorsqu'il dit : « Vous avez envoyé chercher des hommes venus de loin ; « pour eux, vous vous êtes lavées, vous avez peint vos yeux et vous vous « êtes parées avec des ornements. » Et il est écrit que Jézabel peignit

attachent les sandales en se croisant l'une sur l'autre. Ensuite, une pâte, faite avec de la poudre humide de henné (c'est-à-dire avec les feuilles pulvérisées de l'awsonia, arbre qui produit le henné), est appliquée sur la peau, par-dessus les bandelettes. On la laisse ainsi pendant plusieurs heures; lorsqu'on l'enlève, la peau se trouve profondément teinte, partout où les bandelettes ne l'ont pas protégée. Il en résulte une sorte de dessin, semblable à un damier; et lorsqu'il est artistement fait, comme Angélina sait le faire, les pieds semblent, à quelque distance, chaussés de sandales, et les mains comme couvertes de mitaines d'un orangé vif ou couleur de bronze. Enfin, de bon matin, le jour du mariage, la fiancée est vêtue de ses habits de noce ; ses cheveux sont tressés en nattes circassiennes. Des feuilles d'or sont collées sur son front et sur sa poitrine ; on prend soin de ne cacher aucun des tatouages pratiqués sur son visage ou sur son sein pendant son enfance. On dessine quelquefois une ligne de petits points bleus autour des lèvres, et il est très-ordinaire d'y ajouter un signe sur le menton; lorsqu'on le juge nécessaire pour relever la couleur des joues, on y ajoute un peu de rouge.

Angélina est tombée dans une profonde disgrâce auprès du clergé d'Haïfa, à cause de l'encouragement qu'elle donne à toutes ces vanités, qui, par parenthèse, lui procurent de bons revenus. Elle va d'une église à une autre pour tâcher d'obtenir l'absolution, s'adressant tantôt aux Grecs, tantôt aux Latins, tantôt aux Melchites, selon qu'elle espère trouver plus d'indulgence auprès des uns ou des autres.

Les femmes arabes sont très-attachées aux anciennes cou-

ses yeux, et Jérémie dit (ch. xiv, v. 5) : « Quoique tu te sois parée avec « des ornements d'or, quoique tu aies noirci tes yeux en les peignant, « c'est en vain que tu te seras faite belle, etc. » Ainsi, nous devons regarder l'usage du khol comme une coutume très-ancienne.

tumes du pays, et elles ne veulent pas les abandonner, nonobstant les efforts persévérants du clergé.

L'Église catholique grecque prononce en vain des anathèmes et menace d'excommunication les femmes qui se tatouent et qui se servent de khol, de henné et de rouge. Elles persistent à les employer, persuadées que ces divers fards ajoutent à leur beauté et à leurs attraits. C'est également en vain qu'on interdit les processions bruyantes aux noces et aux funérailles; car le peuple y attache une idée de favorable augure, et le respect pour la coutume est plus fort même que le respect pour l'Église. Si les prêtres persistaient dans leurs menaces d'excommunication pour de telles transgressions, leurs congrégations seraient bientôt dispersées. Ils se montrent donc tolérants, et le christianisme des Églises grecque et romaine, ou du moins ses formes sont insensiblement envahies par des cérémonies et des pratiques si anciennes, que leur origine même est inconnue.

Ce ne sont pas les seules difficultés contre lesquelles les prêtres aient à lutter dans la conduite pastorale des femmes arabes.

En 1859, un grand nombre de mitaines de soie noire furent vendues par un colporteur de Beyrouth; c'était une nouveauté pour les femmes arabes, qui furent extrêmement fières de cette addition à leur toilette, et étalèrent avec délices, à l'église, leurs mains couvertes de mitaines. Le prêtre de la communauté grecque déclara immédiatement, du pied de l'autel, qu'il interdisait l'usage des gants, des mitaines ou de toute autre nouveauté coûteuse dans leur toilette, et il les avertit aussi qu'elles devaient éviter de laisser voir, à l'église, aucun des ornements de leurs coiffures.

Peu de jours après, j'eus une conversation très-intéressante avec l'ecclésiastique qui avait prononcé ces anathèmes, et il voulut bien m'expliquer les raisons de cette intervention, en apparence étrange, relativement aux mitaines. Il me dit qu'il considérait comme très-important de prévenir, s'il était possible, l'invasion des modes françaises parmi les femmes arabes ; car si elles adoptaient jamais ces toilettes, qui exigent de fréquents changements, et dont la mode varie si souvent, un trousseau deviendrait si dispendieux, que les jeunes hommes n'étant plus en état de se marier, les unions précoces, qui sont si désirables en Orient, seraient supprimées. Les articles coûteux d'une véritable garde-robe arabe durent toute la vie, et se transmettent même par héritage, tandis que les parures d'une toilette française doivent être renouvelées chaque année. Ce prêtre parlait avec connaissance de cause, car il était Arabe, marié et père d'une nombreuse famille de jeunes filles. Néanmoins, il est très-évident que, sur ces questions de modes et de coutumes, les prêtres ont très-peu d'influence. Dans les villes où les Arabes ont beaucoup de relations avec les Européens, ils adoptent peu à peu nos mœurs et particulièrement nos costumes, en abandonnant les leurs.

Le 1er octobre, les victoires de Crimée furent annoncées et célébrées dans Akka ; cinq fois par jour, vingt et un coups de fusil furent tirés ; la ville fut illuminée le soir, et l'on alluma des feux sur toutes les collines qui entourent la baie. Les munitions récemment arrivées dans Haïfa pour sa défense furent employées en feux de joie ; les minarets et les consulats furent éclairés, et l'on emprunta les lampes de la synagogue juive pour décorer les hampes des drapeaux anglais. Toute la soirée, la place fut très-animée ; nous sortîmes avec Saleh-Sekhali, Mohammed-Bey (beau musulman, d'un extérieur fort distingué) et deux ou trois de ses amis. Yousef conduisait la marche « avec une lanterne à nos pieds, » dirigeant de temps en temps sa lumière sur des mares de boue, sur des monceaux de débris de légumes, qui rendaient ce secours tout à fait indispensable. Nous nous acheminâmes vers un bazar étroit, mal construit, mais bien fourni. Il est généralement désert au coucher du soleil, mais, ce soir-là, toutes les boutiques étaient ouvertes. Les pipes, les bottes et les souliers en maroquin rouge ou jaune, les pantoufles brodées, les toiles peintes de Manchester, les soies de Damas, les tissus de pourpre, les châles, les jarres, les lampes, les ustensiles de cuisine, les fruits, les confitures, les échantillons de grains étaient exposés à la lumière de cent lanternes. Des groupes d'Arabes, dans leurs habits de fête, étaient devant tous les comptoirs; et, dans les cafés ouverts, dans les boutiques de barbier, les conteurs d'histoire et les chanteurs attiraient des auditeurs empressés. Une pluie de dragées était lancée d'un bout de la place à l'autre, et les jeunes garçons étaient très-affairés à se les disputer.

Mohammed-Bey, Saleh et quelques amis arabes passèrent la soirée avec nous. L'un d'eux demanda quelle sorte d'histoire ou de roman on aimait en Angleterre.

Nous avions récemment lu Jane Eyre, et mon frère commença à le leur traduire couramment, en abrégeant un peu et en cherchant à l'adapter à l'intelligence des Arabes. Cette lecture intéressa si vivement nos amis, qu'ils revinrent pendant plusieurs soirées consécutives et qu'ils voulurent l'entendre jusqu'à la fin. Deux années après, voyageant dans l'intérieur, nous entendîmes cette histoire, quelque peu altérée et modifiée, mais bien racontée par un Arabe, qui n'en connaissait pas la source. Peut-être, un jour, quelque voyageur, curieux de recueillir les contes arabes, entendra avec surprise la version orientale de ce roman très-peu oriental, et pourra s'imaginer qu'il a découvert l'origine du sujet de Jane Eyre, dérobant ainsi à l'imagination de la petite recluse du Yorkshire l'honneur de son originalité et de sa merveilleuse puissance de création.

Les fables d'Ésope, librement traduites de la même manière, et à l'aide des illustrations, procurèrent aussi un grand plaisir à nos amis arabes. Nos cartes géographiques les surprirent beaucoup, en excitant leur intérêt et leur curiosité. Ils y prirent confiance, en voyant, qu'à l'aide d'une carte de la Palestine, moi, étrangère, je pouvais leur dire les noms et la position des villes et des villages, à plusieurs milles à l'entour.

Nos hôtes musulmans furent d'abord timides et osaient à peine s'adresser à moi, car, excepté leurs épouses, leurs servantes et leurs esclaves, ils ne voient jamais aucune femme, et n'ont point de rapports avec des chrétiennes.

On m'avait conseillé d'éviter les amis musulmans de mon frère, par la seule raison qu'ils enferment les femmes de leur famille, mais nous ne nous crûmes pas obligés d'imiter, sans nécessité, la coutume orientale, et je trouvai beaucoup d'intérêt dans mes rapports avec eux. Ils se conduisirent toujours vis-à-vis de moi avec une affectueuse et chevaleresque bienveillance.

Les dames levantines, qui se cachent aux Musulmans presque aussi scrupuleusement que les femmes arabes, furent surprises de ma conduite et m'expliquèrent qu'il était tout à fait contraire aux usages des Musulmans de voir des femmes hors de leur propre famille et que les lois de leur religion le leur interdisaient.

Je saisis la première occasion de m'informer à ce sujet, et lorsque deux ou trois des plus intelligents et des plus instruits de nos amis musulmans furent réunis un soir dans notre salon, je leur dis que j'avais une importante question à leur adresser. Je leur rappelai d'abord que ni les coutumes de mon pays ni la voix de ma conscience ne me défendaient de voir aucun de mes semblables; que l'on m'avait appris, au contraire, à les aimer tous, sachant que nous sommes tous une seule famille, les enfants d'un seul Dieu, créés par sa bonté. J'ajoutai ensuite : « S'il y a parmi vous quelque loi, que vous regardiez comme sacrée, qui vous défende de voir des femmes et de converser avec elles hors de votre cercle de famille, s'il y a, dis-je, une telle loi, je ne veux pas devenir pour vous une occasion de désobéissance, mais je vous aiderai, au contraire, à l'observer, en me cachant à vous. »

Ils semblèrent pris au dépourvu, mais ils m'expliquèrent clairement et me prouvèrent qu'il n'existait aucune loi de cette sorte, mais que la loi de l'opinion seule et la coutume enfermaient les femmes dans leurs harems. Mohammed-bey me dit que leurs femmes étaient entièrement incapables de vivre en société, et qu'elles ne sauraient comment se conduire en présence d'étrangers. « Si nous leur donnions la liberté, elles ne sauraient en user ; leurs têtes sont faites de bois ; elles ne vous ressemblent pas ; quand vous parlez, nous oublions bien vite que vous êtes une fille. Il nous semble que nous écoutons un cheick. Pour vivre dans le monde, la science et la sagesse sont nécessaires ; nos femmes et nos filles n'ont ni science ni sagesse. Donnez-leur la sagesse, nous leur donnerons la liberté. »

Satisfaite sur ce point, je continuai à les voir et n'eus jamais occasion de le regretter. Je crois que je leur ai donné quelques idées nouvelles sur les facultés et la capacité des femmes, dont il est possible que l'on tienne compte un jour.

Yassin-agha, l'un de ceux dont les visites étaient le plus fréquentes, m'invita à venir voir sa famille, et j'y allai avec mon frère. Nous fûmes d'abord reçus dans une grande chambre voûtée par l'agha, ses fils et quelques *gentlemen* musulmans. Le fils aîné fut ensuite chargé de me conduire au harem, cette partie de la maison spécialement occupée par les femmes. Il me fit traverser une cour et, après avoir monté un escalier en plein air, j'entrai dans une grande et belle chambre, pavée en marbre, où un groupe de femmes m'attendait pour me saluer. Le jeune homme me présenta à sa grand'mère, femme âgée, presque aveugle, et à sa mère; après quoi il me laissa. Elles portaient des vestes et des pantalons larges, en indiennes communes. Elles me firent entrer dans un appartement intérieur, où une jeune femme de l'agha, parée d'habits brodés, de joyaux et de fleurs, était assise au milieu d'un grand nombre d'enfants, d'esclaves et de domestiques. Celles-ci semblaient occuper dans la maison presque la même position que leurs maîtresses; mais quelques-unes d'entre elles étaient négligées, malpropres et en haillons. Au milieu de la chambre brûlait un brasier de charbon de bois, et un petit enfant, malade de la fièvre, était couché sur un matelas, dans un coin. L'air était rare et chaud, et j'avais de la difficulté à respirer, principalement pendant que toutes ces femmes se pressaient autour de moi. Ma toilette fut examinée avec curiosité, et, si je ne leur avais pas résisté avec douceur, mais avec fermeté, je pense qu'elles m'auraient déshabillée, tant elles étaient avides de connaître comment mes habits étaient faits et attachés. Elles me caressaient, lissaient mes cheveux et m'appelaient de toutes sortes de petits noms d'amitié. Elles me demandèrent si j'étais fiancée, si mon frère avait un harem, s'il était beau, s'il était blond, etc. Quand j'ôtai mes gants de peau de chevreau, de couleur claire, l'un des enfants s'écria : « Regardez, voyez, l'étrangère ôte la peau de ses mains! » On m'apporta de la limonade et des confitures; le café fut préparé par une esclave noire, accroupie auprès du brasier; les narghilés et les longues pipes furent passés de l'une à l'autre. La pipe que je fumais avait un bout magnifique, orné de pierreries, que l'agha avait envoyé pour mon usage. Je leur expliquai que j'avais appris à fumer dans leur pays, et qu'en Angleterre les dames ne fumaient pas. Elles me conduisirent dans une autre chambre bien garnie de coussins et de matelas, dont quelques-uns étaient recouverts de soie. Elles me demandèrent si je savais travailler, et furent très-surprises quand je leur répondis que je pouvais faire presque tous mes habits. Elles me dirent que la plupart de leurs parures étaient faites par des tailleurs, et que leurs matelas et leurs divans étaient recouverts par des tapissiers, et qu'ainsi elles travaillaient très-peu à l'aiguille. Le fils aîné, qui avait été mon guide, vint me rechercher ; il me fit passer par une chambre petite, mais très-élevée, aux quatre coins de laquelle se dressaient des feuilles de palmiers, de douze pieds de long au moins, et où d'abondantes grappes de dattes pendaient aux solives.

Je visitai ensuite Mohammed-bey. Il n'avait qu'une femme, jeune et agréable, qui, avec sa fille, encore enfant, était sous la direction spéciale de la mère du bey, l'une des femmes arabes les plus imposantes que j'aie jamais vues.

La jeune femme, Miriam, était habillée d'une veste de drap de couleur sombre et de pantalons de coton rose. Elle était très-tatouée; une ligne de points bleus entourait ses lèvres fortes et épaisses ; sur son front était une étoile et un petit croissant sur son menton. Ses sourcils étaient très-fortement marqués et ses cils très-longs. Dans sa ceinture elle portait une boite d'or, en forme de croissant, avec des dessins repoussés ; on y voyait une inscription en caractères arabes et Miriam considérait ce bijou comme un talisman puissant.

Sa petite fille avait un bonnet de soie verte, auquel étaient attachés des pièces d'or, des cordons de perles et un chapelet bleu, pour prévenir l'effet *du mauvais œil*. De larges bandes d'argent, auxquelles étaient fixés des grelots, entouraient ses chevilles et, pour les faire sonner, elle agitait ses petits pieds nus sur les nattes du plancher. Elles avait une veste étroite de soie verte, des pantalons turcs courts et larges et un petit châle rouge pour ceinture.

J'aimais beaucoup cette famille et j'allais souvent la voir. Un jour, deux ans après ma première visite, Miriam me dit qu'elle craignait que son mari ne fût à la recherche d'une autre femme. Quelques dames musulmanes, qui en avaient entendu parler au bain turc, le lui avaient raconté. Elle me disait : « J'ai vécu quatre ans avec le Bey et sa mère, et j'ai été très-heureuse ; mais je n'aurais plus jamais de bonheur, s'il amenait dans la maison une nouvelle épouse ; elle m'enlèverait son âme. Parlez-lui, ô ma sœur, afin qu'il ne prenne pas une autre femme ; il vous écoutera, car vos paroles sont des perles et des diamants. »

Je m'assurai, quelque temps après, de la vérité de cette rumeur. Mohammed négociait un mariage avec une fille de la tribu des Métualis ; mais ce projet fut bientôt rompu, car la famille à laquelle le bey appartenait fut entraînée dans une guerre contre les Métualis, et, par conséquent, le mariage ne put se faire. Mohammed n'avait jamais vu la jeune fille, de sorte qu'il se consola aisément, et Miriam fut au comble du bonheur.

Dans un troisième harem que je visitai, je trouvai quatre femmes, qui semblaient vivre ensemble dans une grande union. Elles étaient traitées avec douceur et bienveillance, et on leur permettait souvent de se rendre (bien gardées) au bain turc et de visiter d'autres harems.

Leur mari, Cheik-Abdallah, avait toujours eu dans son harem quatre femmes, et, lorsque l'une mourait, la place vacante était aussitôt remplie. Quoiqu'il fût encore de la première jeunesse, il avait déjà eu sept femmes. J'ai appris, peu à peu, qu'elles exerçaient tour à tour la suprématie, pendant l'espace de quelques jours ou d'une semaine ; celle qui en est honorée est appelée la maîtresse des clefs. Durant sa domination temporaire, elle est toujours en habits de gala ; elle reçoit dans le parloir et est la favorite du seigneur du harem, tandis que les **autres** surveillent la cuisine et le ménage. Cette famille semblait très-bien organisée, et je n'ai jamais vu un symptôme de mauvais sentiment entre les femmes, quoique la plus jeune et la plus jolie n'eût point d'enfants, tandis que la plus âgée, une femme de Nablous, avait trois fils, et que les deux autres, qui étaient l'une de Saïda et l'autre de Damas, avaient chacune un fils et une fille. Le cheik choisit toujours ses femmes dans différentes villes, très-éloignées les unes des autres. Après le mariage, elles n'ont plus avec leurs parents que des rapports très-rares, si même elles en conservent aucuns ; ainsi, n'ayant aucune parenté dans Haïfa, elles se lient naturellement entre elles, comme des étrangères en pays étranger. Elles n'y apportent point de vieilles querelles, d'anciennes jalousies, qui puissent se réveiller ; au contraire, elles n'ont à s'entretenir que des sujets nouveaux et intéressants. Peut-être est-ce là une des raisons pour lesquelles le harem d'Abdallah était plus uni, plus semblable à une véritable famille qu'aucun de ceux que j'avais visités[1].

La chambre principale du harem est longue et étroite ; de trois côtés s'ouvrent des fenêtres sans vitres, garnies de treillis de bois. Un divan élevé au bout de la chambre est regardé comme le siége d'honneur, sur lequel le cheik est toujours assis. Des matelas étroits, recouverts de tapis, sont rangés le long des murs sur le sol. Je connaissais cette famille depuis trois ans environ, lorsqu'un jour, comme j'étais assise dans cette grande chambre, au milieu des quatre femmes, de leurs enfants, de leurs esclaves, le cheik lui-même fut soudain annoncé. A son entrée, tout le monde se leva ; il prit place à côté de moi, sur le divan ; aucune des

---

[1] Il m'a semblé que le cheik Abdallah obéissait avec un excès de rigueur à l'ordonnance de Moïse : « De ne pas prendre la sœur de sa « femme pour épouse, de peur qu'elle ne la tourmente toute sa vie. »

femmes n'osa s'asseoir en sa présence, jusqu'à ce qu'il les eût invitées à le faire.

Elles rivalisèrent entre elles pour le servir de leur mieux. L'une lui apporta un oreiller; une autre lui présenta un sorbet; c'était la favorite qui avait le privilége de préparer et d'allumer sa pipe. Il leur parla avec beaucoup de douceur et de bienveillance, et caressa ses enfants avec une extrême tendresse. Il était en costume de maison; sa longue robe, appelée *kumbaz*, était faite de poil de chèvre blanc, à raies de soie blanche. Il portait par-dessus une pelisse d'un bleu éclatant, bordée de fourrures; sa tête était couverte d'un immense turban de mousseline blanche et il avait aux pieds des pantoufles jaunes pointues, sans bas.

Je lui demandai s'il avait quelques livres; il dépêcha un petit garçon, avec l'ordre de m'apporter tous ceux qu'il trouverait dans la maison. Un esclave parut bientôt, avec une pile d'in-folio poudreux : c'étaient des copies manuscrites du Koran, richement illustrées, et des livres de médecine et de magie; mais le volume favori me fut apporté par une des femmes. Cet épais in-4°, grossièrement relié, contenait des interprétations détaillées de toute espèce de songes et de présages. C'était, en un mot, un dictionnaire manuscrit de divination. Les sujets étaient classés par ordre alphabétique, et admirablement écrits en grandes lettres rouges, tandis que les explications étaient à l'encre noire. Le papier était si épais, si jaune et si lustré que je le pris d'abord pour du vélin. Tandis que le cheik tournait les feuilles de ce livre, il me dit : « Madame, quel a été le rêve de votre dernier sommeil? » Je réfléchis un instant, et je répondis : « Je me promenais sur le bord de la mer, près de la rivière Kishon, et je me trouvais extrêmement fatiguée, lorsque soudain un cheval blanc, tout sellé et tout bridé, parut devant moi et s'arrêta, comme s'il m'offrait ses services. Je le montai, et il m'emporta aussi rapidement que s'il avait eu des ailes ; puis je m'éveillai. » Les femmes s'écrièrent toutes : « C'est un bon rêve! » et le cheik, cherchant dans le dictionnaire : « cheval blanc » et « rivage de la mer, » m'assura, après quelques réflexions, que mon rêve était, en effet, très-favorable et que, quoique je fusse menacée de très-grands dangers, j'y échapperais certainement. Aucune des femmes ne connaissait une seule lettre, mais si quelque chose pouvait les décider à apprendre, je pense que ce serait le désir de lire ce livre, dont elles écoutaient chaque mot avec une ardente curiosité.

On nous apporta un plateau chargé de sucreries, de noix, de fruits et d'autres mets. Le cheik mangea avec moi et se retira ensuite, car aucune des femmes n'aurait pu manger en sa présence. Je n'ai pas vu un seul exemple de femmes arabes mangeant avec les hommes, si ce n'est dans les familles qui avaient profondément subi l'influence de la société européenne.

Toutes ces dames étaient fort habiles à faire des conserves, des marmelades, des confitures et même à préparer des plats de viande. Elles semblaient mères tendres et dévouées ; les enfants avaient l'air heureux, et les aînés des fils étaient beaux et intelligents.

En dépit de la gaieté bienveillante des femmes, je sentais qu'il leur manquait quelque chose ; la partie matérielle de leur nature avait seule été développée, et développée d'une manière si disproportionnée, que les Musulmans avaient raison de dire que, dans l'état actuel de leur intelligence, elles étaient incapables d'occuper une place dans la société.

Dans certains harems, les femmes sont très-malheureuses ; elles passent leur temps à s'espionner les unes les autres. Quelquefois les hommes qui ont deux femmes sont obligés d'avoir aussi deux maisons, afin de pouvoir conserver la paix ; mais la majorité des Musulmans ne pratiquent pas la polygamie.

Les dissensions naissent fréquemment au sujet des enfants, qui deviennent une cause de jalousie. La femme qui n'a que des filles voit avec haine et avec envie la mère qui se réjouit de la naissance d'un fils. Je me représente parfaitement le désespoir passionné d'Anne, provoqué par Peninna, et l'exaltation de sa prière murmurée à voix basse, qu'Héli prit pour le délire de l'ivresse. Je me la figure triomphante à la naissance de son fils Samuel, et laissant éclater son enthousiasme dans ses prières et ses actions de grâce inspirées par les sentiments les plus puissants de la nature humaine.

Je m'attendais à trouver des familles très-nombreuses dans ces maisons où habitent deux femmes et même davantage, mais cette conjecture ne se trouva qu'exceptionnellement confirmée. Dans les quartiers Juifs et chrétiens, les enfants sont beaucoup plus nombreux que dans les quartiers musulmans. Il est permis aux juifs de Syrie de prendre une seconde femme, si la première n'a aucun espoir d'avoir des enfants.

Au commencement du mois d'octobre, dans une agréable après-midi, j'allai, avec mon frère, dans un des vergers, en dehors d'Haïfa. Nous suivîmes avec précaution, l'un après l'autre, un étroit sentier bordé de cactus, en passant devant une petite hutte de terre et de pierres, demeure du jardinier et de sa famille. C'étaient des Égyptiens, qui sont considérés comme beaucoup plus habiles que les Arabes dans la culture des jardins. Par leurs soins, les figuiers, les amandiers, les oliviers, les palmiers, les sureaux, les pamplemousses (en arabe, *lemûn helû*, limon doux), les concombres de plusieurs espèces prospéraient dans l'enclos. Toutefois, comme rien n'est vendu au marché que d'après un tarif ré-

lé par le gouvernement, il reste très-peu de motifs d'ému-
ion parmi les jardiniers, et ils ne font point d'efforts pour
méliorer les fruits délicieux, les végétaux utiles de la con-
ée. La quantité, sans égard à la qualité, est, en Orient, le
ut du cultivateur.

Au milieu du jardin, sur une natte usée, à l'ombre d'un
livier, était assise une vieille femme arabe. Sa coiffure de
ousseline blanche déchirée était arrangée de façon à om-
rager ses yeux, affligés d'une ophthalmie ; son vêtement
e coton était couvert de taches, et un pesant manteau de
oyage, en étoffe rayée, était jeté sur ses pieds. Elle se par-
ait à elle-même, avec un air profondément absorbé, et fai-
ait glisser avec rapidité, entre ses doigts longs et minces,
es grains d'un rosaire noir. Auprès d'elle était une petite
oge construite en terre et en pierres et recouverte aussi
d'une vieille natte ; je m'étonnai de son extrême petitesse,
mais je compris qu'elle était seulement destinée à abriter,
pendant la nuit, la tête de la vieille femme, car un matelas
et quelques pesantes couvertures roulées étaient à quelques
pas de là. De vieux vêtements étaient suspendus aux branches,
au-dessus d'elle, non pour les faire sécher, mais parce que
les branches étaient son portemanteau, et le tronc de l'arbre, son armoire ; derrière l'arbre on voyait deux vases de
terre, ainsi que les restes d'un feu de bois entre deux blocs
de pierre ; c'était là sa cuisine. Nous la saluâmes en lui disant : « Que la paix soit avec vous ! » Mais sa réponse fut
brève et sombre : « Pour moi il n'y a plus de paix », et elle
continua de rouler les grains de son rosaire entre ses doigts,
sans même lever la tête. Elle nous dit qu'un mauvais œil
avait été jeté sur elle et avait détruit la puissance de sa vie.

Nous fûmes attirés par le bruit agréable d'une chute d'eau :
autour d'un grand réservoir carré était assise, sur un parapet bas, une société d'Arabes, qui fumaient et babillaient.

L'eau tombait avec assez d'abondance dans ce bassin; elle y était versée par de grandes jarres de terre, fixées à une large roue par des cordes de fibres de palmiers. Le mouvement de la roue était entretenu par la marche circulaire d'une mule aveugle, qui, en la faisant tourner, la plongeait dans l'eau d'un puits; les jarres se remplissaient, remontaient hors de l'eau, puis se vidaient dans le réservoir en redescendant, et ainsi de suite alternativement, aussi longtemps que la mule continuait son cercle monotone, aiguillonnée par un petit garçon aux pieds nus, qui avait un bâton à la main. Quand l'eau s'élevait au niveau d'un trou pratiqué dans le mur du réservoir, elle s'écoulait alors, et, divisée dans de petites rigoles, elle allait arroser les planches de légumes et le pied des arbres. Comme nous quittions le jardin, un âne, chargé de l'écorce rouge des grenadiers, passa auprès de nous. J'appris avec surprise qu'elle servait à préparer la belle couleur jaune dont on se sert pour teindre le cuir.

Nous descendîmes vers la plage, en traversant le cimetière. Le soleil était couché. Nous avions laissé derrière nous tous les promeneurs attardés autour des portes de la ville, et tous les fumeurs auprès des puits et dans les jardins, lorsque, à la lueur du crépuscule, nous vîmes s'avancer vers nous un homme noir, aux formes athlétiques, les reins ceints d'une haire, ayant à la main un bâton, ou plutôt le tronc d'un petit arbre, qui conservait encore deux ou trois de ses branches, en forme de fourches. Cet homme était très-grand, mais son bâton s'élevait encore beaucoup au-dessus de lui. Sa démarche était chancelante, et nous reconnûmes bientôt en lui un fou africain, dont plusieurs Européens s'étaient plaints au gouverneur, parce qu'il se promenait dans les rues entièrement nu, et qui en conséquence, avait été chassé de la ville. Nous le dépassâmes et il nous suivit, en murmurant derrière ous et en faisant entendre des mots étranges. Il n'était pas très-agréable d'avoir un tel compagnon. Nous nous retournâmes vivement en lui faisant face, puis nous marchâmes vers la ville. Il se retourna aussi et nous précéda. Nous étions encore parmi les tombeaux, et, dans l'obscurité croissante, le cimetière prenait un aspect aride et désolé. Des tombes, à demi écroulées, affectaient des formes étranges; d'autres étaient en partie cachées par de petits chênes verts; çà et là, quelques sépulcres, nouvellement blanchis, semblaient briller de leur propre lumière. L'homme noir ne nous accompagna pas au delà de ce domaine de la mort. Lorsque je me retournai pour regarder en arrière et que je le vis, avec sa haute taille, errer parmi les tombes, en brandissant son sceptre, je ne pus m'empêcher de penser à ce passage du récit évangélique où se trouve la description de l'homme qui rencontra Jésus-Christ sur les bords de la mer de Galilée, et « qui, depuis longtemps, était possédé des démons, ne portait pas d'habits et ne demeurait pas à la maison, mais se tenait dans les sépulcres [1]. » Je ne supposais pas que le pauvre Africain maniaque fût possédé des démons, mais je pensais qu'il était très-possible qu'il fût saisi d'un esprit de vengeance. Je fus donc très-contente de me voir hors de sa portée et en sûreté dans les murs de la ville.

[1] Saint Luc, VIII, 27.

CHAPITRE VI

A Nazareth (Nàzirah). — Le kishon. — Le four du village. — Les chercheurs de trésors et les voyants. — La petite sœur de Saleh. — La congrégation de l'Église latine. — Costume des habitants de Nazareth. — Le mont Thabor. — L'ermite Erinna et son *Vendredi*. — Plumes et encriers des scribes. — Le dîner au bord du ruisseau. — La chambre des hôtes chez Stéphani. — Danses, chants et souper. — Les clergés grec et latin. — Le château de Shefa-Amer. — Le harem du gouverneur. — Écoles indigènes. — La synagogue. — La récolte des olives. — Les champs de coton. — Fertilité de la plaine d'Akka.

Le samedi, 15 octobre, nous nous préparâmes à faire une course à Nazareth (Nâzirah) pour y voir M. Finn. Nous partîmes vers trois heures après midi, accompagnés par notre ami Saleh-Sekhali, un kawass et un groom égyptien.

Nous nous dirigeâmes vers la porte de l'est, et, après avoir traversé le cimetière et nous être approchés de la chaîne du Carmel, nous longeâmes le pied des collines entièrement couvertes de broussailles et de chênes verts. Nous prîmes ensuite la direction du sud-est, ayant, à notre droite, les pentes des collines en terrasse et, à notre gauche, une plaine marécageuse, toute brillante d'herbes d'un vert foncé, de joncs des marais et de roseaux en pleines fleurs.

Nous rencontrâmes des caravanes de chameaux, apportant des grains du Haûran pour les marchands d'Haïfa et d'Akkah. Les paysans et les chameliers étaient tous bien armés et paraissaient aussi prêts à l'attaque qu'à la défense.

Nous croisâmes ensuite un groupe d'un aspect beaucoup plus paisible : c'était une famille appartenant à un village voisin. En tête, était une jeune fille, portant une robe ouverte et courte d'une vieille soie cramoisie et rayée, semblable à un peignoir très-étroit, une longue chemise blanche de toile très-grossière et un châle qui serrait la ceinture très-bas. Une écharpe pourpre couvrait sa tête et son visage, excepté ses grands yeux noirs, et tombait sur ses épaules. Elle marchait pieds nus et portait ses souliers jaunes à la main. Une femme, avec un petit enfant dans ses bras, la suivait, montée sur un grand âne blanc, qu'aiguillonnait un homme qui marchait par derrière. Nous échangeâmes un salut, et les étrangers nous dirent : « Puisse Allah vous conduire dans le droit chemin ! » En quarante minutes environ, nous atteignîmes la source de Sa'adeh, qui alimente un des cours d'eau tributaires du Kishon. Elle sort d'une profonde caverne sur la pente des rochers et forme un large réservoir naturel, où croissent de nombreuses variétés de fougères. Saleh me dit que les poëtes arabes appellent une source « la fille de la colline. » Il nous faisait passer là où il savait que nous trouverions des pierres plates et solides; et néanmoins nous faisions jaillir l'eau qui, dans quelques endroits, n'avait pas moins de deux pieds de profondeur. Nous guidions nos chevaux entre des masses de rochers et des murs de cailloux, au milieu de grands arbres et de plantes aquatiques. Notre marche était ralentie et embarrassée par des troupeaux de chèvres et de bétail, que l'on conduisait à la fontaine.

Au delà de cet endroit, nous vîmes sur le haut des collines, à notre droite, un village musulman d'un aspect très-pittoresque, appelé Kefresh-Cheik. Sur les toits plats de ses huttes en pierres blanches il y avait de petits kiosques, faits en branches d'arbres, en longues feuilles de palmier et en roseaux. La plupart des villageois, dans ce district, se construisent, pendant l'été, ces charmants abris. Je songeai à la fête juive des Tabernacles.

Des groupes affairés étaient rassemblés sur les aires. Un homme vannait un tas de froment : il en soulevait en l'air le plus qu'il pouvait à la fois, et, pendant qu'il le laissait retomber graduellement, le vent emportait la balle. Nous nous arrêtâmes un moment dans le bois d'Oliviers, auprès du vieux puits en pierres, où nous vîmes un certain nombre de jeunes filles rieuses, d'une apparence masculine. Peu de minutes après nous atteignimes le petit village de Aïn-Zur, entouré de palmiers et de beaux jardins. Nous nous détournâmes alors des collines et reprîmes notre chemin à travers la plaine fertile.

La ligne de verdure, qui serpente à travers cette plaine, marque le cours du Kishon. Nous nous en approchâmes à l'endroit où il coule, encaissé entre des rives de terre grasse de près de quinze pieds de haut, bordé de lauriers roses, de grands lupins sauvages couverts de fleurs bleues et d'herbes de Saint-Jean couronnées de fleurs d'or. Il n'y avait pas beaucoup d'eau dans le Kishon, car depuis longtemps il n'était point tombé de pluie en Galilée; mais il me sembla que son lit fangeux qui, en cet endroit, est large d'environ vingt pieds, allait nous engloutir.

J'avais vu cette rivière enflée et rapide après d'abondantes pluies, lorsque les torrents d'hiver de la Galilée et du Carmel y affluent; à cette époque c'est véritablement une rivière « dans les eaux de laquelle on peut nager, une rivière qu'on ne peut passer à gué; » et je puis bien me représenter l'armée de Sisera, ses chariots et ses chevaux luttant contre les flots et « comment le torrent de Kishon les a entraînés » (*Juges*, v, 21). Nous passâmes sans danger et nous continuâmes vers l'est pour traverser plusieurs collines arrondies, couronnées de chênes verts, d'aubépines et de seringats. Je les avais vus au printemps, couverts de fleurs, lorsque le terrain qu'ils ombragent est tapissé de jacinthes, de cyclamens, d'anémones et de narcisses. Ce bois de chênes est l'un des plus étendus de la Galilée; la feuille du chêne est petite et piquante et le gland gros et long.

Là, abondent toutes sortes d'animaux sauvages, renards, hyènes, chats, chacals, sangliers. Les Arabes des villes ne sont nullement des chasseurs passionnés. Les Nemrods sont maintenant très-rares, si ce n'est parmi les colons européens.

Nous mîmes pied à terre dans une petite clairière, et nous nous assîmes auprès de la tente solitaire d'un paysan pour nous reposer un instant et manger quelques fruits rafraîchissants; après quoi nous nous hâtâmes de reprendre notre course. Ces collines sont renommées pour leurs échos, que les Arabes appellent « les fils du son. » Mes compagnons les éveillèrent par leurs coups de fusil et leurs clameurs, et ils firent retentir la forêt de leurs chants. A son extrémité orientale, les arbres croissent si serrés et si rapprochés les uns des autres et les branches descendent si bas que j'eus besoin de diriger mon cheval avec beaucoup de précaution pour éviter de partager le sort d'Absalon. A la sortie du bois, nous nous trouvâmes sur le sommet d'une pente élevée, escarpée et coupée de terrasses. La plaine d'*Esdaelon minor* était immédiatement au-dessous de nous; une moitié était ombragée par les collines sur lesquelles nous étions, et l'autre moitié, aussi bien que les collines opposées, était éclairée par un brillant soleil. Dans le lointain, sur la droite, on m'indiqua le petit village de Naem.

Nous descendîmes les spirales d'une route charmante; les arbres devenaient de plus en plus rares et, au pied de la colline, nous ne trouvâmes plus que des buissons.

Après avoir traversé la plaine, nous remontâmes une colline basse et arrondie, sur laquelle est un village littéralement formé de poussière et de cendres. Les huttes de boue séchée ressemblaient à des monceaux de poussière, et leur intérieur n'était guère mieux que des trous à ordures. Au dehors, des tas de haillons vivants semblaient ramper sur le sol; mais tout à coup ces créatures, ayant à peine forme humaine, se levèrent, prirent des attitudes pleines de grâce et de dignité et nous regardèrent avec une physionomie sérieuse et un regard assuré. Nous vîmes un groupe de vieilles femmes penchées sur une espèce de trou carré creusé dans le sol. Saleh me dit que c'était le four du village; un brasier rouge en éclairait le fond. Le feu, alimenté par de la tourbe et du fumier desséché [1], est recouvert en partie avec des pierres, sur lesquelles on pose des galettes minces qui cuisent très-promptement. Lorsque ce pain est frais, la croûte en est croquante et l'intérieur assez tendre; mais, dès le lendemain, il a la consistance du cuir et devient très-indigeste. Les femmes, sous leurs voiles et leurs habits couverts de poussière, accroupies autour de ce four primitif, me rappelaient la scène de l'incantation des sorcières de Macbeth.

Les enfants étaient beaux, quoique bronzés par le soleil et couverts de boue et de poussière. Quelques-uns étaient vêtus de haillons de toutes les couleurs, mais le plus grand nombre était entièrement nu.

Nous jetâmes un coup d'œil en arrière du côté de la plaine; le soleil était descendu derrière les collines boisées, et les feux brillaient çà et là sur les terrasses et dans la plaine, guide et fanal pour les bergers et les *fellahin*. Nous nous croisâmes avec une troupe d'Arabes d'un aspect peu

---

[1] Voy. Ézéchiel, ch. IV, v. 15 : « Je te donne la fiente des bœufs et tu feras cuire ton pain avec.

rassurant. Leur chef était le fils d'un officier de cavalerie, qui avait été renvoyé du service de la Turquie. Lui et ses compagnons étaient des gens capables de tout et signalés pour l'audace de leurs actions. Ils nous saluèrent et nous dirent qu'ils étaient venus à notre rencontre, afin de nous escorter jusqu'à Nazareth. Ceci était une invention tout à fait improvisée, car personne, hors M. Finn, ne connaissait notre intention d'aller à Nazareth; toutefois, à l'appui de leurs paroles, ils rebroussèrent chemin et nous accompagnèrent. Leur aspect était très-pittoresque : leurs larges et pesants manteaux étaient faits en poils de chameaux avec de larges raies blanches et brunes. Ils portaient sur leurs têtes un kéfia (châle à franges) rouge et jaune, mis comme un capuchon, et dont le sommet était entouré d'une double corde de poils de chameaux. Leur épée, ornée de plumes d'autruche, avait douze à treize pieds de long.

Nous nous arrêtâmes auprès d'une fontaine festonnée de fougères et bordée de pierres moussues. Nous mîmes pied à terre, pendant quelques minutes seulement, pour faire boire nos chevaux; lorsque Saleh fut sur le point de remonter, sa jument tressaillit soudain, puis s'élança et disparut dans l'obscurité. Saleh fut extrêmement déconcerté, car il avait un attachement particulier pour cet animal, qui se montrait ordinairement si docile, qu'on n'avait jamais cru nécessaire de l'entraver. Il était accoutumé à suivre son maître et à obéir à sa voix comme un chien; mais Saleh se souvint que le village où cette bête était née n'était qu'à un quart d'heure de la source, et il s'expliqua alors aisément la cause de sa fuite. Il monta immédiatement le cheval d'un de nos Arabes, et galopa à son tour vers le village. Il trouva bientôt sa jument tranquillement établie dans la cour de la maison où elle avait été élevée, et entourée de ses premiers maîtres, qui étaient tout émerveillés.

Saleh nous rejoignit, et nous entrâmes bientôt dans la région montagneuse qui entoure Nazareth. Les gens de notre escorte volontaire trottaient, tantôt devant nous, tantôt derrière, en chantant et en poussant des cris. Nous montions de plus en plus haut, respirant l'air frais des montagnes. La nuit était si obscure, que je pouvais à peine apercevoir les objets qui se trouvaient immédiatement devant moi, les pierres blanches qui roulaient sous les pieds de mon cheval, et la surface polie des roches sur lesquelles, de temps en temps, il glissait et trébuchait.

Pendant une heure environ, je continuai à avancer en silence, sachant à peine où j'allais, mais suivant avec confiance les pas de mon guide. Je fus arrachée à ma rêverie par ces paroles : « Maintenant nous entrons dans les bois d'oliviers de Nazareth. » Je pus à peine distinguer une chaîne de collines, formant un amphithéâtre profondément cintré comme un fer à cheval. On pouvait apprécier la distance qui nous séparait encore de la ville par les lumières que l'on voyait briller aux fenêtres des maisons pressées dans les vallées au-dessous de nous, et dont quelques-unes étaient groupées çà et là sur le penchant des coteaux. Les Arabes laissent brûler toute la nuit des lampes dans leurs chambres pour chasser les mauvais esprits. Nous descendîmes à pic, entre deux haies de cactus épineux, salués par les aboiements sonores des chiens, et à moitié suffoqués par la poussière et par une odeur de légumes en décomposition. Les mots : « Soutenez bien votre cheval, car ici le chemin est très-roide, » me préparèrent à quelques faux pas, tantôt contre les rochers, tantôt sur les monticules de poussière. A la fin, nous nous trouvâmes sains et saufs dans la vallée. Notre escorte disparut, et nous fûmes conduits dans la maison spacieuse, mais à moitié déserte, de Saleh; c'est là qu'il avait habité jusqu'à la mort de son père, qui avait eu lieu peu de mois auparavant; son frère et ses jeunes sœurs y résidaient encore. Deux chambres vides furent bientôt balayées et meublées par des hommes et des jeunes garçons, qui y apportèrent tout un établissement de nattes, de matelas, de coussins, d'oreillers, empruntés à une autre partie de la maison. Nous fîmes nous-mêmes nos arrangements intérieurs. Tandis que nous soupions, Saleh me dit que son père, chef d'une nombreuse famille, avait, durant sa vie, amassé une somme d'argent considérable, qu'il avait cachée et probablement enterrée dans un lieu secret. On avait toujours cru qu'il finirait par révéler sa cachette à ses héritiers, mais malheureusement, en revenant d'un voyage à Tibériade, « il rencontra l'ange de la mort. » Il était entouré seulement de domestiques ou d'étrangers, auxquels il ne pouvait faire cette importante communication, et on n'avait pas le temps d'envoyer prévenir ses fils. Ainsi il mourut, et son secret périt avec lui. Saleh, l'aîné de ses fils, fit fouiller sa maison de fond en comble; mais, jusqu'à ce jour, le trésor n'avait pas encore été découvert.

C'est une habitude très-répandue que de cacher ainsi de l'or et des bijoux; de là vient que l'on trouve quelquefois d'anciens dépôts d'une grande valeur intrinsèque, et d'une valeur bien plus grande encore comme œuvre d'art et comme document historique.

La loi sur les trésors trouvés, en Palestine, attribue, je crois, un tiers à celui qui les découvre, un tiers au propriétaire du sol sur lequel ils ont été trouvés, et un dernier tiers au gouvernement.

Certains hommes passent presque toute leur vie à chercher des trésors cachés; souvent quelques-uns d'entre eux deviennent fous, abandonnent leurs familles, et quoiqu'ils soient souvent si pauvres qu'ils mendient leur pain de porte en porte et de village en village, ils se croient riches. D'autres, appelés Sahuri (nécromanciens), agissent systématiquement, et ont une méthode très-curieuse de poursuivre leurs recherches. Ils s'adressent à certains individus, auxquels on attribue le pouvoir de découvrir les objets cachés dans la terre ou ailleurs, mais dont les facultés ne peuvent être actives que lorsqu'elles sont éveillées par l'influence de certaines cérémonies magiques, qui sont le privilège des chercheurs de trésors de profession. Ils préparent convenablement le medium, et excitent en lui la puissance visionnaire; ils n'ont plus alors qu'à commander, et la place où le prétendu trésor a été caché leur est minutieusement décrite. Le medium, revenu à son état normal, ne garde aucun souvenir des révélations qu'il a pu faire. La pratique de cet art est considérée comme « *Haram* » c'est-à-dire illégale, et il est exercé en grand secret et dans un cercle très-restreint. Les personnes auprès desquelles je pris des informations à ce sujet ne m'en parlèrent qu'avec crainte et tremblement, et me communiquèrent leurs explications tout bas à l'oreille.

J'ai connu une famille arabe, dont toutes les femmes sont censées être des voyantes; elles sont toutes nerveuses et irritables au plus haut point, et l'une d'elles a l'esprit légèrement dérangé [1].

---

[1] Ce système des Sahuri ne jette-t-il pas quelque lumière sur l'histoire des Zahuris d'Espagne, qui ont, dit-on, la faculté de voir dans les entrailles de la terre. Leur nom est évidemment d'origine orientale car le mot *sahur* veut dire en arabe apparaître.

Dans le premier volume du livre intitulé *le Berceau des géants*, meaux, science et histoire, par le R. Henri Christmas, p. 344, on trouve le passage suivant : Debrio, dans ses *Recherches magiques*, édition Mayence, 1606, assure qu'il y a, en Espagne, une classe d'hommes appelés zahuris. Lorsqu'en 1575, il était à Madrid, il y connut un jeune garçon de cette classe. On prétendait qu'ils étaient capables de découvrir ce qui était caché dans la terre, les eaux souterraines, les métaux, les trésors, les cadavres. La chose était généralement connue et

Jusqu'à une heure très-avancée, les visiteurs se succédèrent pour nous voir, car notre arrivée était déjà connue dans tout le quartier des Chrétiens.

Nous reçûmes, en premier lieu, Girius el Yakûb, avec sa figure grasse et burlesque, sa barbe grise et crêpée et ses yeux clignotants, qui brillaient sous son énorme turban. Il est l'agent de M. Finn à Nazareth, et il paraît très-fier de son emploi, ainsi que du petit nombre de mots anglais qu'il est en état de prononcer.

La jolie petite sœur de Saleh, Jalily, qui signifie la *glorieuse*, me conduisit à la chambre préparée pour moi. Elle avait environ onze ans, et le plus beau visage que j'aie vu en Palestine. C'était un pur ovale, un nez droit, de petites lèvres bien dessinées, de longs cils noirs et des sourcils délicatement tracés. Le bord de ses paupières était teint d'une nuance foncée de *khol*, qui donnait une étrange puissance d'expression à ses grands yeux gris mélancoliques. Les ongles de ses mains étaient légèrement tachetés de henné; ceux de ses orteils étaient d'une teinte très-foncée. Elle portait sur la tête un mouchoir de mousseline violette, plié sur ses beaux cheveux bruns, croisé sous le menton, et noué au sommet de la tête; sa robe était verte, bordée de tresse jaune, et décolletée de façon à laisser voir un collier d'argent avec des ornements de corail.

Il me semble que le vert est maintenant la couleur favorite des Arabes chrétiens, parce que cette couleur, que les Musulmans regardent comme sacrée, leur avait été jusqu'ici

---

était considérée comme possible, non-seulement par les poëtes, mais même par les philosophes.

Nous citons le passage suivant du *Mercure de France* de 1728, concernant une dame : « Elle aperçoit ce qui est caché dans les entrailles de la terre, et discerne les pierres, les sables, les sources jusqu'à la profondeur de trente ou quarante pieds. »

interdite. Le lendemain, je m'éveillai de très-bonne heure, et je me levai, car une porte à demi ouverte, que je n'avais pas remarquée la veille au soir, à la faible lueur de la lampe, attira mon attention. Elle s'ouvrait sur trois marches très-étroites, mais plus hautes que mon genou. Je grimpai et, tournant brusquement, j'arrivai à trois autres marches encore plus roides, et trébuchai contre une porte de bois basse et mal jointe, que je détachai avec difficulté. Quand elle s'ouvrit, je vis qu'elle conduisait à un toit en terrasse, auquel on ne pouvait parvenir par aucune autre voie. Ce toit était élevé et dominait une vue magnifique de la ville, avec ses mosquées, ses minarets entourés de la sombre verdure des grands cyprès, et les bâtiments du couvent dans le quartier chrétien. Les brouillards s'élevaient graduellement de la vallée et flottaient sur le penchant des collines. Les maisons, de forme carrée, à toit plat, construites en pierre calcaire blanche, avaient une apparence propre et gaie. « L'ancienne cité était bâtie sur une colline, » mais la nouvelle Nazareth, qui n'a point d'enceinte de murailles, s'est graduellement étendue dans la vallée, au fond de laquelle se trouvent toutes les plus grandes et les plus belles maisons.

La petite Jalily était dans une cour ouverte au-dessous de moi, avec quelques servantes qui faisaient le pain et hachaient la viande. Elle me vit et courut à moi, en disant : « Puisse ce jour être blanc pour vous! » Elle m'apprit, en même temps, la réponse d'usage : « Puisse-t-il être pour vous comme du lait! »

Nous étions au dimanche; nous allâmes à l'église latine de l'Annonciation. Nous nous avançâmes dans la nef, qui est grande et élevée. L'un des côtés était occupé par la foule des hommes et des jeunes gens, tête nue; de l'autre, étaient les femmes agenouillées et alignées sur le pavé de marbre. Leurs fronts et la partie inférieure de leur visage étaient entièrement cachés par des voiles de mousseline ou de toile. Lorsque nous passâmes près d'elles, elles levèrent toutes ensemble la tête pour un moment et nous vîmes leurs yeux noirs et brillants sous leurs paupières teintes de khol, comme la lueur fugitive d'un éclair. Elles courbèrent ensuite de nouveau la tête et achevèrent leurs dévotions.

Le patriarche latin de Jérusalem confirmait un certain nombre d'enfants ; la messe fut célébrée, avec plus de pompe que de coutume, par quelques ecclésiastiques illustres et des prélats venus de Rome. L'orgue était bien tenu par un des moines et les chants magnifiques.

Quand le service fut terminé, nous descendîmes pour voir la grotte de la Vierge, située au-dessous du maître-autel. Sur l'escalier de pierre brute qui y conduit, était assise une troupe de petites filles arabes appartenant à l'école du couvent. Elles semblaient pleines d'animation et de malice enfantine, et les sœurs de la Miséricorde, aux soins desquelles elles sont confiées, avaient beaucoup de peine à maintenir l'ordre. Les enfants conservent le costume indigène ; les religieuses, qui sont françaises, semblent intelligentes et distinguées ; elles portent des bonnets blancs avec une large bande de mousseline plissée, un petit capuchon noir par-dessus et des robes d'une étoffe noire très-commune. Elles paraissaient très-fatiguées, mais aimables et gaies. Elles poursuivent, avec une grande persévérance, leur dessein de convertir et d'élever les petites filles arabes. Quelques-unes de leurs élèves parlent un peu le français ; mais il est très-difficile d'obtenir des enfants une assiduité régulière à l'école. Ce sont de véritables petites bohémiennes.

L'une des sœurs, bon médecin et habile chirurgien, a obtenu ainsi une grande influence sur les indigènes, à qui elle distribue les remèdes envoyés de France. Un hakim (docteur en médecine) homme ou femme, est admis et respecté presque partout. Une station de missionnaires catholiques n'est jamais considérée comme complète sans un bon médecin.

Les petites filles, au commandement des sœurs de la Miséricorde, nous firent place, et nous descendîmes vers l'autel de la Vierge. Il est de pur albâtre, laborieusement et délicatement sculpté, mais d'un dessin rococo et de mauvais goût. Des vases de basilic en fleur entouraient l'autel, tout illuminé de cierges allumés. Près de là, est un tronçon d'une colonne de granit, qu'une tradition, acceptée par l'Église, donne pour un fragment de la chambre où l'ange Gabriel apparut à Marie. La chambre elle-même fut transportée par un miracle en Dalmatie, et de là, à Lorette, où des milliers de pèlerins la visitent. On montre aussi la cuisine de la Vierge sous l'église de Nazareth. De temps en temps, les femmes y descendent et se prosternent en se frappant la poitrine et en récitant en arabe l'*Ave-Maria* aussi rapidement que possible; puis, elles baisent le pavé à trois places indiquées par des ornements. Les murs de l'église sont tendus de toiles peintes qui produisent l'effet des belles tapisseries anciennes; il me fallut les toucher, pour découvrir que ce n'était qu'une imitation. Dans la cour du couvent, on voit plusieurs fragments d'anciennes sculptures en pierre enchâssés dans les murs neufs [1].

Nous allâmes ensuite à la maison de la mission protestante et nous entendîmes l'office en langue arabe. Quelques jolis enfants et un petit nombre d'hommes, à la physionomie intelligente, y assistaient. Le pasteur et les maîtres d'école sont Allemands, mais unis à l'Église anglicane.

Tous les latins de Nazareth avaient revêtu leurs plus beaux habits, en l'honneur de la visite de leur patriarche. Nous le

[1] Elles ont été gravées dans le *Builder*, n° 878, d'après les dessins que j'en ai faits en 1858.

rencontrâmes, accompagné d'une troupe de moines et de prêtres. C'est un homme de la figure la plus remarquable ; sa barbe blanche, partagée par le milieu, est longue d'un demi-mètre au moins. Son chapeau à larges bords a près de trois quarts de mètre de diamètre ; il est garni de fleurs artificielles aux couleurs vives et de feuilles vertes en métal brillant. La foule se pressait autour de lui pour baiser ses mains et recevoir sa bénédiction.

Le costume ordinaire des Nazaréens est brillant et gai ; il consiste en une sorte de longue robe, faite d'un tissu soie et coton, à raies très-étroites, tantôt violettes et jaunes, tantôt vertes et bleues ou rouges et blanches. Ils ont autour de la taille un châle ou une large ceinture de cuir brodée de soie, dans laquelle sont pratiquées des poches ou des bourses. Dans la ville, ils portent des kéfias ou châles à longues franges, roulés en turban, mais en voyage, ils les mettent généralement en capuchon. Les femmes, qui sont très-belles, mais qui ont une expression de hardiesse, surchargent leurs paupières de poudre de khol ; leurs bras sont couverts de dessins, mais leur visage est très-légèrement tatoué. Leur coiffure est singulière ; elle consiste en un bonnet très-serré de drap ou de toile, bordé d'un épais rouleau d'un ou deux pouces de diamètre, qui entoure le front et cache le sommet de la tête ; ce bonnet est attaché avec des cordons et ne rejoint pas complétement sous le menton. Des pièces d'argent sont cousues sur le rouleau, aussi serrées que possible, excepté sur le sommet de la tête, et elles tombent en grappes de chaque côté du visage, un peu au-dessous du menton. Les femmes portent des pièces de monnaie aussi larges que des couronnes ou des demi-couronnes ; les enfants en ont de plus petites, à peu près de la grandeur d'un schelling. Des châles de mousseline ou des toiles de diverses couleurs, quelquefois noirs, sont pliés sur le front et sur la partie inférieure du visage, de façon que, hors de chez elles, leurs yeux seuls sont à découvert. Dans la maison, les plis qui cachent la bouche sont repoussés sous le menton, mais le front est presque toujours entièrement couvert, excepté chez les très-jeunes filles. Elles portent des pantalons larges, des chemises blanches et de longues robes entièrement ouvertes par-devant, faites en tissu de coton rayé ou de soie de Damas et retenues à la taille par une ceinture.

Je suis allée à Nazareth plusieurs fois et j'ai visité beaucoup de femmes chrétiennes dans leur intérieur. J'y ai remarqué généralement l'absence d'ordre et de propreté; elles sont très-fières de leur ville et invoquent constamment el-sit-Miriam (la Vierge Marie). Leur foi et leur respect pour les reliques est sans limites. Dans toutes les chambres, j'ai vu des tableaux de sainteté, de petites images, de petits reliquaires de cristal ou de verre, contenant des fragments d'os ou de vêtements. On porte généralement des anneaux comme des talismans. Je demandai à une petite fille, qui avait visité Haïfa, ce qu'elle préférait de Nazareth ou d'Haïfa avec sa mer si belle? Elle me répondit à l'instant : « Haïfa n'est pas un lieu saint et cette ville-ci est sainte. La Vierge Marie, notre Dame, y a vécu ainsi que le Christ et Joseph. » Quoique Nazareth soit comptée parmi les lieux saints, elle n'est nullement remarquable par sa moralité. Il existe, sous ce rapport, un frappant contraste entre elle et Bethléem, où les pères et les maris passent pour exercer dans leur intérieur une discipline sévère : le déshonneur y est, dit-on, puni d'une mort certaine. Nazareth n'avait pas une très-bonne réputation du temps du Christ, et il ne paraît pas qu'elle se soit améliorée.

Les jeunes filles commencent à se dispenser de la coiffure ornée de pièces d'argent; elles préfèrent le tarbouche rouge. Je suppose que bientôt ces pesants et singuliers ornements ne se trouveront plus que dans les petites villes et les villages de la Galilée. On me montra quelques anneaux d'argent qu'on porte à la cheville comme des objets passés de mode; mais on adopte universellement les bracelets unis d'argent, d'or ou de verre. J'en achetai un, formé d'une épaisse tresse d'argent, où était attaché par une chaîne également d'argent un très-grand anneau, grossièrement fait. L'anneau était une de ces bagues que l'on porte à l'index. Une de mes amies Nazaréennes me dit que les Fellahin seules voudraient un bijou si barbare et de mode si antique.

Le changement qui s'opère peu à peu dans le costume des femmes n'est pas dû à l'influence directe des Européens ou du clergé; il est simplement le résultat des modes introduites par les marchands et les voyageurs venus des autres villes d'Orient et spécialement d'Haïfa. L'arrivée, dans les bazars, de la bijouterie et des bonnets de soie de Stamboul, des mousselines peintes d'Europe et de Suisse, accélèrent ce changement. C'est l'offre qui crée la demande.

Le lundi 15, j'allai visiter, avec mon frère et Saleh, un riche Nazaréen, Luis Khalil, qui avait récemment bâti une belle maison de pierres de taille. Il revenait d'un voyage à Marseille, où il était allé acheter des meubles pour sa maison. Les terrasses, les cours, les corridors étaient bordés de plates-bandes de roses, d'œillets et de basilic, entourées d'un large mur d'appui en pierre; le sol était recouvert de marbre noir et blanc. La surface des murs des cours intérieures était décorée de sculptures grossières, de rosaces, d'arabesques en bas-relief. Sur les portes, les fenêtres et toutes les saillies, des assiettes de dessert anglaises étaient incrustées dans le stuc, comme des tuiles émaillées auraient pu l'être. Le propriétaire de la maison appela mon attention sur cette nouvelle application des assiettes de dessert; il me dit qu'il avait fait lui-même le plan de la maison et présidé à sa décoration. Les nouveaux meubles européens étaient presque aussi simgulièrement disposés que les assiettes. Sa femme et ses filles, dans leur simplicité, s'émerveillaient prodigieusement de ces emplettes de Marseille, et en paraissaient plus embarrassées que charmées.

Le parloir, assez semblable à un salon français avec ses miroirs et ses tables de marbre, était peint à fresque par un artiste indigène qui avait été élevé et employé par les moines franciscains pour la décoration des murailles de leur église. Sur les panneaux des portes, il avait peint des groupes de fleurs, très-laborieusement et très-soigneusement travaillées, mais qui, néanmoins, ne produisaient pas un heureux effet.

Depuis son excursion à Marseille, notre hôte était devenu l'homme illustre de sa communauté et, grâce à sa fortune et à ce fameux voyage, il fut pendant quelque temps considéré comme un prophète, *même dans son propre pays*. Mais, malgré la splendeur relative de son *salon*, les chambres occupées par les femmes et les dépendances, cuisines, etc., étaient aussi malpropres et aussi incommodes que celles de la plus pauvre demeure de la ville. Il était vêtu d'un beau costume noir, larges pantalons turcs, veste, châle en ceinture, bottes vernies. Un petit tarbouche de drap rouge avec un mouchoir de mousseline par-dessus, ceignait son front. Il portait une chaîne d'or aussi massive que celle d'un alderman par-dessus ses vêtements, et plusieurs bagues à ses doigts. Sa femme a conservé intact son costume nazaréen; elle n'était pas évidemment pour les innovations.

Le gouverneur turc de la ville vint faire une visite pendant que nous étions là. Il dit en confidence à mon frère que les gens de Nazareth étaient si fiers et si présomptueux qu'il ne pouvait rien faire d'eux.

Nous nous dirigeâmes ensuite vers le nord, pour nous rendre chez M. Finn. Notre hôte se joignit à nous, suivi d'une société nombreuse, y compris le gouverneur qui montait un cheval bai-brun, paré d'un filet couleur de pourpre avec des ornements de nacre. Après une agréable chevauchée, nous rencontrâmes le personnel du consulat; leurs tentes furent plantées au coucher du soleil et le drapeau anglais flotta au-dessus, dans un joli bois d'oliviers, près des murs de la ville.

Le jour suivant, M. Finn nous invita à l'accompagner au mont Thabor. Nous partîmes à midi. La chaleur était accablante; nous nous avançâmes lentement et presque silencieusement du côté de l'est, sur des collines couvertes de thym sauvage et de buissons d'épines, et à travers des vallées tantôt verdoyantes de fenouil, tantôt hérissées de rochers revêtus de lichen gris et de mousse couleur d'ambre. De temps en temps, nous traversions un bouquet d'arbustes sans feuilles et dont chaque branche était couverte de petits escargots blancs, bons à manger, que je pris d'abord pour des boutons près d'éclore. En fait de fleurs, je ne vis que des géraniums, des salsifis et de petits œillets d'Inde. Le mont Thabor s'élevait en face de nous, et son cône sombre et irrégulier dominait toutes les autres collines. Au bout d'une heure environ, nous entrâmes dans une région montueuse et boisée. L'agréable fraîcheur de l'ombre des arbres et le chant des oiseaux nous ranimèrent, et nous poursuivîmes notre chemin par groupes de deux ou trois personnes, causant avec entrain. Le mont Thabor, qui m'avait semblé se retirer à mesure que nous avancions, nous était maintenant entièrement caché; mais après que nous eûmes traversé quelques collines couronnées de bois et les lits desséchés de deux ou trois torrents, nous le vîmes de nouveau dans toute sa beauté et toute sa grandeur. Nous nous hâtâmes de traverser un monticule couvert d'arbres, puis une vallée fertile, et nous atteignîmes enfin sa base à deux heures après midi. Nous commençâmes à monter sur une pente douce par un sentier tournant, agréablement ombragé, jusqu'à ce que nous fussions environ à moitié chemin. Alors les rochers, les ruines d'anciennes constructions, les branches pendantes sur la route nous obligèrent à regarder prudemment devant nous et à suivre exactement les pas de notre guide. Les chênes (qui produisent la noix de galle), les arbousiers, le pistachier, le pistachier-térébinthe (qui donne la térébentine de Venise), le pistachier-lentisque (qui produit le mastic) et les acacias abondent dans cette région de la montagne. Ils sont entrelacés de plantes grimpantes à feuilles lisses et brillantes; mais presque tous les arbustes et les buissons que je touchai étaient armés d'épines aussi aiguës que les plus fines aiguilles.

En regardant en bas, du côté le plus escarpé, nous voyions les aigles, aux ailes déployées, qui planaient au-dessous de nous ou fendaient les airs avec rapidité. Les vautours noirs et fauves qui descendaient lentement en spirale, semblaient presque immobiles sur leurs grandes ailes; lorsqu'ils recommençaient à s'élever, ils frappaient l'air si vigoureusement que je sentais le vent de leur vol lorsqu'ils passaient à notre niveau. En essayant de suivre leurs spirales ascendantes, je faillis tomber de mon cheval; ils s'élevèrent si haut qu'ils n'apparurent plus que comme un point noir dans le ciel, et que bientôt ils échappèrent complètement à mes yeux.

Nous mîmes pied à terre au sommet de la colline, à trois heures un quart, sur un plateau uni, entouré d'une grande masse de pierres de taille et des fondements d'une forteresse. D'un côté est une arcade appelée Bab el Howa, *la Porte des vents*; de l'autre côté, nous vîmes un reste de chapelle et un autel en ruine, puis une grotte de pierre calcaire, une citerne creusée dans le roc et deux ou trois plates-bandes de terre cultivées par un ermite russe de Bucharest, nommé Erinna, qui a vécu sur cette montagne pendant quatorze ans.

Un jour que je revins en cet endroit avec M. le colonel

Walpole, je fis son portrait, et il me raconta son histoire. Son père était un grand propriétaire de Crimée, où il était né, mais il s'établit ensuite à Bucharest. Une nuit, Erinna rêva qu'un ange lui apparaissait et lui disait : « Lève-toi et va dans la terre que je te montrerai. » Ce songe le troubla beaucoup et, pendant toute la journée, les paroles de l'ange retentirent à ses oreilles. La nuit suivante, l'ange, tout brillant de lumière, lui apparut de nouveau et lui répéta les mêmes paroles ; puis l'élevant dans les airs, il lui montra une montagne avec une petite caverne au sommet. La troisième nuit, l'ange le conduisit de nouveau sur la montagne, et lui dit que la caverne devait être sa demeure. Ces rêves ou ces visions, comme il les appelait, firent sur Erinna une telle impression qu'il prit congé de sa famille et, pendant vingt ans, voyagea en Russie, en Grèce, en Égypte et en Syrie, pour chercher la montagne de son rêve. A la fin, il reconnut la grotte du mont Thabor, et il s'y établit immédiatement, convaincu que c'était là le lieu qui lui avait été indiqué par l'ange. Il était alors âgé de quatre-vingt-quatre ans. « Je pensais, dit-il, que je devais bientôt mourir ; mais je suis maintenant plus vigoureux que jamais, et cependant je suis près de ma centième année. » Une nuit d'hiver, comme il dormait seul dans sa caverne, il sentit quelque chose de doux et de chaud étendu à côté de lui. Il trouva que c'était un jeune léopard ou une jeune panthère ; il lui donna à manger et devint son ami, si bien que l'animal le suivait partout comme un chat domestique. Pendant longtemps, Erinna et son compagnon à quatre pattes furent les *lions* du mont Thabor.

Erinna, comme Robinson Crusoé, trouva, après des années de solitude, son Vendredi. C'était un de ses compatriotes, un homme d'âge moyen, silencieux et d'un aspect rude, qui s'employa volontairement à soigner le petit champ d'orge et d'avoine, à couper du bois pour le feu et à puiser l'eau à la citerne du rocher. Il se nommait lui-même le serviteur de l'ermite, et il espérait hériter de l'ermitage, du bonnet de peau de mouton, du manteau troué et de la réputation d'Érinna.

Le clergé de Nazareth, spécialement les prêtres latins, étaient très-jaloux de l'influence de cet anachorète; car il était regardé par les Chrétiens arabes comme un homme d'une sainteté particulière et qu'on supposait jouir de la faveur spéciale de Dieu et de ses anges. Beaucoup de gens croyaient, bien qu'il ne le prétendît point, qu'il avait le pouvoir d'opérer des miracles. Il nous dit que les Latins avaient intrigué contre lui avec tant de persévérance, en le présentant comme un espion de la Russie, qu'il craignait d'être banni du pays. Il visitait parfois les malades de Nazareth et des villages environnants. Il vint une fois nous voir à Haïfa. Il ne goûtait jamais de viande; sa principale nourriture était du riz et de l'huile dont il achetait une provision une fois par an. Il entretenait quelques chèvres pour avoir leur lait; il cultivait un petit jardin d'herbes et de légumes et recueillait les fruits et le miel sauvage, « le miel qui distille des rochers, » dit le Psalmiste. Il nous fit d'excellent café, dont il avait généralement une provision pour ses hôtes, les pèlerins chrétiens et les voyageurs. Il ne faisait pas le moindre effort pour rendre sa grotte plus confortable. Des niches creusées dans les parois du roc servaient à contenir le petit nombre de livres qu'il possédait, ainsi qu'une petite lampe de terre cuite. Une natte de roseaux, quelques vêtements grossiers et des peaux de mouton étendues sur la pierre formaient son lit. Son compagnon, qui appartenait à la classe des paysans, occupait une autre cellule, qui servait en même temps de cuisine. On y voyait deux plats de faïence très-grossière, deux tasses et deux cuillers de bois avec une casserole de métal.

Je demandai à Erinna s'il avait jamais été marié. Il me dit que le mont Thabor avait été sa seule épouse.

Lui et son Vendredi m'assurèrent qu'ils étaient très-heureux, et ils semblaient l'être en effet. Leur journée était divisée avec une grande régularité : ils travaillaient, priaient, mangeaient et dormaient systématiquement ; mais ils ne paraissaient pas croire que les ablutions fussent nécessaires, et ils portaient les mêmes vêtements jour et nuit. Érinna était bien portant et robuste, et, quoique sa barbe buissonneuse fût entièrement blanche, il ne paraissait pas aussi vieux qu'il prétendait l'être[1].

La vue du mont Thabor est extrêmement étendue ; elle domine la plaine d'Esdraélon, qui est divisée en carrés et en plates-bandes de terres cultivées. Elle ressemble de loin à une mosaïque grossière de toutes les couleurs : orange, jaune, gris, vert et brun. Pas un village, pas une maison, pas une tente n'interrompt sa solitude ; on n'y voit pas même un arbre y projeter son ombre ; mais les collines qui l'environnent sont revêtues de forêts et parsemées de villes, de hameaux et de ruines.

M. Finn dit : « Représentez-vous Barac, avec ses dix mille hommes sur cette montagne, peuplez cette plaine de chariots, *même de neuf cents chariots de fer*, rassemblés par Sisera, et voyez Sisera poursuivi par Barac jusque dans Harosheth. » Il m'expliqua le paysage qui s'étendait autour de moi, me montrant, à l'ouest, la chaîne du Carmel et la Méditerranée ; au sud, les collines de Gelboé et les villages de Gezraël, d'Endor et de Naïn ; à l'est, la contrée montueuse au-delà du Jourdain et les montagnes qui entourent la mer de Galilée, et plus loin, au nord, le Liban couronné de neiges. Plus près de nous, nous voyions les Cornes d'Hattin, colline

---

[1] Érinna est mort en 1859, très-regretté par les paysans de la plaine et par les pauvres de Nazareth.

ronde avec deux pics séparés sur son sommet. Cette colline, où, d'après la tradition, fut prêché le sermon sur la montagne, s'appelle la montagne des Béatitudes. Après avoir exploré les ruines et les profondes citernes, nous remontâmes à cheval. Le soleil avait entièrement disparu, lorsque nous atteignimes le pied de la colline.

Le R. J. L. Potter dit que le Thabor s'élève à quatorze cents pieds au-dessus de la plaine, et que la plaine elle-même est à cinq cents pieds au-dessus du niveau de la mer.

Nous revînmes à Nazareth par un beau clair de lune ; nous achevâmes la soirée sous les tentes du consulat et, à une heure avancée, nous regagnâmes, à la lueur des lanternes, la maison de Saleh.

Le lendemain matin, je m'établis dans la profonde embrasure d'une fenêtre, m'amusant à dessiner, tandis que mon frère était occupé, au milieu d'un groupe d'effendis turcs et de scribes chrétiens. Ils portaient tous des encriers à leurs ceintures, avec des gaines pour tenir leurs plumes de roseau. Ils étaient assis par terre, et ils écrivaient sur de simples feuilles de papier qu'ils tenaient dans la main, sans pupitre ni aucune espèce de support. La pointe des plumes de roseau est si délicate qu'on la briserait bientôt, en l'appuyant sur un pupitre ou sur une table.

Le recensement de la population de Nazareth a été fait, par le docteur Robinson, de la manière suivante :

Musulmans.	680.	
Grecs.	1,040	sous le protectorat de la Russie.
Latins	480	Soumis au pape et, par conséquent, protégés par la France.
Grecs catholiques.	520	
Maronites.	400	
Ce qui donne un total de.	3,120.	

Mais les investigateurs les plus récents et les mieux renseignés assurent que cette estimation est au-dessous de la vérité. Ils portent le total de la population à quatre mille, et l'Église grecque continue, dit-on, à s'accroître.

Je n'ai jamais rencontré un juif à Nazareth, ni à Bethléem. La congrégation protestante y est peu nombreuse, et plutôt flottante.

Khawadja Stephani, fils du prêtre grec de Scheffa Amer, vint pour me prier, ainsi que Saleh, de retourner à Haïfa en traversant son village, et d'y passer une nuit dans sa maison. Nous nous arrangeâmes pour accepter son invitation, et nous partîmes un peu après midi. Nous marchâmes pendant quelque temps sur des collines rocheuses où les abeilles cherchaient leur butin parmi les herbes en fleurs, puis à travers des plaines couvertes de grands chardons; leurs tiges roides, leurs feuilles et leurs fleurs épineuses étaient revêtues d'une teinte violette, semblable à la *fleur* des prunes mûres, et, à distance, la plaine ressemblait à un lac calme et bleu. Vers deux heures, nous entrâmes dans un jardin enclos par un mur de pierres peu élevé, situé au fond d'une vallée bien arrosée, où les citronniers étaient chargés de fruits verts et où les grenadiers abondaient. Nous mîmes pied à terre pour nous promener dans le jardin, au bord du ruisseau qui le traverse, et qui est bordé d'aubépines, de roses et d'arbres fruitiers. Ses rives escarpées et verdoyantes étaient embaumées par la menthe et la marjolaine; le cresson croissait au bord de l'eau. A l'ombre d'un large figuier, nous étendîmes en demi-cercle les housses de nos selles sur un moelleux tapis de trèfle à petites feuilles, et nous nous assîmes. Bientôt un abondant dîner nous fut servi. Nous mangeâmes à la manière antique, car nous n'avions ni fourchettes ni cuillers, et nos seules assiettes étaient de minces galettes arabes, d'environ un quart de mètre de diamètre et d'un quart de pouce d'épaisseur. Saleh me fit une coupe avec une large feuille d'une plante aquatique, qu'il savait être inoffensive. Chacun de nous, aussitôt qu'il eut mangé, se leva et lava ses mains dans le ruisseau; choisissant ensuite l'ombrage d'un autre arbre, et la rive herbeuse pour divan, nous nous reposâmes, en racontant des histoires tour à tour, jusqu'à ce que les guides et les domestiques eussent achevé les provisions.

Je vis, dans ce jardin, quelques figuiers doubles, dont les troncs étaient si parfaitement tressés ensemble qu'on eût dit qu'ils étaient sculptés. Je demandai au jardinier comment il s'y prenait pour les arranger ainsi. « *Allah karim* », Dieu est bon! me dit-il; puis il m'expliqua comment de jeunes plants, placés l'un à côté de l'autre, sont ensuite entrelacés, quelquefois même tressés ensemble. Il me conduisit vers un arbre qu'il considérait comme plus parfait que les autres. Le tronc tordu a environ un pied et demi de diamètre et s'élève à six pieds au-dessus du sol, aussi droit qu'une colonne de marbre, sans qu'aucune branche interrompe la perfection de ses contours. A cette hauteur, il déploie, dans toutes les directions, ses bras crochus, revêtus de feuilles vertes, les plus larges que j'aie jamais vues. Ce beau jardin est près de la fontaine qui fut le lieu de réunion des chevaliers chrétiens, avant la terrible bataille de Hattin, et où Saladin victorieux campa, après qu'il eut, dans ce combat décisif, presque anéanti les croisés. Sephoris, ou Sefurich, est précisément en face; c'est un lieu pauvre, mais intéressant; on y trouve des ruines juives, païennes et chrétiennes, et la tradition désigne la maison dans laquelle est née Anne, la mère de Marie.

Nous remontâmes à cheval à trois heures et demie, et nous suivîmes le cours du ruisseau. Il coulait parmi des vergers, des jardins de concombres et des champs couverts de chaume. Les chevaux et les cavaliers semblaient animés d'une vigueur nouvelle; ils galopaient en cercle, déployant leur talent d'équitation et déchargeant leurs pistolets au grand galop; leurs longs manteaux blancs, en tissu de poil de chèvre, flottaient derrière eux, et ces étranges cavaliers, qui semblaient presque voler, représentaient à mon imagination les Templiers d'autrefois sur leurs coursiers fabuleux aux ailes blanches. Quand les chevaux furent bien fatigués, les hommes se rapprochèrent en groupe, et nous traversâmes en bon ordre un bois de chêne, en devisant des croisades. Je m'aperçus que nos amis arabes étaient familiers avec les noms de Pierre l'Ermite et de Richard Cœur de lion. Les poëtes et les historiens orientaux appellent ce dernier Ankitar.

Nous arrivâmes bientôt à un bois d'oliviers, sur une colline qui fait partie d'un vaste amphithéâtre, au centre duquel s'élève une montagne de forme conique : c'est là que s'élève Sheffa Amer, adossé à un château élevé, carré, d'apparence massive et presque aussi grand que le village lui-même. La colline est, de tous côtés, sauf celui par lequel nous descendîmes, couverte d'arbres verts; et les vallées, à plusieurs milles à l'entour, sont ombragées d'oliviers et d'arbres fruitiers. Nous traversâmes un cimetière planté avec goût et, passant sur un immense monticule de poussière, de boue et de débris, au sommet duquel une foule de gens était assemblée pour nous voir, nous entrâmes dans le village et nous mîmes pied à terre à la maison de Stephani. Il me conduisit, par un escalier de pierre et le long d'une terrasse couverte, dans une chambre haute et fort gaie, où des fenêtres sans vitres s'ouvraient de trois côtés. Une des extrémités de la chambre était garnie de tapis turcs, de matelas étroits et de coussins qui composaient un confortable divan. Les murs de stuc étaient ornés de peintures à fresque, les plus drôles, les plus primitives qu'on puisse imaginer.

Des pipes et des narghilés étaient rangés dans un enfoncement et, sur un guéridon, près de la porte, était un beau service de tasses à café, dans leurs coupes de filigrane d'argent. Dans l'un des coins de la chambre, il y avait un large bassin de marbre au niveau du sol, avec un trou pratiqué au centre pour l'écoulement de l'eau. Tout auprès, étaient trois grandes jarres pleines; c'était là le lieu des ablutions.

Cette chambre était l'appartement des hôtes, séparé de toutes les autres parties de la maison. Stéphani me dit : « Vous êtes ici chez vous; ordonnez, commandez à moi et à ma famille, comme à vos serviteurs. »

On me laissa seule pour me reposer et m'habiller, et, aussitôt après, les hommes vinrent me retrouver.

Toute la soirée, les hôtes ne firent qu'entrer et sortir. Le premier qui se présenta, d'une façon fort solennelle, fut le gouverneur turc, personnage de haute taille, à visage plat, semblable à un masque de parchemin ridé; il ressemblait à une momie chinoise beaucoup plus qu'à un turc vivant. Il était extrêmement poli et complimenteur. Il se plaignit à nous, en confidence, de sa pauvreté et du peu d'avantages attaché à son emploi. Il était entièrement habillé de drap marron brodé en or; une longue épée pendait à son côté.

Le père de Stéphani, très-beau vieillard, avec une barbe blanche comme celle d'un patriarche, vint s'asseoir à côté de moi. Il portait une longue robe pourpre en étoffe commune, et son turban était de la même couleur. Il était primat de la communauté grecque de Sheffa Amer et des villages environnants. Il parlait peu, mais ses regards étaient très-expressifs. Il était évidemment fier de ses fils et petits-fils. Sur un signe de lui, le plus jeune vint, de l'autre extrémité de la chambre, pour me baiser les mains. Tous ces jeunes garçons, propres, bien habillés, avaient une physionomie très-intelligente. La chambre était remplie de visiteurs; on étendit des matelas contre les murailles et toutes les places furent occupées ; mais il n'y vint pas une seule femme.

Il commençait à faire sombre ; les volets furent fermés ; on apporta un grand candélabre de bronze très-élancé, qui fut placé par terre à l'un des bouts de la chambre ; il supportait une lampe à trois branches et à trois becs ; trois chaînes de bronze y étaient suspendues ; à l'une était attachée une paire de ciseaux ; à l'autre, une longue et forte épingle, qui sert à ajuster la mèche, et à la troisième chaîne pendait un éteignoir. A l'autre bout de la chambre, une grande lanterne garnie de vitres, avec des ornements en étain était allumée sur un tabouret de bois. Ces lumières éclairaient une assemblée étrange et mêlée : il y avait là un juif indien, à la peau très-brune, à barbe blanche, avec un turban de couleur foncée et une robe plus foncée encore. Il s'avança vers nous et fit valoir sa qualité de compatriote, car il était sujet anglais et très-fier de sa nationalité. Il était venu de l'Hindoustan pour voir la ville de Salomon et pour connaître par lui-même l'état des Juifs en Palestine. Il semblait instruit et entreprenant.

Isaac Shallom, juif d'Alep, mais résidant à Haïfa, m'apporta une pâte d'amande blanche et sucrée, semée de pistaches, friandise célèbre à Alep. Le rabbin et les principaux membres de la communauté juive de Sheffa Amer étaient aussi présents, ainsi que des Musulmans, des Druses et un certain nombre de Chrétiens arabes. De temps en temps, on faisait passer l'*arack* et l'on chantait des chants de louanges, en l'honneur des hôtes du cheik. Saleh, qui n'est pas un chanteur, mais un très-éloquent orateur, prit la parole et dit : « Abraham quitta sa parenté, sa maison et sa patrie ; il habita sur une terre étrangère, parmi les étrangers, mais il devint puissant sur cette terre, sa famille s'accrut et son nom devint grand. Puisse de même le nom de Rogers devenir célèbre dans tout le pays ! Puissent ses enfants et

10

les enfants de ses enfants habiter ici avec honneur! » Cette idée fut immédiatement adoptée par les chanteurs et ils improvisèrent un chant dont le refrain était : « Puissent ses enfants et les enfants de ses enfants habiter ici avec honneur. »

On m'adressa aussi quelques gracieux compliments accompagnés de prières pour mon bonheur. Nous entendîmes ensuite une grande variété de chants : une chanson d'amour égyptienne fut très-bien dite, sur un ton plaintif, par un jardinier des bords du Nil; un homme de Bagdad entonna une sorte de récitatif d'abord précipité, qui tomba par degrés et se traîna dans une mélodie languissante en mode mineur. Puis les Arabes firent entendre un grand nombre de chansons monotones, mais dont l'une était remarquablement douce; son refrain était : « O Bedawiga! » Je crois que ce chant plairait généralement à des oreilles anglaises.

Isaac, le juif d'Alep, fut prié de danser devant moi. La lanterne fut mise de côté. Isaac s'avança d'abord très-timidement. Les Arabes étaient assis autour de nous, chantant et frappant des mains pour marquer la mesure. Le danseur avait de larges pantalons blancs, une veste noire, un gilet de soie jaune et blanche rayée et un châle en ceinture. Un mouchoir bleu était plié autour de son tarbouche rouge. Il baissa la tête et éleva ses bras au-dessus. Ses pieds et ses mains se mirent peu à peu en mouvement, suivant la mesure lente de la musique, tandis que son corps se balançait de côté et d'autre. Bientôt les chants devinrent plus élevés, le battement des mains plus rapide et les mouvements du danseur plus décidés, mais toujours aussi monotones que la mélodie qui les inspirait. Durant toute la danse, il se maintint dans un cercle d'environ un mètre de diamètre; à la fin, il tourna sur lui-même et se retira, d'un air modeste, derrière ses amis.

On annonça le souper et beaucoup de visiteurs se retirèrent. Les domestiques apportèrent une table ronde d'environ cinq pouces de hauteur et couverte de plats. Mon frère demanda la permission d'introduire un homme du nom d'Abib et de le faire souper avec nous. Il avait été jadis l'un des principaux amis de Stéphani ; mais une mésintelligence s'était élevée entre eux et, par suite, les deux familles chrétiennes les plus influentes de Sheffa-Amer vivaient comme étrangères l'une à l'autre. Stéphani consentit aisément à recevoir Abib, qui vint aussitôt, et les amis, longtemps séparés, s'embrassèrent. Ils ont toujours vécu depuis en bonne intelligence. Avant de manger, on versa de l'eau sur les mains de chacun de nous, dans le bassin de marbre ; car les Chrétiens arabes, aussi bien que les Musulmans, « *et tous les Juifs ne mangent point qu'ils n'aient lavé leurs mains.* » Cette coutume est particulièrement nécessaire dans un pays où on ne se sert ni de couteaux ni de fourchettes et où « *chacun met sa main dans le plat* » en même temps que son voisin.

Stéphani voulut d'abord nous servir pendant le souper, au lieu de s'asseoir avec nous, car c'est une coutume arabe que l'hôte serve ses convives comme un serviteur. Nous parvînmes à triompher de ses scrupules et nous mangeâmes tous ensemble. Après le repas, on versa de nouveau de l'eau sur nos mains ; un domestique, debout près de nous, tenait du savon parfumé et une serviette brodée ; puis on offrit le café et les narghilés.

Une Bible arabe, publiée par la société biblique anglaise et étrangère (version romaine) fut apportée, et Saleh lut tout haut le sermon sur la montagne. La partie historique de la Bible est très-bien connue dans les communautés grecques ; on la lit dans leurs églises en langue vulgaire, et elle n'est pas interdite aux laïques. La masse du peuple, toutefois, ne sait pas lire. Le petit nombre de ceux qui le savent sont heureux d'obtenir des exemplaires de l'Écriture ; mais on ne la rencontre guère que dans les familles qui comptent parmi leurs membres un prêtre ou un homme instruit, comme Saleh, par exemple.

Les prêtres grecs doivent tous être mariés. Ceux des villages ou des petites villes sont souvent très-ignorants, et comme ils reçoivent rarement une instruction sacerdotale systématique, leurs expositions et leurs définitions des articles de foi et des dogmes de leur Église sont souvent étranges et contradictoires. Leurs évêques et tous les membres du haut clergé sont généralement étrangers, c'est-à-dire natifs de la Grèce ou de la Russie. Le plus souvent ils n'apprennent pas l'arabe, de sorte qu'ils n'ont que peu ou point d'influence sur la branche syrienne de leur Église.

Le clergé latin, au contraire, connaît généralement très-peu la Bible, et s'oppose énergiquement à ce qu'on la répande ; mais, en revanche, il est très-fort en matière de discipline et d'enseignement doctrinal.

Les deux Églises propagent avec un zèle égal les légendes de saints et de martyrs, et encouragent de leur mieux les pèlerinages aux lieux saints et la croyance aux reliques.

Aussitôt après le souper, la chambre fut débarrassée de tous les convives en turbans et en fez, de tous les fumeurs et de tous les chanteurs, des esclaves et des domestiques. Mon frère et Saleh s'en allèrent avec Abib pour passer la nuit dans sa maison. Je fus laissée seule dans la grande chambre des hôtes, où Stéphani avait ordonné qu'on me dressât un lit. J'ouvris une des pesantes jalousies, pour voir mes amis qui tournaient la colline, éclairés par cinq lanternes. Je fermai la porte à l'aide d'une grossière serrure, dont le mécanisme m'était tout à fait inconnu. Je m'aperçus bientôt que je m'étais faite moi-même prisonnière, car il me fut impossible de la rouvrir. Force me fut de me résigner à mon sort, sachant bien, d'ailleurs, que le lendemain la liberté me serait rendue. Je m'endormis doucement sur un oreiller de soie cramoisie, et je ne m'éveillai qu'au moment où le soleil brilla sur ma figure à travers les lames irrégulièrement espacées des jalousies. J'étais debout et habillée quand Stéphani frappa à ma porte, qu'il réussit à ouvrir. Pendant qu'on balayait et qu'on nettoyait ma chambre, je sortis avec lui pour aller prendre le café chez Abib. A mon retour, les femmes de la famille, les voisines et les servantes vinrent pour me voir, mais elles n'approchèrent que quand elles furent parfaitement sûres de me trouver seule. Elles restèrent timidement derrière la porte, et je pus jouer le rôle de maîtresse de maison et les inviter à entrer. Elles étaient habillées de la même manière que les femmes de Nazareth; elles sont aussi belles, mais plus simples et plus modestes. La femme de Stéphani, grande personne aux yeux noirs, portait de larges et pesantes pièces d'or autour du visage; un mouchoir jaune, plié sur son front, était attaché derrière sa tête. Sa robe, en coton rouge et blanc, était ouverte sur le devant, et garnie d'une double ruche bordée d'un galon. Sa fille aînée, âgée de dix ans, nommée Werdeh (Rose), était une belle enfant aux traits réguliers, au teint légèrement bronzé, aux yeux bruns et brillants; ses paupières étaient enduites de khol, et ses pieds et ses mains mouchetés de henné. Ses cheveux noirs et épais étaient ramenés sur son front élevé, et coupés droit au-dessus de ses sourcils arqués; ils tombaient, en longues tresses, derrière sa tête. Sa coiffure était ornée de pièces de monnaie, mode qui n'était pas encore passé à Sheffa Amer. Sa robe ouverte, en calicot blanc, était garnie, par devant, d'une profusion de soutaches noires, bleues et rouges. Les manches étaient très-longues, et cachaient entièrement ses mains; mais lorsqu'elle levait les bras, elles restaient pendantes, car elles étaient ouvertes jusqu'au coude.

La chambre fut bientôt remplie d'une foule de femmes et de jeunes filles. Leurs vêtements, quoique d'étoffes et de qualités différentes, étaient tous faits de même, depuis la robe de soie rayée, rouge et blanche, d'une jeune fiancée, jusqu'aux haillons en coton d'une vieille servante, dont la coiffure était dépouillée de toutes ses pièces de monnaie. J'étais occupée à esquisser le portrait de Werdeh et de sa mère, lorsque, tout d'un coup, elles se levèrent, ainsi que toutes les autres femmes, et se hâtèrent de sortir sans dire un seul mot et en se voilant le visage à la hâte. L'arrivée du gouverneur turc et celle de mon frère, une minute après, m'expliquèrent leur fuite.

Le petit Daoud, le fils du gouverneur, vint aussi pour me voir; il portait un habit de drap couleur olive et un turban de mousseline verte. Ses traits étaient réguliers, mais son teint extrêmement blême. Il s'efforça de prendre un air digne et composé, tandis que j'esquissais son portrait, mais il ne pouvait s'empêcher de sourire de temps en temps. Saleh, Stéphani et son père se joignirent à nous, et, après le goûter, nous allâmes tous ensemble au château. Quoique bâti seulement depuis cent cinquante ans, il tombe déjà en ruine. Les portes élevées et les voûtes sont élégamment décorées de sculptures dans le style de l'Alhambra. Un double étage de chambres et de corridors voûtés entoure une cour très-étendue. Le rez-de-chaussée est bien disposé pour les écuries, et peut loger environ cinq cents chevaux. Un escalier en pierres branlantes nous conduisit aux étages supérieurs. Les doubles fenêtres en ogive, dont les profondes embrasures sont pratiquées dans les murs extérieurs, commandent, dans toutes les directions, un point de vue magnifique.

Les fenêtres du côté de l'ouest regardent la plaine d'Akka et la mer, avec le mont Carmel et Haïfa à l'arrière plan, sur la gauche. Celles du nord ont vue sur le Liban et sur la cité d'Akka, à gauche; au premier plan, à droite, la petite ville d'Abylène élève sa tour blanche, au milieu des jardins et des oliviers. C'est là que la bannière de Richard Cœur de lion a flotté jadis. Les vues du sud et de l'est sont bornées par un amphithéâtre de collines et de montagnes s'élevant les unes derrière les autres.

Tandis qu'une foule de solliciteurs se pressaient autour de mon frère pour obtenir sa protection, j'errai de salle en salle et de fenêtre en fenêtre, avec Saleh pour cicerone. Nous gravîmes jusqu'au sommet des murs crénelés, et nous fîmes à peu près le tour de tous les bâtiments; mais les pierres se détachent de tous côtés et restent où elles sont tombées : il semble qu'on ait renoncé à faire aucun usage de ce monument.

Lorsque nous quittâmes le château, le gouverneur me demanda de venir avec lui voir ses femmes. Un coup d'œil de mon frère m'apprit que je pouvais accepter l'invitation. Naturellement, aucun des hommes ne pouvait m'accompagner; ils s'en retournèrent donc avec Stéphani, et le gouverneur m'escorta jusqu'à sa maison, d'un aspect très-sombre. La porte extérieure, par laquelle un chameau chargé pouvait aisément passer, nous introduisit dans une cour humide et mal pavée. Nous traversâmes cette cour pour arriver à une salle carrée et voûtée, dont les murs de pierre étaient entièrement nus, et les quatre fenêtres sans vitres complétement hors de portée. Le sol était de terre, parsemé çà et là de quelques pierres plates et glissantes.

Telle était la résidence du gouverneur. Cette grande salle était à la fois sa salle à manger, son salon, sa *nursery*, ses écuries et sa cuisine. D'un côté, près de la porte, un mulet mangeait sa provende; un banc de pierre, un peu creusé, lui servait de crèche; un âne se tenait patiemment à côté de lui. De l'autre côté hennissait un cheval harnaché, et, sur un tas de foin, deux petits enfants, très-sales et d'un aspect très-délicat, se battaient en jouant et en criant de toutes leurs forces. Dans un autre coin de la salle était une sorte de four qui servait à faire la cuisine, et je pus voir la lueur d'un feu de charbon. A ma gauche, il y avait une large plate-forme de planches grossières, élevées d'environ deux pieds au-dessus du sol et bordées d'une balustrade basse en bois sculpté : les matelas et les coussins y étaient empilés. Je suppose que c'était la chambre à coucher du seigneur de ce harem. Il me fit traverser la salle en ligne droite jusqu'à un enfoncement surmonté d'un dais, opposé à la porte par laquelle nous étions entrés. Deux marches de pierres écornées nous y conduisirent, et deux femmes, l'une vieille et l'autre jeune, se tenaient là debout, prêtes à me recevoir; elles prirent mes mains dans les leurs et me firent asseoir sur des coussins posés à terre.

Le gouverneur me présenta à la plus jeune des dames, en me disant que c'était sa femme, la mère du petit Daoud. Elle me parut avoir vingt ans ; elle était grande et gracieuse : elle avait des yeux bleus, des cheveux noirs, le teint brillant, quoique brun; elle n'avait pas épargné le khol et le henné; son front et son menton étaient tatoués. Je supposai qu'elle s'était préparée à ma visite, car elle portait un habit de fête : sa veste de drap bleu brodée en or, très-ouverte par devant, laissait voir sa poitrine tatouée, sous une chemise de gaze blanche. Ses pantalons étaient de soie d'Alep, à raies blanches et jaune paille; son bonnet, d'un rouge foncé, était décoré de pièces d'or, de perles et d'immortelles; un long gland de soie pourpre et un ornement d'or, en forme de croissant plat, d'environ cinq pouces de large, étaient fixés au sommet de sa coiffure. (Est-ce là l'agrafe ou la boucle dont parle Isaïe, ch. III, v. 18?) Ses longs cheveux étaient nattés et entrelacés de tresses de soie noire pour les faire paraître encore plus longs.

Elle me dit que Sheffa Amer n'était pas un lieu agréable à habiter et qu'elle y était tout à fait étrangère. Je lui demandai de quelle partie du pays elle venait. Elle me dit : « Neby-Daoud est le lieu de ma naissance et le lieu que j'aime. » Elle faisait allusion à un groupe de maisons situées autour de la tombe du prophète David ou Neby Daoud, près des murs extérieurs de Jérusalem, du côté de la porte de Sion. Elle était heureuse de s'entendre appeler Um Daoud, c'est-à-dire *mère de David*.

Le gouverneur interrompit ses explications en lui disant de me faire de la limonade. Auprès des deux marches, sous le dais, était une paire de hauts patins, presque semblables à des échasses; ils étaient faits de bois noir avec des incrustations de nacre de perle et des bandelettes de cuir rouge; elle les attacha sur ses pieds nus, teints de henné, car le sol était très-humide, et çà et là on y voyait de petites mares d'eau stagnante. Son mari la suivit et l'aida à atteindre quelques verres à boire de couleur verte, qui étaient rangés dans une niche de la muraille. L'autre femme, qui paraissait très-vieille et très usée, resta à côté de moi. Lorsque la plus jeune fut assez loin pour ne pas nous entendre, je m'écriai: « Comme elle est belle! » Elle fut de mon avis, et sembla éprouver le plaisir et l'orgueil d'une mère en entendant mon éloge. Je ne savais pas que la jeune femme était sa rivale, je la crus sa fille, jusqu'à ce qu'elle me dit : « Um Daoud est heureuse; elle est jeune et mère de deux fils. » En parlant ainsi, elle me montrait un berceau, en forme de hamac, suspendu au haut de la voûte au-dessus de nous, et dans lequel une petite créature emmaillottée se balançait doucement. Et elle ajouta : « Je n'ai plus de fils, mes fils sont morts; je suis vieille, je ne suis plus belle; je ne suis plus rien, je ne vaux plus rien. » Puis elle m'apprit qu'elle avait vécu vingt ans avec le gouverneur avant qu'il prît Um Daoud pour femme. Je lui dis, en lui montrant les enfants qui avaient roulé en dehors du foin : « A qui sont ces enfants? » Elle me répondit : « Ce sont les fils de la maison (c'est-à-dire du gouverneur), et l'esclave, qui est là près du four, est leur mère. »

En ce moment Um Daoud revint avec la limonade. Le gouverneur m'apporta lui-même une petite tasse de café parfumé d'ambre gris. Le petit Daoud rentra et sembla ravi de me retrouver. Il me dit : « Faites le visage de ma mère dans votre livre; faites aussi pour moi le visage de mon frère. » Le petit enfant fut tiré de son hamac : il avait environ six mois; ses paupières étaient toutes noires de kholl. Je demandai pourquoi on employait le khol pour un enfant si jeune. « C'est pour fortifier sa vue, dit la vieille femme, et rendre ses cils plus longs et plus épais. »

Je pris congé de la famille et trouvai mon kawass qui m'a tendait à la porte, pour me conduire auprès de mon frère l'église grecque. C'est un bâtiment de construction moderne des tentures de soie et d'éclatantes peintures en décorent l murailles. Les fonts baptismaux sont en marbre. C'est pr bablement un ancien chapiteau byzantin dont on a creusé dessus. Dans une école attenante à l'église, un certain nom de jeunes garçons chantaient les psaumes sur un ton cri mais monotone, faisant écho au nasillement de leur in tuteur. Le psautier est le principal livre de classe l écoles chrétiennes des Arabes, de même que le Coran d les écoles musulmanes. J'ai vu souvent des enfants tenir e leurs mains ce livre, qu'ils semblaient lire couramment, q que en réalité ils connussent à peine leurs lettres; ils en ré tent par cœur de longs passages, comme des perroquets.

Nous allâmes ensuite à la synagogue juive, où nous fûmes reçus par le grand rabbin. Il me montra plusieurs copies de la loi et des prophètes, enfermées dans des cassettes doublées de soie cramoisie, que l'on garde dans une niche derrière un rideau ou un voile brodé. Au milieu de l'édifice il y avait une haute plate-forme circulaire en bois, sur laquelle étaient placés des siéges d'honneur. Elle était construite si légèrement que je la pris d'abord pour un échafaudage temporaire; mais, dans toutes les synagogues que j'ai visitées, j'ai trouvé, au centre, les mêmes siéges et la même plate-forme construite aussi légèrement.

Les hommes de notre compagnie montèrent alors à cheval; je refusai de les accompagner, espérant, pendant leur absence, voir de nouveau les femmes. A ma requête, en effet, Kavadjad-Stéphani m'envoya sa femme et ses enfants. Ils me firent visiter la partie inférieure de la maison ; tout y était mal arrangé, malpropre et peu confortable. Ils revinrent avec moi dans ma chambre. Je fis quelques esquisses qui les amusèrent beaucoup. Bientôt, les femmes arrivèrent en si grand nombre qu'un des serviteurs de la maison, qui montaient la garde à ma porte, entra, et sans aucune cérémonie en fit sortir environ la moitié. Un peu plus tard, elles se retirèrent toutes, quand les hommes revinrent de leur promenade.

Nous passâmes la soirée dans la maison d'Abib. Une nombreuse assemblée était réunie, en notre honneur, dans la vaste chambre des hôtes, et toute la science culinaire de Cheffa Amer avait été mise à contribution pour nous préparer un souper digne de nous. Il fut suivi de chansons, de discours à notre louange et d'histoires racontées tour à tour. Je revins à la maison de Stéphani à la lueur d'une quantité de lanternes, et accompagnée jusqu'à ma porte par mon frère et par la plupart des convives.

Le lendemain, au lever du soleil, nous étions déjà à cheval et prêts à partir pour Haïfa. Stéphani, Abib et une société nombreuse se joignirent à nous. Notre groom égyptien avait la charge d'une charmante levrette de Syrie, qui avait été donnée à mon frère. Nous descendîmes dans la vallée par une route unie conduisant à une grande fontaine. Le filles du village y étaient déjà rassemblées, quelques-unes debout sur la haute margelle de pierre qui entoure le puits, et les autres groupées autour de sa base. A quelque distance, nous vîmes une procession de jeunes filles suivant, une à une, un sentier très-étroit sur le flanc de la colline, avec leurs jarres pleines d'eau parfaitement en équilibre sur leurs têtes.

Nous nous détournâmes de la route d'Akka et nous entrâmes dans un grand bois d'oliviers. Des groupes pittoresques d'hommes, de femmes et d'enfants, vêtus d'habits de couleurs éclatantes, se pressaient le long de la route ou se blaient très-affairés sous les arbres. J'avais toujours vu l plantations d'oliviers tellement désertes et silencieuses, q tout ce mouvement me causa beaucoup de surprise. Sal m'expliqua que c'était le commencement de la récolte d olives (le 19 octobre) et que tous ces gens avaient loués pour recueillir le fruit. Les hommes battaient l arbres avec de longues perches, tandis que les femm et les enfants ramassaient les olives [1]. Nous rencontrâ un groupe d'individus qui me semblèrent si extraor nairement grands et si disproportionnés que je ne me rendre compte de ce que je voyais, jusqu'à ce q m'eût appris que c'étaient des femmes druses. Elles taient sur la tête des espèces de cornets, d'un à

---

[1] Quand tu secoueras tes oliviers, tu n'y retourneras point po chercher branche après branche ; mais ce qui restera sera pour l' ger, pour l'orphelin et pour la veuve. (Deutéronome, ch. XXIV, v.

pieds de long, solidement attachés sur le front et soutenant des voiles blancs ou noirs très-lourds, qui les enveloppaient presque tout entières et produisaient l'effet le plus disgracieux (j'espère avoir l'occasion de parler plus en détail de ce peuple singulier). Nous traversâmes ensuite une région rocailleuse, couverte de chênes nains, d'épines et de chardons, et nous atteignîmes la fertile plaine d'Akka, où serpentent les bleus méandres du Kishon et de ses nombreux tributaires.

Les vastes champs de coton produisaient un effet charmant, car ils étaient alors dans toute leur beauté. Les buissons ont environ deux pieds de haut; les branches sont rougeâtres, les feuilles sont de la couleur de l'érable au printemps; les fleurs semblent faites d'ailes de papillons blanches et tachetées. Lorsque ces ailes blanches sont tombées, elles laissent voir une coque verte, de la forme d'une coupe triangulaire, qui grossit jusqu'à ce qu'elle ait atteint environ un pouce de diamètre. Elle devient alors rugueuse, prend une belle couleur marron, puis se fend en trois parties, d'où s'échappe le moelleux duvet du coton. Saleh me cueillit une branche, qui offrait le spécimen de la plante dans ses trois états distincts. Mon frère me dit que les Arabes ne cultivaient pas le coton à longues soies (qui est le plus estimé en Angleterre), parce que la récolte en exige beaucoup de soins; car la gousse doit être cueillie aussitôt qu'elle est mûre, et, comme elles ne mûrissent pas toutes à la fois, la récolte dure nécessairement deux ou trois semaines; tandis que le coton à courtes soies donne très-peu de peine aux cultivateurs; car les coques ne sont pas endommagées en restant sur les branches après leur maturité; la moisson ne commence donc que lorsqu'elles sont toutes assez mûres pour être cueillies, et, par conséquent, elle se fait en très-peu de temps. Ce coton inférieur suffit parfaitement pour l'usage du pays, et pour remplir

11

les matelas, les coussins et les couvertures des Arabes; mais il n'a pas grande valeur dans le commerce.

Si la plaine d'Akka était cultivée avec habileté et énergie, elle pourrait être d'un grand rapport. Avec le système actuel, le sol produit, en hiver, le froment, l'orge, les fèves, les lentilles, les pois et le tabac, et, en été, le coton, le sésame, le millet et beaucoup de variétés de concombres. Des pavots, des mauves, une foule d'herbes variées croissent naturellement, tandis que les collines conviennent parfaitement aux vignobles, aux bois d'oliviers et aux vergers. Le lin, l'asperge, la gentiane, la scammonée et beaucoup d'autres plantes estimées en médecine poussent partout sans culture, tandis que dans les marais abonde la soude, dont la cendre, mêlée à l'huile d'olive ou de sésame, se convertit en savon. Les villages de ce district sont habités par des Chrétiens, des Musulmans, des Druses et un petit nombre de Juifs. Ils payent au gouvernement de lourdes taxes en blé, en orge et en argent, et ils sont obligés de fournir des chameaux, des chevaux et des mulets toutes les fois que le pacha l'exige.

Nous traversâmes un ruisseau, bordé de grands roseaux ainsi que d'une herbe fine et touffue. Des milliers de colimaçons bons à manger grimpaient sur les branches de quelques buissons épars. Des tamaris, des saules nains, des houx maritimes (eryngium maritimum) et d'autres plantes à racines traçantes croissaient sur le sol sablonneux et lui donnaient quelque fixité. Nous passâmes sur des monticules de sable où je remarquai çà et là une plante aux feuilles épaisses, couverte d'un duvet blanchâtre, avec des fleurs jaunes.

C'est là que nous prîmes congé de nos amis de Sheffa Amer, qui retournèrent à leurs bois d'oliviers.

Nous nous trouvâmes bientôt au bord de la mer. Deux bateaux à vapeur anglais entraient en ce moment dans le port d'Haïfa. Nous fîmes un temps de galop jusqu'au Kishon et

ous le traversâmes en nous gardant soigneusement des bancs
e sable qui entourent l'embouchure du fleuve et qui s'avanent assez loin dans la mer. L'eau venait presque jusqu'aux
enoux de nos chevaux et, de temps en temps, les vagues
ous couvraient d'écume.

Nous pressâmes nos montures, en suivant le bord du riage, ayant à notre gauche les vergers et les bosquets de
almiers, et à notre droite les lames qui venaient mourir à nos
ieds. Nous entrâmes dans la ville à neuf heures un quart,
uste à temps pour recevoir au consulat deux capitaines de
avires anglais. La pauvre Cathrine, notre *soi-disant* mère,
nous accueillit avec des larmes de joie en disant : « Dieu soit
loué, mes enfants me sont revenus sains et saufs ! »

CHAPITRE VII

La mort à minuit. — Une bière musulmane. — Remèdes arméniens contre le choléra. — Une panique à Haïfa. — Le *vent jaune*. — Suleyman, le tailleur. — Quarantaine au couvent. — Un songe et ses conséquences. — Notre nouvelle maison. — Contenu de notre chambre aux provisions. — Respect des Orientaux pour le pain. — Mort d'Ibrahim. — Procession funèbre. — Douleur et mort de la mère. — Service funéraire. — Khalil le veuf et sa jeune fiancée. — Élias Sekhali. — Gouvernement de la Syrie. — Mort d'Élias. — La veuve et ses enfants. — Chants et lamentations en l'honneur des morts. — La danse des épées. — Mort de Khalil. — Oraisons funèbres.

Le jeudi, 25 octobre 1855, un bateau à vapeur turc, venant de Constantinople, entrait dans le port d'Haïfa. Il amenait un nouveau pacha pour Akka, avec son harem et une suite de trente personnes, y compris un docteur arménien. Les principaux habitants d'Akka vinrent à sa rencontre et notre petite ville fut dans un état d'agitation inaccoutumée. Mon frère alla saluer Son Excellence, qui vint ensuite au consulat avec douze personnes de sa suite.

Les pachas nouvellement institués sont quelquefois disposés à faire quelque bien dans leur pachalik. Au commencement de leur règne, les fontaines obstruées recommencent à couler, les citernes crevassées sont réparées et les aqueducs remis en état, mais seulement pour un temps très-court. Ils font, comme on dit, *balai neuf*. Les consuls pressèrent le nouveau pacha de donner des ordres pour le nettoyage des rues fangeuses d'Haïfa, dont quelques-unes n'étaient guère chose que des égouts à découvert, très-dangereux pour la salubrité publique. Ils demandèrent aussi de faire enlever, près du rivage de la mer, les monceaux de poussière qui avaient fini par devenir d'immenses barricades, où tous les débris de légumes et toute espèce d'immondices étaient entassés. La requête fut favorablement écoutée et, pour la première fois probablement depuis son existence, Haïfa se vit balayée, nettoyée et remise en ordre.

Les hommes et les enfants couraient çà et là avec des paniers remplis d'immondices. Les consuls et les autorités turques s'empressaient autour d'eux, donnant des ordres, surveillant les travaux, et les monceaux de poussière furent petit à petit jetés dans la mer.

Les Européens et la classe supérieure des Arabes se réjouissaient de la perspective de vivre dans une ville comparativement propre; mais la majorité, qui considérait cette réforme comme parfaitement inutile, murmurait en prophétisant que, si l'on permettait ces innovations, il arriverait malheur à la ville.

Le jeudi soir, à une heure assez avancée, Mohammed Beck vint au consulat, se lamentant de la perte d'une chaîne d'or, à laquelle était suspendu l'anneau qui lui servait de cachet: En Orient, on attache plus d'importance au sceau qu'à la signature. Mohammed Beck craignait que celui qui trouverait son anneau n'en fît un mauvais usage. En conséquence, une déclaration de cette perte fut rédigée par Yousef Anton, le secrétaire du gouverneur, signée par Mohammed et attestée par mon frère. Mohammed nous dit qu'il avait perdu sa chaîne dans le bazar, où il était entouré d'un cercle de jeunes garçons auxquels il donnait des instructions pour le nettoyage des rues. La nuit était très-belle, et moitié par plaisanterie, moitié sérieusement, je m'offris pour aller chercher le trésor perdu. Je fus prise au mot et nous sortîmes tous ensemble. La ville était parfaitement tranquille et le bazar désert, transfiguré par les récents nettoyages, brillait aux rayons de la lune. Mais, après tout, je ne fus pas assez heureuse pour retrouver l'anneau perdu. Comme nous retournions au logis, le silence de la nuit fut soudainement interrompu par les lamentations sauvages et les voix perçantes de femmes, annonçant que quelqu'un venait d'expirer. Leurs cris aigus retentirent toute la nuit à mes oreilles.

Le lendemain matin, 26 octobre, de très-bonne heure, je vis de ma fenêtre une bière, auprès de la porte d'une maison voisine. Un plancher de bois peint, d'environ sept pieds sur deux, avec une galerie basse tout autour, était posé sur quatre supports. Au-dessus, il y avait un dais de branches de palmiers fraîchement coupées ; elles étaient recourbées en berceau et entrelacées. Tandis que je faisais l'esquisse de ce que j'avais sous les yeux, je vis apporter et placer sous le dais le corps d'un homme magnifiquement habillé. Son visage était couvert d'un châle. Quatre hommes enlevèrent la bière en posant le brancard sur leurs épaules et le portèrent à la mosquée. Quelques instants après, le cortége se mit lentement en marche et passa devant le consulat pour se rendre au cimetière turc. Il était précédé par quarante hommes environ, qui gardaient un silence solennel, et suivi par au moins une cinquantaine de femmes et d'enfants, chantant, pleurant et poussant des cris sauvages.

Entre les feuilles de palmiers, je pus apercevoir le mort. Sa tête était légèrement élevée. Je ne pus m'empêcher de penser que, si une voix douée du pouvoir d'éveiller les morts, venait dire à la mère et à la veuve : « Ne pleurez pas, » et, donnant l'ordre au porteur de la bière de s'arrêter, disait au mort : « Lève-toi ! » ce serait dans ses habits de fête qu'il se lèverait et sous un dais de branches de palmier qu'il commencerait à parler. (S. Luc, VII, 11-15.)

Je pris des renseignements sur le mort. J'appris que c'était un Musulman respectable, d'environ vingt-quatre ans et qui laissait une femme et deux petits enfants. Il était mort à minuit, après quelques heures seulement d'une maladie si violente, que le médecin avait déclaré que c'était un cas de choléra. Il y avait eu déjà, depuis quelques semaines, plusieurs morts subites dans Haïfa.

Dans le cours de la journée, je me trouvai moi-même très-malade. On envoya chercher le frère Joseph, le médecin du couvent, qui m'administra de fortes doses d'opium. Le jour suivant, j'étais encore plus malade et très-faible. Il ordonna l'émétique et la saignée, mais je refusai positivement l'un et l'autre, et je dispensai mon médecin de ses visites. Mon frère me prescrivit des bains chauds, avec des sinapismes de vinaigre et de moutarde, et je pus dormir ; mais je m'affaiblissais toujours davantage. Le samedi matin, 29 octobre, à trois heures du matin, mon frère envoya son kawass à Akka pour y chercher un médecin, comme dernière ressource. Il écrivit au pacha et, quoique bien malade, je ne pus m'empêcher de rire de sa lettre en l'entendant traduire en anglais. Il priait Son Excellence de vouloir bien permettre à son docteur particulier, l'Arménien, de venir à Haïfa « pour soigner la *fille-frère* du vice-consul anglais, qui était atteinte d'un amoindrissement de beauté. » C'est ainsi que la politesse turque fait allusion à la maladie, quand il s'agit d'une femme.

Le docteur arriva très-promptement, avec l'ordre du pacha de ne point me quitter que je ne fusse rétablie. Il parlait l'italien aussi facilement que le turc et le grec ; son énergie persévérante et tranquille et sa bienveillance m'inspirèrent immédiatement une confiance entière. Il m'administra de petites doses d'huile de ricin, mêlée avec du sucre, de l'eau, de la gomme arabique et de la magnésie en proportions égales ;

il me prescrivit aussi des sinapismes de graine de lin et de moutarde. Un peu plus tard, il me prépara de l'amidon sucré très-épais et de petits potages de farine avec un peu de magnésie dedans; il m'en faisait prendre de temps en temps par petite quantité, avec une infusion de tilleul pour boisson. Pendant trois jours et trois nuits, il ne quitta pas la maison et, le jeudi, grâce à son habileté et aux soins de Catherine, j'étais entièrement guérie de « mon amoindrissement de beauté », qui était d'une nature dangereuse et qu'on me dit être le choléra.

Nous trouvâmes une grande sympathie chez nos voisins. Le premier soir que je pus quitter ma chambre, une assemblée de chanteurs vint sur la terrasse me donner une sérénade, improvisant des chants de réjouissance et priant « pour que je pusse bientôt me promener dans les jardins et en respirant l'air, retrouver la force et le contentement du cœur. »

Le 1ᵉʳ novembre, je vis une quantité immense d'hirondelles, perchées sur le haut des toits et sur la hampe des drapeaux. On me dit qu'elles s'y rassemblaient depuis plusieurs jours. Avant le soir, je les vis, toutes réunies, prendre leur vol vers le sud. On eût dit un nuage de poussière rapidement emporté par le vent.

Notre ami Saleh Sekhali et sa famille émigrèrent aussi; ils allèrent à Nazareth par peur du choléra et s'efforcèrent de nous persuader de les accompagner.

La saison la plus malsaine en Palestine est celle qui commence aux premières pluies d'automne [1], et qui dure jusqu'à ce que les pluies tombent régulièrement et en abondance.

---

[1] La première pluie, dont il est parlé dans la Bible, se rapporte, je crois, aux pluies d'automne qui ne sont jamais très-violentes; elles tombent doucement et vivifient la terre brûlée par les chaleurs de l'été. Elles permettent aux laboureurs de semer l'orge et l'avoine. Dans le Deutéronome, elle est appelée la *première pluie*, et Joël dit : « Soyez

Cet intervalle n'excède pas généralement deux ou trois semaines, mais lorsqu'il se prolonge, comme dans l'année 1855, dont je parle en ce moment, les fièvres et les autres épidémies se propagent.

Le 2 novembre, un vent de siroco très-violent, chaud, sec et dévorant comme s'il sortait d'une fournaise, tordit nos livres, fendit et déjeta nos meubles de bois d'olivier; nous fermâmes tous les volets du côté de l'est, mais nous ne pûmes nous préserver de cet air embrasé.

Il y avait à l'ancre, dans le port, quatre navires anglais, ainsi que plusieurs petits bricks grecs. Les capitaines se plaignaient, en termes assez peu mesurés, du dommage causé par le siroco aux meubles et aux aménagements de leurs bâtiments.

Un capitaine anglais, sur le point de s'embarquer, vint dire à mon frère : « J'espère, consul, que vous me donnerez une patente nette. — Aussi nette que je le puis, répondit mon frère, mais je dois constater six morts en six jours, six morts subites et attribuées au choléra. »

Dans ce moment-là, on abandonna le nettoyage des rues

joyeux et réjouissez-vous dans le Seigneur, votre Dieu, car il vous a donné la première pluie avec modération. »

La pluie d'hiver tombe ordinairement avec violence dans les mois de novembre, de décembre et dans le commencement de janvier ; elle cesse alors jusqu'au mois de mars ou d'avril, où les ondées du printemps sont ardemment désirées; car elles donnent la force et la vigueur aux épis qui mûrissent; c'est là la *pluie de l'arrière-saison*, et il est écrit : « Le Seigneur, votre Dieu, fera tomber pour vous la pluie de l'arrière-saison dans le premier mois, » qui est le mois appelé, en hébreu, « *Abib*, » ou « le mois des jeunes épis de blé, » et qui correspond avec la fin de mars et le commencement d'avril.

« Considérez le laboureur qui attend avec patience les fruits précieux de la terre, jusqu'à ce qu'il reçoive la pluie de la première et de la dernière saison. »

Pendant l'été, c'est-à-dire depuis le mois de mai jusqu'au mois de septembre, il ne tombe jamais une goutte d'eau en Palestine.

pour quelque temps, et je fus témoin, presque chaque jour, de processions funéraires, allant tantôt de la mosquée au cimetière turc hors de la porte Orientale, tantôt des églises grecques ou latines vers les cimetières chrétiens, au delà de la porte de l'Ouest. Les Musulmans sont toujours portés dans une bière ouverte, la tête en avant et revêtus de leur costume habituel. Je frissonnai la première fois que je vis un corps ainsi confié à la terre, tant il ressemblait à un être enterré vivant.

Les Chrétiens de la classe élevée sont généralement enfermés dans des cercueils et portés par quatre ou six hommes, précédés par des prêtres marchant sous un dais. La foule du peuple suit, chantant et portant des bannières brodées et une grande croix; ils sont quelquefois accompagnés par des enfants ou des jeunes gens en surplis, qui balancent l'encensoir. A peu de distance, une troupe de femmes suit en chantant et en poussant des cris sauvages, car les prêtres s'efforcent en vain de mettre leur veto sur la présence des pleureuses aux funérailles.

Il n'y eut pas un seul cas de choléra dans la communauté juive.

Les morts furent plus fréquentes dans le quartier populeux des Musulmans, mais ils ne paraissaient pas fort effrayés. Peut-être leur doctrine du fatalisme était-elle la cause de leur calme et de leur apparente résignation. Parmi les Chrétiens, au contraire, une terreur panique se répandit promptement et leur ôta toute énergie. Presque tous les Européens se rendirent successivement au couvent, où ils établirent une stricte quarantaine. Beaucoup d'Arabes allèrent à Nazareth et à Sheffa Amer, de sorte que plusieurs milliers de personnes s'étaient enfuies et que le quartier des Chrétiens semblait presque entièrement désert. On remarqua qu'il n'était resté dans toute la ville qu'un seul chapeau, c'est-à-dire un seul

Européen, allusion à mon frère qui était resté à son poste pour essayer d'encourager le peuple. Il allait de maison en maison, donnant des avis, prescrivant les remèdes les plus simples, et, comme il n'était pas encore entièrement convaincu que cette épidémie fût le choléra, il examina deux ou trois corps immédiatement après la mort. Leur aspect confirma l'opinion générale. Le mot arabe désignant le choléra ou la peste est : *Howa el Asfar*, ce qui signifie : le vent jaune. Les drapeaux proclamant la quarantaine sont jaunes ; il est possible que la couleur ait été choisie à cause du nom. Les Arabes me dirent que les cas de choléra les plus funestes arrivaient au changement de la lune et que les personnes attaquées à cette époque ne se rétablissaient jamais. Les femmes ne quittaient presque plus leurs maisons, excepté pour suivre les funérailles, et les hommes étaient de plus en plus abattus. Notre petit tailleur lui-même, Suleyman Sheffa Amri, le plus gai, le plus comique des hommes, fut à la fin gagné par la peur générale. Son pas léger et rapide, qui annonçait le contentement de lui-même, devint lent et timide, et sa voix n'était plus qu'un murmure. Il avait l'habitude de venir de temps en temps au consulat pour me montrer son ouvrage : les vestes brodées et les pantalons pour le trousseau d'une fiancée ou la blague à tabac d'un Beck. Il était du nombre de ceux qui s'étaient constitués mes instituteurs ; il joignait à la plus respectueuse déférence une impertinence très-amusante. C'était le beau idéal du tailleur oriental ; on eût dit qu'il sortait d'une des pages des *Mille et une nuits ;* du reste, bon enfant et de bonne mine, prompt dans tous ses mouvements, il était toujours prêt à vous rendre les services que vous ne lui demandiez pas : allumer une pipe, arranger une lampe, ramasser un crayon, égaliser les oreillers du divan, apporter un verre d'eau et donner son avis. Il jetait un coup d'œil vif et inquisiteur sur le costume de chacun et appréciait la valeur de chaque article, sans la moindre hésitation et comme se parlant à lui-même aussi bien qu'à celui qui le portait.

J'apprenais de lui un plus grand nombre de mots arabes dans l'espace d'une heure que de tout autre pendant une journée entière. Il ne savait ni lire ni écrire, mais sa mémoire était sûre; il se souvenait parfaitement du vocabulaire varié qu'il m'avait enseigné. Il avait coutume de me demander, à chaque visite, de lui répéter les mots qu'il m'avait appris précédemment, et, chaque fois que j'avais bien répondu, il jetait autour de la chambre un coup d'œil qui semblait demander un signe d'approbation pour lui-même et un autre pour son élève.

Il faisait devant moi toutes sortes d'ouvrages à l'aiguille. Il dessinait surtout de très-beaux modèles de broderies, principalement des feuillages de fantaisie. Il commençait par doubler le drap ou la soie avec un papier épais; puis, avec un morceau de savon blanc très-dur, taillé en pointe, il traçait, d'une main ferme et légère, des lignes gracieuses, dont les contours s'entrelaçaient sans se confondre. Il complétait le dessin, tout en travaillant, avec du fil d'or, et il ne lui est jamais arrivé de faire deux modèles parfaitement semblables. Il semblait jouir beaucoup de son habileté; mais, en cela encore, il était maintenant bien changé : sa fierté et sa confiance en lui-même l'avaient abandonné. Il ne prenait plus plaisir à son aiguille ni à ses fils d'or. Il me disait mélancoliquement que plusieurs de ses plus belles broderies étaient dans le cimetière, car les Musulmans et les Chrétiens, hommes et femmes, sont souvent ensevelis dans leurs parures de noces ou leurs habits de fête. Suleyman était du petit nombre des Arabes qui semblaient trouver que c'était grand dommage.

Lorsqu'on enterre des vêtements précieux, la tombe est

généralement gardée pendant quelque temps, de crainte que quelque vol ne soit commis.

Suleyman s'enfuit pour quelques jours à Sheffa Amer, sa ville natale, et il échappa heureusement au choléra.

Nous allâmes un jour jusqu'au couvent. Deux cents habitants d'Haïfa y avaient cherché un refuge : les jardins, que nous avions vus si tranquilles et si monastiques, étaient animés par des groupes d'Arabes errant ou fumant sous les arbres. Toutes les chambres étaient occupées. Le consul de France vint à notre rencontre, mais il évita soigneusement tout contact avec nous. Il passa le premier pour se rendre à la chambre de réception, où brûlaient des pastilles parfumées. Sa femme et ses enfants vinrent nous voir, mais restèrent à distance. Ils disaient que, tandis que les gens mouraient du choléra à Haïfa, eux, qui s'étaient volontairement exilés, étaient quasi mourants d'ennui et de peur sur le mont Carmel.

Bientôt l'état sanitaire d'Haïfa s'améliora peu à peu, et beaucoup de cas de choléra furent guéris. La poudre de charbon faite de pain brûlé dans un creuset ouvert était regardée par un grand nombre de personnes comme un préservatif, et, autant que j'ai pu en juger, cela m'a paru efficace. La dose ordinaire était une petite cuillerée dans une tasse de café sans sucre.

Le 14 novembre, nous fîmes une excursion dans l'intérieur, avec le colonel Walpole et madame Walpole. Il pria mon frère de vouloir bien l'aider à chercher des quartiers d'hiver pour son régiment, et il m'invita obligeamment à les accompagner. C'est ainsi, qu'escortés par ses bachi-bazouchs et pourvus d'une lettre de recommandation du pacha pour tous les gouverneurs de son pachalick, nous allâmes à Sheffa-Amer, à Nazareth, autour du lac de Tibériade et le long de la vallée du Jourdain jusqu'à l'Anti-Liban, explorant les ruines et les vieux châteaux, mais sans avoir beaucoup de rapports avec les indigènes. L'intérêt de ce petit voyage étant principalement archéologique et architectural, je le passerai ici sous silence.

Le 10 décembre nous étions de retour à Haïfa. M. Zifo, le consul prussien, vint nous voir : il nous dit qu'il avait été le *seul chapeau* dans la ville et qu'il avait été retenu par des affaires tout à fait contre son gré, car le typhus régnait en même temps que le choléra. Tout le peuple était en prières pour obtenir de la pluie. Pendant trois jours, après notre retour, il n'y eut pas une seule mort dans la ville, et quelques-uns des réfugiés descendirent du couvent. Le consul de France fut l'un des premiers arrivés. Malheureusement, sa plus jeune fille, la joie et la gaieté de la maison, qui babillait si gentiment en arabe et en français, fut immédiatement attaquée du choléra et mourut après douze heures de souffrances.

Le 15, la panique recommença, mais une circonstance curieuse rendit soudain la tranquillité aux Arabes. Dans la nuit du dimanche, 16 décembre, une femme rêva qu'elle voyait quatre génies malfaisants; chacun d'eux tenait dans sa main une pierre avec une inscription. Elle leur dit : « Que voulez-vous? Pourquoi venez-vous ici me troubler? » Ils répondirent, en parlant comme avec une seule voix : « Nous sommes venus ici pour jeter quatre pierres. — Alors, dit-elle, hâtez-vous de jeter vos pierres, et allez en paix. » Une des pierres fut jetée contre elle, les autres dans différentes directions. Elle raconta son rêve le lendemain matin et elle en paraissait très-alarmée. Les interprètes déclarèrent que les démons, qu'elle avait vus en songe, étaient les démons du vent jaune. La majorité du peuple crut qu'il n'y aurait plus dans la ville que quatre victimes du choléra. Le 18, quatorze individus en furent attaqués, mais il n'en mourut que deux, dont la femme qui avait eu le songe. Le 19, il y eut encore deux morts, et ce furent les dernières que l'on eut à constater. Les habitants furent alors rassurés et revinrent en foule d'Akka, de Galilée et du Carmel. Mais la saison tant désirée de la pluie n'était pas encore venue; les provisions étaient chères et le lait très-malsain à cause de la rareté des herbages.

Plusieurs vaisseaux de Jaffa avaient cherché un refuge dans le port d'Haïfa; les vents étaient si violents et si contraires que deux vaisseaux avaient été brisés sur la côte d'Akka et deux bateaux perdus dans la baie. Le vent d'ouest soufflait avec tant de force qu'il remplit de sable l'embouchure du Kishon, de sorte qu'on pouvait facilement le traverser à pied; mais soudain le vent d'est se leva et balaya la barre de sable si complétement que l'eau avait douze pieds de profondeur à l'endroit où était ordinairement le gué, qui devint par conséquent d'un accès impossible.

A Noël, les pluies commencèrent enfin; mais c'étaient des pluies telles que je n'en avais jamais vues, si ce n'est dans de vieilles peintures du déluge. La ville était traversée, dans toutes les directions, par des torrents d'eau et de boue; la pluie entrait par les fenêtres mal jointes : nos volets et nos portes furent arrachés de leurs gonds par la violence du vent. Heureusement la maison que nous devions habiter et qui avait été arrangée pour braver le mauvais temps, se trouva prête, et nous nous empressâmes de nous y transporter durant les courts intervalles du déluge : quoiqu'elle ne fût qu'à une très-petite distance, je fus obligée de m'y rendre à cheval. La plupart des Arabes marchaient nu pieds dans l'eau, qui leur venait presque à mi-jambe.

Durant cette saison humide, il y avait alternativement trois jours de pluies presque continuelles et trois jours de soleil.

Notre nouvelle demeure, dont les chambres donnaient sur une cour couverte, était contiguë au consulat français. La femme du consul (syrienne de naissance) m'initia peu à peu avec beaucoup d'obligeance à tous les mystères de la vie domestique en Orient.

L'ameublement fut une affaire très-simple : dans une des grandes chambres vides, un tapissier juif s'établit pour remettre à neuf les matelas, les coussins et les couvertures. Avec une petite machine, il divisa le coton qui s'était pressé et durci; il le tira, le peigna jusqu'à ce qu'il l'eût transformé en un nuage floconneux. Il refit alors promptement les matelas à la mesure des lits de fer et des divans, et piqua habilement une provision de couvre-pieds et de couvertures. Ses pieds nus étaient presque aussi occupés que ses doigts. Pour dévider un écheveau de coton, il le fixait toujours à ses orteils longs et souples; il s'en servait même pour doubler et tordre le fil; bref, il savait les utiliser de beaucoup de manières.

Nous avions pris aussi un charpentier arabe pour scier des planches, les joindre ensemble, et les ajuster sur des tréteaux peu élevés autour de la chambre. Des matelas, d'environ un mètre de large, furent posés sur ces bancs grossiers, ainsi que des coussins recouverts de toiles de Perse ou de toiles imprimées de Manchester. De larges bandes, cousues sur les bords extérieurs des matelas, cachaient entièrement la rusticité de la menuiserie qu'elles recouvraient. C'est là tout le mystère des grands divans turcs. Deux juives m'aidèrent pour les rideaux de fenêtre et les moustiquaires.

Nous fîmes faire à Akka, en envoyant la mesure, des nattes de roseaux pour recouvrir les dalles du sol. Je meublai une petite chambre dans le goût anglais, autant du moins que cela me fut possible dans les circonstances où je me trouvais, mais le reste de la maison était dans un style semi-oriental. Il n'y avait de cheminée dans aucune chambre. Dans la cuisine, était une rangée de fours et de fourneaux probablement semblables à ceux dont il est parlé dans le Lévitique (ch. xi, v. 35).

Dans l'un des coins de la cour était un puits en bon état, et une petite cloche tintait gaiement chaque fois que le seau était mis en mouvement. Les premiers occupants de la maison étaient arabes et ils avaient laissé, pour mon usage, un beau henné ; cet arbuste ressemble beaucoup au troëne, mais la fleur en est plus jaune et plus délicate, et je trouve son parfum trop pénétrant ; pour obtenir la teinture, on fait sécher les feuilles et on les réduit en une poudre très-fine, que l'on conserve soigneusement.

L'approvisionnement de l'office m'occupa ensuite. Je me procurai pour l'hiver une caisse de macaroni, une corbeille de riz d'Égypte et deux sacs de froment ; j'envoyai l'un de ceux-ci au moulin. Après avoir fait passer la farine à la maison, je réservai la fleur pour le pain blanc et le reste fut mis de côté pour faire les galettes arabes des serviteurs.

Les grandes jarres de terre vernies en dedans et brutes au dehors, rangées tout autour de la chambre, me firent souvent penser au conte d'Ali Baba et des Quarante Voleurs. L'une des jarres contenait la farine ; l'autre, la fleur de farine ; une troisième, le son ; une quatrième, l'huile ; d'autres plus petites, des olives, du fromage de chèvre conservé dans l'huile et une provision de beurre fondu. Les oranges et les citrons garnissaient les planches ; les figues sèches étaient suspendues à deux petites cordes minces, et les grenades, attachées une à une, à de plus grosses cordes, descendaient en festons du haut des poutres. Enfin, des faisceaux d'herbes sèches du Carmel répandaient une douce odeur.

Mon obligeante voisine m'enseigna à me munir des provisions nécessaires, en temps convenable. Elle me montra à conserver le jus des tomates, à faire des confitures de fruits, à convertir la farine de froment en amidon (en la faisant tremper dans l'eau, passer dans un tamis et sécher au soleil) pour faire des plats sucrés, aussi bien que pour le blanchissage. Les Arabes n'empèsent ni ne repassent leurs vêtements; de sorte que j'eus d'abord quelque difficulté à me faire aider pour l'entretien du linge fin. Toutefois, un jeune Arabe, qui avait jadis vécu avec un tailleur semi-européen, et prétendait savoir manier un fer, quoiqu'il convînt que l'usage de l'empois était pour lui un mystère, me prêta son assistance et fit de son mieux. Plus tard, une jeune fille arabe qui entra à notre service, fut initiée à l'art de blanchir à l'européenne par une esclave d'Abyssinie, domestique chez un Européen de notre voisinage.

Les Arabes n'emploient l'amidon que pour en faire une sorte de blanc-manger, et ils frémissent à l'idée de s'en servir pour empeser le linge, car ils ont un profond respect pour le blé, sous quelque forme que ce soit. Si un morceau de pain tombe à terre, un Arabe le ramasse de la main droite, le baise, le fait toucher à son front et le pose sur une muraille où sur une pierre, où les oiseaux du ciel peuvent le trouver; car, disent-ils, nous ne devons pas fouler aux pieds le don de Dieu. J'ai été constamment témoin de ce respect de la part de toutes les classes et de tous les âges, chez les Musulmans et chez les Chrétiens.

Mes journées étaient si occupées que je n'avais pas le temps de sentir mon étrange isolement. Mes matinées étaient consacrées aux soins du ménage et aux leçons d'arabe. Les visites à recevoir et à rendre remplissaient souvent le milieu du jour, et, lorsque le temps était beau, je faisais avec mon frère une promenade à pied ou à cheval avant le coucher du soleil. Mes soirées se passaient agréablement avec lui et avec ses amis. Quand par hasard nous étions seuls, nous nous communiquions les notes que nous avions prises sur nos occupations, nos observations et les aventures de la journée. La longue résidence de mon frère en Orient le rendait capable d'expliquer les complications et les contradictions apparentes du caractère des Arabes et de me guider dans mes rapports avec eux. En général, pendant l'hiver, toutes nos journées se ressemblaient, mais les détails en étaient agréablement variés.

Ibrahim Sekhali, le secrétaire de mon frère, jeune homme intelligent et énergique appartenant à l'Église grecque, et qui me donnait des leçons d'écriture, s'en alla, comme bien d'autres, à Akka pour éviter le choléra. Akka était encombrée; la petite vérole s'y déclara; le pauvre Ibrahim en fut atteint et mourut tout à coup le 16 janvier 1856. Cette mort jeta un voile de tristesse sur Haïfa, car il était aimé de tous, Musulmans et Chrétiens.

Le 17 au matin, de bonne heure, Khalil Sekhali, le père d'Ibrahim, vint nous voir. C'était un homme d'une taille élevée, d'une apparence robuste; il portait une longue pelisse ouverte et un large turban blanc; ses traits étaient réguliers, sa barbe, longue et blanche. Il était majestueux dans sa douleur, et ses lamentations sur la mort de son fils étaient solennelles et dignes. Il se rendit à Akka, avec mon frère et les principaux habitants de notre ville, pour se joindre au cortège funèbre, le corps devant être rapporté à Haïfa pour l'enterrement. Tous les chevaux et les ânes étaient en réquisition et toutes les boutiques étaient fermées.

Je sortis pour être témoin des lamentations de la veuve et de ses compagnes; elles étaient déjà en dehors de la porte de l'Est, auprès du cimetière. Environ cinquante ou soixante femmes voilées entouraient les principales pleureuses. Je fus conduite, au travers de la foule, presque sans savoir où j'allais, par la petite Sekhali, jusqu'à un espace vide, au centre duquel la jeune et belle veuve était agenouillée sur la terre. Elle était sans voile; sa tête n'était couverte que par un petit bonnet de drap rouge; ses longs cheveux étaient défaits et tombaient sur sa veste de velours vert brodée en or. Elle balança son corps de côté et d'autre, renversa sa tête en arrière et leva ses mains au ciel avec un geste de supplication passionnée; puis elle se précipita la face contre terre pour se relever tout à coup, et, ses yeux noirs levés au ciel, ses bras dressés au-dessus de sa tête, elle se mit à pousser des cris sauvages, que toutes les femmes répétèrent d'une voix plus perçante encore. Enfin, elle s'affaissa sur elle-même, comme épuisée, et il se fit un moment de silence. Alors quelques-unes des femmes sortirent du milieu du cercle, jetèrent leurs voiles et dansèrent autour d'elle, en chantant et en faisant entendre, du fond de leurs gorges, une espèce de râle tremblotant; tandis que le reste des femmes se joignaient en chœur à leurs chants. Les pleureuses entretenaient l'émotion par les démonstrations du plus violent chagrin, et les chanteuses improvisaient des chansons appropriées à la circonstance. Tout ceci dura pendant trois ou quatre heures, et la foule devenait graduellement plus considérable; je m'y frayai un chemin avec difficulté, car quelques-unes des femmes étaient arrivées à tomber dans de véritables attaques de nerfs.

J'observai que les hommes qui passaient près de là se tenaient entièrement à part du groupe des pleureuses; ils ne firent aucune tentative pour voir la veuve, dont le visage n'était pas voilé. Mon kawass était allé m'attendre à l'écart. En sortant de la foule, je pus voir le cortége funèbre qui revenait le long des sables et je fus informée, par un homme qui le précédait, que le corps d'Ibrahim avait été enterré dans le cimetière d'Akka, parce que l'on considérait comme dangereux de le transporter jusqu'à Haïfa. Lorsque la procession fut près de la ville, je montai sur le toit peu élevé de la douane pour la voir passer. Les kawass de quelques-uns des consuls marchaient les premiers, portant leurs longues cannes à pommeau d'argent, drapées de noir; puis une troupe nombreuse de jeunes gens, vêtus de couleurs variées, marchaient quatre de front dans un silence solennel. A une petite distance d'eux, le cheval d'Ibrahim était conduit lentement par deux hommes. Sur la selle, on voyait quelques-uns des vêtements bien connus du pauvre Ibrahim.

Les trois frères du défunt suivaient à la file; puis, ses neveux, ses cousins, parmi lesquels était notre ami Saleh, tous ayant l'air absorbé et triste; derrière eux s'avançait sa mère. Elle était assise sur un cheval les jambes croisées et soutenue par deux hommes. Son visage était voilé; mais sa tête, penchée sur sa poitrine, exprimait sa douleur. Elle avait perdu son fils le plus cher. Mon frère, qui avait un grand respect pour elle et pour le défunt, était à cheval à côté d'elle. Mohammed Beck suivait sur un magnifique cheval blanc, entouré d'un groupe de Musulmans, puis venaient les pleureuses d'Akka, conduites par la famille Giammal, toutes à pied. Le père, le dernier de tous, dans une attitude désolée, chevauchait lentement vers sa demeure en deuil.

Quand tous les hommes furent hors de vue, la troupe des femmes passa les portes de la ville, en criant et en chantant. Mon kawass se retira précipitamment et un jeune Grec de Scio, qui était à mes côtés, me dit : « Vous pouvez rester ici pour les voir passer, mais il ne serait pas convenable que je fisse de même; les hommes ne regardent pas les processions de femmes. » Et il s'éloigna.

Un groupe de danseuses précédait la procession; elles n'étaient que légèrement voilées; elles agitaient des écharpes et des mouchoirs avec des mouvements lents et gracieux, prenant parfois des attitudes étranges, s'arrêtant, pendant un quart de minute, immobiles comme des statues; puis recommençant leurs chants et leurs cris sauvages, auxquels toute la compagnie se joignait en chœur. La jeune veuve marchait seule, suivie de deux femmes, qui portaient les enfants orphelins. Derrière ce groupe, à une petite distance, venaient les plus proches parentes d'Ibrahim. Une foule confuse de femmes et de jeunes filles fermait la procession, en faisant écho, de toute la force de leurs poumons, aux chants des danseuses. Le cortége traversa ainsi lentement la ville et, pendant sept jours, la maison de Sekhali retentit de lamentations; mais il n'y eut point de limite à la douleur silencieuse de la mère. Comme elle habitait la maison voisine du consulat, je la voyais souvent; elle était complétement changée, sa tête tombait sur sa poitrine, sa démarche ferme était devenue chancelante; elle parlait rarement et les seules paroles qu'elle fit entendre étaient des paroles de lamentation et de désespoir. La petite Catherine, la fille de notre ami Saleh, peignait d'une manière touchante cette grande douleur : « Je crois, disait-elle, que notre tante va mourir; elle n'a de pensée que pour Ibrahim; elle ne désire voir personne qu'Ibrahim; elle est tout le jour à baiser son manteau, son bonnet et son fusil; son visage est toujours mouillé de larmes et elle ne veut pas être consolée. Elle ne peut pas manger et, la nuit, elle reste éveillée. Seulement, pendant le jour, elle s'assoupit un moment, fatiguée de pleurer et de déplier tous les habits d'Ibrahim. Personne ne peut la rendre contente à présent. »

Les craintes de la petite Catherine se réalisèrent. La mère d'Ibrahim mourut le 13 février, pleurant jusqu'à la fin la perte de son fils. Le lendemain, je suivis ses funérailles. Je vis la procession se former de très-bonne heure. Des hommes, portant des bannières brodées avec des monogrammes et des emblèmes sacrés, ouvraient la marche. Les prêtres grecs venaient ensuite; l'un d'eux tenait une grande croix de bois doré. Le corps, porté par six hommes, était dans un cercueil noir, sur lequel étaient posées trois croix blanches. Le deuil était conduit par le veuf et ses trois fils ; les femmes suivaient de loin ; une grande foule de peuple accompagna le cortége jusqu'à l'église et y entra presque en même temps que lui.

Les cloches sonnaient comme j'entrais à l'église, je montai dans la galerie des femmes, qui est très-élevée et opposée à l'autel. On me plaça sur le devant et on me donna un bloc de bois pour me servir de siége. Les femmes, toutes voilées et enveloppées de blanc, étaient assises par terre sur des nattes. Je regardai dans l'église, à travers un grillage de bois, qui formait un angle de vingt degrés avec le plafond, et qui permettait de voir tout ce qui se passait au-dessous quand, en se penchant, on appliquait son visage contre les barreaux.

Le chœur était déjà rempli par la foule. Un petit nombre d'Européens, en habits noirs, contrastaient avec les Arabes, revêtus de couleurs vives et variées. Les principales pleureuses, enveloppées de blanc, étaient groupées d'un seul côté. Au centre, était le cercueil posé sur des trétaux élevés; un étroit espace était réservé à l'entour ; un prêtre, en avant, balançait lentement un encensoir, tandis que deux autres chantaient les psaumes à demi-voix et sur un ton monotone; tout le peuple répondait à haute voix.

Des cierges furent distribués par les plus jeunes membres de la famille Sekhali à toutes les personnes présentes, qui étaient environ trois cents. Tous ces cierges allumés, aussi bien que les flambeaux qui étaient autour du cercueil, produisaient un effet étrange. La lumière de quelques-uns pâlissait aux rayons du soleil, d'autres étaient obscurcis par des nuages d'encens, tandis que les autres illuminaient les points obscurs de l'édifice, obscurcis encore par la foule qui s'y pressait.

Khâlil Sekali, le veuf et ses trois fils étaient assis à des places réservées, près de la porte de la sacristie; tous les autres assistants étaient debout. Sur un signal donné par le célébrant, la foule s'ouvrit pour donner passage au père et à ses fils. Après quelques minutes d'un profond silence, Khâlil Sekhali s'avança au milieu de l'église; il plaça solennellement ses mains sur le cercueil, y posa son large front, baisa une petite peinture bysantine, représentant la figure du Christ, prononça une bénédiction et s'en retourna à son siége, la tête penchée sur la poitrine. Après un instant de silence, ses trois fils suivirent son exemple, et tous les plus proches parents vinrent baiser l'image. Quand le plus jeune enfant de la famille eut été élevé dans les bras pour prendre part à cet adieu, le reste de la congrégation s'empressa autour du cercueil, et, avec moins d'émotion et plus de hâte, accomplit la même cérémonie.

Tous les assistants, sauf les membres de la famille et les amis, se retirèrent peu à peu, et je descendis dans l'église avec les femmes. Elles allèrent, une à une, baiser l'image du Christ, en murmurant une courte prière pour le repos de l'âme de la défunte.

La procession se reforma hors de l'église et se rendit, par la porte de l'Ouest, au cimetière des Grecs. Les femmes suivaient de loin, avec des chants et des cris sauvages; enfin, plusieurs jours de deuil recommencèrent encore dans la maison de Sekhali.

Le veuf, toutefois, ne rejetait pas les consolations : environ un an après la cérémonie funèbre, il envoya des messagers à Nazareth pour lui chercher une femme, et quand tout fut conclu, il se rendit à Nazareth pour les fiançailles; mais une difficulté qui survint dans les arrangements de fortune fit annuler le contrat. On chercha une autre épouse; elle fut bientôt trouvée, car Khâlil disait qu'il était déterminé à ne pas devenir un sujet de raillerie dans Haïfa. Ses fiancailles purent donc avoir lieu au jour qui avait été fixé, et le mariage se fit peu de temps après.

Le fiancé avait environ soixante-dix ans, et l'épouse dix-sept! J'allai visiter la jeune femme à Haïfa; elle était fort agréable, mais tout à fait de la classe des paysans. Elle avait le teint brillant et coloré, le front et le menton tatoués, les sourcils naturellement noirs et bien arqués, et les cils longs, en sorte que le Kohl ne lui était pas nécessaire; cette particularité est exprimée en arabe par un seul mot : « Khâlâ. » Les femmes disaient d'elle : « L'épouse de Khâlil est belle; les roses croissent sur ses joues; elle n'achète pas ses roses au bazar. » Cette louange est souvent accordée aux femmes de Sheffa Amer, qui ont généralement la fraîcheur de la santé et qui ne font que rarement usage de rouge.

Khâlil était consolé; ses trois fils, avec leurs femmes et leurs petits enfants, demeuraient avec lui sous le même toit, et il y eut des réjouissances dans la maison lorsqu'un fils lui naquit dans sa vieillesse.

Elias Sekhali, fils aîné de Khâlil, était studieux, réfléchi, d'un esprit net et logique. Il était universellement aimé des Chrétiens et des Musulmans. Il était employé au consulat français et venait très-souvent me voir, désirant beaucoup obtenir des éclaircissements au sujet de la constitution anglaise et sur les progrès de la civilisation en général. Lorsqu'il me trouvait seule, il avait toujours quelques histoires intéressantes ou quelque parabole saisissante à me raconter. Plusieurs étaient de sa composition, et je les ai soigneusement enregistrées.

Il me parlait souvent du gouvernement de Syrie : il disait que le peuple ne pourrait pas sortir de sa condition actuelle tant qu'il serait gouverné par des administrateurs qui n'avaient aucune sympathie pour lui, aucun amour pour le pays, et dont le seul but était de s'enrichir.

Les Arabes, sous le système actuel des taxes irrégulières, ne tentent point de cultiver la terre, comme ils le feraient s'ils étaient encouragés et protégés par le gouvernement. Dans beaucoup de districts, un propriétaire ne veut pas courir le risque d'améliorer sa terre : il ne plante pas de nouveaux oliviers, il n'étend pas ses vergers et ses vignobles, il n'augmente pas le nombre de ses laboureurs, dans la crainte d'exciter la rapacité du gouverneur. Car si l'on suppose qu'un homme est riche, on trouve bientôt les moyens de l'appauvrir : on lui découvre des dettes, on porte contre lui de fausses accusations, et il est mis en prison jusqu'à ce qu'il ait payé les dettes supposées ou une grosse amende. On cite l'exemple d'un gouverneur d'un certain village musulman qui, ayant excédé les limites ordinaires de l'exaction, ne put empêcher qu'une plainte unanime fût portée contre lui au pacha par les habitants indignés. Le pacha, pour sauvegarder les apparences, nomma immédiatement un nouveau gouverneur. Il fit le procès du précédent, qui fut emprisonné pour quelques jours ; mais bientôt il le remit en liberté, après avoir accepté pour sa rançon une grande partie des biens que le gouverneur avait si injustement acquis.

J'ai entendu parler de beaucoup de transactions semblables, et quelquefois j'en ai connu les auteurs ; de sorte que j'ai eu l'occasion d'entendre raconter l'histoire par les deux parties. Presque tous les Turcs avec lesquels j'ai été en relation m'ont paru se glorifier du succès de leurs intrigues et m'ont semblé habiles et rusés. Ils n'ont que peu ou point de sympathie pour les Arabes et ne montrent aucun patriotisme. Il y a très-peu de Turcs en Palestine, si ce n'est les officiers civils et leurs employés, les chefs militaires et leurs soldats, et on les considère toujours comme des étrangers.

Les pachas et les gouverneurs ne restent pas longtemps dans leurs postes et la durée de leur autorité n'est jamais fixée ; où qu'ils aillent, à peu d'exception près, « ils foulent le pauvre et reçoivent de lui des charges de froment ; ils affligent le juste et reçoivent des présents. » Ils favorisent les Musulmans, mais le désir de s'enrichir est leur premier mobile. Ils n'oppriment pas seulement le peuple qu'ils doivent protéger, mais ils volent aussi le gouvernement qu'ils se sont engagés à servir.

Si l'on attachait aux emplois des appointements convenables, si l'on choisissait pour les remplir des hommes honorables et énergiques, au lieu de les vendre à des spéculateurs, il y aurait quelque espoir pour la Syrie ; le crime serait puni, l'innocence protégée, en dépit des faveurs et des piastres.

Elias sentait cruellement la position désavantageuse de ses compatriotes, vivant sur une terre infestée par les Bédouins, où il n'y a point de sécurité pour la propriété et aucun encouragement pour l'agriculture ; où il n'y a point de routes et à peine de livres modernes ; où les fonctions publiques sont achetées, les lois faussées, la justice dédaignée, les entreprises du commerce et de l'industrie entravées. Je ne pouvais m'empêcher de sympathiser avec lui et surtout à mesure que j'acquérais plus de connaissance de la capacité des Arabes et de la merveilleuse fertilité du pays. Dans des circonstances plus favorables, sous un meilleur régime, tout prospérerait. Elias convenait que l'oppression avait démoralisé le peuple à un point lamentable. Leur énergie et leurs talents étaient mal appliqués, leur originalité et leurs facultés inventives avaient tourné en ruse et en intrigue ; leur patience et leur abnégation étaient devenues de l'apathie et de l'indifférence ; leur amour de la poésie et du merveilleux avait été rapetissé et dégradé par des propagateurs de doctrines étranges et de traditions bizarres, qui avaient encombré leur imagination de superstitions absurdes.

Lorsque Elias parlait ainsi avec découragement, un homme tel que Fuad Pacha n'était pas encore venu en Syrie pour inspirer l'espoir d'un meilleur ordre de choses. Elias était toujours prêt à répondre avec patience et exactitude à mes nombreuses questions. Durant près de trois années, j'avais pris l'habitude de le voir sans cesse. Au mois d'août 1858, il se rendit à Beyrouth pour affaires. Il n'était pas très-bien portant lorsqu'il partit le mercredi, et le 1er septembre on reçut à Haïfa la nouvelle de sa mort. Il avait été enterré à Beyrouth. Ce fut une nouvelle et terrible affliction pour les Sekhali, car Elias était considéré presque comme le chef de la famille. Khâlil, son vieux père, ressentit sa perte jusqu'au fond du cœur, et sa veuve en fut accablée. La douleur la jeta dans une sorte de stupeur et d'égarement; elle ne pouvait même pas pleurer : « Cherchez et appelez des pleureuses, afin qu'elles viennent; et envoyez vers celles qui sont sages et qu'elles viennent. Qu'elles se hâtent et qu'elles prononcent à haute voix une lamentation sur nous; que nos yeux se fondent en larmes et que nos paupières dégouttent en eau. » (Jérémie, ix, 17 et 18). Et il y eut de nouveau sept jours de deuil dans la maison de Sekhali.

Le troisième jour, je me joignis aux affligés. J'entrai dans la maison, où j'entendais les musiciens et les cris du peuple. (Voyez Matth., ch. ix, v. 23.) On me conduisit dans une chambre longue et large. Les femmes étaient assises par terre, rangées des deux côtés. Dans un espace réservé, depuis le milieu jusqu'au bout de la chambre, la veuve était assise à part, avec ses deux plus jeunes enfants à ses pieds.

Ses cheveux étaient défaits et sa tête découverte; ses paupières étaient gonflées par les larmes, et son visage pâli par les veilles. Elle semblait avoir vieilli tout d'un coup. Ses habits étaient déchirés et en désordre, elle n'avait point changé de vêtements et n'avait point pris de repos depuis qu'elle avait appris la mort de son mari. Elle m'embrassa avec un mouvement passionné et me dit : « Pleurez sur moi, il est mort; » et, me montrant ensuite ses enfants, elle ajouta : « Pleurez sur eux, ils n'ont plus de père. » Je m'assis auprès d'elle; l'un des enfants, qui avait environ trois ans, se glissa sur mes genoux et murmura : « Mon père est mort. » Puis, il ferma les yeux, et pressant ses petits doigts de chérubin sur ses paupières closes, il répéta : « Mon père est mort comme ceci. Il est dans les ténèbres. »

Les lamentations, qui avaient été à peine interrompues par mon entrée, recommencèrent avec une nouvelle force. Toutes les femmes étaient revêtues de leurs habits les plus éclatants; la plupart, en soie cramoisie rayée de blanc. Il y avait plusieurs femmes de Nazareth, de Sheffa Amer et d'autres villages; elles avaient découvert leur tête et dénoué leurs cheveux; leurs yeux étaient rougis par les larmes et les veilles; elles semblaient dans un terrible état d'excitation. L'air de la chambre était étouffé, car la veuve et les pleureuses y étaient restées trois jours et trois nuits sans sommeil, recevant les hôtes qui venaient pleurer avec elles. La chambre était toujours remplie; aussitôt que quelques personnes en sortaient, d'autres y entraient. Pendant ma visite, il y avait soixante-treize personnes présentes, sans compter les enfants qui entraient et sortaient.

Trois rangs de femmes assises à droite sur des nattes faisaient face à trois autres rangs placés du côté gauche. Elles battaient toutes des mains ou frappaient leur poitrine en mesure, en murmurant une mélodie monotone. Elles com-

12.

mencèrent ensuite une lamentation spéciale, à laquelle je fus invitée à répondre.

J'étais toujours assise au bout de la chambre, près de la veuve. Les femmes qui étaient à ma gauche, dirigées par une célèbre pleureuse, commencèrent à chanter avec énergie les paroles suivantes :

« Nous l'avons vu au milieu de la compagnie des cavaliers
« Montant bravement le cheval qu'il aimait.

Puis, les femmes du côté opposé de la chambre répondirent tristement sur un ton plaintif et bas, en frappant leur poitrine :

« Hélas! nous ne le verrons plus
« Au milieu de la compagnie des cavaliers
« Montant bravement son cheval, le cheval qu'il aimait! »

Le premier chœur des chanteuses reprit :

« Nous l'avons vu dans le jardin, dans le beau jardin
« Avec ses compagnons et ses enfants, les enfants qu'il aimait! »

Le second chœur répondit :

« Hélas! nous ne le verrons plus
« Dans le jardin, dans le beau jardin
« Avec ses compagnons et ses enfants, les enfants qu'il aimait! »

Alors tout le chœur chanta doucement :

« Ses enfants et ses serviteurs le bénissaient,
« Sa maison était l'asile du bonheur;
« La paix soit sur lui! »

Le premier chœur des chanteuses, chantant très-haut et avec animation :

« Nous l'avons vu donner la nourriture à ceux qui étaient affamés
« Et le vêtement à ceux qui étaient nus! »

Le second chœur, d'un ton doux et plaintif :

« Hélas! nous ne le verrons plus
« Donner la nourriture à ceux qui sont affamés,
« Et le vêtement à ceux qui sont nus! »

Le premier chœur :

« Nous l'avons vu donner des secours aux vieillards
« Et de bons conseils aux jeunes gens! »

Le second chœur :

« Hélas! nous ne le verrons plus
« Donner des secours aux vieillards
« Et de bons conseils aux jeunes gens! »

Tout le chœur chantant doucement :

« Il ne laissait pas l'étranger dormir dans les rues,
« Il ouvrait sa porte au voyageur égaré ;
« La paix soit sur lui! »

Ensuite, toutes les femmes se levèrent, en poussant des cris aussi perçants qu'elles pouvaient et en faisant entendre, au fond de leur gorge, pendant trois ou quatre minutes, cette espèce de râle dont j'ai déjà parlé. La veuve, agenouillée, se balançait en avant et en arrière et joignait faiblement sa voix aux cris sauvages des pleureuses.

Quelques-unes des femmes tombèrent sur le sol, entièrement épuisées; plusieurs se retirèrent, et d'autres, venues d'Akka, prirent les places vides. Une musicienne se mit à battre lentement du tambourin, et toutes les autres frappèrent des mains en mesure, en chantant :

« Pleurons sur lui, pleurons sur lui!
« Il était brave, il était bon, pleurons sur lui! »

Puis, trois femmes se levèrent, tenant à la main des épées nues, en se plaçant à deux ou trois mètres de distance l'une de l'autre. Elles commencèrent à danser avec des mouvements lents et gracieux, la tête penchée sur la poitrine et la pointe de leurs épées baissées vers la terre. Chaque danseuse resta dans un cercle d'un mètre environ de diamètre; par degrés, le tambourin, le battement des mains et les chants devinrent plus bruyants, et les pas des danseuses plus pressés. Elles jetèrent leurs têtes en arrière, levèrent les yeux avec une expression passionnée, comme si elles voulaient pénétrer dans le ciel même. Elles firent le moulinet avec leurs épées relevées et, à mesure que leurs mouvements devenaient plus désordonnés, l'éclair de l'acier et l'éclair de leurs yeux semblaient devenir plus brillants. A mesure que l'une des danseuses succombait à la fatigue, une autre se levait pour la remplacer. Ainsi se passèrent sept jours et sept nuits; les pleureuses de profession étaient toujours de service, pour entretenir l'excitation. Les danses et les hymnes funèbres se succédaient alternativement, avec des intervalles de crises nerveuses, de pleurs et de cris. Je restai environ deux heures dans la chambre et je pus voir que la principale pleureuse avait une puissante influence sur toute l'assemblée. Certaines notes de sa voix sauvage et plaintive arrachaient des larmes de tous les yeux et produisaient par moment des syncopes et des convulsions. Il y a des filles, en Orient, qui ont un goût maladif pour ce genre d'excitation et qui sont célèbres pour la facilité avec laquelle elles tombent dans des accès de larmes que rien ne peut arrêter. Les véritables affligées et les étrangères qui jouent, dans ces scènes, des rôles d'amateurs, sont ordinairement malades après; mais celles qui en font métier ne paraissent pas souffrir de la fatigue ou de l'exaltation, et elles ne perdent pas un seul instant la possession d'elles-mêmes.

Le pauvre Khâlil Sekhali ne se rétablit jamais complètement du choc qu'il avait éprouvé à la mort d'Elias. Elle devint, pour tout le monde, une époque d'après laquelle on datait les événements qui avaient lieu dans le district, où Elias avait été si connu et si respecté; et l'on avait coutume de dire : « Ceci est arrivé avant la mort d'Elias ou après la mort d'Elias. » C'était un dicton dans Haïfa que les hommes de la famille de Sekhali « mouraient toujours hors de leur demeure et parmi les étrangers »; mais je suppose que maintenant le charme est rompu, car Khâlil, le chef de la famille, mourut dans sa propre maison, au mois de janvier 1860. A cette époque, je n'étais pas à Haïfa, mais je fus informée que Khâlil, pendant un séjour qu'il avait fait à Akka, s'était trouvé très-malade. Il se mit en route pour Haïfa dans un grand état de faiblesse et il fit, sur les sables du bord de la mer, une chute de cheval si fâcheuse, qu'il mourut trois jours après avoir été rapporté chez lui. Mon frère alla aux funérailles et m'en parla ainsi dans sa lettre :

« Je n'avais jamais vu jusqu'ici une foule aussi nombreuse à des funérailles. L'église et la cour extérieure étaient complétement remplies par les assistants ; sept prêtres, dont quatre étaient venus de distances très-considérables, chantaient les psaumes de la liturgie funèbre, et le service fut accompli selon la coutume. Après l'épître, l'évangile et l'absoute, le prêtre dit à la congrégation : « Chers frères et en-
« fants, Khâlil Sekhali a vécu très-longtemps dans ce monde,
« il a été mêlé à un très-grand nombre d'affaires, il a été en
« communication avec beaucoup de personnes ; il est pos-
« sible que, dans quelques-unes de ses nombreuses relations,
« il ait donné quelques sujets de plainte ; quelques-uns
« peuvent s'être sentis blessés ; d'autres peuvent avoir été
« affligés ou offensés avec ou sans motifs ; c'est maintenant
« le moment du pardon, et je vous prie, vous tous qui êtes
« ici présents, au nom de la miséricorde de Dieu, je vous
« supplie de lui pardonner entièrement toutes ses offenses,
« comme vous espérez être pardonnés vous-mêmes. »

« Toute la congrégation a répondu : « Que Dieu lui par-
« donne ! »

Cette cérémonie de demander le pardon des vivants pour les morts est toujours observée dans les funérailles des

Grecs, mais elle n'est pas, en général, si solennelle ni si explicite qu'elle l'a été pour Khâlil. C'était un homme d'une grande influence ; il avait été le fondateur de l'église grecque d'Haïfa et les seules maisons de bonne apparence qu'il y eût dans la ville appartenaient à lui ou à sa famille.

CHAPITRE VIII

Moineaux sur le faîte des maisons. — Une prairie et une moisson sur les toits. — *Polericum speciosum.* — La couronne d'épines. — Mes visiteurs bédouins. Catherine Sekhali et sa cousine. — La jument blanche et l'amulette de saphir. — Notre groom égyptien, Mohammed. — Les bergers nomades. — Incursions des Bédouins. — La garde à cheval de la Galilée. — Un souper chez Salikh-Agha. — Une lutte. — Un intérieur à Shefa Amer. — Les femmes à la boulangerie. — Le lézard. — Vue perçante des Bédouins. — Une chasse aux gazelles. — Un dîner bédouin. — Crabes sur le bord de la mer. — Prières des Musulmans et des Chrétiens au soleil couchant. — Persécution des Juifs. — Traits distinctifs des enfants arabes. — Mon professeur musulman. — Explication de l'usage du rosaire. — Un libre penseur mahométan. — Baptême de Jules Aucaann. — Fête au consulat français. — Rapidité d'un messager nègre. — L'adieu de Saleh Bek.

L'épisode de la famille Sekhali m'a fait interrompre le fil de ma propre histoire. J'y reviens au moment où, grâce au commencement des pluies d'hiver, nous dûmes entrer précipitamment dans notre nouvelle demeure, le jour de Noël 1855. Le 30 décembre, après trois jours et trois nuits d'une pluie presque continuelle, le soleil brillant dans l'après-midi nous engagea à sortir. Nous franchîmes la porte occidentale de la ville, et je demeurai confondue du changement soudain qui avait transformé l'aspect du pays. La terre qui, quelques jours auparavant, crevassée par l'ardeur de l'été, avait l'air si aride, offrait maintenant à la vue comme un riche tapis de la verdure la plus brillante et des feuilles les plus délicates. Çà et là perçaient de longues couches de rochers qui jusqu'alors avaient été recouvertes de terre végétale. La pluie, en tombant par torrents, l'avait enlevée; elle avait en même temps donné une blancheur éblouissante aux tombes des cimetières des Grecs et des Latins, aux larges pierres des aires à battre le blé qu'on apercevait dans la plaine, ainsi qu'aux masses de rochers qui descendaient en terrasses le long de la colline.

Nous gravîmes le coteau sur lequel est situé le château, juste derrière Haïfa. Des crocus jaunes, blancs, couleur de pourpre, croissaient entre les racines des arbres, à l'abri des rochers et au milieu des buissons d'épines sans feuilles; ils me rappelèrent *le lis entre les épines* du Cantique de Salomon (II, 2). De toutes parts sortaient de terre des algues, des arums, des scilles et des cyclamens qui déployaient au soleil leurs feuilles luisantes du vert le plus brillant.

Nous regardâmes la ville à nos pieds. Des milliers d'oiseaux, principalement des moineaux, étaient rassemblés sur le toit des maisons. Les toits plats sont composés de poutres massives, traversées par des planches, des pieux et des broussailles, qu'on recouvre de terre et de petites pierres, sur lesquelles on passe le rouleau pour former une surface ferme et unie. Afin de les préserver des pluies d'hiver, les toits avaient tous été nouvellement recouverts d'un mortier fait de terre mêlée de paille. Cette terre, fraîchement remuée, était encore toute remplie de graine de gazon et de fleurs sauvages; elle avait attiré des nuées d'oiseaux, et on les voyait picoter en voltigeant : je compris la signification des paroles du Psalmiste qui se rapportent *au passereau sur les toits.*

Le 30 janvier, peu après le lever du soleil, plusieurs petits garçons vinrent avec d'énormes touffes de *narojus* (ou narcisse jaune), fleur favorite des Arabes; ils demandaient un « bakshish » et disaient : « Nous avons apporté ces fleurs parce qu'elles portent le nom du consul. » Je compris alors pourquoi beaucoup d'Arabes, principalement les enfants, nous appelaient « Narojus » au lieu de Rogers. Dans l'après-midi, j'allai sur les collines, où les narcisses et les jacinthes sauvages croissaient à profusion. Des chèvres bondissaient et grimpaient de rocher en rocher, broutant en liberté dans cet abondant pâturage. Je jetai alors mes regards sur la ville; elle avait complétement changé d'aspect. Sur les toits nouvellement recouverts de terre humide, l'herbe avait poussé si bien que chacun d'eux ressemblait à une verte prairie; et, sur un grand nombre, on voyait brouter des chevreaux et des agneaux. Mais ces toits, ainsi couverts de gazon, sont rarement assez solides pour résister à l'action de la pluie; et j'ai souvent entendu nos voisins se plaindre d'avoir leurs chambres inondées par des torrents d'eau.

J'ai été souvent moi-même réveillée pendant la nuit en me sentant arrosée par une averse soudaine. L'on répare ces avaries en ajoutant, de temps à autre, des plaques de gazon et de terre, sur lesquelles on a soin de faire passer au besoin, en guise de rouleau, une lourde pierre. On en tient généralement une en réserve pour cet usage sur le toit de chaque maison ou pour un groupe de maisons.

En sortant, le 11 février, je vis, dans la plaine qui s'étend au pied des coteaux du Carmel, des groupes de villageois occupés à labourer de vastes étendues de terrain. Ils se servaient pour retourner la terre, qui est ici d'une admirable fertilité, de charrues grossières traînées par des bœufs. De jeunes garçons s'occupaient à ramasser les pierres dont on se servait pour construire des murs peu élevés destinés à clore les parties cultivées. Partout, autour des jardins et des vergers, l'on plantait des haies nouvelles de cactus épineux ou raquette. Voici comment on les établit : l'on fait un petit mur en pierre, haut de vingt à vingt-cinq centimètres, qu'on recouvre complétement de terre. Sur le haut de ces clôtures, on plante des boutures de cactus à un pied environ de distance. Les tiges de ces cactus sont vertes, larges et composées de feuilles aplaties, et si bien réunies ensemble, que de loin l'on dirait de grandes feuilles rondes qu'on aurait collées l'une à la suite de l'autre.

Dans quelques endroits, la pluie avait enlevé la terre et mis à nu les racines que l'on voyait déjà sortir du bas des boutures.

L'accroissement de cette espèce de cactus (*opuntia*) est si rapide, qu'un remblais planté de cette manière devient une haie formidable dans l'espace d'une seule saison. Sa fleur est jaune et produit le fruit agréable et rafraîchissant appelé « raquette » ou « figue d'Inde. » Les Arabes l'appellent *subber* (patience), à cause des soins et de la patience qu'il faut mettre à le cueillir et à le peler, car il est couvert de poils fins et piquants, et la plante est armée partout de fortes épines très-aiguës. En dépit de toutes ces défenses, le chameau s'en nourrit volontiers; car, même dans les saisons les plus sèches, les tiges sont juteuses, et, quand on les perce, elles laissent échapper une séve abondante. Cette plante est l'asile naturel de la cochenille ; mais l'art d'élever ce précieux insecte, d'une si grande valeur dans le commerce, est malheureusement négligé en Palestine.

L'arum, l'iris bleu, les scilles, les narcisses, croissaient en si grand nombre dans le cimetière, que les tombes disparaissaient presque sous les fleurs. Dans les parties non cultivées de la plaine et sur le penchant des collines, je trouvai des anémones, des renoncules, des soucis, du lierre terrestre, des cyclamen et une foule d'autres fleurs sauvages.

Les buissons d'épines qui, pendant l'été et l'automne, n'offraient à la vue que des rameaux noirs et dépouillés, étaient tout couverts de jeunes rejetons du vert le plus tendre, chargés de feuilles aux dentelures délicates et dont l'abondance dérobait presque aux yeux les longues et menaçantes épines. Çà et là l'on voyait poindre au milieu de la verdure de petits bourgeons arrondis qui, en s'ouvrant, laissaient passer des touffes soyeuses d'un rouge éclatant, couronnées d'une poussière d'un jaune d'or. L'ovaire du calice est arrondi et divisé en quatre compartiments.

Avant sa maturité, il est presque blanc, et par degrés il devient rose. Il porte au sommet une petite touffe verte, de la forme d'une croix grecque; quand la graine est tout à fait mûre, elle a presque un demi-pouce de diamètre, et devient d'un rouge éclatant.

On m'a dit que c'est de cette sorte d'épine que fut composée la couronne qui ceignit la tête du Christ; cela peut être. Je n'ai jamais vu de plante dont les formidables épines et l'aspect éclatant convinssent mieux à une telle couronne. Cette épine est le *poterium spinosum*. C'est aux approches de Pâques qu'elle paraît dans toute sa beauté; les feuilles luisantes ont alors toute leur grandeur : les fruits ou graines sont d'un rouge éclatant, semblable à des gouttes de sang, et les épines sont plus fortes et plus aiguës qu'à aucune autre époque de l'année. Il n'y a pas de buisson ou de plante aussi commune que celle-là sur les collines de la Judée, de la Galilée et du Carmel. On l'emploie beaucoup comme combustible, principalement pour chauffer les fours des boulangers. Comme aux jours du prophète : *le petillement des épines sous les pots* s'entend souvent en Palestine.

Les jardins et les vergers étaient dans tout leur éclat; les amandiers couverts de fleurs, les citronniers et les orangers pamplemousses chargés de fruits. Les pluies d'hiver étaient passées : « Les fleurs reparaissaient sur la terre, les oiseaux chantaient dans le ciel, et l'on entendait dans les bois le roucoulement de la tourterelle. » Encore une fois la ville d'Haïfa avait pris une tout autre apparence. Pendant les derniers jours de chaleur, les rayons continuels du soleil avaient flétri et brûlé toute l'*herbe des toits des maisons*, en sorte qu'il n'y restait pas un pouce de verdure. Jeunes garçons et jeunes filles s'amusaient à recueillir le foin jauni et bien court; mais il y en avait fort peu, car l'herbe n'avait pas eu le temps de mûrir et de monter en graine; aussi la récolte du foin sur les toits n'était qu'un jeu d'enfants, et nous expliquait l'image employée par le Psalmiste quand il dit des méchants :

Ils seront comme l'herbe des toits, qui est sèche avant qu'elle monte en tuyaux; de laquelle le moissonneur ne remplit pas sa main, ni celui qui cueille les javelles ses bras; et dont les passants ne diront point : « *La bénédiction de l'Éternel soit sur vous; nous vous bénissons au nom de l'Éternel.* » (Psaume CXXIX, 6-8.)

Le 19 février, de bonne heure, un jeune Bédouin m'apporta un grand bol de bois, plein de crème caillée, en m'annonçant l'arrivée de quatre hommes de sa tribu. Il achevait à peine que ces hommes entrèrent.

Ils étaient pleins de joie de voir la quantité de lait que fournissaient leurs troupeaux depuis qu'ils étaient établis dans les pâturages du Carmel. Ces Bédouins avaient le teint très-brun. Leur vêtement se composait de longues chemises de coton blanc, aux larges manches pendantes, par dessus lesquelles était jeté un épais manteau de poil de chameau. Ils parurent fort surpris en voyant toute leur personne reproduite dans une glace qui était devant eux. L'un d'eux, qui semblait être le chef, m'invita à venir, avec le consul, visiter ses tentes, qui étaient à une heure de chemin de Haïfa; et, en réponse à mes questions, il me dit qu'il y avait plusieurs femmes dans le camp, qu'elles étaient très-occupées à faire les provisions de beurre. L'on recueille la crème dans des peaux de chèvre, on la secoue, puis on la fait bouillir. Quand le lait et le petit-lait sont complétement extraits, le beurre peut se conserver très-longtemps. Dans cette saison, les paysans et les Bédouins fournissent en abondance les marchés, et, au printemps, les ménagères remplissent leurs jarres de beurre, pour la provision de l'été et de l'automne.

Un des Bédouins portait à la main une lance de douze pieds environ. Elle était ornée vers l'extrémité de deux touffes circulaires de plumes d'autruche noires, à un pied de distance l'une de l'autre. La touffe du haut portait une frange de petites plumes blanches, et l'intervalle entre elle et la seconde était décoré de bandes de drap d'écarlate.

La lance était en bois, avec une pointe de métal, et si pesante que je ne pus la soulever. Tous ces hommes avaient sur leur tête de grand *kefias* ou châles frangés en soie, avec de larges bandes rouges et jaunes; ces châles sont arrangés comme des capuchons et maintenus autour du front par une corde épaisse. Tous avaient aussi des bottes de cuir rouge, terminées en pointe vers l'extrémité du pied; ils les avaient déposées à la porte en entrant. Je vis au doigt de l'un d'eux un anneau d'argent massif sur lequel un nom était gravé, et dont il paraissait très-fier. « Saluez le consul, me dit-il en me quittant, et puisse Allah éloigner de lui tous les chagrins. » Là-dessus, il se retira, suivi de ses compagnons.

Je venais de congédier le porteur du bol de crème, avec un backshish, lorsque deux petites filles de la famille de Sekali vinrent à moi, me disant : « O Miriam, que la paix soit avec vous! Nous avons pensé que vous deviez vous trouver triste et isolée, maintenant que le consul est absent de Haïfa; puisse-t-il revenir bientôt vers vous en sûreté! » J'invitai mes aimables petites voisines à ôter leur *izzar*. C'est la pièce d'étoffe blanche dont les femmes sont enveloppées, — et à déjeuner avec moi. Elles portaient des pantalons en coton de couleur foncée, très-longs et très-larges, ainsi que des jaquettes de drap très-ajustées et boutonnées jusqu'au cou. Leurs *mundils*, ou mouchoirs de mousseline, aux teintes brillantes, étaient placés sur leur tête comme un shall, dont les deux bouts après avoir été croisés sous le menton, venaient s'attacher sur le sommet de la tête. Leurs cheveux étaient nattés et tombaient en longues tresses sur leurs épaules. Je vis que les ongles de leurs pieds, aussi bien que ceux de leurs mains, étaient teints en rose, avec du henné, car elles avaient quitté leurs souliers jaunes à l'entrée de la chambre. Elles s'amusèrent beaucoup à regarder tout ce que contenait ma boîte à ouvrage, et les gravures qui se trouvaient dans mes livres, me faisant à ce sujet beaucoup de questions et des commentaires très-intéressants pour moi, non-seulement parce qu'ils m'apprenaient des mots arabes, mais parce qu'ils m'instruisaient en me faisant connaître l'esprit et les idées de l'Orient. Elles prirent beaucoup de plaisir aux récits que je leur fis sur les enfants anglais, et rirent de tout leur cœur lorsque je leur dis qu'en Angleterre nous n'avions que quelques chameaux, gardés dans de beaux jardins, comme une grande curiosité. Elles ne pouvaient comprendre qu'il fût possible de vivre dans un pays où il n'y avait pas de chameaux pour porter les fardeaux. J'essayai de leur expliquer l'usage des charrettes et des chemins de fer; mais comme elles n'avaient jamais vu de voiture à roues d'aucun genre, il était très-difficile de leur en donner une idée, même avec le secours des gravures. C'étaient de vraies enfants, très-vives, très-intelligentes, et quoiqu'elles n'eussent que huit et neuf ans, elles pouvaient déjà faire le pain et préparer les mets les plus simples. Aussi furent-elles fort surprises en apprenant qu'on ne m'avait pas enseigné à faire la cuisine, car c'est l'objet principal de l'éducation d'une jeune fille arabe.

Tandis que je m'entretenais et m'amusais avec mes petites visiteuses, notre groom égyptien, Mohammed, arriva, conduisant une magnifique jument blanche, et m'apportant une lettre de mon frère. Celui-ci m'invitait à me rendre immédiatement à Sheffa Amer (à trois heures environ de distance), afin de le rencontrer et de revenir ensemble à Haïfa le jour suivant. Les enfants me quittèrent en disant : « Nous sommes contentes que vous voyiez aujourd'hui le consul, mais fâchées que vous partiez. Allez en paix. » Je fus bientôt prête, et montai la jument blanche. Son épaisse crinière et sa longue queue étaient teintes avec du henné, d'une brillante couleur orange. On prétend que c'est un préservatif contre la maladie. Une grosse perle en verre de couleur bleu saphir pendait au cou de l'animal. Comme j'en demandais l'usage au groom : « C'est, me répondit-il, pour empêcher l'effet du mauvais œil. Cette jument est si belle qu'elle est exposée à être regardée avec admiration et avec envie par ceux qui ont le pouvoir de détruire à la fois, par un seul coup d'œil, la jument et la personne qui la monte. » Il ajouta qu'il n'aurait jamais osé me laisser monter un tel animal sans la précaution qu'il avait prise. Plusieurs de mes amis, chrétiens et mulsulmans, marchèrent à mes côtés jusqu'à la porte de la ville, et les mots : « Allez en paix, revenez vers nous en sûreté, » résonnèrent à mes oreilles, tandis que je suivais le rivage sablonneux, accompagnée seulement du fidèle Mohammed, et sous la protection de la perle bleu saphir. Je lui demandai si mon manque de confiance dans cette amulette en détruisait l'efficacité. Il me répondit d'un ton solennel : « Son pouvoir ne peut être détruit; gloire à Allah! » Il était midi, le soleil brillait, mais sans être trop brûlant. Le vent soufflait, mais sans trop de violence, et les vagues venaient baigner de leur frange d'écume les pieds de la jument et du robuste petit âne de Mohammed. Nous traversâmes le Kishon avec précaution et sans accident sur la barre, assez avant dans la mer; la rivière était assez profonde et dangereuse ce jour-là.

Nous nous éloignâmes de la côte, et nous traversâmes des dunes de sables mouvants, où des buissons et de grands arbres étaient à moitié ensevelis; mais dans les places où le sol était plus ferme, l'herbe poussait spontanément et en abondance. Les eaux de la pluie, arrêtées çà et là, formaient de petites mares, bordées d'iris bleus et jaunes, de gazons verts et de roseaux en fleurs. En avançant un peu plus loin dans la plaine, nous arrivâmes à un véritable paradis de fleurs. La terre, dans l'espace de plus d'un mille et dans toutes les directions, était littéralement tapissée d'anémones écarlates, cramoisies, blanches, bleues, violettes, roses et lilas, entremêlées çà et là de petites bandes de trèfles, de mauves, de boutons d'or et de cyclamens. Jamais je n'avais vu une telle richesse de fleurs sauvages, ni des couleurs si variées et si vives, et, à ce qu'il semblait, personne pour en jouir! Nulle part on n'apercevait un être humain ou une habitation. Le seul bâtiment visible dans la distance était le dôme qu'on a élevé au-dessus de la fontaine de Jethro, sainte retraite consacrée aux ablutions et à la prière, et autour de laquelle on a disposé quelques auges pour abreuver les troupeaux. Cette fontaine est juste à moitié chemin entre Haïfa et Sheffa Amer.

Je m'arrêtai un moment pour jouir de cette scène et de ce calme silencieux. Ma jument en profita pour brouter les touffes épaisses de mauve sauvage; mais aussitôt Mohammed s'écria plein d'effroi : « Ya Sittee, arrêtez; cette plante est bonne pour les vaches qu'elle engraisse, mais pour les chevaux de course c'est la mort! »

Quand nous reprîmes notre course, je demandai à Mohammed si ses parents vivaient encore en Égypte.

« Dieu le sait! Il y a plus de vingt ans que j'ai quitté ma mère. Elle était veuve; que la paix soit avec elle! et je n'ai jamais entendu parler d'elle depuis lors. Il est trop tard maintenant.

« Une lettre ne pourrait lui parvenir, car elle est pauvre et inconnue dans le pays. Quand de pauvres gens quittent leurs parents, ils les quittent pour toujours. C'est pourquoi les mères pleurent et refusent de se consoler quand leurs fils abandonnent le toit paternel. Les lettres ne sont portées qu'aux riches ou aux gens qui sont connus. » Il fut tout surpris d'apprendre qu'en Angleterre toutes les maisons sont désignées par un nom ou un numéro, et que les lettres adressées aux plus pauvres gens de la campagne sont remises avec autant de soin qu'aux personnes les plus opulentes.

Mohammed avait perdu l'usage d'un de ses yeux; à la question que je lui fis à ce sujet, il répondit que c'était sa mère qui avait détruit sa vue, en appliquant sur cet œil des feuilles d'une plante vénéneuse, lorsqu'il était très-jeune. Elle avait voulu le rendre incapable de servir dans l'armée; car il était son fils unique. Cette pratique était très-commune en Égypte, jusqu'au jour où Ibrahim Pacha, pour y mettre un terme, ordonna qu'on formât un régiment entièrement composé de borgnes; tous ceux qui avaient perdu un œil, soit par accident, soit à dessein, y furent enrôlés. Mohammed fut du nombre, et ce régiment de cyclopes devint le plus formidable de l'armée égyptienne[1].

[1] Je ne pus comprendre de quelle sorte de feuilles Mohammed voulait parler, mais elles se cueillent sur un arbrisseau qui croît dans des jardins, au bord du Nil. D'après le principe homœopathique, je suppose que cette plante, qui ôte la vue, doit avoir la vertu de guérir les yeux

Nous passions tour à tour entre de vastes champs, où l'orge et le blé poussaient avec vigueur, et sur des terres en friche toutes couvertes de mauvaises herbes en fleurs. De temps à autre, nous rencontrions une tortue de terre, poursuivant lentement sa marche à travers les pays ; elles sont très-communes dans les plaines de la Palestine. Mohammed me dit que les Chrétiens de l'Orient les mangent, principalement pendant le carême, et que les paysans les attrappent et vont les porter en grand nombre aux marchés des villes. J'ai depuis entendu répéter la même chose, mais c'est un mets que je n'ai trouvé nulle part.

Lorsque nous eûmes atteint la contrée montagneuse, je pus à peine reconnaître les coteaux et les vallées que j'avais traversés en octobre, puis au mois de novembre. Tout était changé et embelli par le printemps. Pas le plus petit coin de terre nue ; tout était couvert d'une luxuriante végétation. Les pervenches y dominaient ; dans les creux des rochers d'une blancheur éclatante, et dans les interstices des pierres, on voyait briller leurs petites fleurs ; autour des chênes verts s'enroulaient des guirlandes de clématite sauvage, et une plante grimpante aux fleurs lilas en forme de clochettes suspendait d'arbre un arbre ses gracieux festons. Les pâtu-

---

malades. Plusieurs Chrétiens arabes m'ont avoué qu'étant écoliers, ils avaient recours à toutes sortes de moyens pour se soustraire au travail. Quelquefois ils se frottaient les paupières avec des feuilles de figuier, fraîchement cueillies, dont le jus les gonflait tellement, qu'il était impossible d'ouvrir les yeux pendant deux ou trois jours. A défaut de feuilles de figuier, ils employaient les orties, et souffraient volontiers le mal qu'ils s'étaient donné eux-mêmes, pour jouir de la petite vacance qui en résultait. Cependant, quand les garçons arabes sont dirigés et enseignés avec intelligence et bonté, ils apprennent avec ardeur et font de merveilleux progrès.

Le lait du thymale, que les écoliers nomment par antiphrase *réveille matin*, celui de la chélidoine et d'autres plantes laiteuses, ont les mêmes propriétés malfaisantes. *(Note du traducteur.)*

rages des collines étaient couverts de troupeaux, et les vallées étaient couvertes de blé. Nous aperçûmes enfin quelques êtres humains, les premiers qui se fussent offerts à nos yeux, depuis le moment de notre départ. Ce fut d'abord, un vieillard, avec un long bâton à la main, qui était assis sous un arbre. Il se leva à notre approche. Il portait par-dessus sa longue chemise une courte pelisse de peau de mouton, et un vieux châle lui servait de coiffure. Puis vinrent quelques jeunes gens qui s'avancèrent au-devant de nous. Ils avaient le teint brun et hâlé par le soleil, et ne portaient qu'une longue et grossière chemise de coton, fixée à la taille par une ceinture de cuir ; de longs fusils, de forme assez étrange, étaient jetés sur leurs épaules, et leurs têtes étaient coiffées de vieux châles rouges et jaunes. Les troupeaux de bœufs et de moutons étaient confiés à leurs soins. Le vieillard, quand il nous vit passer, porta la main à son front, et nous dit : « Dieu vous conduise! » Un des jeunes bergers était assis sur un rocher et jouait d'une espèce de flûte, faite avec un roseau ; il en tirait des sons d'une grande douceur, mais très-clairs ; j'y remarquai cinq notes seulement. Mohammed me montra une tente noire, faite avec des branches et une étoffe de poils de chameau, qui devait être l'habitation portative de ces bergers. Nous en étions près, lorsque nous vîmes accourir à notre rencontre un cavalier africain, aussi noir que l'ébène. Il était entièrement habillé de blanc et de rouge, et arrivait sur nous au grand galop. Il s'arrêta pour nous saluer, et dit à Mohammed. « Le consul anglais est tout prêt, il s'avance à la rencontre de sa sœur, mais mes yeux l'auront vue avant lui. Je vais retourner pour le réjouir, en lui disant qu'elle arrive et qu'elle se porte bien. » Mohammed lui répondit : « Allez en paix. Béni soit le porteur d'une bonne nouvelle. » Nous fûmes bientôt dans les bois d'oliviers de Sheffa Amer, où, à mon grand bonheur, je retrouvai mon frère. Saleh, Habib et Stephani nous rejoignirent. Ils me tendirent des branches d'amandier en fleurs, comme signe de bienvenue. Nous gravîmes la colline escarpée sur laquelle la ville est située, et nous mîmes pied à terre à la maison d'Habib. Il me conduisit dans la chambre des hôtes, grande pièce carrée, où il y avait huit fenêtres. Des deux côtés, des matelas étaient étendus sur le sol, couvert de tapis de Turquie; des coussins garnis d'étoffes de satin et de soie étaient appuyés contre le mur. D'un autre côté, l'on avait posé sur un beau tapis un petit matelas carré, recouvert d'étoffe de soie, avec des oreillers pour une seule personne. Habib me dit que cela m'était destiné. Des nattes égyptiennes couvraient le reste du sol, et dans un coin, sur une petite plate forme, était un lit entouré d'un moustiquaire en mousseline. Nous sortîmes sur la terrasse, qui dominait la plaine et la mer, et nous y restâmes, à échanger mutuellement des nouvelles.

Je racontai à mon frère la visite des Bédouins; il m'apprit que les habitants des villes, comme les villageois et les paysans, craignaient également ces hordes errantes. « Non-seulement, me dit-il, ils dévastent les pâturages, mais les moissons mêmes sont en danger. Il n'y aura jamais de sûreté réelle pour les cultivateurs de la Palestine, tant qu'on n'aura pas mis un terme à ces incursions. Les Bédouins viennent chaque année de l'autre côté du Jourdain, au moment où les pluies de l'hiver finissent et que les grains commencent à pousser, de sorte qu'on n'ose cultiver que la portion de terre que l'on pense pouvoir protéger contre eux. C'est pour cela qu'on voit dans le pays tant de terrains en friche, et que tant de plaines les plus fertiles sont abandonnées par les paysans de la Palestine; ou cultivées seulement par des tribus errantes, qui plantent leurs tentes dans un endroit favorable, labourent, sèment et récoltent, puis repassent le Jourdain et ne reviennent plus, jusqu'au printemps suivant. Le livre des Juges nous prouve que ces nomades commettaient, il y a déjà trois mille ans, les mêmes ravages en Palestine, et cela précisément dans la même saison. » « *Il arrivait que quand Israël avait semé, les Madianites montaient avec les Amalécites et les Orientaux* (c'est-à-dire les gens d'au delà du Jourdain), *et ils montaient contre lui; et faisant un camp contre eux, ils ne laissaient rien de reste en Israël, ni vivres, ni même bétail, ni bœufs, ni ânes. Car eux et leurs troupeaux montaient, et ils venaient avec leurs tentes en grande multitude comme des sauterelles, et eux et leurs chameaux étaient sans nombre, et ils venaient dans le pays pour le ravager.* » (Juges, VI, 3, 4, 5.)

Ces incursions sont encore une des causes principales de la pauvreté actuelle du pays.

Lorsque le soleil fut couché, nous entrâmes dans la chambre des hôtes. L'on avait allumé deux grandes lanternes que l'on avait placées sur deux tabourets assez bas au milieu de la chambre. Le gouverneur Abu Daoud, et son jeune fils, vinrent me saluer; bientôt après eux arriva Salihh Agha, avec son grand manteau écarlate tout bordé de broderies et de dentelle d'or. Sa figure bronzée était à demi voilée par son shall lilas et argent qu'il portait comme un capuchon retenu autour de la tête par une épaisse corde blanche de poil de chameau.

Ses paupières étaient teintes de kohl, et, au total, il avait un air assez redoutable. Lui et son frère, Akiel-Agha, sont les hommes les plus puissants et les plus formidables du pachalik d'Akka. Ils sont originaires du Maroc, et sont maintenant au service du gouvernement turc. Ils ont sous leurs ordres trois ou quatre cents cavaliers, et peuvent être considérés comme la garde à cheval des plaines et des collines de la Galilée, car leur tâche est de garder les routes, afin qu'on puisse voyager en sûreté. Ils y réussissent en général assez bien, et, grâce à leur énergie, les meurtres et les vols de grands chemins sont rares ; mais ils ne peuvent pas toujours prévenir l'invasion de tous les maraudeurs. Akiel Agha possède une grande influence sur plusieurs tribus, mais il y a quelquefois des collisions entre lui et les Kurdes et autres tribus hostiles ; la guerre s'ensuit, et alors toutes les tribus alliées ou amies viennent à son secours. Néanmoins, malgré ces escarmouches, il est certain que sans la garde un peu irrégulière de l'agha, les affaires du pachalik d'Akka iraient beaucoup plus mal, et les voyages y seraient infiniment plus dangereux.

Le régiment d'Akiél Agha est un curieux mélange de recrues de toutes sortes, prises parmi les hommes les plus déterminés de toutes les parties du pays ; ils rappellent les quatre cents soldats dont David se fit le capitaine (1, Samuel, XXII, 2). On les distingue par le nom de « *Hawara* » ; ils ne sont, après tout, qu'une tribu de maraudeurs, que le gouvernement tolère et dont il se sert pour tenir en échec les autres tribus.

Salihh Agha me dit qu'il avait servi pendant quelque temps sur le Danube, l'année précédente, mais qu'il n'aimait pas à vivre si loin de ses enfants. Pour le moment, ses tentes étaient plantées à Abilène, à environ trois milles de Sheffa Amer. Il envoya son lieutenant chercher son plus jeune fils pour me le présenter, quoique le soleil fût couché depuis longtemps et que la nuit fût sombre. On annonça le souper et l'on nous introduisit dans une autre pièce. Quand nous y entrâmes, on répandit de l'eau sur nos mains, et nous nous assîmes, au nombre de sept, sur les nattes qui garnissaient la chambre, autour d'un plateau rond, élevé de six pouces au-dessus du sol, et littéralement encombré de diverses espèces de mets. L'on mit devant nous une nappe longue et étroite qui faisait le tour du cercle des convives en reposant sur leurs genoux, et ses deux bouts, garnis de franges, venaient se rencontrer et se croiser près de l'endroit où l'on m'avait invitée à prendre place. Il y avait six plats ronds chargés de riz bouilli dans du beurre ; six plats de froment bouilli, mêlé de hachis et d'épices ; quelques assiettes contenaient de la volaille et des tranches d'agneau ; ajoutez-y des bols de *lebbeny* ou crême aigrie ; puis de la crême sucrée en abondance, du fromage, des olives et de la salade. Une galette de pain était placée devant chacun des convives. Aussitôt que Salihh Agha fut assis, il commença à manger en silence et, à ce qu'il me parut, avec voracité, tout à fait à la manière des Bédouins, faisant dans le creux de sa main des boulettes de riz chaud ou de froment et les lançant dans sa bouche, par un mouvement adroit et rapide. Il partagea les volailles avec ses doigts, et me fit l'honneur de me passer les morceaux les plus délicats. De cette façon le contenu des plats disparut en un clin d'œil, car tous les hommes suivaient l'exemple de Salihh Agha, et lorsqu'ils furent rassasiés, ils se levèrent l'un après l'autre et se lavèrent les mains. Nous retournâmes alors dans la grande chambre, où beaucoup de visiteurs étaient assemblés. On servit le café et l'on distribua les pipes. On chanta des chansons en l'honneur de l'agha, du vice-consul et de quelques-uns des autres invités. Les chansons qui excitèrent le plus d'enthousiasme furent celles qui roulèrent sur les combats et la chasse. On présenta à la ronde de l'arrack aux chanteurs, mais pas un des Bédouins n'en accepta.

A ce moment, arriva le petit Nimr, le fils de l'agha. C'était un enfant de sept ans environ. Il entra dans la chambre en bondissant, et fut bientôt enveloppé dans les plis du manteau écarlate de son père, qui le couvrait de caresses et de baisers. Je fus frappé du changement qui s'était opéré dans la physionomie sévère de Salihh Agha. Il était plein de tendresse et de démonstrations d'affection pour son enfant; un petit garçon assez laid, mais de ce genre de laideur piquante qui est parfois plein d'attrait. Le lieutenant de l'agha lui proposa de l'emmener souper avec lui, mais l'enfant répondit avec un sourire plein de malice : « Suis-je venu ici pour souper ou pour voir la dame anglaise? » Et il accourut se blottir près de moi, prit ma main dans les siennes, toucha ma robe, qu'il trouva douce et jolie, et montra par toute sa conduite qu'il était habitué à être très-remarqué et traité avec une grande tendresse.

On proposa une lutte, et Nimr défia sur-le-champ Elias, le fils de Stéphani, joli petit garçon de son âge et d'une apparence délicate. Celui-ci ôta sur-le-champ sa petite pelisse brune brodée, tandis que Nimr se débarrassait de son manteau de poil de chameau. Tous deux portaient des jaquettes de drap écarlate, avec des manches pendantes comme celles des hussards, de longues chemises de coton blanc, à larges manches, et de larges pantalons écarlates. Ils les ôtèrent, ainsi que leurs souliers. Le petit Nimr (ce nom signifie le *tigre*) paraissait plein d'une fière impatience; le jeune Elias, calme mais résolu, bondit sur lui et le renversa. Tous les hommes applaudirent en criant et battant des mains. La lutte dura près d'une demi-heure, et Elias fut presque toujours vainqueur. A la fin, Nimr, d'un air humilié, et après plusieurs chutes, alla se cacher dans les plis du manteau de son père, tandis qu'Elias, tout à fait calme et sans se montrer exalté par son succès, venait tranquillement s'asseoir à mes côtés.

J'ai remarqué que la lutte est un exercice très-commun dans les tentes des Bédouins. Les deux fils aînés de Salihh Agha, jeunes garçons de quinze et seize ans, étaient présents : ils témoignèrent beaucoup de déférence et de respect pour leur père et je ne les vis pas une fois s'asseoir, prendre du café ou fumer en sa présence, sans lui en avoir demandé la permission. Depuis cette époque, le fils aîné s'est distingué à la guerre, et a tué de sa propre main un ennemi de sa tribu; aussi jouit-il maintenant des priviléges et de la dignité d'un homme, et est sur un pied d'égalité vis-à-vis de son père.

Dès que la salle fut libre par le départ des invités qui eut lieu de bonne heure, la femme de Habib, mon hôte, et quatre autres dames vinrent me voir. Une d'elles offrit de coucher avec moi dans la chambre des hôtes, pour que je n'eusse pas peur, car les femmes arabes sont très-timides pendant la nuit et se réunissent toujours pour dormir. Elles gardent les lampes allumées afin d'éloigner les mauvais esprits, quand elles couchent sous un toit. Aussi furent-elles très-surprises d'apprendre que je couchais seule et sans lumière.

Le lendemain matin, la femme de Habib vint frapper de bonne heure à ma porte, et se mit à examiner mes vêtements avec beaucoup de curiosité. La chambre eût été bien vite remplie de femmes désireuses d'inspecter et d'aider ma toilette, si je n'eusse exprimé la volonté très-nette de ne recevoir aucune visite que quand je serais tout à fait habillée; mon hôtesse seule resta. Elle me conduisit ensuite dans sa propre chambre, située au rez-de-chaussée et qui était spacieuse, mais très-basse. Des lits, des matelas et des tapis étaient empilés d'un côté, sur un banc de pierre élevé; de l'autre côté, je vis des ustensiles de cuisine, des jarres, des plats et des provisions. A l'extrémité de la chambre, en face de la porte, un tapis était étendu; c'est-là que mon hôtesse m'invita à m'asseoir pour déjeuner. Dans un des coins une femme était occupée à préparer la viande que l'on allait faire cuire, et sur un grand brasier de charbon, près de la porte, une jeune fille faisait griller du café. Il était évident pour moi que la pièce où nous étions, servait à la fois de parloir, de chambre à coucher et de cuisine. Une cave pour le charbon, et les écuries occupaient l'autre côté du rez-de-chaussée.

La mère de mon hôte était en ce moment très-occupée à présider la cuisson du pain qu'elle avait fait le matin même; j'allai la voir à la boulangerie, qui était au bout de la rue. Des tas de bois, des branches d'arbres, des fagots d'épines étaient empilés en dehors de la porte. Je regardai dans l'intérieur du bâtiment de pierre, qui était très-peu élevé. Je crus voir une fournaise. Les pains, de forme plate, étaient posés sur de larges plaques de fer, que l'on chauffait par-dessous avec un feu vif et brillant. Plusieurs femmes dont les visages (à l'exception des yeux, teints de kohl) étaient voilés, attendaient pour présenter l'un après l'autre les gâteaux de pains qui devaient être cuits. Elles les tenaient sur une espèce de plateau rond, fait de paille et d'osier. Un pauvre petit garçon, qui paraissait très-affamé était là avec un seul petit pain; il semblait attendre son tour avec anxiété.

A ce moment je vis un lézard blanc, à demi-transparent, sortir des pierres placées près de la porte, et je me baissai pour l'examiner; toutes les femmes laissèrent échapper des exclamations de dégoût et d'horreur. Je leur en demandai la cause, et elles me dirent : « *Ya Sittee*, c'est un dangereux reptile; il rampe sur le pain ou sur les aliments et y répand son souffle empoisonné. Celui qui mange ensuite cette nourriture corrompue peut mourir, ou tout au moins être frappé de la lèpre. » Mohammed, notre groom égyptien qui m'amenait en cet instant ma jument blanche, confirma cette assertion : « Dieu nous préserve, me dit-il; les paroles de ces femmes sont véritables. »

Je me hâtai d'aller me préparer pour monter à cheval. Salihh Agha avait arrangé pour ce jour-là une chasse à la gazelle, et nous avait invités à l'accompagner. Les kawass, les grooms et les gens de l'Agha tenaient en lesse de beaux chiens destinés à cette chasse; nous rejoignîmes le reste des chasseurs à la fontaine; trois d'entre eux étaient à pieds et conduisaient d'énormes mâtins pour la chasse du sanglier.

Ils nous quittèrent bientôt, pour aller dans les collines du Carmel, à la recherche des sangliers. Le petit Nimr montait avec le lieutenant un cheval bai, dont la généalogie remontait, me dit-on, jusqu'au temps de Salomon. Son préservatif contre le mauvais œil était une coquille blanche, appelée *wadat*, attachée à une corde et pendue à son cou.

Habib, Stéphani et notre ami Saleh Sekhali nous rejoignirent bientôt : « Vous pourrez voir aujourd'hui, me dit ce dernier, *Ya Sittee* Miriam, la grande différence qui existe entre la vue des gens qui vivent dans les villes et celle des gens qui habitent en pleine campagne sous les tentes. » Et j'en eus bientôt un exemple, car Salihh Agha, ayant parcouru du regard l'horizon, distingua ainsi que ses gens, à une immense distance un cheval au grand galop. Avant que nous autres gens des villes eûssions pu voir si ce cheval était monté, Salihh Agha put nous décrire le costume et même les traits du cavalier, quoiqu'il lui fût complètement inconnu, et sa description se trouva parfaitement exacte, lorsque nous pûmes en juger par nos propres yeux. Je félicitai Salihh Agha sur la possession d'une faculté si précieuse, et je lui dis combien j'en étais étonnée : « Vous aussi, me dit-il, vous possédez un pouvoir qui me semble merveilleux. J'ai vu l'écriture de votre livre (il faisait allusion au petit livre de notes que je portais toujours sur moi, et dont je faisais un fréquent usage); ces lignes et ces caractères sont si fins, si petits et si serrés que cela me fait mal aux yeux de les regarder. L'Agha ne savait ni lire, ni écrire, même dans sa propre langue. Saleh Sekhali fit la remarque que « les dons d'Allah sont diversement répartis ; gloire en soit à Allah ! » Un des Bédouins ajouta : « Les gens qui vivent dans les villes accoutument leurs yeux à ne regarder que d'une rue à une autre ou d'un mur à l'autre ; mais nous qui vivons sous les tentes, nous voyons jusqu'au bout de la terre. Quand je suis entre des murailles, il me semble que je deviens aveugle, ou qu'un voile est tombé sur mes yeux. Il n'y a pas d'espace pour la vue dans les villes. »

Nous chevauchions tranquillement au pied des collines, à travers des taillis, des chardons et des buissons d'épines en fleurs. Les grooms avaient grand'peine à contenir les chiens qui faisaient de violents efforts pour s'échapper. Nous traversâmes une vallée bien arrosée, où croissaient en abondance des plantes de mauve, hautes d'un ou deux pieds, étalant leurs jolies fleurs lilas, rose ou gris argenté, et leurs feuilles larges et épaisses. Des hommes et des jeunes garçons s'occupaient activement à les cueillir et à en remplir leurs paniers. En effet, les Arabes font, en médecine, un grand usage de cette plante ; l'on emploie les feuilles pour des cataplasmes destinés à calmer l'irritation et les inflammations ; l'on s'en sert aussi pour des tisanes. « Khubazi » est le mot arabe pour guimauve.

Tandis que Stéphani m'expliquait tout cela, je vis cinq gazelles s'élancer l'une après l'autre d'un épais fourré de chardons, et disparaître derrière un genévrier. Nous dirigeâmes de ce côté l'attention des chasseurs, alors dispersés de côté et d'autre, et ils accoururent en galopant à fond de train par-dessus les buissons et les rochers. On découpla les chiens et bientôt ils débusquèrent les gazelles. Je m'arrêtai avec Saleh Sekhali à mes côtés, et je suivis avec intérêt les bonds gracieux des gazelles effrayées, la course rapide et les bonds des chiens, ainsi que les habiles manœuvres des chasseurs. Ils manquèrent les gazelles, mais ils réussirent à prendre quatre beaux lièvres. Tout à coup, on courut dans une autre direction; on venait d'apercevoir une autre troupe d'antilopes. Je suivis l'arrière-garde avec le lieutenant et le petit Nimr, observant encore la chasse pendant quelque temps, mais à distance. Puis traversant la plaine, entre des champs cultivés et des jardins de fleurs sauvages, nous nous arrêtâmes à la fontaine de Jethro que l'on avait désignée comme le lieu du rendez-vous. Nous y trouvâmes les gens de l'Agha occupés à préparer le dîner. Ils avaient creusé dans la terre deux trous larges et profonds, dans lesquels ils avaient fait du feu, avec du bois et des épines; dans l'un de ces trous cuisait un agneau tout entier, et dans l'autre bouillait un chaudron plein de riz.

Peu de temps après, toute la troupe des chasseurs reparut. Les chiens haletants se roulèrent sur le gazon, les chasseurs mirent pied à terre, et s'occupèrent à attacher leurs chevaux qui résistaient en hennissant d'impatience. L'on se servit pour la plupart d'entre eux de piquets en fer fixés dans le sol; les grooms et les cavaliers les emportent habituellement avec eux quand ils doivent parcourir des endroits où ils ne sont pas sûrs de trouver des arbres ou des rochers, pour attacher leurs chevaux. Tous les hommes, cependant, n'avaient pas eu la même prévoyance. L'on chercha de grosses pierres; l'on y passa les rênes des chevaux, mais le point d'appui se trouvant trop faible, deux d'entre eux parvinrent à s'échapper. Je ne pùs m'enpêcher d'être divertie par cette chasse d'une nouvelle espèce à travers les marais et la végétation luxuriante de la plaine. Je préférai de beaucoup cette poursuite à celle des pauvres petites gazelles au pied léger, qui s'enfuyaient épouvantées, et que j'avais été si contente de voir échapper au danger. L'on réussit enfin à reprendre les fugitifs, tous les deux à la fois, sur le bord d'un ruisseau; et quand tout le monde fut réuni de nouveau, nous

nous assîmes à l'ombre du dôme de la fontaine, au milieu d'un superbe tapis de fleurs sauvages qui s'étendait à perte de vue. Le dîner était prêt ; deux hommes apportèrent l'agneau sur un grand plat ou plateau de métal ; deux autres vinrent y joindre une montagne de riz, jauni par le beurre dont il était asaisonné. Puis arrivèrent de jeunes garçons avec des bols de crème caillée et sucrée, du lait frais et des plats de *lebbeny*. Ces provisions furent étendues sur le gazon tout émaillé de fleurs, de trèfle et de mauve sauvage.

L'on nous versa sur les mains, pour que nous pussions les laver, de l'eau contenue dans des jarres de terre. L'on étendit sur le sol les manteaux et les couvertures des chevaux des Bédouins, et nous prîmes tous place autour des mets fumants et savoureux.

Aucun des Arabes ne toucha à la nourriture avant d'avoir prononcé cette invocation : « Au nom du Dieu très-bienfaisant ! » Puis Saleh découpa très-adroitement l'agneau avec son couteau de chasse, pendant qu'un des domestiques servait à la ronde une espèce de pain plat, mince, assez large, et de la consistance d'une bande de cuir. L'agneau était farci de riz et de viande hachée, avec des amandes, des raisins, des noix et des épices. Salihh Agha plaça un morceau de cette farce sur le pain, qui me servait de plat, et il me mit un morceau de viande dans la main, après l'avoir séparé des os avec sa dague. Les Arabes font si bien cuire leurs viandes qu'elles sont très-tendres, et faciles à partager en morceaux.

Les hommes firent une brèche profonde dans la masse de riz qui s'élevait en pyramide sur le plat ; mais chacun d'eux se servit soigneusement sur la partie du plat qui était devant lui, en faisant bien attention à ne pas déranger le riz près du trou qui était fait par son voisin, excepté lorsque, par politesse, il y mettait de temps à autre un morceau délicat de viande. L'on nous donna aussi un lièvre rôti qui fut promptement partagé. La crème disparut rapidement à son tour, chacun y trempant des morceaux de pain, creusés en forme de cuillers, en sorte que la cuiller et son contenu étaient avalés à la fois. A peine un mot fut-il prononcé par les Arabes pendant tout le repas; ils se retirèrent ensuite, l'un après l'autre, en disant : « Dieu soit béni! » et allèrent à la fontaine laver leur bouche et leurs mains, en adressant une invocation à Allah.

Nous nous reposâmes encore quelque temps, et l'on fit passer à la ronde, des pipes et le café. Je profitai de cette occasion pour esquisser le portrait de l'Agha, de son petit garçon et de son aide-de-camp Khalil. Ce dernier en fut assez effrayé et me supplia de ne point montrer son portrait dans certains districts, parce que sa tête était mise à prix, et que l'on cherchait à le prendre pour le tuer. Pendant ce temps, les domestiques et le reste des gens nettoyèrent si complétement les plats ou larges plateaux de métal que je pus lire les sentences arabes qui étaient gravées dans le fond.

C'étaient des extraits du Coran et des paroles de louange ou de prière. La plupart des hommes se mirent alors à dormir en se couvrant le visage. Pour moi, accompagnée du petit Nimr, qui mit beaucoup d'obligeance à m'aider, j'errai de côté et d'autre, recueillant des fleurs et les pressant entre deux feuilles de papier pour les conserver. Sans compter les renoncules et les anémones, que je connaissais très-bien, je trouvai un grand nombre de fleurs qui m'étaient totalement étrangères. L'une entre autres était rose, assez semblable à une primevère, avec des feuilles pointues, épaisses, et croissant deux à deux sur la tige. Toutes les fois que j'en pressais les pétales, de roses elles devenaient bleues. Cette plante serait un ornement précieux pour nos jardins, en Angleterre, où je ne l'ai jamais vue. Je dessinai aussi le dôme de la charmante fontaine, centre de notre halte ; aussi quand les dormeurs s'éveillèrent, ils me dirent : « Mashallah, la demoiselle anglaise ne prend aucun repos. Dieu lui donne des forces ! »

Nous prîmes congé de l'Agha et de ses gens ainsi que de nos amis de Sheffa Amer, et nous reprimes à cheval avec Saleh et nos domestiques la route d'Haïfa, emportant avec nous une gazelle et deux lièvres. Nous vîmes plusieurs troupes de chevaux et de chameaux, qui paissaient sous la garde des gens de l'Agha dans les parties non cultivées de la plaine. Partout, sur notre passage nous rencontrions des tortues qui, alarmées par le bruit des chevaux, regardaient un instant autour d'elles, et se hâtaient de rentrer leur tête sous leur cuirasse d'écaille. A notre approche, des centaines de petits oiseaux se levaient du milieu des hautes herbes, tandis que des troupes d'oies et de canards sauvages traversaient de temps à autre la plaine pour gagner le marais, et que les mouettes agitaient leurs ailes au-dessus de nos têtes. Nous traversâmes les dunes de sable, et nous pûmes alors faire trotter nos chevaux le long de la plage, sur le sol bien uni, en nous dirigeant vers le Kishon. Des hommes debout sur ses bords, jetaient de grands filets flottants avec l'aide de jeunes garçons qui étaient dans un petit bateau au milieu de la rivière. Les poissons du Kishon ne sont pas gros, mais ils sont abondants et très-délicats.

Il y avait plusieurs vaisseaux grecs, français et turcs, en vue d'Haïfa. Le soleil descendait à l'horizon lorsque nous franchimes, les uns après les autres, la barre de sable. Nous nous hâtions d'avancer en rasant le bord de l'eau ; les pieds de nos chevaux effleuraient la frange d'écume des vagues étincelantes, et jetaient l'effroi parmi des centaines de petits crabes de couleur blanche et jaunâtre qui décampaient avec agilité pour s'éloigner de notre chemin. Le sable humide et brillant reflétait leurs formes et leurs rapides mouvements jusqu'au moment où une vague nouvelle faisait disparaître à la fois, en les couvrant, les crabes et leur image. J'ai souvent pris et examiné avec soin ces curieux petits animaux. Ils sont toujours de couleur très-claire, blancs ou jaunâtres, et d'une longueur qui varie entre un et trois pouces. Ils appartiennent, je crois, à l'espèce qu'on appelle : « *Cancer volans.* » Ils creusent des trous dans le sable au bord de la mer, et semblent prompts à s'effrayer du moindre bruit.

Quelquefois, cependant, ils cherchent à se venger de ceux qui les dérangent. J'ai vu notre levrier, « Rishêh, » s'amuser à courir après eux, les tourmenter, comme le chat fait avec la souris, ou chercher à fourrer son museau dans leur trou. Dès qu'ils en trouvaient l'occasion, les crabes s'accrochaient à ses narines ou à ses lèvres délicates, et résistaient assez longtemps aux efforts qu'il faisait pour s'en débarrasser ; pourtant je ne l'ai jamais vu en tuer un seul ou leur faire aucun mal. Les pêcheurs se servent de ces petits crabes comme d'appât, et pour les prendre ils tendent dans les sables des pièges qui imitent leurs trous.

Nous rencontrâmes un grand nombre de nos amis à la porte d'Haïfa pour saluer notre arrivée ; car c'était l'heure du coucher du soleil, moment où l'on rentre en foule dans la ville, après la promenade du soir. L'on voyait là le Mutsellim, entouré de sa suite ; il marchait à pas lents en tenant à la main son rosaire de corail et d'argent, et ayant à ses côtés son porteur de pipe. Plus loin, venait un petit groupe de Juifs ; les uns portaient des chapeaux à larges bords et de longs cabans ; les autres, coiffés de shalls de couleur sombre roulés en turbans, avaient de courtes pelisses en drap ou en étoffe de soie, bordée de fourrures. Un peu à part, s'avançaient des compagnies de femmes, absolument méconnaissables tant elles étaient enveloppées de la tête aux pieds dans de longs surtouts blancs. Elles avaient l'air de colonnes mou-

14

vantes, car elles faisaient de si petits pas et levaient si peu les pieds au-dessus du sol qu'elles semblaient glisser plutôt que marcher. Leurs petits enfants eux-mêmes avaient une démarche lente et posée, bien peu naturelle à leur âge. Venaient enfin, sous la garde de leurs bergers, des troupeaux de bœufs au corps trapu et robuste, des moutons énormes dont la queue large et pendante semblait plier sous le poids de la graisse; des chèvres noires au poil lisse et luisant; on leur faisait quitter les pâturages fertiles, mais peu sûrs de la plaine, pour chercher pendant la nuit un abri dans la ville.

Pendant ce temps, les Chrétiens entraient par la porte opposée de la ville, car ils ont presque tous l'habitude de choisir pour leur promenade la plaine et les collines situées à l'ouest d'Haïfa. Peut-être le font-ils parce que leurs cimetières sont à l'ouest de la ville, tandis que les Musulmans préfèrent les faubourgs de l'Est, où ils enterrent leurs morts.

Nous entendions distinctement retentir l'appel à la prière, que le vent nous apportait à travers la ville, depuis le balcon du minaret, surmonté du croissant, tandis que la cloche du soir sonnait dans le beffroi de la petite église latine. Quelques-uns des passants s'arrêtaient dans les rues, ou interrompaient leur travail, pour murmurer en arabe un *Ave Maria*, tandis que les Musulmans disaient à haute voix: « Il n'y a point d'autre Dieu que Dieu, et Mahomet est son prophète. »

Chaque dimanche, mon frère avait l'habitude de lire le service de l'église, en arabe, dans le salon du consulat, à neuf heures. Lorsqu'il y avait des vaisseaux anglais dans le port, nous avions le service à onze heures, avec ceux des capitaines et des matelots qui pouvaient y assister. Parfois aussi des voyageurs anglais qui traversaient le pays se joignaient à nous. Saleh Sekhali ne manquait jamais au service arabe, et personne n'en était exclu.

Nous nous réunissions en général de six à sept personnes; les gens y venaient peut-être d'autant plus volontiers que jamais on ne les pressait, et qu'on ne les invitait même pas à y venir. La curiosité poussait bien des gens à nous faire une ou plusieurs visites. Les Arabes et surtout les Chrétiens arabes ne pouvaient comprendre que nous eussions une religion sans *prêtre*, des solennités sans un *autel*, un culte sans une *église*, ou la présence de Dieu sans l'élévation de l'*hostie*. Ils écoutaient avec une attention tranquille et sérieuse la lecture de quelques portions de l'Ancien et du Nouveau Testament. Après les prières, Saleh Sekhali lisait souvent, sur leur demande, plusieurs chapitres, en ayant soin de choisir des portions ou des histoires complètes en elles-mêmes. Nous avions aussi parfois la visite des femmes des églises grecque ou latine; elles restaient le visage découvert lorsqu'il n'y avait que des Chrétiens, mais si l'on annonçait un Musulman, elles se retiraient sur-le-champ.

Les Musulmans se montraient toujours très-satisfaits du service, à cause de sa simplicité et du ton sérieux et respectueux avec lequel il était fait.

J'ai pu m'assurer qu'indépendamment du Coran, ils regardent comme des livres saints ou inspirés : *Al Tora* (le Pentateuque) *A' Zabûr* (les Psaumes), *A' Nabiyeh* (les Prophètes), et *Al Anjîli* (le Nouveau Testament.) L'on doit tolérer, d'après eux, tous ceux qui reçoivent quelqu'un de ces livres.

Le nouveau gouverneur, Saleh-Bek Abdul-Hady, qui était arabe, venait aussi quelquefois. Il disait souvent que s'il y avait un collége anglais dans le pays, il y enverrait immédiatement ses fils. Plusieurs de nos voisins auraient voulu envoyer leurs petites filles passer, chaque jour, quelques heures avec moi; mais je ne pouvais accepter cette tâche, bien que j'encourageasse les enfants à venir à la maison dès que j'avais un peu de temps de reste. Je n'y mettais qu'une condition, c'était qu'ils fussent propres et soignés.

En général, les petits garçons musulmans ne jouent pas avec les Chrétiens, et les enfants chrétiens eux-mêmes sont divisés entre eux. Ceux qui appartiennent à l'Église grecque s'amusent dans les rues à des jeux différents de ceux des enfants de l'Église latine, et ils ne se réunissent jamais que pour persécuter les pauvres petits Juifs.

Un jour, une gentille petite fille de six ans, dont le père était un Européen très-respectable, et la mère Arabe d'origine, m'étonna beaucoup en disant en arabe et sans aucune provocation, avec un geste de mépris, à un ouvrier Juif : « Va-t'en, méchant juif, va-t'en pour qu'on te crucifie ! » Cette enfant, naturellement affectueuse et bonne, frémit lorsque je lui eus fait comprendre, en partie, combien ses paroles avaient été injustes et cruelles ; d'après mon désir, elle demanda pardon au Juif ; puis ensuite, de son propre mouvement, et à la grande surprise du pauvre homme, elle alla, les larmes aux yeux, baiser ses mains.

Ce fut dans l'espoir de réprimer, autant qu'il serait en moi, cet esprit de haine, d'intolérance et de persécution, que j'encourageai les enfants d'Haïfa à se réunir dans ma chambre. Je préparais pour eux de petites collations, je partageais leurs jeux, je leur parlais de l'Angleterre et leur montrais des gravures, évitant tout ce qui aurait pu avoir rapport à leurs diverses croyances. J'avais espéré, en les rendant heureux ensemble, qu'ils apprendraient, sans s'en douter, à s'aimer les uns les autres.

Quelquefois je les laissais s'amuser entre eux, et me retirais au bout de la chambre, d'où je pouvais tout voir et tout entendre, sans contraindre en rien la liberté de leurs paroles et de leurs sentiments. J'ai souvent entendu alors des petits filles de sept et huit ans, et même de moins âgées encore, discuter entre elles sur la valeur comparative des bijoux et de la garde-robe des dames d'Haïfa. « Sit Hafifi, disait l'une, a les plus grosses perles et les plus belles émeraudes. — Oui, ajoutait une autre, mais une telle a le plus de diamants. » Puis encore : « C'est Um Elia qui a les plus belles robes et les surtouts les mieux brodés. » Elles pouvaient dire aussi combien de pièces d'or ou d'argent les femmes de Nazareth, qui vivaient à Haïfa, portaient dans leur coiffure.

Le dimanche 24 février, un musulman d'une influence et d'un savoir considérables, demanda la permission d'assister au service du matin. Nous l'accueillîmes volontiers, et lui, le livre de prière à la main, suivit attentivement toutes les paroles, en manifestant beaucoup d'intérêt ou plutôt de curiosité. Il avait même été jusqu'à quitter, pendant ce temps, son rosaire d'ambre. Cependant, à peine les prières furent-elles achevées, que nous vîmes de nouveau les grains du chapelet glisser rapidement entre ses doigts, aux formes élégantes et d'une propreté recherchée. Un musulman ne paraît jamais satisfait, quand il ne tient pas une pipe d'une main et un chapelet de l'autre.

Lorsque les Chrétiens furent partis, je lui dis : « Votre Excellence voudrait-elle bien me faire connaître l'usage de son chapelet? Est-ce simplement un joujou, ou est-ce un moyen de calculer ses prières ou ses actes d'adoration? »

Il me donna aussitôt avec beaucoup d'obligeance et sans la moindre hésitation l'explication suivante : « Les attributs ou les perfections caractéristiques de Dieu sont innombrables, mais il y en a quatre-vingt-dix-neuf que tous les hommes devraient connaître et se rappeller continuellement. Ces rosaires sont formés de quatre-vingt-dix neuf ou de trente-trois perles, pour compter ces différents attributs. Ainsi, continua-t-il en prenant le chapelet qui était entre mes mains, et tandis que les perles passaient l'une après l'autre

14.

entre ses doigts, il se mit à prononcer ces paroles avec une lenteur et une solennité particulières : « Dieu le créateur, — Dieu le conservateur de toutes choses, — Dieu la bonté suprême, — Dieu le libérateur, — Dieu l'éternel, — Dieu présent partout, — Dieu qui voit toutes choses, — Dieu plein de miséricorde, — Dieu le tout-puissant, — Dieu le roi des rois. » Et ainsi de suite jusqu'à ce que le chapelet eût passé trois fois entre ses mains, car il n'était composé que de trente-trois grosses boules d'ambre mat, qui avaient la forme d'un œuf. Lorsqu'il vit l'intérêt avec lequel je l'écoutais, il prit la peine de m'enseigner tous les attributs.

« Maintenant, lui dis-je, que votre Excellence m'a fait comprendre les paroles solennelles et admirables du rosaire, je serai toujours peinée de les entendre prononcer vite et négligemment. »

« — Vous avez raison, ô ma sœur! me répondit-il ; on ne doit approcher de Dieu qu'avec respect. »

Mais je pus voir qu'il lui était plus difficile de répéter paroles avec lenteur que de le faire, comme à l'ordinaire, avec rapidité. Après une pause, il reprit :

« Tout homme qui n'est pas complétement perverti « dans l'erreur, est sous l'influence spéciale d'un de ces attributs divins qui agit sur sa vie. » L'on peut découvrir quelle est cette influence particulière en calculant avec soin rapports entre la date de la naissance de l'individu et s nom. Pour m'en donner une idée, il fit pour moi ce cal et depuis lors il me donna constamment le nom de *Mii l'Intercesseur.*

Je demandai à mon précepteur musulman dans quel le mot « Intercesseur » pouvait être employé comme un tribut de Dieu. Il me dit qu'il le regardait simplement com un synonyme de miséricorde, bonté, promptitude à pardonner. Un autre musulman me dit un jour que le mot empor fait l'idée de la miséricorde plaidant avec la justice. Il m'avoua qu'il ne considérait pas les jeûnes, les formes et les cérémonies du culte comme ayant quelque importance ; il pensait qu'il suffisait de rendre grâce à Dieu et de remplir ses devoirs envers les hommes. « Mais, ajouta-t-il, si je n'observais pas les jeûnes et les fêtes, si je ne faisais pas trois fois le jour les prières et les ablutions prescrites, ma voix ne serait pas entendue dans le Medjlis (le Conseil), et je perdrais toute mon influence. » Il m'a paru que beaucoup d'hommes éclairés pensaient comme lui sur ce sujet, mais qu'ils cachaient cette pensée dans leur cœur.

Mon frère ne parlait presque jamais aux Musulmans de leur religion et m'avait engagée à la prudence sur ce sujet; aussi je ne l'introduisais jamais directement ni indirectement dans la conversation, à moins d'être avec une personne d'une intelligence et d'un jugement supérieurs; encore le faisais-je avec précaution et toujours en me posant comme une personne *désireuse de s'instruire, jamais comme si je voulais enseigner ou faire des prosélytes.* Je reçus invariablement des réponses sinon satisfaisantes, au moins toujours bienveillantes, et j'y gagnai quelques renseignements intéressants. Je pus aussi m'assurer que mes questions ne les blessaient pas, en voyant ceux à qui je les avais adressées rechercher ensuite ma société, probablement à cause de la nouveauté de ce rôle chez une femme.

Dans l'après-midi de ce même dimanche, tous les Européens d'Haïfa se rendirent en procession à l'église latine pour assister au baptême de Jules, l'enfant nouveau-né du consul français. Des kawass ouvraient la marche. L'enfant était placé sur un coussin de soie rouge cramoisi, et porté par sa nourrice Helwè, vieille femme de Nazareth. Le père, M. Aumann, me donnait le bras. Il m'assura qu'il n'avait jamais vu de semblable cortége d'Européens dans les rues étroites et tortueuses d'Haïfa. La procession se composait de consuls, de capitaines, dont les vaisseaux étaient dans le port, de moines du mont Carmel, de marchands de la ville, et ensuite de deux dames grecques d'un certain âge, enveloppées de grands châles de dentelle noire, dont les plis recouvraient leurs capuchons en drap rouge. La marraine était Grecque de naissance, mais elle portait un costume arabe, et était enveloppée dans un long drap blanc. Nous entrâmes dans la petite église de forme carrée. Près de l'autel décoré avec une magnificence un peu théâtrale, une quantité d'hommes (c'étaient des Arabes), la tête nue, étaient prosternés ou se frappaient la poitrine. Derrière eux, un groupe de femmes et de jeunes filles, enveloppées presque complétement dans de longues étoffes blanches, se tenaient languissamment à genoux, roulant les grains de leurs chapelets en nacre de perle dans leurs doigts colorés par le henné. Leurs *mundils* (voiles de mousseline), aux couleurs variées, étaient rejetés en arrière sur leurs têtes, et laissaient voir leurs coiffures ornées de fleurs d'immortelles des nuances les plus vives, leurs riches bijoux et leurs yeux qui, bordés de kohl, paraissaient plus brillants encore.

Les Arabes évitaient avec soin de regarder du côté des femmes; mais quelques-unes de ces dernières paraissaient s'attendre à attirer l'attention des Européens moins scrupuleux, et je dois ajouter que leur attente ne fut pas trompée. Près des fonts baptismaux, l'on avait placé sur une table, recouverte d'une nappe blanche brodée, l'huile consacrée, le sel et tout ce qui était nécessaire pour la cérémonie. Le prêtre de la paroisse lut, en latin, les prières du baptême; mais le petit-héros du jour troubla quelque peu la cérémonie en criant à pleins poumons. Il parut surtout avoir peu de goût pour le sel que l'on mettait dans sa bouche, et pour l'application de l'eau sur sa tête, ou de l'huile sur sa poitrine. Ce fut un vrai soulagement pour les assistants, et surtout pour le prêtre, lorsque la cérémonie fut terminée, et que le *nouveau petit chrétien*, comme tous l'appelaient, put se consoler dans les bras de sa nourrice. Nous retournâmes au consulat français ; il y avait beaucoup de monde réuni dans le salon, pavé de marbre, où l'heureuse mère reçut les félicitations de ses voisins : Jules était son fils unique. Ce jour fut tout à fait un jour de fête à Haïfa, principalement parmi les Latins. On distribua parmi les invités des oranges bouillies dans du sucre et des épices, des tranches de citrons conservées dans du miel, toutes sortes de confitures orientales, faites avec de la gomme et de l'amidon sucré, sans oublier des liqueurs et des bonbons français.

Je pris congé de la compagnie pour aller faire une petite promenade avec mon frère hors de la porte de l'ouest.

Le soleil couchant dorait de ses teintes brillantes les pentes verdoyantes, les arbres et les rochers blanchâtres de la chaine du Carmel. Partout s'épanouissait à nos pieds une petite fleur rose qui avait poussé en abondance dans les endroits rocailleux de la plaine. Les fleurs ressemblent à une croix grecque, et ses feuilles petites et d'un beau vert ont la forme d'un cœur.

Nous nous assimes sur le tronc couvert de mousse d'un magnifique acacia, dont le feuillage couvrait au loin la terre de son ombre, et nous nous mîmes à causer des incidents de la journée tout en jouissant de la beauté du paysage et du silence qui régnait autour de nous. Nous avions en effet perdu la ville de vue, et nous nous trouvions au milieu d'un petit bois de figuiers, d'acacias et d'oliviers. Le sol était tapissé de fleurs sauvages. Derrière nous, les collines nous envoyaient les parfums embaumés de leurs herbes aromatiques, et devant nos yeux se déroulait la mer immense que les rayons du soleil couchant embrasaient de leurs feux.

Notre tête-à-tête fut interrompu par l'apparition de notre kawass, qui venait nous annoncer l'arrivée d'un messager spécial de Jérusalem, et bientôt le messager lui-même parut. C'était un nègre dont la haute taille annonçait la force; il était simplement vêtu d'une chemise de coton écru, attachée avec une ceinture de cuir. Un large turban blanc protégeait sa tête et abritait sa figure. Ses pieds larges et souples étaient nus. Il avait fait, en trois jours de marche, la route de Jérusalem à Haïfa, et apportait des dépêches importantes du consul de Sa Majesté Britannique, M. Finn. Il tira le paquet de son sein, baisa les mains de mon frère en le lui remettant, et resta debout, appuyé sur son long et solide bâton.

Les lettres renfermaient des instructions qui appelaient mon frère à se rendre sur-le-champ à Nablûs, pour s'y assurer de l'état des affaires, et s'informer de la cause véritable, ou *des* causes des troubles qui s'étaient élevés dans la ville et dans les districts des montagnes environnantes. Une lettre de madame Finn me conseillait de l'accompagner et m'invitait, après être allée avec lui jusqu'à Nabloûs, à profiter d'une escorte qu'elle m'enverrait pour m'emmener à Jérusalem et passer avec elle les fêtes de Pâques. Depuis quelque temps déjà il n'était bruit à Haïfa que d'escarmouches et même de combats en règle qui avaient eu lieu entre les partisans de Mahmoud Bek Abdul Hady, le nouveau gouverneur nommé à Nabloûs, et ceux de son prédécesseur dans cette charge. Aussi un voyage à travers le district du Jebel Nabloûs paraissait un peu hasardeux, et de plus il était certain que les pluies allaient commencer dans un jour ou deux. Je me décidai pourtant à partir, mais à la condition expresse que mon frère me promettrait de voyager exactement comme s'il était seul, tant pour le choix des routes et des lieux de repos, que pour la longueur des journées. Ceci convenu, il me prouva qu'il prenait mes paroles au sérieux en me disant : « Alors nous partirons demain au lever du soleil, car c'est l'heure à laquelle je me serais mis en route si j'eusse été seul. »

C'était un changement bien soudain dans mes projets. Jusqu'à plus de minuit je m'occupai à faire nos malles et à prendre toutes les précautions nécessaires, afin de mettre la maison en ordre et en sûreté pour un espace de temps indéfini; et de la garantir, s'il était possible, de l'invasion des rats et des souris, des insectes et de la rouille.

Pendant ce temps, mon frère était à son bureau en grande conférence avec son homme d'affaires et notre gouverneur, Saleh Bek. Ce dernier demanda à me voir; je fus le trouver, et il me dit : « Ma sœur, vous avez un cœur courageux; vous entreprenez un voyage difficile, mais vous n'avez aucune raison de craindre personne, car vous n'avez pas d'ennemis. Dans un ou deux jours, vous arriverez à Arrabeh, c'est ma ville, et vous y trouverez mes femmes et mes enfants qui vous recevront avec plaisir et vous offriront l'hospitalité. Elles y sont encore, quoique j'aie tout préparé pour les recevoir ici, et que je les aie envoyé chercher plusieurs fois; mais elles n'ont pas le courage de voyager maintenant que la guerre a éclaté : quand elles vous verront arriver à Arrabeh en sûreté, peut-être qu'elles prendront courage. Que Dieu soit avec vous, et vous protége! Puissiez-vous trouver du repos à Arrabeh, et la paix partout où vous serez! »

CHAPITRE IX

Catherine et son scapulaire. — Préparatifs de voyage. — Un campement de bédouins. — Leurs femmes. — Leur manière de faire le pain. — Villages musulmans. — Nous cherchons un gîte pour la nuit. — Les femmes de Kefr-Kâra. — Les questions d'un aveugle. — Conjectures au sujet de « *la Nativité* et de *la Crêche.* » — Un camp de bohémiens — Jongleries et tours de gymnastique. — Le gouvernement de Nabloûs-Arrabeh. — Le divan, le harem. — Helweh, la plus jeune épouse du chef. — Le dîner. — L'amidon et les conserves de roses. — Une dot. — Chants de réjouissances. — Une discussion au sujet de la reine d'Angleterre. — Un chant de guerre. — La mère et son nouveau-né. — Je me prépare à passer une nuit dans le harem. — L'Oraison dominicale et les femmes musulmanes. — Prières et salutations chez les Musulmans. — Quelques scènes dans le harem à l'heure de minuit.

Après quelques heures d'un profond sommeil, je ne levai avant le jour, le lundi 25 février.

Catherine, qui nous avait suppliés de l'emmener, avait fait un petit paquet de ses vêtements, et se réjouissait à la pensée de passer les fêtes de Pâques à Jérusalem, car elle était d'une dévotion très-sincère. Elle avait même, pour cette occasion, renouvelé sur ses yeux la peinture de kohl qu'emploient les femmes en Orient. Je lui parlai des difficultés du voyage; elle m'assura qu'elle ne craignait rien, parce qu'elle avait fait un pèlerinage à la chapelle de la Madone sur le mont Carmel, et portait depuis lors autour de son cou une amulette toute-puissante qu'elle y avait obtenue, sur laquelle elle comptait pour la préserver de tout danger. C'était un scapulaire, c'est-à-dire une image de la Vierge et de l'Enfant Jésus assez grossièrement peinte sur un morceau de linge, de forme carrée, d'un ou deux pouces de large ; on lui avait assuré que c'était un fragment de la robe que la sainte Vierge avait laissée sur le mont Carmel quand elle était apparue dans une vision à un moine des anciens temps.

Il faut que cette robe ait été bien grande, car elle ne cesse de fournir un nombre illimité de scapulaires que l'on vend par milliers à des pèlerins venus de toutes les parties de l'Europe. Tous les chrétiens natifs d'Haïfa et la plupart des Européens en portent. Je n'ai connu que deux ou trois exceptions. Quelques personnes enferment avec soin ces scapulaires dans des médaillons de cristal ou les ornent de paillettes et de verroteries ; d'autres se contentent de les attacher ou de les border avec de la soie, ou encore de les broder sur les bords. Un jour que j'étais tombée malade, la pauvre Catherine mit secrètement un de ces scapulaires autour de mon cou, tandis que je dormais. Aussi maintenant que nous avions à nous préparer pour un grand voyage, fit-elle tous ses efforts pour me décider à en prendre un pour me protéger.

La cour était remplie d'une foule de personnes qui venaient nous exprimer leurs regrets de notre départ et nous disaient adieu en répétant : « Que Dieu soit avec vous! » Tous étaient sous l'impression que nous entreprenions un voyage dangereux. Les Arabes des villes, et surtout les Chrétiens, sont en général assez timides, et comme ils mettent beaucoup de lenteur et de circonspection dans leurs mouvements, ils étaient tout surpris de la rapidité des nôtres.

Nous déposâmes au consulat français tous les objets de quelque valeur que nous possédions ; nous fîmes une distribution de tout ce qui ne pouvait se conserver, et, peu de temps après le lever du soleil, nous étions à cheval et prêts à partir.

15

Un guide bien armé, fourni par le gouverneur, et notre kawass, Hadj Dervish, ouvraient la marche. Je suivais, avec mon frère et le secrétaire arabe du consul français, qui avait demandé la permission de nous accompagner. Ensuite venaient le muletier, avec les bagages et la cantine, Mohammed, notre groom égyptien, Catherine, à cheval, enveloppée dans un grand manteau de poil de chameau ; et enfin suivait, à pied, le courrier nègre dont la haute taille m'avait frappée. Nous l'avions engagé à prendre un ou deux jours de repos à Haïfa, mais il avait déclaré qu'il n'était pas fatigué, et qu'il le serait plus en revenant à cheval qu'en marchant, parce qu'il n'y était point accoutumé.

Lorsque nous eûmes pris congé de nos amis à la porte de la ville, comme nous avions déjà dépassé le cimetière musulman, je m'aperçus que Catherine avait disparu ; j'appris que, en dépit de son scapulaire, le cœur lui avait manqué, et qu'elle était retournée sur ses pas, en disant au groom qu'*elle pensait qu'il pleuvrait, et qu'elle aimait mieux retourner à la maison !* Notre agent d'affaires, qui nous avait accompagnés un peu plus loin, afin de recevoir les dernières instructions, nous promit de la protéger pendant notre absence.

Les collines environnantes étaient couvertes de sombres nuages, et nous n'avions pas encore passé les jardins d'Haïfa, qu'une forte ondée commença à tomber. Nous relevâmes sur nos têtes les capuchons de nos manteaux et poursuivîmes notre route comme si de rien n'était. Au moment où nous atteignions le lit pierreux du Sa'âdeh, les nuages s'écartèrent subitement dans toutes les directions, laissant briller au-dessus de nos têtes un coin du ciel bleu. Sur les montagnes et sur la mer, la pluie continuait de tomber ; on eût dit que d'épais rideaux noirs étaient suspendus à la voûte des cieux, et que la brise capricieuse venait les soulever et les déchirer par moments.

Le ruisseau qui coulait parmi les rochers et les roseaux, s'était considérablement accru en force et en étendue, depuis que je l'avais vu au mois de décembre. Nous le traversâmes avec précaution, et, grâce à Dieu, sans accident.

Bien des arbres avaient été déracinés par les pluies torrentielles de l'hiver; des masses de pierres énormes qui, un peu de temps auparavant, étaient solidement enfoncées dans la terre, avaient été minées par les eaux, et, désormais ébranlées, chancelantes sur le penchant des collines, semblaient prêtes à tomber sur nous. En revanche, le gazon, les arbres et les fleurs, rafraîchis par la pluie, étincelaient aux rayons du soleil et remplissaient l'air des plus doux parfums.

Nous quittâmes la route de Nazareth et nous nous dirigeâmes vers le sud-est, en suivant les bords d'un des affluents presque desséché du Kishon. Nous entrâmes dans le «Wady-el-Milh», la vallée du Sel. Parmi les fleurs sauvages qui bordaient la route, je reconnus avec un extrême plaisir des touffes de petites marguerites. Il était midi; nous commencions à sentir la faim, et nous dîmes au guide de s'arrêter à la source la plus voisine, pour que nous pûssions mettre pied à terre et manger. Nous aperçûmes justement quelques chameaux, qui paissaient; ils portaient des marques indiquant qu'ils n'appartenaient pas à des paysans. « Ces chameaux, me dit mon frère, nous annoncent que des Bédouins sont dans le voisinage. Allons à leur recherche et nous dînerons avec eux; car, toutes les fois qu'on les rencontre, on est sûr de trouver aussi une source d'excellente eau. »

Lorsque nous eûmes tourné la colline la plus rapprochée, nous vîmes, en effet, un campement de tentes noires carrées, dressées parmi les rochers et les arbres, de l'autre côté de la vallée. Nous traversâmes le lit profond et plein de pierres de la rivière, puis, en l'absence de tout chemin tracé, nous

nous mîmes à gravir la pente escarpée, escaladant les rochers et les épais taillis du fourré.

Un groupe de Bédouins, avec leurs grands et lourds manteaux rayés de brun et de blanc, leurs têtes coiffées de châles ornés de franges rouges et jaunes, accoururent à notre rencontre en sautant par dessus tous les obstacles; ils venaient nous saluer et nous servir de guides jusqu'à leur campement, au milieu duquel nous mîmes pied à terre. Il y avait en tout quinze tentes.

On nous conduisit à celle du sheikh : elle se composait, comme toutes les autres, de grossiers « *rideaux de poil de chèvre* » (Exode, xxxv, 26; xxxvi, 14), aux bandes brunes et noires, que soutenaient de légers troncs d'arbres et de forts roseaux coupés sur les bords du Jourdain. Une cloison de branches entrelacées séparait la tente en deux parties. Le plus petit des compartiments servait d'asile à des chevreaux et à quelques agneaux; le plus grand était occupé par un groupe de femmes qui s'empressèrent de s'éloigner pour qu'on pût le préparer pour nous. Un jeune Bédouin au teint bronzé et à moitié nu se mit à balayer la terre du sol de la tente avec des branches de buis; tandis qu'une vieille femme, flétrie et hâlée, couverte de vêtements déchirés, mais dont les bras décharnés étaient ornés de larges bracelets d'argent, s'avançait et étendait par terre une sorte de natte ou de tapis pour nous. Ce tapis était d'une laine très-grossière; il semblait avoir été tressé au crochet, ou peut-être tricoté très-serré, et il était évident qu'il avait été fabriqué par des Bédouins. Nous y prîmes place, et le sheikh, entouré d'une partie des hommes fumant leur longue pipe, s'assit ainsi qu'eux en face de nous, en demi-cercle, sur la terre, en dehors de la porte, nous entourant ainsi complétement. Il y avait dans le campement soixante à soixante-dix personnes. Ils avaient, sous leur garde, de grands troupeaux de chèvres et de moutons; et, comme nous l'avions prévu, ils étaient tout près d'une fontaine d'eau douce.

Le sheikh voulait faire tuer un chevreau en notre honneur; nous refusâmes, parce que nous étions trop pressés. Mais, quoique nous eussions du pain, mon frère me prévint que l'étiquette nous obligeait à manger de celui de nos hôtes. « Allez, me dit-il, trouver les femmes; ce sera pour vous une excellente occasion de voir comment se fait le pain chez les Bédouins. »

Je me rendis en effet à l'autre extrémité du camp, guidée que j'étais par la lueur rouge d'un feu qui brillait à travers les arbres. Je trouvai deux des femmes occupées à souffler sur le brasier, et à étendre adroitement sur le sol les charbons ardents qu'elles maniaient avec leurs doigts aussi facilement que si le feu n'avait eu aucun danger pour elles. Une autre pétrissait de la pâte. Le reste des femmes et des jeunes filles s'assemblèrent en foule autour de moi, en me témoignant à la fois leur bienveillance et leur profond étonnement. Elles caressaient mon visage, mes cheveux, et paraissaient surtout émerveillées de mes gants de chevreau, si bien ajustés sur ma main, et qu'à leur grand amusement j'ôtai, puis remis ensuite devant elles.

Elles s'écriaient sans cesse : « Oh! quelle œuvre de Dieu! » Une des femmes âgées me demanda : « Où allez-vous, ô ma fille? » Je répondis : « O ma mère, je vais à El Kuds, la Sainte » (c'est-à-dire Jérusalem). Alors elle dit aux autres, en forme d'explication : « Ce sont des pèlerins. Que Dieu les garde! »

Les femmes étaient toutes d'un brun foncé, presque de la couleur du bronze. Leur visage, leurs bras et leur cou étaient tatoués et teints, avec du henné, en rouge et en orange. Leurs lèvres, un peu épaisses, mais bien formées, étaient complétement bleues, grâce au soin avec lequel elles avaient été piquées de petits points d'indigo si rapprochés, qu'on n'apercevait plus la couleur primitive ; cela produisait un effet très-désagréable. Les bords de leurs paupières étaient noircis avec de la suie. Elles avaient pour tout vêtement de larges chemises flottantes en étoffe grossière de coton, ouvertes sur la poitrine. Quelques-unes de ces chemises étaient noires, d'autres bleues et brunes. Elles portaient avec beaucoup de grâce sur leur tête des châles de laine noire, bordés de bandes de couleurs vives et brillantes ; beaucoup des femmes étaient parées de bracelets, de bagues et de boucles d'oreilles d'argent, d'un travail très-primitif. Aucune d'elles ne portait de souliers. Les enfants, sales et de couleur tannée, étaient à peu près nus ; mais leur tête était couverte de petites calottes blanches piquées, ou de tarbouches rouges, auxquels étaient attachées des perles et des coquilles. C'étaient des amulettes destinées à les préserver de tout danger.

Une jeune mère, qui paraissait plus intelligente que ses compagnes, s'avança et me salua poliment. Différant en cela de ses compagnes, elle avait sur la tête un châle cramoisi, et les bords de sa longue chemise bleue étaient brodés autour des manches, du cou et sur la poitrine, avec un fil grossier qui formait des dessins singuliers, comme nous en voyons sur de très-vieux canevas à points croisés. Elle me montra avec un véritable orgueil maternel son petit garçon, qu'elle portait bien emmailloté. Je fus frappée de l'extrême blancheur, ou plutôt de la pâleur mortelle de son teint. On m'a dit depuis que cela était habituel, dans la première enfance, parmi les Bédouins. Je pris dans mes bras ce petit être, si bien serré dans son maillot, qu'il ne pouvait pas plus bouger qu'une momie. Ses langes étaient en coton grossier, de couleur indigo, et serrées contre lui par des bandes étroites et symétriques de cuir rouge, comme j'en avais vu autour des lances des Bédouins. La mère avait évidemment beaucoup de goût pour tout ce qui tenait à l'ornement, et, à tous égards, me parut supérieure au reste de ses compagnes.

Cependant la préparation du pain allait son train. On avait allumé en plein air un feu de bois très-vif sur un petit foyer circulaire, formé de cailloux ronds et polis qu'on avait étendus de niveau et tout près les uns des autres. Lorsque cet âtre primitif fut suffisamment échauffé, on écarta soigneusement la braise ; puis, la pâte bien pétrie, aplatie avec la main, fut jetée sur les pierres brûlantes et promptement recouverte avec les cendres encore chaudes. De cette manière, plusieurs grands gâteaux de pain sans levain furent cuits en peu de temps.

Je revins à la tente. On avait déballé notre cantine et les provisions, au grand amusement des hommes, qui regardaient surtout avec un vif intérêt les couteaux, les cuillers et les fourchettes. On apporta de grands bols de bois remplis de crême et de lait, et l'on servit les pains encore tout chauds. Ils avaient à peu près un pouce d'épaisseur et avaient conservé l'empreinte des cailloux dont l'âtre était composé. Ce furent probablement des pains de la même espèce que fit Sarah pour les étrangers, lorsque Abraham lui dit : « Hâte-toi ; prends trois mesures de fleur de farine, pétris-les et fais des gâteaux. (Genèse, xviii, 6.)

Les femmes, réunies en groupe, à une petite distance, restèrent debout à nous regarder découper notre poulet froid.

Jamais encore elles n'avaient vu personne se servir de couteaux et de fourchettes pour manger. Elles riaient timidement, et lorsqu'on les observait, cachaient leur visage avec les bouts du châle qui leur servait de coiffure ; elles disparurent subitement et toutes à la fois, comme si elles obéissaient à quelque signal qui leur eût été donné.

J'esquissai le portrait de Kasim, le plus beau et le plus majestueux des hommes qui nous entouraient; il rougit comme une jeune fille, en se reconnaissant dans mon livre de dessin. Il se montra très-curieux de savoir quels étaient nos projets de voyage, et fut lui-même très-communicatif avec nous. Les autres hommes de la troupe ne nous firent point de questions et semblèrent peu disposés à répondre aux nôtres, si ce n'est par leur expression favorite : « *Yallem Allah*, Dieu sait. »

Après qu'une dernière fois le café eut circulé à la ronde, nous remontâmes à cheval ; il était deux heures. Nous reprîmes notre route, en franchissant des collines couvertes de thym, ou traversant des vallées, où le grain semé par les Bédouins commençait à pousser, mais languissait, faute de pluie. Nous nous élevâmes assez haut sur la chaîne du mont Carmel. Nous dominions la plaine d'Esdraélon, et quelquefois nous entrevoyions la mer à notre droite. Nous franchîmes une distance considérable sans trouver une ville ou un village, ni même quelques tentes ou la plus légère indication d'une route ou d'un sentier; nous aurions pu croire que nous voyagions dans un pays inhabité, si nous n'avions rencontré parfois ou une longue file de chameaux, chargés de charbon de bois, ou une procession d'ânes, chargés d'une telle quantité de fagots ou d'épines, qu'ils disparaissaient sous leur fardeau et ressemblaient à des haies en mouvement. Ils venaient évidemment d'une partie du pays où le bois se trouve en abondance, pour en porter aux villes et aux villages de la plaine qui en manquent.

La partie de la Palestine que nous traversions est rarement ou plutôt n'est jamais visitée par les étrangers; aussi les traits caractéristiques d'un voyage en Orient y sont-ils plus remarquables que sur les routes plus fréquentées. Nous découvrîmes bientôt que le guide, chargé de nous mener à

Arraleh, nous avait détournés du vrai chemin et nous conduisait par une route plus longue et plus déserte, afin d'éviter de passer près de certains villages où sa vie pouvait être en danger, ses ennemis, dans ce district, ayant mis sa tête à prix. Il nous fit passer ainsi à travers les plaines fertiles qui sont à l'ouest de la chaîne du Carmel.

La pluie commença justement à tomber par torrents. Notre groom, Mohammed, jeta sur mes épaules un large manteau arabe, en me disant : « Qu'Allah vous préserve, ô madame, tandis qu'il bénit les champs ! » Cette pieuse invocation me rappela que je ne pouvais regretter de voir tomber cette pluie si bienfaisante, et je pressai le pas de mon cheval en me réjouissant de ce que ces ondées arrosaient les jolies fleurs du printemps et les champs d'orge et de froment.

Depuis deux ou trois heures nous n'avions aperçu ni bâtiment d'aucun genre, ni les restes d'un khan dans la vallée, ni même une de ces tours destinées à guetter l'ennemi comme on en voit souvent sur le penchant des collines. Enfin nous passâmes devant une petite ville fermée de murs et bâtie sur le sommet arrondi d'une colline peu élevée, dont le versant oriental était parsemé de tombes, dont les pierres blanches se détachaient sur la verdure. Elle était entourée de jardins fruitiers et de terres labourées.

Un quart d'heure après, nous arrivâmes à un petit village dont les grossières habitations étaient pressées les unes contre les autres, comme pour se protéger mutuellement ; des bergers, armés jusqu'aux dents, gardaient les troupeaux dans le voisinage immédiat du village.

La pluie cessa ; le soleil se mit à briller pendant quelques instants, répandant une lueur rougeâtre sur un champ de froment dont le vent faisait onduler les tiges, puis il disparut.

Nous ordonnâmes au guide de faire halte au prochain village. Nous marchions toujours dans la direction du sud, et vingt minutes plus tard nous atteignions un endroit nommé *Khubeizeh*, à cause de la quantité de mauves sauvages qui croissent dans les environs. Une barricade de boue entourait le village. Les maisons étaient si basses que même une personne de ma taille n'aurait pu y tenir debout. Plusieurs ne consistaient qu'en un cône de terre creusé à l'intérieur; d'autres étaient carrées, avec un toit de branchages. Il y en avait qui, semblables à des terriers, s'élevaient à peine au-dessus du sol; toutes étaient d'une saleté repoussante. Les rues étroites, ou plutôt les sentiers qui serpentaient entre les maisons, n'étaient qu'un affreux mélange de boue vaseuse et d'eau stagnante. Les misérables habitants, sortant de leurs trous, s'attachaient à nos pas ou nous regardaient passer, tandis qu'une troupe de chiens aboyait en chœur, dans toutes les directions, pendant que nous traversions le village.

Nous ne trouvâmes pas un endroit présentable pour nous y arrêter, et hâtant le pas, nous arrivâmes bientôt à Mehâf, autre hameau très-populeux, mais qui n'était guère plus attrayant que Khubeizeh.

Le guide nous assura que nous trouverions un abri sûr trois milles plus loin, au sud, à Kefr Kâra, village musulman. Aucun chrétien n'habite en effet les hameaux de ce district. Nous nous décidâmes donc à pousser en avant, quoique la nuit fût déjà très-sombre. Çà et là, sur les collines environnantes, brillaient des feux de bivouacs, dont la flamme rougeâtre oscillait au souffle du vent. La pluie recommença à tomber, tandis que nous avancions aussi vite que nous le permettait l'obscurité de la nuit. Nous envoyâmes en avant notre kawass, pour annoncer notre approche au sheikh de Kefr Kâra. Nous le trouvâmes à l'entrée du village, suivi d'un porte-lanterne, et prêt à nous recevoir : « Soyez les bienvenus, nous dit-il, et prenez du repos ; nous sommes vos serviteurs ; tout ce que nous possédons vous appartient. »

Nous trouvâmes Kefr Kâra plus grand et beaucoup plus habitable que les autres villages que nous avions vus. Il ne renfermait cependant qu'une seule maison de pierre, où l'on nous conduisit. Nous fûmes heureux de mettre pied à terre, et de voir à travers la porte ouverte la lumière brillante d'un bon feu de bois. La maison consistait en une seule pièce très-élevée, d'une vingtaine de pieds carrés. Le toit, formé de grosses poutres et de branches d'arbres, était noirci par la fumée et supporté par deux arches très-évasées. Les murs étaient composés de blocs de pierres, grossièrement taillés, et sans aucun enduit de plâtre. En dedans et tout près de la porte étaient un âne et une paire de bœufs et je m'aperçus bientôt qu'un tiers de la pièce était réservé pour les animaux. Cette partie, en effet, était de niveau avec la rue, le sol était en terre battue, et en partie garni de fourrage. Deux marches en pierre nous conduisirent à une espèce d'estrade, haute de vingt-deux pouces, sur laquelle des fragments de vieilles nattes et de tapis étaient étendus. Trois vénérables vieillards y étaient assis et fumaient ; l'un d'eux était aveugle. Ils se levèrent et nous saluèrent, puis reprirent leur pipe en silence. Ils portaient de larges turbans blancs et des robes de couleur sombre. Leur longue barbe était épaisse et grisonnante ; leurs pieds étaient nus, car ils avaient laissé leurs souliers rouges sur les marches qui menaient à l'estrade. Le sheikh prit, dans un enfoncement du mur, des nattes et des coussins qu'il arrangea pour nous sur le carreau. Pendant ce temps, l'on déchargeait notre mule et l'on dessellait nos deux chevaux, qui furent ensuite logés dans la partie supérieure de la chambre. Le sheikh nous pria de permettre que ses bœufs y entrassent aussi, la nuit menaçant d'être pluvieuse. Mon frère y consentit, mais il insista pour qu'aucun autre animal ne fût introduit et qu'on trouvât autre part un abri pour les chevaux de nos domestiques et des gens de notre suite. A peu près au milieu de l'estrade brûlait en petillant un énorme feu qu'alimentaient des tas de bois, d'épines et de buissons résineux. L'on avait creusé à même les larges pierres qui formaient le rebord de l'estrade, des auges profondes ou mangeoires de trois pieds de long sur un de large.

Mohammed, notre groom, les remplit d'orge, et nos pauvres chevaux parurent jouir beaucoup de ce repas tardif, après leurs fatigues de la journée. Tandis qu'on préparait notre souper, je priai le sheikh de me conduire pour voir ses femmes. Tout était sombre au dehors, la petite lanterne que portait mon guide, n'éclairait qu'imparfaitement les rues pleines de boue, et se reflétait dans mainte flaque d'eau stagnante. Enfin le sheikh s'arrêta en face d'un bâtiment irrégulier, aux murs de boue et de pierre, et sans prononcer un seul mot d'introduction, il me laissa seule sur le seuil de la porte qui était grande ouverte. J'aperçus dans l'intérieur un groupe de femmes debout en face d'un immense feu de bois qui brûlait sur une plate-forme, élevée d'environ trois pieds au-dessus du sol.

Leur voix était rude et bruyante; elles paraissaient tout occupées à divertir un autre groupe de femmes qui, assises sur la plate-forme, autour du feu, les écoutaient en silence et avec un vif intérêt. Les mobiles reflets de la flamme éclairaient leurs grands yeux noirs, leurs longues vestes blanches, et les pièces d'argent de leur coiffure. Je restai un instant à les regarder, avant d'appeler sur moi leur attention. Il n'y avait d'autre issue pour la fumée qu'un trou au-dessus de la porte, en sorte qu'il était difficile, à première vue, de distinguer la forme de la chambre. Elle renfermait des saillies, des creux, des niches de formes bizarres et irrégulières, où étaient empilés des matelas, des couvertures, et où l'on avait arrangé avec soin des jarres et des ustensiles de cuisine. Les murs de boue et de terre glaise cuite au feu étaient noircis par la fumée.

Lorsque je me fis voir, quelques-unes des jeunes filles laissèrent échapper des exclamations de crainte et de surprise : elles me prenaient pour un fantôme; mais les plus âgées d'entre les femmes leur imposèrent silence, et me saluèrent avec calme et bonté, sans donner aucun signe d'étonnement, quoiqu'on m'ait assuré depuis que j'étais la première *Afranji* ou *Européenne*, qui eût jamais visité Kefr Kâra.

Les femmes qui se tenaient debout, dans la partie inférieure de la salle, me soulevèrent dans leurs bras pour m'aider à monter sur la plate-forme, qui grâce à son élévation était si près du plafond que c'était tout au plus si je pouvais m'y tenir debout. Je m'assis auprès du groupe qui entourait le feu, et j'ôtai mon chapeau ainsi que mon manteau à capuchon, que l'on s'occupa de faire sécher. Toutes ces femmes furent très-surprises de voir que je n'eusse la tête couverte que pour sortir, car jamais on ne reste nu-tête, en Orient, si ce n'est dans le cas d'un deuil profond.

Les femmes étaient brunes, malpropres; elles avaient l'air presque hagard, mais dans leurs manières comme dans leurs moindres mouvements elles montraient beaucoup de dignité. Les jeunes filles étaient belles et bien faites; seulement leur bouche, quoique bien dessinée, était, ainsi que leur mâchoire inférieure, d'une grandeur disproportionnée.

Elles portaient toutes, comme les femmes de Nazareth, des coiffures ornées de pièces d'argent; elles y avaient ajouté les unes trois, les autres sept chaînes formées d'anneaux et de petites pièces d'argent qui pendaient de chaque côté de leur tête, comme les brides d'un bonnet. Leur costume se composait de robes de coton, d'un bleu indigo, très-communes et très-épaisses ; elles étaient ouvertes sur le devant comme une pelisse non ajustée, et attachées avec une ceinture par-dessus une chemise blanche et des pantalons de coton de couleur sombre. Leurs bras et leurs visages étaient tatoués de points et d'étoiles de couleur ; leurs sourcils rendus plus noirs par une couche épaisse de peinture, et leurs paupières teintes avec de la suie. La plupart portaient des bracelets d'argent. Les enfants, au teint cuivré, étaient à moitié nus ; ils se montraient vifs, agiles dans leurs mouvements observant tout ce qui se passait avec intérêt, et prêts à faire tous les mauvais tours possibles.

Les jeunes filles, une fois convaincues que je n'étais pas un esprit, devinrent démonstratives, caressantes, et témoignèrent la plus vive curiosité. L'une d'elles prit un tison dans le feu et le tint près de ma figure, afin que toutes les autres pussent me voir plus distinctement. Mais une des femmes, qui était très-âgée et paraissait avoir de l'autorité sur elles, les reprit en disant : « Restez donc tranquilles, petites sottes que vous êtes ! quand l'étrangère aurait cent langues, elles ne lui suffiraient pas pour répondre à toutes vos questions. Ne voyez-vous pas que la pauvre enfant est fatiguée ? Laissez-la donc se reposer en paix. » On me fit alors du café, et tandis que je le prenais, un jeune garçon, mieux vêtu que les autres, entra en courant, et s'écria : « Où est la dame blanche ? Les Afranji ne veulent pas manger avant son retour. » Je me levai et le suivis dans la rue, où le sheikh m'attendait avec sa lanterne.

Je retournai à la maison. Mon frère avait fait enterrer le feu, dont la fumée nous suffoquait. Une petite lampe de terre rouge occupait une niche dans le mur, et l'on posa la lanterne dans un recoin, près de la porte. Notre souper de poulets grillés, de pain chaud et de crême sucrée fut étendu sur le plancher de l'estrade. L'on apportait en même temps un grand bol de pois secs, bouillis dans de l'huile, et un plat de lebhany, ou lait caillé, ainsi que des gâteaux de pain pour les gens de notre suite et nos domestiques, qui s'étaient groupés avec les chevaux dans la partie inférieure de la salle. Après notre repas, un grand nombre d'habitants du village vinrent pour nous voir. Ils fumaient tous leur pipe et se mirent à boire du café, sans prononcer un seul mot, à l'exception du vieillard aveugle, qui nous fit plusieurs questions. Comme si sa cécité lui créait un privilége, il me demanda de mettre ma main dans la sienne, et me pria de lui dire comment j'étais, afin qu'il pût me voir en imagination. « Êtes-vous jeune ou êtes-vous âgée, me disait-il? Votre voix est douce comme celle d'un petit enfant, mais vos paroles sont sages. »

Peu à peu nos silencieux visiteurs nous quittèrent. Le bon vieillard aveugle partit le dernier, en nous souhaitant paix et repos, et sous la conduite du sheikh qui promit de nous envoyer des matelas et des oreillers pour nous coucher. Pas une femme n'était venue nous voir.

Au moment où nous nous demandions quelle sorte de literie nous aurions pour passer la nuit, je vis paraître à mon immense étonnement et à ma grande joie le tapissier, Arabe et Juif d'origine, qui avait travaillé pour moi à Haïfa. Il apportait un bon matelas neuf, un oreiller de soie rouge et une couverture. C'était un tapissier ambulant, mais son quartier général était Haïfa. Il avait été mandé à Kefr Kâra, pour faire une quantité de *lehaffs* et de matelas pour une fête de noces qui allait avoir lieu, et dès qu'il avait entendu parler de mon arrivée, il avait insisté pour qu'il lui fût permis de me prêter un des matelas neufs. Il l'étendit dans un coin de l'estrade; puis il en apporta un autre pour mon frère, un pour le secrétaire du consul français et fit tout son possible pour nous installer d'une manière confortable.

J'étais si fatiguée que je fus heureuse de me coucher sans plus tarder sur le matelas, malgré l'absence de draps. Je posai ma tête sur l'oreiller de soie rouge, après avoir couvert mon visage d'un mouchoir, et j'essayai d'oublier où j'étais. Je persistai résolûment à rester tranquille, malgré les morsures d'une multitude de puces. J'avais souvent été torturée par des légions de ces terribles petits persécuteurs, mais leur nombre n'était rien en comparaison de celui de mes assaillants de Kefr Kâra. Je commençais pourtant à dormir d'un sommeil fiévreux et agité, lorsqu'un gros chat, marchant doucement et avec précaution sur ma tête, m'éveilla en sursaut ; je me mis sur mon séant et regardai autour de moi.

Le premier objet sur lequel mes yeux s'arrêtèrent fut le courrier nègre dont la haute taille m'avait déjà frappée. Il se tenait debout, tout droit, le dos appuyé contre le mur qui faisait face à l'estrade. Les bras croisés sur sa poitrine, les yeux fixes et tout grands ouverts, il avait l'immobilité d'une statue. La blancheur de son turban et l'étrange éclat de ses yeux faisaient de sa tête l'objet le plus remarquable de la chambre.

Cependant mon frère dormait profondément sur un matelas près de moi ; et, un peu plus loin que lui, le secrétaire arabe, enseveli sous d'épaisses couvertures, faisait entendre les ronflements les plus sonores. Le guide armé et notre kawass, roulés dans leurs manteaux et dans des tapis, étaient étendus au bord de l'estrade, la tête appuyée sur leurs selles et leurs porte-manteaux en guise d'oreillers. Au-dessous d'eux et près des chevaux, attachés aux mangeoires, dormaient également le muletier sur les bagages, et notre groom, Mohammed, sur un tas de fourrage. L'air de la chambre était d'une chaleur étouffante et tout chargé de la fumée du tabac. Il n'y avait point de fenêtre ; seulement au-dessus de la porte fermée je vis cinq petits trous ronds. En poursuivant mon examen, j'aperçus dans la muraille deux enfoncements profonds et voûtés, destinés à serrer les matelas, les coussins et les jarres. J'en vis un autre, dans la partie inférieure da la salle, où l'on avait empilé les selles, les harnais de notre petite caravane. Dans le mur de pierre, près de la place où j'étais couchée, une trappe conduisait à un grenier plein de grains, et je pouvais entendre les rats et les souris trotter, gratter, grignoter derrière la porte, tandis que le chat gris persistait, malgré mes efforts, à revenir se poster sur mon oreiller. A ce moment, mon cheval s'éveilla en sursaut, hennit et, se secouant, se mit à marcher aussi loin que le permettait sa longe, troublant ainsi le repos de ses compagnons, spécialement celui du baudet.

Le groom se leva alors, ranima la lampe, dit quelques paroles d'affection à son cheval favori pour le calmer, puis se roulant de nouveau dans son manteau de poil de chameau, il se recoucha sur le tas de fourrage.

En peu de temps, le silence et le sommeil régnèrent de nouveau dans la salle; mais pour moi, je ne pouvais dormir. La figure mystérieuse du courrier nègre me fascinait malgré moi, et je ne pouvais presque pas en détourner mes yeux. Il ne faisait pas le moindre mouvement, ses grands yeux brillants ne clignaient jamais, et je ne pus m'assurer s'il veillait ou s'il dormait, bien que je misse à le regarder une telle persistance que j'en étais comme magnétisée.

L'esprit rempli de toutes sortes de pensées, je reposai de nouveau ma tête sur l'oreiller. Tout à coup, une idée s'offrit à moi. C'était sans doute dans un endroit semblable à celui où j'étais que le Christ était né ; c'était dans une crèche pareille à celle que j'avais sous les yeux, qu'il avait eu son premier berceau. On était en hiver, lorsque pour obéir à l'édit de César-Auguste, Joseph, le charpentier, de la maison et de la race de David, se rendit de la Galilée et de la ville de Nazareth en Judée, dans la ville de David, appelée Bethléem, pour se faire enregistrer, ainsi que Marie, sa femme.

Je me représentai Joseph, cherchant avec anxiété pour elle un abri et un lieu de repos, après son long voyage. Toutes les chambres de l'hôtellerie étaient déjà occupées, et il n'y avait plus de place pour eux ; c'est-à-dire qu'il n'y en avait pas dans « *le lieu du repos pour les voyageurs, dans l'endroit où l'on décharge les bagages.* » L'estrade élevée était déjà encombrée d'étrangers, qui, comme eux, venaient se faire enregistrer. Mais il se pouvait que Joseph et Marie se fussent mis à l'abri du froid dans la partie inférieure de la chambre. Je me les figurais, à moitié cachés par le bétail, et se chauffant au feu brillant de broussailles et d'épines qui brûlait en petillant sur le sol de l'estrade élevée tout près d'eux. « Et pendant qu'ils étaient là, le temps auquel elle devait accoucher arriva ; et elle mit au monde son fils, premier né, et elle l'emmaillota et le coucha dans une crèche. (Luc, II, 6, 7.) »

La crèche était sans doute tout près à côté d'elle ; creusée, comme celles que je voyais, dans les pierres qui bordaient l'estrade, et remplie de fourrage. Je levai la tête, et regardant une des mangeoires, je compris combien il était naturel d'en faire un berceau pour un enfant nouveau-né. Sa grandeur, ses formes, ce lit moelleux de fourrage, le voisinage du feu, que l'on tient constamment allumé sur l'estrade, dans le milieu de l'hiver, tout se réunissait pour suggérer à une mère de l'Orient l'idée d'y placer son enfant. Je m'endormis en me figurant cette scène : le petit enfant emmailloté et « *couché dans une crèche,* » Joseph et Marie veillant sur lui, le cœur plein de joie, tandis que les étrangers et les bergers faisaient entendre leurs vœux et leurs actions de grâce.

Lorsque je m'éveillai le lendemain matin dès l'aube, les rayons du soleil inondaient la chambre, où ils pénétraient par la porte ouverte ; le nègre était parti ; le vice-consul, assis sur son matelas, procédait à sa toilette, aussi bien que le lui permettait sa position, avec son kawass pour valet de chambre. Un peu plus loin, le drogman secouait les longs glands de soie pourpre de son tarbouche rouge, afin de les remettre en ordre. L'on avait emmené les chevaux et les autres animaux, et une foule des gens étaient debout près de la porte, à regarder ce qui se passait dans l'intérieur. Je restai tranquillement couchée sous ma couverture, jusqu'à ce que mon frère et tous les hommes eussent disparu. Quelques femmes entrèrent alors, m'apportant de l'eau pour la verser sur mes mains. Je les priai de fermer la porte, me contentant, pour y voir, du jour que donnaient les cinq trous ronds percés au-dessus. Mais pendant qu'elles laissaient entrer la lumière, ces ouvertures donnèrent passage à une quantité de colombes, aux ailes argentées, qui se mirent à voltiger tout autour de la chambre, près des poutres du plafond, et s'envolèrent ensuite par la même issue, dans un ordre régulier. Les femmes examinaient avec un grand intérêt le contenu de mon nécessaire de voyage ; elles auraient bien voulu faire l'essai des différents objets qu'il contenait, mais je m'y opposai absolument. Jamais elles n'avaient entendu parler d'une brosse à dents, et cependant leurs dents qui me rappelaient celles des animaux sauvages, particulièrement de la race féline, étaient aussi brillantes, aussi saines et bien rangées que possible. Peut-être faut-il l'attribuer au soin extrême avec lequel elles ne manquent jamais de se laver et de se nettoyer la bouche immédiatement après chaque repas[1]. Presque tous les orientaux ont adopté cette

---

[1] Ne serait-ce pas à cet usage que ferait indirectement allusion le passage suivant du prophète Amos, ch. IV, v. 6 : « Je vous ai rendu les dents nettes dans toutes vos villes, et la disette de pain dans tous vos lieux. »

coutume excellente ; mais les Musulmans y voient de plus une cérémonie religieuse et obligatoire ; ils l'accompagnent toujours de quelques paroles de prière pour demander d'être purifiés.

J'avais dû me coucher tout habillée ; je remis un peu d'ordre dans ma toilette ; je passai de nouveau mon habit de cheval, tandis que les femmes roulaient les matelas et les couvertures et les emportaient ; puis l'on me conduisit à la maison que j'avais visitée le soir précédent. Mon hôtesse portait, au lieu de la pelisse de coton que je lui avais vue la veille, une belle pelisse de soie, rayée de rouge et de violet. Elle me reçut avec beaucoup de cordialité, et ne permit à personne de venir m'importuner tandis que je déjeunais avec du lait tout frais, du pain et du café, et que j'écrivais sur mon carnet mes impressions de la nuit. L'on avait répandu le bruit dans le village que ce livre de notes si précieusement porté par moi contenait un talisman destiné à me faire découvrir des trésors cachés. Il fermait en effet avec une petite serrure de sûreté et une clef ; et jamais livre ne s'était vu dans ces lieux, muni de telles précautions.

De son côté, mon frère avait déjeuné avec le sheikh dans une autre partie de la maison, et avait cherché à recueillir des renseignements utiles pour régler nos plans de voyage.

Nous nous réunîmes ensuite dans la grande salle dont je fis un croquis après en avoir mesuré les dimensions. On l'avait balayée avec soin, et l'on avait garni l'estrade de nattes de roseaux, de coussins et de deux vieux tapis frangés, de la grandeur de nos foyers ordinaires. Nous nous assîmes pour consulter nos cartes. L'une était française, l'autre était celle de Robinson, mais elles se contredisaient dans leurs indications au sujet du district que nous avions à traverser, et elles ne nous furent pas d'une grande utilité[1].

---

[1] Je dois ajouter que même dans la carte qui accompagne l'excellent

À huit heures, nos chevaux et nos hommes étaient prêts; nous montâmes à cheval, mais nous allions lentement, car nous étions entourés et suivis par un grand nombre des habitants du village. Mon frère était en conversation sérieuse avec le sheikh. Le vieillard aveugle marchait à côté de moi, la main sur le cou de mon cheval, que le tapissier juif conduisait avec beaucoup de soin dans les rues tortueuses et inégales. Nous nous arrêtâmes quand nous fûmes arrivés à l'aire qui se trouvait à la sortie du village, et nous prîmes congé de nos amis de Kefr Kâra. Le bon vieillard aveugle porta ma main à ses lèvres et à son front en disant : « Qu'Allah vous conserve, ô ma fille! et vous préserve de tout danger! »

Ce fut au milieu de ces salutations affectueuses et de ces paroles d'adieu, qui retentissaient encore à nos oreilles, que nous partîmes au petit galop à travers la vaste plaine cultivée; puis, franchissant le lit rocailleux d'une rivière, nous montâmes jusqu'à une chaîne de collines tapissées de fleurs sauvages et couvertes d'une telle quantité de chênes toujours verts qu'elles en étaient comme assombries. Nous dirigeâmes notre course du côté de l'est, en ayant à nos pieds une succession de vallées et de collines. Le courrier nègre était toujours avec nous. J'appris qu'il était un mangeur invétéré d'opium, et qu'il dormait toujours les yeux tout grands ouverts, qu'il fût debout ou assis.

Nous arrivâmes en une demi-heure à un petit village très-peuplé, bâti de pierres et de terre glaise, et là nous renvoyâmes notre guide, auquel nous ne pouvions plus nous fier, car il avait des ennemis dans ce district et ne nous

guide de Murray, l'on n'a pas marqué *Kefr Kâra* et *Khubeizeh*. Mais une des cartes du *Weekly Dispatch Atlas* a noté *Khubeizeh* et les villages environnants, et indique, à ce qu'il me semble, avec assez d'exactitude leurs diverses positions.

conduisait qu'en tremblant. On étendit pour nous un tapis à l'entrée du village, sur un talus de gazon bien ombragé; nous mîmes pied à terre et prîmes avec le sheikh de l'endroit les pipes et le café. Les anciens et les principaux du village, avec leurs grands manteaux de poil de chameau et leurs turbans blancs, s'assirent à terre, en demi-cercle, en face de nous; ils étaient complétement armés. Après les saluts et les compliments d'usage, ils demandèrent avec empressement les *khubber*, c'est-à-dire les nouvelles, en disant : « D'où venez-vous, monseigneur, et quelles nouvelles apportez-vous? » Tous paraissaient actifs, énergiques, et ils étaient questionneurs et communicatifs. Ils différaient à cet égard des Bédouins que nous avions rencontrés dans la vallée du Sel, aussi bien que des villageois de Kefr Kâra.

Je demandai à mon frère l'explication d'un contraste si frappant; voici celle qu'il me donna : « Cette vallée est située dans un pays isolé, très-fertile, mais dénué de toute protection. Elle se trouve sur les confins du Jebel-Nablous, district fréquemment troublé, comme il l'est en ce moment, par la guerre civile. Les habitants sont obligés de se tenir toujours sur leurs gardes et d'être prêts à tout événement. C'est peut-être ce qui leur donne cet air d'intelligence et d'activité; on le retrouve chez tous les gens qui sont habituellement exposés à de grands dangers et qui ont besoin de toute leur prudence, comme de toute leur énergie, pour s'y préparer. » Il y eut alors un échange animé de paroles et de nouvelles : les jeunes hommes et les jeunes garçons se tenaient debout autour de nous par petits groupes, tandis que les gens d'un âge mûr parlaient et fumaient tour à tour.

Un peu au delà du village, je remarquai quelques tentes de poil noir, à l'air misérable, dressées parmi les arbres. Elles appartenaient à une bande de bohémiens, chaudronniers et forgerons ambulants, qui vont de village en village, comme font leurs compatriotes dans les comtés isolés de l'Angleterre, où ils commettent toutes sortes de déprédations dans les fermes, quelquefois même dans les maisons. Les bohémiens sortirent de leurs tentes pour venir nous regarder. Ils avaient tous le teint d'un brun très-foncé. Les hommes avaient une physionomie sombre et sévère : ils étaient vêtus de toile grossière, retenue autour de la taille par des ceintures de cuir. Ils avaient pour coiffure des châles noirs attachés autour de la tête par des cordes de poil de chameau, à la manière des Bédouins. Les femmes étaient robustes, hardies, et les jeunes filles entreprenantes, mais elles semblaient pourtant avoir un bon naturel. Leurs traits étaient fortement accusés. Elles s'approchèrent, et m'examinèrent avec curiosité, témoignant beaucoup de surprise de me voir ainsi voyager sans aucune femme pour me servir. Je remarquai que, dans leur salut, elles ne prononçaient jamais le nom d'*Allah*, quoique ce soit généralement le premier mot qui sorte de la bouche d'une femme arabe.

Ces bohémiennes portaient de longues et lourdes chemises d'une laine grossière, de couleur sombre, sans aucune ceinture, et assez semblables aux costumes dont les dames se servent en Angleterre pour prendre les bains de mer.

Elles n'avaient, outre ce vêtement, qu'un châle ou un mouchoir noué sur la tête et d'où s'échappaient les longues mèches en désordre de leurs cheveux noirs. Elles portaient, autour de leurs bras tatoués, de larges bracelets d'argent, et quelques-unes avaient à leurs doigts des bagues massives couvertes de signes cabalistiques, et destinées à préserver de tout mal celles qui les portaient.

Les garçons étaient nus ou peu s'en faut. Ils essayèrent à l'envi d'attirer notre attention en faisant la roue, marchant sur leurs mains, et se suspendant par les pieds aux branches élevées des arbres d'alentour.

Indépendamment de leur métier de chaudronnier, ces gens font les tours les plus étonnants de jonglerie, de gymnastique et de magie.

Dans les villes ou les grands villages, les habitants les retiennent volontiers et se font dire par eux leur bonne aventure, ou leur demandent l'explication des rêves ou des présages mystérieux; on les paye pour donner des divertissements dans les maisons particulières ou sur les places publiques. J'ai vu plusieurs fois à Haïfa des bandes de cette race mystérieuse, et j'ai assisté à leurs représentations de nécromancie ou plutôt à leurs tours de passe-passe, exécutés en plein air, à la lueur des torches. Voici l'un de ces tours qui m'a le plus frappée.

Ils demandaient un jeune garçon de bonne volonté : quand il s'était offert du milieu de la foule, ils le saisissaient, et le coupaient en six morceaux! Je dis le coupaient, *car l'illusion était complète.*

Après quelques minutes, pendant lesquelles se manifestaient l'horreur et la surprise des spectateurs, ils réunissaient les six morceaux et le jeune garçon plein de vie se relevait et se sauvait en courant. En général, les Arabes, et surtout ceux des classes inférieures, croient fermement au pouvoir occulte des bohémiens. Ils les craignent et les haïssent à la fois, et cependant ils les patronnent et les encouragent à un point étonnant. Ces gens parlent arabe, mais ils ont aussi un langage qui leur est particulier. J'ai entendu dire au savant docteur Duff que la langue des bohémiens de l'Inde, dont il avait fait un vocabulaire, ressemblait assez à celle des bohémiens de l'Europe, et que beaucoup de mots étaient identiques. Ces bandes sont très-malfaisantes, et, quand l'une d'elles se trouve dans le voisinage, il devient indispensable de faire bonne garde autour des volailles, des agneaux et des chevreaux, et de veiller deux fois plus encore sur les vergers, les vignes et les champs de concombres.

Le sheikh du village nous procura un guide pour nous conduire à Arrabêh, et nous remontâmes à cheval.

Les Bohémiennes ne pouvaient comprendre comment il m'était possible de me tenir en selle, en mettant mes deux pieds du même côté, à l'européenne, et elles me disaient : « Les collines des environs d'Arrabêh sont très-escarpées, madame, et vous tomberez de votre cheval si vous restez assise de cette manière. »

Nous dirigeâmes notre course pendant un peu de temps vers le sud; par moments, nous apercevions, sur notre droite, l'immensité de la mer. Puis nous tournâmes brusquement à l'est, et, pendant près de deux milles, il nous fallut marcher à la file le long d'un étroit sentier qu'ombrageaient des arbres de diverses espèces. Les plus nombreux étaient des aubépines et des chênes verts, au feuillage luisant. Dans les parties où l'ombre était la plus épaisse, croissaient en abondance sur les rochers et tout autour les cyclamen, les fougères, le bois-gentil, les mousses les plus variées, tandis que çà et là, dans les clairières exposées aux rayons du soleil, nous apercevions des renoncules tout épanouies, des anémones, des dents-de-lion et de charmantes marguerites. Quelques-unes des branches d'arbres étaient couvertes de noix de galle. Nous fîmes halte pour examiner les ruines d'une ancienne ville sur laquelle il ne reste aucune espèce de tradition. Ce n'étaient partout que grands blocs de pierres taillées, fondations de murs, petits débris de vases, et ces traces de la main et de l'art des hommes s'étendaient sur un espace d'un mille et demi environ, sur la pente des collines; seulement nous ne vîmes ni sculptures ni inscriptions. Notre guide ne put rien nous dire au sujet de cet endroit; tout ce qu'il savait, c'était que cette place était appelée « El Khirbeh, *la Ruine*. Un berger que nous vîmes assis sur le rebord d'une antique citerne, nous fit une réponse aussi peu satisfaisante.

Nous descendîmes alors dans une vaste plaine remarquable surtout par l'abondance des ronces et des épines; ce fut au milieu d'elles que je vis, pour la première fois, du muguet et une grande variété d'orchidées. J'en remarquai surtout deux, l'*orchis mouche* et l'*orchis abeille*, qui étaient dans toute leur beauté. Des centaines de petits oiseaux, effrayés à notre approche, s'envolaient, en chantant et en gazouillant, de leurs nids cachés dans les buissons. Nous cueillîmes du serpolet, que nous mangeâmes très-volontiers avec le pain apporté d'Haïfa, car l'air du matin nous avait aiguisé l'appétit. Partout, sur les rochers blanchâtres, couraient des milliers de lézards, et de temps à autre un lièvre passait, comme une flèche, à travers le sentier.

Tout en avançant, mon frère m'expliquait avec soin les difficultés que rencontre le gouvernement du district de Jebel-Nablous, dont nous approchions. « La ville de Nablous, me disait-il, le siége du gouvernement, renferme environ douze mille habitants; sur ces douze mille, trois cents seulement sont chrétiens, cinquante sont juifs, et deux cents à peu près sont samaritains; tout le reste est composé de Musulmans de la classe la plus intraitable et la plus fanatique. »

Les montagnes environnantes sont occupées par quatre grandes factions, toujours en guerre l'une avec l'autre. Ce sont : 1° la famille *Abdul-Hady*, dont le quartier-général est à Arrabeh; 2° les *Jerrars*, qui ont une forteresse à Senûr: — Ces deux familles sont sorties de la classe des paysans et ont un grand nombre de partisans dans presque tous les villages du district ; — 3° la tribu du *Tokan*, qui a une grande influence parmi les tribus de même origine qui vivent dans le désert oriental; 4° enfin les *Rayan*, qui sont Bédouins d'origine, et et très-puissants. Ils s'assemblent à l'ouest de Nablous. C'est dans l'une de ces quatre grandes factions rivales que le gouverneur de Nablous est généralement choisi et légalement nommé par le pacha de Jérusalem.

Lorsqu'un gouverneur est déposé, soit parce qu'il a donné des sujets de mécontentement, soit parce qu'il n'a pas satisfait la rapacité des *effendis* et des gens qui entourent le pacha, aussitôt l'un des membres d'une des factions rivales se hâte d'aller solliciter la place vacante. Il cherche, à force d'argent et de présents, à acheter la faveur des secrétaires et des principaux conseillers du pacha, et, appuyé de leurs sollicitations et de leur influence, il réussit à se faire nommer. A peine installé, il se sert de tous les moyens, justes ou injustes, qui sont en son pouvoir, pour rentrer, et avec intérêts, dans les sommes qu'il a dépensées pour corrompre ses protecteurs. Il lève des impôts sur les pauvres et les gens sans appui; il pille impunément tous ceux qui n'osent ou ne peuvent résister à son pouvoir. Il a, par exemple, le droit de nommer les sheiks de tous les villages du district. Il maintient dans leurs fonctions ceux que son prédécesseur avait nommés, mais à la condition de recevoir d'eux, au moment de son entrée au pouvoir, des présents qui lui paraissent convenables et suffisants; s'ils négligent ce devoir, il donne leur emploi à ceux qui lui font des offres plus généreuses.

Cet état de choses durait depuis nombre d'années, lorsque en 1851, près de cinq cents personnes furent tuées et autant furent blessées, dans un conflit entre ces factions rivales. Le gouvernement turc publia alors un édit déclarant qu'aucun membre de ces diverses familles ne remplirait désormais un des hauts emplois dans le Jebel-Nablous.

« Malheureusement, ajouta mon frère, on a depuis lors méconnu les prescriptions de cet édit. La famille Abdul-Hady a réussi à regagner la faveur des autorités; Mahmoud Bek Abdul Hady est gouverneur en chef de Nablous; son cousin Saleh Bek, dont le frère, Mohammed Bek, règne à Arrabeh, siége de la famille, est gouverneur d'Haïfa. C'est pour réprimer une insurrection du peuple contre Mohammed Bek, que le gouverneur général, Kamîl Pacha est en ce moment campé à Nablous, avec un corps nombreux de cavalerie; mais il se trouve dans un grand embarras. Il est environné de conseillers avides et intrigants, qui ne se font aucun scrupule d'accepter des présents et de se lier avec l'une ou l'autre des factions. Ma mission, pour le moment, est simplement d'examiner les choses avec soin, et de faire à M. Finn un rapport sur ce qui se passe; on me charge de découvrir, si c'est possible, le véritable état des affaires, sans y prendre part ou m'y mêler en quoi que ce soit. Vous pourrez m'aider un peu dans cette circonstance, en observant, sans en avoir l'air, l'état des villes, car nous serons probablement séparés l'un de l'autre à Arrabeh et à Senûr. Le fait que vous êtes ma compagne de voyage décidera peut-être quelques-unes des familles que nous allons visiter à vous recevoir avec plaisir et sans défiance dans l'intérieur de leurs forteresses. »

Les informations que mon frère venait de me donner augmentèrent beaucoup pour moi l'intérêt de notre expédition. Nous étions encore dans la plaine, mais les ronces et les épines avaient fait place à des champs d'orge et de blé, ainsi qu'à des terres bien cultivées. Le soleil brillait au-dessus de nos têtes, mais la pluie tombait sur les collines en terrasse que nous avions en face de nous et sur lesquelles nous apercevions des bosquets d'oliviers et des arbres fruitiers couverts de fleurs. Dès que nous en fûmes près, nous sentîmes d'énormes gouttes de pluie, et nous nous trouvâmes bientôt au milieu d'une forte averse. Nous pressâmes le pas de nos chevaux, et descendîmes dans une étroite vallée, à l'extrémité de laquelle, sur un monticule de rochers, nous apparut la ville d'Arrabeh, avec ses murs crénelés et ses tours, splendidement éclairées par un rayon de soleil. Après une ascension des plus difficiles sur des dalles de rochers glissants ou sur des pierres roulantes, disposées comme l'auraient été les marches d'un escalier roide et irrégulier, nous atteignîmes enfin Arrabeh.

Il était plus de midi et la pluie tombait à torrents, comme nous franchissions les portes bardées de fer et soigneusement gardées de la ville. Arrabeh est une des villes les mieux fortifiées de toute la Palestine, mais elle est à peu près inconnue des voyageurs, à cause de son éloignement de la route ordinairement suivie ; elle n'est même pas indiquée dans le *Guide* de Murray, mais on la trouve sur la carte qui y est jointe.

Les maisons ont toutes l'air de petits châteaux forts ; elles sont carrées, et leurs toits plats, formant terrasse, sont garnis de parapets. Nous nous rendîmes directement à la résidence de Mohammed Bek Abdul Hady, gouverneur de la ville. La maison, comme celle de tous les Musulmans de la ville, était divisée en deux parties distinctes : l'une, appelée le divan, est occupée par les hommes ; l'autre est réservée pour les femmes et s'appelle le harem. Le rez-de-chaussée était consacré aux soldats et aux chevaux, et c'est là que furent logés nos gens et notre suite.

Nous montâmes un escalier de pierre, qui était découvert ; puis, traversant une large cour, nous entrâmes dans le divan, grande pièce voûtée et éclairée de trois côtés par de larges fenêtres cintrées, qui donnaient sur la vallée et sur les portes de la ville. Les embrasures des fenêtres étaient garnies de sièges bas et profonds, recouverts de tapisseries et de coussins. Les femmes ne paraissent jamais dans cette pièce ; et l'on me dit plus tard que j'étais la seule qui

16.

en eût jamais franchi le seuil. Le gouverneur était absent, mais nous fûmes reçus avec beaucoup de courtoisie par ses parents, qui nous dirent, en nous baisant les mains : « Cette maison est à vous, et nous sommes à votre service. » Ils témoignèrent une vive surprise de voir que nous eussions entrepris notre voyage, tandis que le pays était si agité. Ils nous dirent qu'il ne se passait pas de jour sans escarmouche dans le voisinage, et que cent cinquante personnes, au moins, avaient été tuées dans l'espace de quelques jours. On volait les troupeaux et l'on détournait les chameaux, pour s'emparer de leurs charges. La veille même, il y avait eu, près d'Arrabeh, un combat, dans lequel beaucoup de gens avaient péri. Les fils et les neveux du gouverneur y avaient pris part, et nous donnèrent tous ces détails. L'un d'eux, jeune garçon de seize ans, nous montra comment il s'était jeté par terre, et avait fait semblant d'être mort, pour éviter un coup terrible, qui était dirigé contre lui. Il nous montra sa lance, teinte de sang, et ses pistolets, dont il était très-fier ; ils avaient été fabriqués en Angleterre.

Les plus jeunes fils, âgés de dix et onze ans, furent chargés de me conduire au harem. Ils me firent passer sur des toits en terrasses, à travers des cours, des salles et des passages, jusqu'au quartier réservé pour les femmes. On m'introduisit dans une vaste chambre voûtée, dallée en pierre, et dont les murs étaient blanchis à la chaux. Elle ne recevait de jour que par la porte ; car les vitres n'étant pas en usage dans ce pays, on avait fermé les volets de bois pour se préserver de la pluie. Mes jeunes guides, Sélim et Saïd, coururent devant moi, en criant d'une voix triomphante : « Une jeune Anglaise ! Une jeune Anglaise ! Venez, venez voir ! » J'entrai, et en un moment, je me trouvai entourée d'un groupe assez nombreux de femmes, dans les costumes les plus brillants. Leur teint présentait toutes les nuances, depuis le noir foncé des esclaves abyssiniennes au costume écarlate et argent, jusqu'à la teinte olivâtre et bronzée des femmes arabes vêtues d'étoffes violet et or.

Elles fondirent sur moi, comme si j'avais été un nouveau joujou qui leur fût destiné. Elles m'embrassèrent l'une après l'autre, et caressèrent mon visage. Elles n'avaient jamais vu d'Européen, et m'assurèrent que jamais fille des Francs n'était entrée dans leur ville avant moi.

« Soyez la bienvenue, me disaient-elles, ô notre sœur d'une contrée lointaine; cette maison est à vous, et nous sommes vos servantes. » Puis elles ne cessaient de me questionner pour savoir avec qui, comment et de quel pays j'étais venue. Les dames portaient de longs et larges pantalons de soie de couleur, de courtes vestes bien ajustées, en drap ou en velours, brodé d'or ; elles avaient des fleurs et des bijoux dans leur coiffure. Les servantes avaient des costumes en coton et les esclaves en drap rouge. Elles regardaient avec étonnement mon chapeau et mon habit de cheval si long, si sombre et si terne à côté de leurs brillants habits. Je leur témoignai le désir de changer de vêtement, parce que les miens étaient mouillés.

Les jeunes garçons allèrent aussitôt donner l'ordre qu'on apportât mon porte-manteau à l'entrée de l'enceinte du harem, où deux esclaves allèrent le chercher. Dès que je l'eus ouvert, les dames, les servantes, les enfants se précipitèrent à la fois pour en examiner le contenu. En moins de deux minutes, il fut presque entièrement vide. Mantelets, toilettes du matin ou du soir, robes de nuit, cols, manches, tout passait de main en main ; et comme elles n'en connaissaient pas l'usage, elles les essayaient, en les mettant parfois de la manière la plus bizarre. Une des jeunes filles avait pris un petit col de dentelle ; elle l'arrangea avec beaucoup de goût sur son front, s'imaginant qu'il faisait partie d'une coiffure. Ces enfantillages m'amusaient beaucoup; cependant je fus obligée de mettre un terme à ce désordre, en leur disant de tout replacer dans la boîte, ce qu'elles firent aussitôt. J'avais déjà remarqué que les femmes arabes sont comme les enfants; presque toujours il suffit qu'un ordre soit donné avec douceur, mais avec fermeté et décision, pour qu'elles se soumettent immédiatement.

Je m'habillai alors dans la chambre où nous étions, car elles m'assurèrent qu'il n'y en avait point d'autre pour cet usage. C'était, j'imagine, parce qu'elles désiraient examiner tous mes vêtements, et voir de quelle manière je les mettais; ils leur paraissaient si différents des leurs! Elles trouvèrent que je portais trop de choses à la fois. Pour elles, leur costume, plus simple, se compose d'une chemise de coton fin ou de crêpe, qui monte jusqu'au cou, s'ouvre sur le devant, et est garnie de longues et larges manches, puis de pantalons également très-larges attachés à la taille et au-dessus du genou, mais tombant en plis gracieux presque jusqu'à terre; enfin, d'une courte veste, ouverte par-devant, et d'un châle serré autour de la taille, comme une écharpe ou une ceinture. On envoya très-obligeamment mes habits pour qu'on les fît sécher près du four, et l'on disposa pour moi, sur le parquet, avec des coussins, un siége des plus commodes. Une des dames prépara un sorbet avec du jus de grenades, et vint me l'offrir elle-même; une autre m'apporta du café dans une petite tasse de porcelaine de Chine, sans anse, renfermée dans une autre coupe en argent, relevée en bosse, ciselée avec beaucoup d'art, et qui avait la forme et la grandeur d'un de nos coquetiers. *Sit Habîbî* s'assit alors à mes côtés, en fumant un narghilé, et en réponse à mes questions, m'apprit qu'elle était la plus âgée des femmes de Mohammed Bek, le gouverneur d'Arrabeh, me désignant en même temps deux autres dames qui partageaient avec elle cette dignité. Puis, sur ma demande, elle me présenta les trois femmes du gouverneur d'Haïfa, Saleh Bek. Ces dames furent très-surprises lorsque je leur dis que je connaissais très-bien leur mari et qu'il m'avait chargée de beaucoup de choses aimables pour elles. Elles ne pouvaient le comprendre, car c'était pour elles chose inouïe qu'une femme eût vu un homme, qui n'était pas son proche parent. Une dame musulmane, en effet, ne peut pas même voir son futur époux avant le jour de son mariage. Une des femmes me demanda d'un air un peu soupçonneux si Saleh Bek avait établi un harem à Haïfa. Je m'empressai de les rassurer et de mettre leur esprit en repos sur ce point. Toutes les femmes montrèrent beaucoup de curiosité à l'égard des Anglais. *Werdeh* (ce mot signifie *vermeille*) me demanda si mon frère était beau et fort, s'il était blond, si tous les gens de mon pays étaient blancs. Une autre me dit : « Pourquoi voyagez-vous ainsi sans vos femmes ? »

Tout en répondant à ces questions, j'examinais la pièce dans laquelle je me trouvais. Elle était longue et un peu basse, et le carreau en était presque entièrement caché par une belle natte. Du côté opposé à la porte, on avait étendu un étroit matelas, recouvert d'une bande de tapis moelleux, semblable à ceux que l'on voit dans les escaliers. Sur ce matelas étaient des coussins et des oreillers, couverts de soie, appuyés contre le mur. Le tout formait un sofa assez bas, au milieu duquel j'étais assise, entourée par les dames. En face de nous, de chaque côté de la porte, se trouvaient des sièges semblables ou divans, sur lesquels plusieurs femmes ou jeunes filles étaient assises et fumaient. A l'extrémité de la chambre, à ma gauche, je vis deux coffres énormes, en bois, d'un rouge vif, avec des gonds et des serrures en cuivre d'un joli dessin. Derrière ces coffres, s'ouvrait dans le mur une sorte d'arcade profonde où l'on avait empilé les uns sur les autres des matelas et des couvre-pieds ouatés.

De chaque côté de cette arcade étaient suspendus des miroirs de Constantinople dans des cadres dorés. A ma droite, à l'autre bout de la pièce, des servantes et des esclaves noires, assises sur des paillassons, veillaient sur de jeunes enfants qui pleuraient et se disputaient. C'était de ce côté un bruit et un babil continuels, et de temps à autre une explosion de petits cris et d'exclamations. Le pavé de la chambre était élevé de six pouces environ au-dessus du niveau de la cour extérieure, à l'exception d'un espace carré, à l'intérieur de la porte, où les femmes déposaient leurs patins élevés ou leurs souliers, avant d'entrer dans la chambre.

Werdeh et Habibi s'étaient assises près de moi et caressaient doucement mon visage et mes cheveux. Elles s'étonnaient que je ne portasse sur ma tête ni coiffure ni ornements. La plus jeune des femmes de Saleh Bek, d'Haïfa, nommée *Helweh*, ce qui signifie douceur, était assise tout près de la porte ouverte, dans une gracieuse attitude. Elle n'avait que seize ans, et me paraissait si jolie, si gaie et si animée, que j'ouvris mon livre de croquis pour faire son portrait. Lorsque les femmes s'aperçurent de ce que je faisais, elles furent remplies d'étonnement, car elles n'avaient jamais vu personne dessiner une figure ou quelque autre objet; cela même est contraire aux préceptes de la religion musulmane. Elles s'écriaient : « O œuvre d'Allah ! c'est la figure d'Helweh. Voici ces yeux qui nous regardent, voici la pièce d'or sur son cou, et sa main tient le narghillé. Oh ! que c'est merveilleux ! » Herweh s'approcha immédiatement pour regarder le dessin, et me demanda si c'était parce qu'elle était la plus jolie que j'avais fait son portrait. Je lui dis que je dessinerais volontiers de même toute autre femme qui voudrait bien s'asseoir près de la porte, à l'endroit qu'éclairaient les rayons du soleil. Les autres femmes s'empressèrent de prendre tour à tour la même place, et je fis deux autres croquis; mais Herweh était de beaucoup la plus jolie. Elle avait une voix d'une extrême douceur, chose assez rare parmi les femmes arabes, et elle était simple et franche dans ses manières. Elle portait des pantalons de soie jaune, soutachés de soie noire sur les côtés; ses pantoufles étaient jaunes et se relevaient en pointe recourbée vers l'extrémité des doigts. Elle ne portait point de bas; sa veste de velours noir était magnifiquement brodée d'or, et un châle violet, vert et rouge, noué assez bas autour de sa taille, lui servait de ceinture. Un large collier de pièces d'or ornait son cou, et une calotte de drap rouge, petite et peu profonde, était coquettement posée sur un des côtés de sa jolie tête; un beau gland, suspendu à des boules d'or, ajoutait encore à l'effet de cette coiffure. Ses cheveux, entremêlés de tresses de soie, étaient partagés en neuf nattes, qui tombaient droit sur ses épaules. Autour de sa tête, par-dessus sa calotte de drap rouge, ou tarbouche, elle portait des cordons de perles, des pièces d'or, mêlées d'émeraudes et de diamants, avec de petits bouquets d'immortelles rouges, jaunes et violettes, fleur qui croît sans culture sur les collines de la Palestine. Elle avait de grands yeux noirs; ses sourcils étaient couverts d'une couche épaisse de peinture, et ses paupières bordées d'une teinture de *kohl*. Des mouches d'une couleur bleue étaient placées çà et là sur son menton et sa poitrine, et l'on avait tatoué une étoile bleue sur son front. Toutes les femmes étaient parées plus ou moins, de la même manière, et elles auraient désiré vivement me tatouer et me peindre comme elles.

J'écrivis en arabe, sur mon livre de notes, les noms de toutes les femmes, de leurs enfants et de leurs servantes; et, en anglais, la description de leurs toilettes. Helweh était née à Kefr Kâra, et m'apprit les noms de tous les villages environnants. Je leur expliquai l'usage de ma carte de géographie, et leur montrai comment je pouvais avec elle connaî[tre] la position de Senûr et des autres villes. Alors, de plus e[n] plus surprises, elles redoublèrent leur exclamation favorite : « O œuvre de Dieu ! » car elles n'avaient jamais en[]tendu dire qu'il fût possible à une femme de lire et d'écrire Elles savaient que les hommes pouvaient le faire, et leu[r] propres fils allaient à l'école à la mosquée, où un savan[t] derviche leur enseignait à entonner le Coran et à écrire u[n] peu. Mais elles s'imaginaient que les garçons étaient dou[és] de quelque faculté particulière qui les rendait capables d'é[]tudier et de comprendre le mystère des *paroles écrites*.

Sélim et Saïd, mes deux jeunes guides, furent eux-mêmes tout étonnés, et je les entendis s'écrier : « Mashallah! l'é[]trangère sait écrire notre langue! »

A trois heures de l'après-midi (c'est la neuvième heure chez les Orientaux), quelques négresses, presque complète[]ment voilées par les longs draps blancs qui les envelop[]paient, apportèrent le dîner. La première portait un peti[t] guéridon bas, en bois incrusté d'ivoire et de nacre de perle; elle vint le poser à terre devant moi ; une autre posa dessu[s] un lourd plateau de métal, de forme ronde et évidemmen[t] ancienne, sur lequel étaient gravées, en arabe, des senten[]ces du Coran.

L'on m'offrit en même temps une serviette assez large e[t] brodée en or. Après ces préparatifs, je fus enchantée de voir paraître quelque chose à manger, car j'avais grand'[]faim. Le plateau fut promptement couvert de divers plats, dont voici l'énumération : Un petit plat d'œufs frits, — un bol en bois plein de *lebben*, ou lait caillé; — un bol de crème sucrée, faite avec du lait de chèvre ; — un plat d'au[]don très-épais, ressemblant à notre *blanc-manger*, garni de feuilles de roses glacées au sucre, ainsi que d'amandes et de pistaches hachées; — un grand plat de riz bouilli dans du beurre et tout couvert de petits morceaux de mouton frits; — enfin un plat de noix, de fruits secs, d'amandes et d'écorces de citrons confites dans du sucre.

Une jeune esclave noire, avec de courts pantalons et une jaquette écarlate, un collier en argent, des bracelets du même métal aux bras et au bas des jambes, se tenait debout près de moi; elle avait à la main une aiguière en argent pleine d'eau, pour m'offrir à boire, toutes les fois que je le voudrais. Il n'y avait ni un couteau ni même une cuiller, et je ne vis pas une seule assiette pour mon usage particulier. Je me lavai les mains, et l'on m'invita à prendre à même les plats ce qui me conviendrait, avec un morceau d'un grand pain plat, qui ressemblait très-fort à du cuir. On s'aperçut pourtant bientôt que je n'étais pas très-accoutumée à cette manière de manger, et l'on m'apporta une grande cuiller de bois, qui servait pour la cuisine, ce qui fit beaucoup rire les enfants. Je désirais que les dames mangeassent avec moi, mais elles ne le voulurent pas. Elles permirent pourtant à Selim et à Saïd de le faire; ils eurent bientôt tortillé leurs pains plats en forme de cuiller, et s'en servirent très-adroitement pour prendre le lait et les œufs; quant à la viande et au riz, ils les saisirent très-délicatement avec leurs doigts. Les dames, pendant ce temps, restaient debout autour du guéridon, pour veiller à ce que je ne manquasse de rien.

Quand j'eus fini de manger, l'on transporta le plateau au milieu de la chambre, et l'on plaça devant moi un grand bassin de métal, muni d'un couvercle percé de trous.

J'y trouvai un morceau de savon du pays avec cette marque particulière, connue des Orientaux sous le nom de : « Sceau de Salomon. »

Pendant que je m'en servais, l'on répandait sur mes mains le contenu d'une aiguière d'argent, de forme curieuse, assez semblable à quelque antique cafetière, et d'où l'eau, qui jaillissait par un goulot long, étroit et recourbé, après avoir ruisselé sur mes doigts, disparaissait à travers les trous du bassin. On me tendit de nouveau la serviette brodée, en m'offrant en même temps de l'eau pour me rincer la bouche.

Les trois femmes du gouverneur et celles de son frère, Saleh Bek, avec leurs enfants, s'assirent alors sur les nattes autour du plateau, et plongeant toutes à la fois leurs mains dans les divers plats, elles eurent bientôt achevé ce repas primitif.

Chacune des femmes, dès que son appétit fut satisfait, se leva, reçut de l'eau sur les mains, se rinça la bouche. Puis l'on offrit à la ronde du café noir, très-fort, sans lait et sans sucre.

Deux ou trois nouveaux plats de riz avaient été apportés pendant cet intervalle, et les esclaves avec les servantes s'étaient assises à leur tour devant le plateau. Elles mangèrent avec une rapidité et une voracité qui m'étonnèrent, et toute trace du dîner eut bientôt disparu.

L'on offrit alors aux dames les plus âgées des *chibouques*: ce sont des pipes dont le fourneau est en terre rouge, et que l'on fume au moyen d'un long tube de bois de cerisier ou de jasmin, terminé par un bout en ébène; l'on apporta pour les autres dames deux ou trois nargilehs que l'on se passa tour à tour.

Helweh, après avoir fumé pendant quelques minutes, inclina gracieusement sa tête, plaça une main sur son cœur, porta à son front l'extrémité du tube flexible et le remit à la dame assise à côté d'elle : c'était justement la seconde femme de son propre mari, Saleh Bek. Le bout du nargileh passa avec le même cérémonial d'une dame à l'autre, et même aux mains des servantes, avec ces paroles : « Puisse-t-il vous être agréable ! » Cette politesse cérémonieuse est rigoureusement observée par les Musulmans, même entre les plus proches parents. Les formes de salutations prescrites, et d'un usage habituel, me paraissent avoir pour effet d'entretenir une sorte de paix et d'harmonie dans les harems.

L'on avait préparé pour moi un très-beau nargileh ; il avait au moins un demi-mètre de hauteur. Le vase était en verre, clair comme du cristal et très-bien taillé. Il était rempli d'eau sur laquelle flottaient des feuilles de roses. Tout en haut du col allongé de ce vase était un bol en argent massif, bien ciselé, contenant le charbon enflammé et le tabac persan. Le tube flexible dont les replis sinueux, semblables à ceux d'un serpent, venaient s'adapter à ce bol, était couvert de velours rouge attaché par des fils d'or. Ce tube avait bien près de quatre mètres de long : il avait un bout d'ambre garni de rubis et de turquoises. La fumée passait à travers l'eau, faisait bouillonner et s'agiter les feuilles de roses, et remontait ensuite le long du tube. Grâces à ces précautions, les vapeurs parfumées du tabac étaient rafraîchies et purifiées avant d'arriver à mes lèvres.

Je remarquai que les dames se parlaient à voix basse et semblaient se consulter ; puis Helweh vint s'asseoir près de moi et me dit : « Êtes-vous mariée ? » Et sur ma réponse négative : « Pourquoi donc avez-vous quitté votre père et votre mère ? N'étaient-ils pas bons pour vous ? » Je répondis en leur parlant de tout ce que mon père et ma mère avaient fait pour moi ; comment ma mère, non contente de m'apprendre à lire et à écrire ma propre langue, m'avait enseigné la langue de plusieurs autres pays ; j'essayai de leur faire comprendre comment les parents anglais élevaient leurs enfants.

Mais Werdeh me dit : « Il vaut bien mieux se marier et rester chez soi que de voyager de côté et d'autre. L'on court de grands dangers maintenant, dans ces temps de guerre, et les femmes devraient rester chez elles.

— Werdeh a parlé sagement, ajouta Sit Sâra. Pourquoi ne vous mariez-vous pas?

— Mais, Sitti, répondis-je, il n'y a pas ici d'hommes de mon pays; comment pourrais-je me marier?

— Vous parlez notre langue comme une étrangère, mais avec beaucoup de douceur, reprit Sâra. Un Arabe vous prendrait volontiers pour femme; pourquoi n'épouseriez-vous pas un Arabe? »

La conversation m'amusait beaucoup, et je continuai :

— Ma mère n'est pas ici pour me trouver un mari; comment pourrais-je me marier?

Je pensais que cette réponse suffirait pour les satisfaire et trancher la question; mais Sit Sâra insista.

— Je serai votre mère et je vous trouverai un mari. Mon frère est un cadi, un grand juge à Nablous. Il cherche une femme; il n'en a encore que trois. Il vous aimera, parce que vous êtes blanche.

— Merci, ô ma mère! répondis-je en riant : Quels préparatifs dois-je faire, et quand faut-il que je sois prête?

Sit Sâra réfléchit un moment :

— Combien de chameaux possède votre père?

— Mon père n'a pas de chameaux, répondis-je. Dans mon pays, il n'y en a guère plus de trois ou quatre, que l'on garde comme des curiosités, dans un beau jardin, avec des hommes pour les soigner et les surveiller. Nous avons aussi quelques chameaux empaillés, dans une grande maison en verre.

Elles se mirent toutes à rire aux éclats, et s'écrièrent :

— Oh! que c'est étonnant!

— Les oliviers de votre père sont-ils jeunes et donnent-ils beaucoup de fruits? continua Sâra.

— Mon père n'a pas d'oliviers.

Ceci les surprit encore plus. Sâra reprit :

— Au moins, votre père a de l'or; il vous donnera de cet

or, des pierres précieuses, avec une boîte rouge pleine d'habits et de linge, quelques coussins de soie, un berceau de bois rouge et beaucoup de savon. Mon frère est très-riche; il donnera à votre père, pour votre dot, des chameaux et des pièces d'or.

Je m'aperçus qu'elles s'imaginaient que j'avais parlé sérieusement, car toutes se mirent à frapper des mains, et l'une d'elles, en signe de réjouissance, entonna le chant suivant :

> « O dame Miriam, enfant d'une terre lointaine.
> Demeurez avec nous et nous serons heureuses!
> Vous serez chérie plus que toutes les autres femmes
> Dans la maison de mon frère!
> Vous serez sa reine et la joie de son cœur!
> Car votre visage est comme la lune,
> Et vos paroles sont aussi précieuses que des perles!
> O dame Miriam, enfant d'une terre lointaine,
> Demeurez avec nous et nous serons heureuses! »

Toutes les femmes se levèrent alors, et, se tenant debout, en cercle, formèrent une sorte de chaîne, en glissant chacune la main dans la ceinture de sa voisine. Elles tournèrent d'abord avec un mouvement doux et lent, en marquant la cadence par un chant monotone, tandis que les servantes et les enfants, assis à terre, battaient la mesure, en frappant dans leurs mains.

> « Chantons, dansons,
> Il regarde par les treillis;
> Il nous jettera une pluie d'argent;
> Il nous jettera une pluie d'or!
> Dansons, chantons;
> Plus vite, plus vite; plus fort, plus fort!
> Qu'il entende l'accord de nos voix;
> Qu'il entende le bruit de nos pas!
> Dansons, chantons;
> Plus vite, plus vite, plus fort, plus fort!
> Il nous jettera une pluie d'argent,
> Il nous jettera une pluie d'or! »

Elles répétèrent sans se lasser ces mêmes paroles, et la

danse, augmentant peu à peu de rapidité, devint bientôt très-animée, mais sans que les danseuses cessassent d'observer la mesure. Elles s'assirent enfin, brisées de fatigue. Je profitai de ce repos pour leur dire comment je passais mon temps à Haïfa, et pour essayer de leur donner une idée de notre intérieur à Londres ; je leur expliquai comment il était tout à fait possible d'y vivre sans chameaux et sans oliviers. Elles me demandèrent si l'on dansait en Angleterre, et furent très-choquées lorsque je leur appris que les hommes et les femmes dansaient ensemble.

Au coucher du soleil, le petit Selim vint me dire que mon frère désirait me parler, et il me conduisit près de lui. Mon frère était dans la chambre voûtée, avec plusieurs effendis et nobles Musulmans, qui me demandèrent si je ne craignais pas de voyager dans un pays où les gens étaient occupés à se battre et à piller. — « Non, répondis-je : Je n'ai point peur, Excellences, car j'ai toujours trouvé les gens de ces contrées bons et obligeants pour les étrangers. » « Alors, dirent-ils, puisse Allah rendre pour vous la route facile ! »

On apporta dans le divan le souper de ces messieurs, et je retournai dans le harem. Je le trouvai gaiement éclairé par de petites lampes d'argile rouge, placées dans des niches le long des murs, et par une très-grande lanterne, qu'on avait posée sur un tabouret très-bas, au milieu de la pièce. Les femmes me témoignèrent leur étonnement de voir que j'avais osé me rendre au quartier des hommes. Je cherchai à leur expliquer nos usages, et l'habitude qu'ont les hommes et les femmes de se rencontrer constamment à la promenade, en voiture, à cheval, sans que les femmes aient jamais le visage voilé. Je les surpris encore davantage, quand j'ajoutai : « Nous sommes gouvernés par une sultane, nommée « Nassirah » (*Victoria*) ; elle est si aimée et si respectée par ses sujets, que lorsqu'elle paraît dans les rues ou dans les places publiques, le peuple pousse des acclamations de joie, et s'écrie : « Dieu garde la sultane! » Alors son visage exprime la joie, et elle regarde tout le monde d'un air gracieux, saluant également le pauvre et le riche. A certains jours, les nobles, les savants ainsi que ses officiers sont admis en sa présence, et lui baisent la main. » Elles crièrent : « Oh! que c'est étonnant! » « Votre sultane, me demanda Sara, est-elle mariée? » — « Oui, lui répondis-je, elle est mariée; mais le prince, son mari, ne prend aucune part au gouvernement. » Une lumière soudaine sembla les frapper, et je m'aperçus que je leur avais donné, sans le vouloir, l'idée qu'en Angleterre ce sont les femmes qui gouvernent, et qu'elles sont en tout supérieures aux hommes. Je ne pus réussir à détruire entièrement cette impression, car elles disaient : « Votre sultane ne conserverait pas le sceptre entre ses mains, si elle n'était pas plus sage et plus forte que les hommes! » Une des femmes me dit : « Votre frère le consul sait-il écrire? » Je fis tous mes efforts pour lui donner une idée plus favorable des hommes, mes compatriotes ; mais il paraît que j'eus peu de succès, car elles me semblèrent persuadées que les femmes leur étaient supérieures.

Le souper nous fut apporté de la même manière que le dîner, avec l'addition d'un grand plat, rempli de petites saucisses vertes, faites avec de la viande hachée et du riz, roulés dans des feuilles, et accommodés au beurre. Je les trouvai très-bonnes. Asmé, belle petite fille de huit ans environ, la fille aînée de Saleh Bek, ainsi que Selim, mangèrent avec moi. Les dames restèrent debout à nous servir. Je leur dis comment, en Angleterre, on s'assied sur des chaises, autour d'une table élevée, et comment l'on mange de différents plats, l'un après l'autre, avec des couteaux, des fourchettes et des cuillers; mais quand j'ajoutai que les hommes et les femmes mangeaient ensemble, elles s'écrièrent : « Oh! que c'est incroyable! » — Jamais elles n'avaient entendu dire qu'une femme mangeât en présence d'un homme, fût-il son père ou son mari.

Après souper, elles parlèrent de la guerre. Elles me dirent combien elles craignaient pour leurs deux fils aînés, continuellement mêlés aux combats dans les montagnes, quoiqu'ils ne fussent âgés que de quinze ou seize ans. Ces jeunes gens avaient été plus d'une fois légèrement blessés; et, chaque jour, leurs mères craignaient d'apprendre que l'un d'eux avait été tué.

Puis elles commencèrent un chant en l'honneur du gouverneur, Mohammed Bek, qui était absent d'Arrabeh; j'en ai conservé les paroles :

« Puissent nos ennemis périr devant lui,
Puisse le bras de notre prince être fort,
Puisse-t-il être puissant sur le champ de bataille,
Et ses ennemis périr devant lui!
Que nos bergers puissent garder
En paix leurs troupeaux!
Et nos chameaux porter
Leurs fardeaux en sûreté!
Puissent nos ennemis périr devant notre prince,
Notre prince et notre protecteur!
Puisse-t-il revenir à nous avec joie,
Une grande joie, et comme un conquérant!
Et tous les habitants des montagnes
Trembleront devant lui! [1] »

Les esclaves noires dansèrent ensuite; chacune d'elles se tenait debout seule et un peu à part de ses compagnes. Elles

---

[1] Les chansons arabes sont très-difficiles à comprendre pour les étrangers. Tout ce que je pus faire, en entendant les femmes chanter celle-ci, fut de saisir à peu près le sujet, et de suivre quelques-unes des idées principales. Helweh, sur ma demande, m'en expliqua les paroles en s'aidant du geste et des mots les plus intelligibles pour moi. Une année plus tard elle devint notre voisine à Haïfa, et, grâce à ses efforts, je pus arriver à les comprendre suffisamment pour les traduire en Anglais.

agitaient lentement et avec beaucoup de grâce leurs bras au-dessus de leur tête en inclinant graduellement leur corps en avant; puis, tout à coup, elles relevaient la tête, se redressaient de toute leur hauteur en tenant leurs mains en l'air.

Leurs membres me parurent souples et flexibles; elles semblaient trouver un grand plaisir à danser, mais leur danse même n'était ni animée ni jolie. Le sujet de leurs chants était une belle jeune fille des Bédouins, *dont les dents étaient comme des éclairs.*

A leur prière, je chantai à mon tour quelques airs anglais, et je leur montrai quelques-unes des figures de nos danses de l'Occident. Ce qui les enchanta surtout, ce fut une valse espagnole que je dansai lentement et comme si j'avais un valseur pour me soutenir. Elles marquaient la mesure, en frappant des mains, pendant que je chantais. Je commençais à me sentir très-fatiguée et je priai Sit Sâra de me laisser dormir. « Allons plutôt, me dit-elle, faire un tour sur la terrasse; la pluie est passée; les étoiles brillent. Sortons un instant, ô ma fille, et pendant ce temps, on apprêtera la chambre. »

Nous sortîmes pour promener sur la terrasse du harem, avec Helweh. Partout, sur les collines brillait la lueur rougeâtre des feux de garde. En regardant par les trous ronds des parapets, nous pouvions voir dans la rue, au-dessous de nous, des gens qui passaient, avec des serviteurs portant des lanternes devant eux. Les étoiles brillaient dans le ciel, qui était d'un bleu foncé.

On me conduisit, en traversant la cour, dans une chambre carrée, où était la quatrième et la plus jeune des femmes du gouverneur d'Arrabeh. Je n'avais pas encore entendu parler d'elle. Je la trouvai entourée de ses femmes et de ses servantes; elle était assise sur un matelas, appuyée et soutenue par des oreillers et des coussins, et en partie couverte d'un couvre-pied de soie brodé. Sa coiffure était ornée de bijoux, de roses et d'immortelles, et sa veste de velours violet était richement brodée. Ses joues étaient couvertes d'une couche de rouge, et ses sourcils étaient peints ; elle avait les paupières teintes tout nouvellement de kohl, et les mains de henné. Elle tira une petite figure emmaillotée de dessous les lourdes couvertures et me la présenta ; c'était son fils nouveau-né. Il avait juste sept jours, et son père ne l'avait pas encore vu. La jeune mère avait compté sur le plaisir de placer, cette nuit même, son fils dans les bras de son mari ; elle s'était, pour cela, revêtue de ses plus beaux habits, mais le gouverneur n'était pas encore de retour à Arrabeh. Il se passe ordinairement une semaine, avant qu'un père musulman ne voie son enfant nouveau-né ou la mère ; c'est le huitième jour que l'on consacre à la joie et aux félicitations. On loue même pour cette circonstance des chanteuses de profession. On prépara pour moi du café et un nargileh, mais je ne restai pas longtemps avec la jeune mère musulmane et son petit enfant, car la chambre était tellement chaude que je pouvais à peine respirer. Il y avait, près de la porte, un grand bassin de métal rempli de charbons enflammés, et, de plus, l'air et tout ce qui se trouvait dans la chambre était imprégné d'une forte odeur de musc. Le café même et la fumée du nargileh avaient le même parfum ; aussi fus-je enchantée, lorsque je pus respirer de nouveau l'air pur de la nuit sur la terrasse éclairée par les étoiles.

Lorsque nous entrâmes dans la grande chambre du harem, je vis qu'on l'avait balayée avec soin. Dans un coin, l'on avait placé cinq matelas l'un sur l'autre ; ils formaient, avec un couvre-pied de soie brodé et ouaté et un oreiller de soie rouge, un très-bon lit pour moi. Déjà je me réjouissais intérieurement à la pensée que j'allais coucher seule dans la chambre ; mais je fus bientôt détrompée, car l'on étendit sur le plancher sept autres lits, chacun composé d'un seul matelas, avec une couverture piquée et un oreiller. Quand les Musulmans veulent faire beaucoup d'honneur à leurs hôtes, ils empilent plusieurs matelas pour composer son lit, et ces gradations de respect sont observées avec beaucoup de soin. Cinq matelas sont déjà très-honorables, mais j'ai su par mon frère qu'on lui en avait donné parfois jusqu'à sept. Jugez de mes impressions lorsque je fus forcée de reconnaître que les enfants, les servantes, et même les esclaves allaient tous coucher dans la même chambre que moi! L'on tira d'un des enfoncements du mur deux hamacs étroits et longs chacun d'un mètre environ. On les attacha solidement à des cordes suspendues au plafond par des anneaux de fer. Ces hamacs se composaient d'un cadre de forme allongée, fabriqué avec de fortes branches de palmier, et recouvert d'un grossier canevas. On y plaça deux petits enfants étroitement emmaillotés, et qui pleuraient de tout leur cœur. Des cordes faites avec des fibres de palmier furent attachées aux quatre coins, réunies et nattées, à un mètre de hauteur, puis fixées aux liens solides, qui descendaient du plafond. Elles formaient ainsi comme les montants d'une tente, sur laquelle on mit un rideau de mousseline, pour servir de moustiquaire.

Dès que je commençai à me déshabiller, les femmes se mirent toutes à me regarder avec curiosité, et quand je mis ma robe de nuit, elles furent dans un extrême étonnement, et s'écrièrent : « Où allez-vous? Qu'allez-vous faire? » et « Pourquoi votre robe est-elle blanche? »

En effet, les femmes arabes ne changent rien à leur toilette pour dormir. Elles étaient là, avec leurs vêtements aux brillantes couleurs, prêtes en une minute pour se mettre au lit. Cependant elles restaient debout, autour de moi, et il fallut que je leur dise « bonne nuit » pour les décider à me laisser. Toutes alors m'embrassèrent, en me souhaitant de bons rêves.

Je me mis à genoux, et ensuite, sans une parole de plus, je me couchai et tournai mon visage contre le mur en pensant à l'étrange journée qui venait de s'écouler. J'essayai de m'arranger pour dormir, quoique j'entendisse toutes les femmes chuchoter entre elles.

Il n'y avait pas cinq minutes que ma tête reposait sur le moelleux oreiller de soie, lorsque je sentis une main caresser mon front, et une voix me dire doucement : « *Ya Habibi* (ô ma bien-aimée). Je ne répondis pas sur-le-champ, car je ne voulais pas me tenir éveillée sans nécessité, j'attendis donc un peu, mais ma figure fut touchée de nouveau ; je sentis un baiser sur mon front, et la même voix reprit : « Miriam, parlez-nous. Parlez, Miriam chérie ! » Je ne pouvais résister plus longtemps ; je me retournai et je vis Helweh, la plus jolie des femmes de Saleh Bek, penchée sur moi. Je lui dis : « Qu'y a-t-il, ma colombe, que puis-je faire pour vous ? — Que venez-vous de faire, me demanda-t-elle, lorsque vous vous êtes mise à genoux et que vous avez couvert votre visage de vos deux mains. » Je me mis sur mon séant et dis d'un ton très-solennel : « Je parlais à Dieu, Helweh. — Que lui disiez-vous ? — J'allais dormir ; mais Dieu ne dort jamais ; je lui demandais de veiller sur moi, et de faire que je pusse m'endormir en pensant à lui ; puis de m'éveiller en me rappelant sa présence. Je suis très-faible ; Dieu est tout-puissant ; je lui ai demandé de me soutenir avec sa propre force. »

Pendant ce temps, toutes les dames du harem s'étaient réunies et assises sur mon lit, tandis que les esclaves se tenaient debout autour de nous. Je leur dis que je ne connaissais pas assez bien leur langue pour pouvoir leur expliquer tout ce que j'avais dit et pensé ; heureusement, j'avais appris par cœur l'Oraison dominicale en arabe ; je la leur récitai phrase par phrase, et lentement. Lorsque je commençai par ces mots : « Notre Père, qui es aux cieux, » Helweh m'interrompit, en disant : « Mais vous m'aviez dit que votre père était à Londres ! — J'ai deux pères, Helweh ; un à Londres, qui ne sait pas que je suis ici, et ne pourra le savoir avant que je le lui écrive, et mon Père céleste, qui est toujours avec moi, qui est ici maintenant, qui nous voit et nous entend. Il est votre Père aussi. Il nous apprend à distinguer le bien du mal, si nous l'écoutons et si nous lui obéissons. »

Il y eut un moment de silence complet ; elles paraissaient toutes également saisies et comme terrifiées de se sentir en présence de quelque puissance invisible. Enfin, Helweh reprit : « Que disiez-vous encore ? » Je continuai la prière du Seigneur, et quand j'en vins à ces mots : « Donne-nous aujourd'hui notre pain quotidien, » elles me dirent : « Ne pouvez-vous donc pas faire votre pain vous-même ? » Le passage : « Pardonne-nous nos offenses comme nous pardonnons à ceux qui nous ont offensés, » a une force particulière dans la langue arabe, et l'une des femmes, la plus âgée, qui avait un air sévère, et presque inflexible, me demanda : « Êtes-vous obligée de dire cela tous les jours ? » comme si elle eût pensé qu'il serait quelquefois bien difficile d'agir ainsi. Elles me questionnèrent encore pour savoir si j'étais musulmane. « Non; l'on ne m'appelle pas musulmane ; mais je suis votre sœur, créée par le même Dieu, qui est le seul Dieu, le Dieu de tous, mon Père et votre Père. » Elles me demandèrent si je connaissais le Koran, et furent très-surprises d'apprendre que je l'avais lu. Elles me tendirent un rosaire, en me disant : « Connaissez-vous cela ? » Je répétai quelques-uns des attributs les plus frappants de Dieu avec beaucoup d'attention et de lenteur. Elles s'écrièrent alors : « Mashallah ! la jeune Anglaise est une vraie croyante ! » Les esclaves abyssiniennes, qui paraissaient vives et impressionnables, s'écrièrent tout d'une voix : « Elle est vraiment un ange ! »

Les Musulmans, hommes ou femmes, ont sans cesse le nom

de « Allah » sur les lèvres ; mais ils ne paraissent pas pour cela croire à la réalité de la présence et de la puissance de Dieu, ni comprendre une communion spirituelle avec lui. Leurs compliments et leurs salutations ordinaires sont de belles et touchantes paroles de prières ou de remerciments, qu'ils varient, suivant l'occasion, avec le sentiment et la poésie naturelle chez les Orientaux ; mais, après tout, ces compliments ne semblent exprimer en général que la politesse, le respect, la bienveillance ou l'affection, selon que les circonstances l'exigent. Il en est de même que pour notre vieille phrase anglaise : « *God be with you!* (Dieu soit avec vous!) qui a perdu sa pleine signification et n'a plus même sa forme primitive, remplacée par cette abréviation courante. *Good bye* (adieu). Les phrases de dévotion que les Musulmans répètent avant et après le repas, ou pendant leurs ablutions, quelque belles et bien appropriées qu'elles soient aux divers actes qu'elles accompagnent, ne sont plus guère maintenant que de simples exclamations que l'on prononce par habitude, sans songer à un pouvoir invisible ou supérieur. C'est ainsi encore que les prières de chaque jour, si scrupuleusement observées par les hommes, bien que généralement négligées par les femmes, sont réduites à une cérémonie de pure forme ; quoique les paroles elles-mêmes soient, dans bien des cas, sublimes et magnifiques.

Si mes notions sur ce point sont exactes, elles expliqueraient la stupéfaction de Helweh, lorsque, en réponse à sa question, je lui dis avec simplicité et sérieux que : « *Je parlais à Dieu.* » Cela les prit par surprise, et leur donna l'idée que je croyais réellement que mes paroles étaient entendues ; si je m'étais servi, au contraire, de la phrase ordinaire : « Je disais mes prières, » ou : « Je faisais mes dévotions, » elles n'auraient pas sans doute ressenti la même impression, quoiqu'elles eussent pu être étonnées qu'une *Franji* adressât une prière à leur Dieu. Une des femmes fit la remarque qu'aucun peuple, à l'exception des Musulmans, ne priait jamais le seul vrai Dieu.

Après avoir causé quelque temps encore avec elles et avoir répondu de mon mieux à leurs questions naïves et subtiles, comme celles que font les enfants, je leur dis encore une fois: « Bonne nuit! » Toutes m'embrassèrent, arrangèrent mon oreiller et se retirèrent. Mais, quoique bien fatiguée de corps, mon esprit était si excité et si intéressé, que je ne pus m'endormir sur-le-champ. Je regardais mes compagnes qui, à demi-cachées sous leurs couvertures aux vives couleurs, sommeillaient la tête posée sur leurs petits oreillers de soie. La lanterne, placée sur un tabouret au milieu de la chambre, faisait briller les pièces d'or et les bijoux de leurs coiffures. Parfois l'un des petits enfants se réveillait en criant, et sa mère ou une esclave se levait pour l'apaiser. On l'allaitait sans l'ôter de son mobile berceau. La mère restait debout, tandis que l'esclave inclinait le hamac vers elle pendant quelques minutes; puis tout retombait dans le silence. La pièce était très-chaude et l'air étouffant ; la figure de plusieurs des dormeuses en était enflammée. Enfin, je m'endormis à mon tour.

Lorsque j'ouvris les yeux, le lendemain matin, je vis que tous les lits avaient été enlevés ; Helweh et Sit Sâra étaient debout, à côté du mien, comme si elles eussent guetté mon réveil. Une foule de jeunes garçons bouchait presque la porte, à travers laquelle brillaient les rayons du soleil. Les servantes et les esclaves babillaient ensemble, en rangeant les matelas dans l'enfoncement du mur ; les petits enfants se querellaient ; les garçons seuls étaient silencieux. Une jeune négresse, assise à terre, pilait, dans un mortier de marbre, des grains de café nouvellement grillés, dont l'arome parfumait toute la pièce. Le mortier me parut provenir de quelque antique chapiteau de colonne ; il était admirablement sculpté, et semblait être d'origine romaine. Une autre jeune fille faisait pour les enfants une espèce de potage, avec du lait, du pain, du sucre et de l'huile.

Lorsque Helweh s'aperçut que j'étais éveillée, elle cria aux jeunes garçons de débarrasser la porte, et je vis entrer des femmes, enveloppées de draps blancs, qui attendaient en dehors dans la cour. C'étaient des voisines qui étaient venues faire leur visite de félicitations à la jeune mère que j'avais vue le soir précédent ; on les avait invitées à venir « *entendre la jeune Anglaise parler à Dieu.* »

Elles examinèrent mes vêtements, l'un après l'autre, avec une vive curiosité, et j'eus, pour faire ma toilette, beaucoup plus d'assistance que je ne l'aurais souhaité. Quand je fus habillée, Helweh me dit : « Maintenant, Miriam ma mignonne, voulez-vous parler à Dieu, que les femmes, nos voisines, vous entendent ? »

Je me mis à genoux, en disant : « Dieu, le seul vrai Dieu, est le créateur et le père de tous ; et ceux qui le cherchent de tout leur cœur le trouveront. » Puis, en quelques simples paroles, je demandai qu'il voulût bien nous aider à nous souvenir constamment de lui ; que nous pussions sentir sa présence, qu'il écrivît lui-même ses lois dans nos cœurs, en nous inspirant le désir de chercher, chaque jour, à mieux connaître et à mieux pratiquer sa sainte volonté ; enfin, que nous pussions l'aimer de plus en plus, d'un amour plein de confiance et de respect, et vivre en paix avec tous les hommes.

Après un moment de silence, j'ajoutai : « Voulez-vous dire *Amen* à cette prière ? » Elles hésitèrent un moment, mais Helweh s'écria : « Amin, Amin ! » et toutes alors le répétèrent à la fois, comme un écho. »

Sâra me dit : « Parlez encore, ma fille, parlez-nous au sujet *du pain.* » Je répétai l'Oraison dominicale, l'expliquant de mon mieux comme elles le désiraient, demande après demande. Elles me firent plusieurs questions étranges et souvent propres à faire réfléchir. Elles me prièrent de rester toujours avec elles. Mais pendant que je prenais le café, avec du pain chaud et de la crème, un des jeunes garçons m'apporta un billet de mon frère, pour me prévenir qu'il serait prêt à partir dans une demi-heure, et qu'il me fallait venir le plus tôt possible le rejoindre dans le divan. Sâra m'apporta aussitôt mon habit de cheval et mon manteau, parfaitement secs et bien brossés ; ce fut avec un véritable regret que je dus prendre congé de mes amies du harem, qui m'avaient accueillie avec tant d'affection et qui ne se lassaient pas de me dire pour adieu : « Allez en paix, Miriam ! et revenez bientôt vers nous, ô Miriam bien-aimée ! »

CHAPITRE X

D'Arrabeh à Senûr. — Le château de Senûr. — Portrait d'Ibrahim Jerrar. — Le harem dans le château. — Approche de la cavalerie turque. — Nous empêchons les hostilités. — Notre course à Nablous. — La tête d'Ibrahim est mise à prix. — Le mariage chez les Samaritains. — Selàmeh, le vieux prêtre. — La synagogue samaritaine. — La maison d'Habib et de Zora. — Anilhe la fiancée. — Lois et coutumes samaritaines. — Le sacerdoce. — La pâques. — Les femmes samaritaines. — Yakûb esh Shellabi. — Lettre du prêtre Amram. — La veuve et son fils. — Le maître d'école à la recherche d'une femme. — Les fiançailles. — Les protestants de Nablous. — Les bazars. — Le sheikh Mûssa. — Visite au gouverneur de Nablous. — Son moyen pour reconnaitre les bonnes pierres de construction. — Les idées du sheikh Mûssa sur la sagesse et la folie. — Le puits de Jacob. — Une bible cherchée au fond de ce puits. — La tombe de Joseph. — Fausse alarme. — La petite Zahra et les violettes. — Plaisirs orientaux. — Frères et sœurs. — Ibrahim-Pacha et la femme de Sefurieh. — Récompense d'un trait d'esprit. — Un dîner chez Daûd Tannûs. — Appartements des femmes.

Tous les petits garçons m'accompagnèrent au divan, où mon frère était assis, entouré par des effendis et des jeunes gens de la famille d'Abdul Hady. Il avait renvoyé le guide qui nous avait conduits à Arrabeh, et s'était décidé à n'en plus prendre. Seuls, nous étions plus en sûreté. Il eût été compromettant pour nous d'avoir, dans notre petite caravane, un homme qui se fût trouvé peut-être dans quelque récente escarmouche, ou qui appartînt à l'une des factions rivales.

La pluie tombait à flots, lorsque nous reprîmes notre

voyage; mais le soleil brillait de temps à autre, et formait de beaux arcs-en-ciel dans les nuages. Les plateaux ondulés que nous traversions, nous rappelaient les dunes du comté de Sussex; au delà, paraissaient des rochers stériles et des rampes escarpées; au loin, à droite, on apercevait la Méditerranée, entre des collines d'un bleu grisâtre. Nous rencontrions parfois des berges couvertes de gazon et de fleurs sauvages, qui avaient une apparence tout à fait anglaise; et partout où croissait le *poterium spinosum*, il ombrageait des œillets de poëte, des œillets de Chine, et des *ne m'oubliez-pas*. Nous chevauchions à travers une grande plaine bien cultivée, où nous rencontrâmes deux cavaliers qui nous saluèrent avec courtoisie, puis nous adressèrent les deux questions d'usage : D'où venez-vous? et quelles sont les nouvelles?

La pluie continuait à tomber avec violence, lorsque nous atteignîmes une crête plus élevée qui dominait la forteresse de Senùr. Cette ville est perchée sur le sommet d'une colline de forme conique, et qui paraît inaccessible. Il nous fallait pour y arriver descendre d'abord le long du versant méridional de la crête où nous étions; la pente était si difficile, si dangereuse pour les chevaux, que tous, même les Arabes, nous mîmes pied à terre, afin de conduire nos pauvres bêtes qui se prêtaient avec une répugnance invincible à nos efforts.

Nous n'avancions qu'avec des précautions infinies; tantôt il nous fallait enjamber, tantôt glisser ou sauter par dessus les pierres qui roulaient sous nos pieds, ou sur les dalles polies des rochers. D'autres fois, nous marchions au milieu d'un ruisseau, dont l'eau peu profonde d'abord, mais grossissant à mesure, montait en bouillonnant autour de nos jambes. Arrivés au bas de cette terrible descente, nous nous arrêtâmes quelques minutes dans une étroite vallée, sous l'abri d'une hutte basse et déserte, construite avec des branchages et des pierres.

Nous commençâmes ensuite notre ascension, presque aussi difficile que la descente, et nous finîmes par atteindre Senûr. On comprend que les habitants ne cherchent pas à faciliter l'approche de leur ville, aussi longtemps que leur pays est désolé par la guerre civile. Nous trouvâmes les portes fermées, mais, après quelques pourparlers avec la sentinelle, nous fûmes admis. Il était alors midi. J'étais fatiguée, étourdie et mouillée. On nous conduisit dans une grande salle voûtée, située au rez-de-chaussée du château, et dont les murs étaient noircis par la fumée. A notre approche, une cinquantaine d'hommes s'enveloppèrent dans leurs épais manteaux, et quittèrent la salle. On étendit pour nous un tapis dans l'embrasure large et profonde d'une des fenêtres. Je secouai l'eau qui remplissait les bords de mon chapeau; et, très-heureuse de pouvoir me débarrasser de mon manteau, j'acceptai une tasse de café bien chaud. Pendant ce temps, on apprêtait pour nous un autre endroit, où nous pussions nous reposer. Ibrahîm Jerrar et son frère, les chefs de la ville, nous firent traverser la cour du château; puis, montant avec nous un escalier découvert en pierre, nous conduisirent jusqu'à une cour supérieure, et sur le seuil d'une chambre voûtée, dans la partie la plus élevée de la forteresse.

Nos guides nous dirent alors : « Soyez les bienvenus, et prenez du repos. »

On avait étendu sur le sol des nattes, des tapis et des coussins.

Les fenêtres de cette chambre donnaient sur une petite et fertile vallée, presque complètement entourée par un cercle de collines, mais dont on pouvait facilement approcher, du côté du sud-ouest, par un étroit défilé. En temps de guerre, ce passage est surveillé avec le plus grand soin par les gens de Senûr. — L'on nous servit un goûter de pain, d'œufs frits, de fromage de chèvre et d'olives; on posa les plats sur une sorte de plateau de bois, élevé de quelques pouces au-dessus du sol. Les gens de service nous versèrent de l'eau sur les mains.

Quand on eut desservi, l'on offrit à la ronde du café et des pipes, et mon frère entama avec les Jerrars une conversation sérieuse, tandis que trois ou quatre hommes, assis à côté d'eux, écoutaient et fumaient en silence. Je m'étais écartée et me reposais sur des coussins, en regardant ce groupe animé. Je n'avais jamais vu en Orient des hommes aussi grands, aussi bien proportionnés, et aussi beaux que les deux frères Jerrar. Leurs larges manteaux, blancs et bruns, tombaient autour d'eux en plis gracieux ; et les châles de soie, jaunes et rouges, qui formaient leur coiffure, abritaient un teint clair et brillant, et des traits d'une régularité classique, et pourtant pleins d'expression. Mon frère me dit en anglais : « Si vous pouvez en trouver l'occasion, de grâce, faites le portrait de notre hôte Ibrahim. C'est, en ce moment, l'homme le plus célèbre du district, pour son courage, sa hardiesse et son énergie ; et sa famille, depuis bien des générations, est renommée pour sa force, sa vigueur, et sa mâle beauté. « Mais, ajouta-t-il, que ni lui ni aucun des autres ne s'aperçoivent que vous faites son portrait, car il est aussi superstitieux qu'il est beau. »

Les hommes étaient si occupés à fumer, à parler ou à écouter, que je réussis, en dessinant et en écrivant tour à tour, à achever le portrait sans être remarquée.

Ibrahim Jerrar me conduisit à son harem. Il était situé dans le lieu le plus central et le plus sûr du château, et se composait de trois chambres, qui donnaient sur une cour carrée. Ibrahim me présenta à ses trois femmes, en leur recommandant de m'accueillir comme une sœur, et il me laissa avec elles, pour aller promener mon frère dans la ville.

Les femmes me saluèrent, et me regardèrent avec une surprise qu'elles ne cherchaient pas à cacher. Elles avaient l'air plus simple, plus franc, plus naïf que les autres femmes arabes avec lesquelles je m'étais déjà trouvée. Elles étaient jeunes, assez blanches, fraîches, vives et gaies comme d'heureux enfants. Toutes appartenaient à la classe des paysans. Leurs longues robes ou pelisses ouvertes étaient de soie rayée de blanc et de cramoisi. De larges pièces de monnaie en argent encadraient leur visage, et un bandeau de petites pièces d'or ceignait leurs fronts. Cette espèce de ferronnière maintenait leurs épais cheveux noirs qui, coupés très-courts par devant, tombaient tout droits sur le front de manière à le cacher et à rejoindre les sourcils bien arqués. Elles avaient les yeux grands et limpides; les paupières teintes de kohl, et le menton, ainsi que la poitrine, tatoués d'étoiles bleues. Tout chez elles, leur personne, leurs enfants et jusqu'à leur chambre soigneusement blanchie à la chaux et couverte de nattes, avait un air de fraîcheur et de propreté des plus agréables. L'on m'expliqua qu'afin de perpétuer dans la famille des Jerrar la santé, la force et la beauté dont ils étaient si fiers, on choisissait toujours les jeunes filles que leur beauté, leur force et leur santé rendaient dignes de devenir les mères de leurs enfants. Aussi l'instruction n'est pas leur fort, et je n'ai jamais entendu parler d'un seul Jerrar qui sût lire, écrire ou même signer son nom.

C'est le contraire pour la plupart des hommes de la famille Abdul Hady. Ils sont très-bien élevés, instruits, et attachent un grand prix à la *science des livres*. Les dames d'Arrabeh sont aussi plus polies, et bien différentes des simples et rustiques beautés de Senûr. Je fis un croquis de la tête d'une de ces femmes, pendant que j'essayais d'entrer avec elles en conversation ; mais je ne pus en rien tirer. Quand je parlais, elles se bornaient à me regarder avec étonnement, à sourire d'un air timide en se regardant les unes les autres ou à prononcer quelques phrases qui exprimaient une prière ou un compliment.

Tandis que je me reposais en fumant un nargileh qu'elles m'avaient préparé, je fus tout d'un coup appelée pour rejoindre mon frère. J'appris que la sentinelle chargée de surveiller du côté du sud-ouest les abords de la ville, venait de signaler un corps de cavalerie turque qui sortait de l'étroit défilé pour entrer dans la plaine.

Ibrahim Jerrar nous dit qu'il savait que cette troupe était envoyée par Kamil Pacha pour visiter la ville et s'assurer qu'elle ne renfermait pas de Bédouins cachés et prêts, en cas de siége, à secourir les gens de Senûr. Ibrahim ajouta avec l'accent d'une détermination inflexible : « J'ai donné ma parole d'honneur qu'il n'y avait point de Bédouins dans nos murs. Nous sommes tous des paysans. *Et je jure de tuer quiconque essayera de forcer l'entrée de la ville pour y faire des perquisitions.* »

Mon frère lui fit des représentations ; Ibrahim finit par consentir à recevoir pacifiquement et avec les honneurs et la courtoisie convenables le commandant du détachement turc, mais *s'il venait seul ; dans le cas où il s'approcherait avec ses soldats, les portes lui seraient fermées.* » Les mouvements et les allées et venues qui avaient lieu dans les rues étroites de la ville, montraient assez qu'on y faisait des préparatifs de résistance. Mon frère me dit : « Je suis parfaitement sûr qu'il n'y a pas de Bédouins dans Senûr ; avez-vous le courage de descendre seule avec moi dans la plaine, pour que je parle à l'officier de cavalerie, afin de prévenir, s'il est possible, une effusion de sang inutile? » Je n'hésitai pas un instant.

Nous montâmes à cheval aussi promptement que possible, et nous descendîmes la colline, sans aucune escorte, tandis que les gens de la ville, assemblés sur les murs, sur les terrasses des maisons et à la porte, nous suivaient des yeux et de la voix en nous souhaitant un heureux succès. Nous avions traversé près de la moitié de la plaine quand nous rencontrâmes les soldats en marche. Quand nous fûmes à portée de la voix, nous nous arrêtâmes brusquement en face d'eux. Ils se préparaient à ouvrir leurs rangs pour passer de chaque côté et nous envelopper, lorsque mon frère, levant la main par un geste énergique, et prenant un ton de commandement, leur dit avec autorité : « Halte! » Ils s'arrêtèrent à l'instant. Alors, appelant le colonel, mon frère lui dit qu'il voulait lui parler ; puis, conservant son air d'autorité, il lui adressa ces paroles : « Colonel! vous allez à Senûr par les ordres de S. Exc. Kamil Pacha. La réponse au message dont vous êtes porteur sera : « *Non!* » Allez-y seul, tranquillement et pacifiquement, et vous obtiendrez cette réponse des habitants de la ville. Mais si vous permettez à vos hommes de faire un seul pas de plus en avant, vous répondez des conséquences. »

Le colonel ne fit pas la moindre objection, et, sans hésiter, laissa son petit détachement dans la plaine, avec ordre d'attendre son retour. Nous restâmes à cheval, trottant de côté et d'autre, au milieu des soldats turcs, tout étonnés, qui galopaient autour de nous et faisaient adroitement manœuvrer leurs chevaux pour nous amuser. Un nègre, qui paraissait être attaché spécialement au service du colonel, jouait sur un triangle, et faisait avec sa tête, couverte du turban, les mouvements les plus fantastiques.

Le détachement ne se composait que de soixante-dix hommes, qui eussent été promptement sacrifiés, et cela sans profit pour personne, s'ils avaient attaqué les gens de Senûr.

Après un court délai, le colonel revint pleinement satisfait, et rejoignit ses cavaliers. En même temps nos serviteurs et notre suite, descendant la pente de la colline, arrivaient avec notre bagage, et nous poursuivîmes notre route vers Nablous, qui est à quinze milles environ, au sud de Senûr. Nous étions précédés des soldats. Nous marchâmes quelque temps en compagnie du colonel, qui nous dit que Kamil Pacha avait résolu de détruire Senûr, et avait offert une récompense de trente mille piastres pour la tête d'Ibrahim Jerrar. Une fois arrivée à l'entrée de l'étroite vallée, notre escorte militaire prit congé de nous, et nous la perdîmes bientôt de vue. Les soldats galopèrent les uns après les autres, sans s'inquiéter des broussailles ou des rochers, aiguillonnant leurs chevaux avec les bords de leurs longs étriers, taillés en forme de pelles.

Toute cette scène, à partir du moment où la sentinelle qui surveillait la vallée avait découvert le détachement, jusqu'à celui où le colonel prit congé de nous, n'avait pas duré plus d'une demi-heure, quoique le temps m'eût paru beaucoup plus long.

Mon frère m'expliqua alors qu'il n'avait en réalité aucune autorité pour agir ainsi qu'il l'avait fait ; mais qu'il avait été poussé par un motif d'humanité qui, joint à la position assez critique dans laquelle nous nous trouvions, lui avait paru suffisant pour justifier sa conduite. Il était assez singulier que nous eussions dans l'intervalle de quelques heures été les hôtes, très-bien accueillis, des chefs des deux grandes factions rivales du district; c'est ce qui nous donna l'occasion d'acquérir de précieux renseignements.

Les collines et les vallées, la pluie et le soleil contrarièrent notre route, jusqu'au moment où, vers le coucher du soleil, nous atteignîmes enfin les bois d'oliviers de Nablous. Quoique j'eusse froid, quoique je fusse mouillée et fatiguée, toute

18

mon énergie et mon admiration se ranimèrent, à la vue de la magnifique vallée qui s'étend entre le mont Hébal et le mont Garizim, et la ville bien bâtie de Nablous. Nous apercevions dans le lointain la mer, au sein de laquelle le soleil se couchait. Je fus surprise de voir sur les oliviers des masses de gui. On rouvrit pour nous les grandes portes, qui allaient se fermer, et nous passâmes à travers des rues étroites et de sombres arcades, pour nous rendre à la maison de Ody Azam, agent du consul anglais. Nous y trouvâmes la plus agréable hospitalité ; car notre hôte, qui parlait un peu l'anglais, était accoutumé à recevoir des voyageurs européens. Sa maison était, en réalité, une espèce d'hôtel ; sa femme et sa nièce eurent promptement disposé pour moi leur chambre la plus commode. Le bruit de notre arrivée fut bientôt répandu, et le grand divan ne désemplit pas de toute la soirée, car mon frère était très-connu à Nablous. Le prêtre Amran, de la communauté des Samaritains, fut du nombre des visiteurs ; il parlait avec une vive gratitude de la bonté du peuple et du gouvernement anglais.

Kamil Pacha, qui avait été mon hôte à Hebron, envoya un effendi nous présenter ses salutations, et un grand nombre de dignitaires turcs le suivirent. Je connaissais très-bien l'effendi ; c'était un chrétien, et le premier disciple du Christ qui eût été élevé à cette dignité dans le Conseil de Jérusalem. Je lui dis : « Est-il vrai, très-honorable effendi, que Son Excellence Kamil Pacha ait offert une récompense de trente mille piastres pour la tête d'Ibrahim, le chef de Senûr? » Il en est ainsi, très-excellente dame, « me répondit-il. » Voulez-vous alors saluer le Pacha de ma part, et lui dire que j'ai en ma possession la tête du chef Ibrahim Jerrar? « Tous ceux qui étaient présents parurent stupéfaits, et mon frère lui-même fut saisi d'étonnement. L'effendi me dit : « Voulez-vous me jeter de la poudre aux yeux, ou milady se joue-t-elle du Pacha à sa barbe ? » « Non, repris-je : Que Son Excellence sache que j'ai en ma possession une tête qu'il désire obtenir. » Je parlais d'un air très-sérieux et ne voulus donner aucune explication. Tous les assistants étaient évidemment aussi divertis qu'intrigués par notre dialogue.

Le matin suivant, après une excellente nuit, je me levais quand je fus appelée au divan, où m'attendait l'effendi. Kamîl Pacha l'avait envoyé pour me saluer, et l'avait autorisé à recevoir de mes mains la tête du chef rebelle. « Où est la bourse de piastres de votre honneur, lui dis-je. » Je n'ai pas les piastres, ô mylady ! » répondit-il ! « Alors, je ne puis vous donner la tête. » Il partit sur ces mots ; mais revint bientôt, accompagné du page du Pacha, qui portait sur un grand plateau rond du *canâfi* chaud, sorte de gâteau de vermicelle, cuit avec du beurre, du sucre, des amandes, des noisettes et des épices. Le Pacha avait ordonné qu'il me fût présenté. Une foule de gens dont la curiosité avait été excitée la veille, étaient venus pour voir le dénouement et manger avec moi de leur plat favori.

L'effendi plaça gracieusement le plateau devant moi, et, après un lavage de mains général, tous ceux qui étaient présents prirent leur part du gâteau. On me demanda ensuite où était la tête du chef de Senûr. « Elle est, répondis-je, dans mon porte-manteau dans la chambre à côté. » « Voulez-vous nous la montrer, gracieuse dame ? » dit l'Effendi. Un regard de mon frère me fit consentir à sa demande ; j'allai chercher le dessin, et tous, en le voyant s'écrièrent : « Ibrahîm ! ». « C'est Ibrahîm Jerrar ! » « C'est Ibrahîm de Senûr ! » « Oh ! œuvre de Dieu ! Les plus graves et les plus importants de nos hôtes parurent s'amuser au plus haut point de cette plaisanterie. Ils coururent expliquer le mystère à Kamîl Pacha, qui vint plus tard me voir, et regarder le portrait ; il me pria de le lui donner. « Volontiers, lui dis-je, si Votre Excellence consent à le regarder comme la *véritable tête* et la *seule tête* d'Ibrahim Jerrar, et à agir en conséquence. Son Excellence refusa, tout en riant, de consentir à ma requête, et je gardai mon croquis, qu'il ne me laissa pourtant pas sans regret. Il l'examina soigneusement et le garda longtemps entre ses mains sans se décider à me le rendre, mais je ne voulus rien changer à mes conditions. Cependant, je lui donnai un autre dessin qu'il choisit dans mon portefeuille, et lui et sa suite se retirèrent en ayant l'air d'être très amusés par cet incident.

Nous trouvâmes Nablous et son voisinage dans un état de grande agitation. Il était extrêmement difficile d'envoyer des lettres depuis ce district ; les gens de la poste étaient sans cesse arrêtés et volés. Mon frère, à qui l'on avait recommandé d'écrire tous les deux jours au consul de Sa Majesté Britannique à Jérusalem, employait des messagers spéciaux ; ils furent plusieurs fois attaqués, et cruellement battus, quand ils tentaient de conserver les dépêches qui leur étaient confiées.

C'est ce qui arrive toujours en Syrie pendant les guerres civiles. Les officiers intrigants et les chefs des factions opposées ne veulent pas que leurs projets et leurs actes soient rapportés en haut lieu, et, généralement, ils s'efforcent d'intercepter les communications des consuls européens. Mon frère passait plusieurs heures, chaque jour, au camp de Kamîl Pacha, et accompagnait Son Excellence lorsqu'il visitait les villages voisins.

Pendant ce temps, je restais rarement seule, recevant à toute heure des Musulmans, des Chrétiens et des Samaritains; les derniers m'intéressaient beaucoup. Le prêtre Amran, homme instruit, d'un caractère fin et gai, âgé d'environ quarante à cinquante ans, me faisait lire de l'arabe tous les matins. Il me donna des détails pleins d'intérêt sur sa petite communauté, dont le nombre ne montait pas à plus de cent quatre-vingt-seize personnes[1]. Il disait qu'ils éprouvaient souvent de grandes difficultés dans l'arrangement des mariages entre eux, car jamais ils ne s'allient à des étrangers. Le prêtre est toujours consulté sur ce sujet, et comme lui et son vieux père Selâmeh ont seuls le pouvoir de célébrer les mariages, ou n'en peut faire aucun sans leur consentement : « En ce moment, me dit-il, les hommes à marier sont plus nombreux que les filles; et comme nos filles sont toutes jeunes, je suis fort embarrassé à ce sujet. »

Pour m'en donner un exemple il me raconta que Yakûb esh Shellabi, dont plusieurs de mes lecteurs peuvent se rappeler le séjour en Angleterre, avait été fiancé à Zora, quand elle n'était encore qu'une enfant. Yakûb était encore en Angleterre lorsque Zora fut en âge de se marier; Amran ne lui avait pas permis d'attendre son retour et l'avait mariée à Habib, qui était demeuré veuf avec une petite fille, du nom d'Anithe. L'enfant avait sept ans, et devait être donnée en mariage à Yakûb, à la place de Zora, devenue sa belle-mère! « Ce mariage, ajouta Amran, m'a causé beaucoup de trouble et d'anxiété. »

Un autre homme, qui n'avait que trente ans, et pour qui l'on ne pouvait trouver une femme, avait dû épouser une veuve de cinquante ans ; et il essayait, au moment où Amran me contait cette histoire, de persuader au prêtre de lui permettre de divorcer avec sa femme, pour épouser la propre fille d'Amran, qui n'avait que onze ans. « Presque toutes nos filles, ajoutait le pauvre prêtre, sont promises avant de pouvoir parler, et mariées dès qu'elles ont onze ou douze ans. »

---

[1] D'après le rapport de Wilson, ils étaient au nombre de cent-cinquante en 1843.

Le prêtre Amran me conduisit un jour au quartier des Samaritains. C'est un amas de maisons à deux étages, dans la partie la plus peuplée de la ville. Nous traversâmes des passages blanchis à la chaux et montâmes un escalier de pierre, tortueux, roide et découvert, qui conduisait à une cour. Un grand citronnier, aux feuilles lustrées, y croissait auprès d'une porte en arcade, sous laquelle nous passâmes *après avoir ôté nos souliers.*

Je me trouvai dans la synagogue samaritaine. C'est un bâtiment voûté, simple et sans ornements, et assez délabré.

Amran me présenta au grand-prêtre, son vieux père, *Selâmeh*, celui qui, en 1808, correspondit avec le baron de Sacy. Il me reçut très-poliment. Après une courte conversation au sujet de Yakûb esh Shellabi, il me dit : « Je suis très-vieux, mais je mourrai en paix, remerciant Dieu de m'avoir laissé vivre assez longtemps pour voir mon peuple sous la protection du gouvernement anglais. »

Ces paroles faisaient allusion aux instructions envoyées par lord Clarendon aux consuls résidant en Palestine, qui exprimaient l'intérêt que prenait au sort des Samaritains le gouvernement de Sa Majesté Britannique, et recommandaient de leur donner, en cas de besoin, toute la protection nécessaire auprès des sujets turcs. Son Excellence lord Stratford de Redcliffe avait aussi reçu pour instruction d'employer ses bons offices auprès de la Porte, en faveur de la communauté samaritaine. On étendit une natte sur le plancher, et je m'y reposai, écoutant avec intérêt les paroles lentes, mais accentuées du vieux prêtre. Il portait une large robe de drap bleu, doublée de cramoisi, par-dessus un zumbak de satin rayé rouge et jaune, de la forme d'une robe de chambre. Son large turban et sa longue barbe étaient blancs.

Il me fit remarquer le voile du temple : c'était un rideau carré de toile blanche damassée, orné d'un ouvrage d'application, c'est-à-dire que des morceaux de tissus violets, verts et rouges étaient cousus sur l'étoffe et formaient de très-beaux dessins. Il le faisait remonter à six ou sept cents ans, mais j'imagine que c'est un ouvrage du seizième siècle. Après que j'eus soigneusement copié le dessin de ce voile, le prêtre Amran le tira de côté, et me montra un profond enfoncement où sont conservés les rouleaux de la loi. Alors son père se leva, et d'une main tremblante prit la célèbre copie du Tora ou Pentateuque, qu'on dit avoir été écrit par Abishua, fils de Phinée, fils d'Éléazar, qui était fils d'Aaron. Ce manuscrit est conservé dans un étui d'argent cylindrique, qui s'ouvre avec deux rangs de charnières, et sur sa couverture de satin rouge sont brodées en or des inscriptions hébraïques. A ma prière, Selâmeh s'assit pendant quelques instants, le tenant dans ses mains, afin que je pusse en faire le croquis, ainsi que le sien même. Quand il eut remis avec précaution le précieux rouleau à sa place, il me montra plusieurs copies plus récentes du Pentateuque, quelques-unes en caractères samaritains, d'autres en caractères hébreux, — une collection de psaumes et d'hymnes imprimés, — plusieurs commentaires sur la loi, de différentes époques; — une histoire de la communauté depuis l'Exode jusqu'au temps de Mahomet, — et un très-curieux manuscrit appelé le Livre de Josué, qui commence par un récit du voyage des espions envoyés par Moïse dans la terre promise, et se termine par des histoires fabuleuses sur la vie d'Alexandre. Il semble que ce soit un de leurs livres favoris; il est écrit en arabe, mais les noms propres et certains mots sont en caractères samaritains. On dit qu'il est d'origine syriaque et non pas d'origine hébraïque. J'ai rapporté en Angleterre une copie de ce remarquable ouvrage.

Beaucoup de gens du voisinage vinrent à la synagogue pour me voir et m'inviter à entrer dans leurs maisons, et de beaux petits enfants s'assemblèrent autour de nous. Je pris congé du vieux prêtre Selâmeh, qui me donna sa bénédiction patriarchale.

Ensuite j'allai avec le prêtre Amran faire une visite à Habîb et à sa femme Zora, celle qui avait été fiancée à Yakûb esh Shellabi. On me conduisit dans une grande chambre basse, mais très-aérée, ayant des deux côtés des divans élevés, bien garnis de tapis et de coussins. Des nattes et des paillassons, sur le plancher, donnaient à la pièce une apparence très-confortable, et la nudité des murs blanchis à la chaux était relevée par quelques meubles, tels qu'un coffre rouge, avec des charnières de cuivre; un berceau rouge grossièrement sculpté; dans les coins, des étagères dont les planches de bois peintes portaient des verres à boire de couleur verte.

Habîb, à qui j'avais été déjà présentée, me reçut avec une gravité polie. Sa jolie petite fille, Anithe, vint promptement me saluer, mais Zora, la jeune femme, ne semblait pas disposée à paraître. Le prêtre Amran me dit qu'elle se cachait avec intention. Habîb sortit alors du côté de la cour, et, quand il reparut, sa femme le suivait, mais avec une répugnance évidente. Elle paraissait triste, embarrassée, et me rendit mon salut d'un air maussade. Elle était assez belle et habillée en nouvelle mariée. Elle portait de larges pantalons et une veste serrée à la taille. Sa poitrine était découverte et tatouée de bleu; son collier d'or était large et massif; plusieurs pièces d'or y étaient attachées; des immortelles rouges et jaunes et des nœuds de crêpe bleu ornaient sa coiffure; ses mains et ses pieds étaient nus, mais si délicatement et si artistement peints de henné, qu'on aurait pu croire qu'elle avait des mitaines et des sandales de fine dentelle. Elle me prépara de la limonade, tandis qu'Anithe m'apportait un nargileh.

Plusieurs femmes vinrent chez Habîb; parmi elles était la mère de Yakûb esh Shellabi. Elle me dit avec impétuosité : « Combien de temps attendrai-je mon fils Yakûb, et quand le reverrai-je? Pourquoi reste-t-il si longtemps loin de son pays et de sa famille? Pourquoi l'avez-vous laissé en Angleterre, ô madame? Mourrai-je sans le revoir? » Je répondis : « Soyez tranquille, votre fils reviendra et vous serez heureuse. » Zora parut troublée en entendant ce nom, et quitta la chambre, mais Habîb sourit d'un air de complaisance; il me demanda si je pensais que Yakûb reviendrait à temps pour réclamer la main de sa petite fille. L'enfant semblait parfaitement comprendre comment la chose était arrangée, mais elle ne donna pas le moindre signe d'intérêt ou d'émotion. Tandis que les femmes et les jeunes filles faisaient avec curiosité et volubilité une foule de questions sur Yakûb, et s'amusaient beaucoup au récit que je leur faisais de sa réception en Angleterre, la petite Anithe conservait une réserve digne et tranquille, qui était sans doute très-convenable suivant l'étiquette samaritaine.

Zora ne rentra pas dans la chambre, mais quand je traversai la cour pour m'en aller, je la vis, avec sa mère, occupée à faire la cuisine. Elle avait pleuré, et, en m'apercevant, elle courut dans une pièce voisine et disparut. Amran me dit : « Elle n'est pas encore tout à fait satisfaite du nouvel arrangement; mais son mari est bon et à son aise, et elle sera bientôt heureuse. »

Je visitai trois autres maisons, toutes à peu près semblables à celle de Habîb; mais la sienne était la plus confortablement meublée. Au total, je reçus une favorable impression de la communauté samaritaine. Les hommes étaient presque tous grands, beaux, et offraient l'image de la santé; ils paraissaient intelligents, cependant peu d'entre eux savaient lire ou écrire. Les femmes sont modestes, et les enfants jolis et réfléchis, quoique pleins de vie et d'activité. On m'a dit que les Samaritains vivaient jusqu'à un âge avancé, et qu'ils échappaient, en général, aux épidémies qui se déclarent de temps en temps à Nablous. Peut-être le doivent-ils à la simplicité de leur vie et à leur scrupuleuse propreté. Ils observent avec fidélité toutes les cérémonies de la loi de Moïse. Trois fois par an, ils se rendent solennellement en procession au sommet du Garizim, et répètent, en montant, certaines portions de la loi ; ils disent encore avec orgueil aux pèlerins et aux voyageurs : « Nos pères adoraient sur cette montagne. » La montagne s'appelle maintenant « Jebel-el-Tor. »

Ils n'acceptent de la Bible que le Pentateuque, et disent que les autres livres sont faux ; ils regardent le dix-septième chapitre du second livre des Rois comme une cruelle calomnie, venant de leurs ennemis, les Juifs. Les Juifs, de leur côté, déclarent que cette partie de la Bible est rejetée par les Samaritains, uniquement parce qu'elle rappelle leur propre histoire et témoigne contre eux.

Les Samaritains se disent les enfants de Manassé et d'Éphraïm, et ils assurent que leur prêtre descend en ligne directe d'une branche de la tribu de Lévi, par laquelle ils ont continué leur service de génération en génération. Le prêtre Amran me disait cela, en ajoutant : « Hélas ! je n'ai pas de fils ! Je n'ai pas un fils auquel je puisse enseigner la langue sacrée, qui puisse m'aider dans le service, qui puisse hériter de la prêtrise ! Dieu veuille que je ne sois pas le dernier de ma race, et que je ne laisse pas mon peuple sans prêtre ! »

Les Samaritains avaient éprouvé une amère douleur lorsque, quelque temps auparavant, le dernier représentant mâle de la famille d'Aaron était mort, car il était aussi le dernier de leurs grands prêtres héréditaires, — le dernier qui pût offrir pour eux des sacrifices. Ils sont maintenant obligés de limiter leurs cérémonies à celles que peuvent légalement faire le prêtre Amran et son père, qui représentent la tribu de Lévi, dont il est écrit que le Seigneur dit à Moïse : « Fais approcher la tribu de Lévi et fais qu'elle se tienne devant Aaron sacrificateur, afin qu'ils le servent et qu'ils aient la charge de ce qu'il leur ordonnera de garder devant le tabernacle d'assignation en faisant le service du pavillon. (Nombres, III, 5-7.) »

Et il est encore écrit que Dieu parla à Moïse et dit : « Tu feras à Aaron des vêtements sacrés, tu l'en revêtiras et ses fils avec lui, tu les oindras et tu les consacreras, et tu les sanctifieras afin qu'ils m'exercent la sacrificature. Ce sera une ordonnance perpétuelle pour lui et sa famille. (Exode XXVIII, 2, 41, 43.) »

Et Dieu dit à Aaron : « Vous conserverez la charge du sanctuaire et la charge de l'autel, et tes frères les lévites (tels que Amran et son frère) garderont tout ce qu'il faut garder du tabernacle, seulement ils n'approcheront pas des vaisseaux du sanctuaire, ni de l'autel, de peur qu'ils ne meurent et que vous ne mouriez avec eux. (Nombres XVIII.) »

Ayant ces versets sous les yeux et connaissant le caractère des Samaritains, leur croyance dans la succession authentique de leurs prêtres, leur foi implicite dans l'inspiration divine du Tora, par suite leur confiance absolue dans l'efficacité des cérémonies religieuses, je puis me figurer leur désolation lorsqu'ils perdirent le dernier des fils d'Aaron qui eût été oint, et restèrent sans un grand prêtre qui pût faire, selon les rites prescrits par la loi, le service de la communauté. Avec la maison d'Aaron les plus hautes fonctions de leur religion ont cessé; ils ne peuvent plus offrir de sacrifices, et « il n'y a plus personne pour faire l'expiation des péchés du peuple. »

Durant les jours des pains sans levain, les Samaritains vivent sous des tentes, sur la montagne qui est près des ruines de leur ancien temple. « Le quinzième jour du premier mois, » toute la congrégation, hommes, femmes et enfants, excepté ceux qui sont reconnus impurs, étant assemblée, le prêtre debout sur un monticule lit, d'une voix expressive et solennelle, la description animée de l'Exode.

On allume du feu dans un fossé de dix pieds de long, sur deux de large, préparé d'avance par des ouvriers, et l'on place au-dessus deux chaudrons remplis d'eau. On creuse un trou en forme de puits, et on le chauffe pour qu'il serve de four; on apporte ensuite des agneaux en quantité suffisante pour la communauté. Sept sont, en ce moment, le nombre requis. Au coucher du soleil, sept hommes, vêtus de blanc, saisissent chacun un agneau, et lorsqu'un mot particulier, indiqué pour le service du jour est prononcé, les agneaux sont égorgés au même instant. Chaque membre de la communauté trempe alors sa main dans le sang des victimes mourantes, et s'en asperge le front.

On verse de l'eau bouillante sur les toisons des agneaux, ce qui fait que la laine s'enlève de la peau sans beaucoup de difficulté, et on l'ôte avec un grand soin. Alors on examine les corps, de peur qu'il ne s'y trouve quelque défaut. On coupe l'épaule droite, les tendons des jarrets, et on les jette sur le tas des rebuts pour être brûlés avec la laine. Les sept corps sont ensuite embrochés et pressés l'un contre l'autre dans le four chaud; puis on place un treillage sur l'ouverture du four, et on le couvre de gazon et de terre pour conserver toute la chaleur dans l'intérieur. Quelques heures après le coucher du soleil, on retire les agneaux, et les Samaritains, « les reins ceints et un bâton à la main, » mangent à la hâte et avec avidité l'agneau préparé ainsi. Les petits morceaux de viande qui restent, les laines et les os sont recueillis avec soin, mis en tas et brûlés, en sorte qu'il n'en reste rien.

Mon frère a été deux fois présent à cette fête de la Pâque, et c'est de lui que je tiens ces détails.

La fête des Tabernacles est aussi célébrée « sur cette montagne. » Elle a lieu au commencement de l'automne, lorsque la vie passée sous les tentes est encore agréable et salutaire. On « prend des branches de grands arbres, » tels que les chênes verts et les arbousiers et on en fait « des cabanes; » les toits sont formés de rameaux de saule entrelacés, de palmes flexibles et de branches de citronnier, au feuillage lustré, dont les fruits pendent en bouquets. Sept jours se passent dans ces lieux en réjouissances et en actions de grâces rendues à Dieu.

Quelquefois les Samaritains, à leur grande douleur, ont été obligés de célébrer leur fête autre part et en secret, grâce à l'esprit de fanatisme et de persécution des Musulmans de Nablous. Mais le prêtre Amran ajoutait : « Maintenant que les Anglais ont parlé en notre faveur, nous n'aurons plus aucune crainte; et, nonobstant la guerre civile, l'agneau pascal sera mangé cette année sur la montagne où nos pères adoraient. Le temps approche, madame; restez avec nous jusqu'à la Pâque : nous vous ferons une jolie tente sur la montagne, afin que vous et le consul puissiez assister à la célébration de la fête et manger avec nous les pains sans levain. »

Plusieurs des femmes samaritaines vinrent me voir dans ma chambre à l'hôtel. La sœur de Yakûb esh Shellabi, belle fille, qui ressemblait beaucoup à son frère, vint plus d'une fois, et Zora devint un peu plus sociable. Je pus facilement voir par ses manières et par quelques paroles qui lui échappèrent, qu'elle était fâchée contre elle-même et contre son fiancé absent, et encore plus fâchée de ce qu'on ne lui avait pas permis d'attendre son retour. Elle semblait même irritée contre les Anglais, comme si c'était eux qui eussent éloigné d'elle Yakûb; et je ne suis pas surprise que ce mariage ait donné « beaucoup d'embarras » au prêtre Amran.

Les femmes samaritaines ne cachent pas leur visage aux hommes de leur communauté, mais elles se voilent complètement dans les rues et en présence des étrangers. Elles sont, en général, très-simplement habillées, avec des pantalons et des jaquettes de coton imprimé, des mouchoirs et des voiles de mousseline de couleur. Quand elles sortent, elles s'enveloppent dans de grands draps de coton, et leurs plus pauvres vêtements paraissent toujours propres. J'ai vu très-peu de bijoux, excepté dans la coiffure des nouvelles mariées. Presque toutes cependant portaient des bracelets de verre et quelques-uns des enfants avaient au bas des jambes des anneaux formés de petites clochettes d'argent. Les filles portaient quelques petites pièces de monnaie, cousues au bord de leur tarbouche sur le front.

Les Samaritains forment une grande famille. Le peuple considère le prêtre héréditaire comme son père et son guide, désigné par Dieu même; quant à lui, il paraît connaître l'histoire et le caractère de chaque membre de la communauté. Il est le roi, le magistrat, le médecin, l'instituteur, le conseiller et l'ami de tous. J'ai été très-frappée de voir que les Samaritains ne sont animés d'aucune émotion ou sentiment religieux, quoiqu'ils vénèrent leur système théologique et tout ce qui s'y rapporte, en particulier la place de l'ancien temple sur la montagne « où leurs ancêtres adoraient. » Ils attachent une grande importance aux cérémonies et surtout aux lois sanitaires relatives aux mariages, à la nourriture et aux ablutions; ils observent strictement le jour du sabbat dans un sens matériel, mais sans le plus léger signe d'une dévotion spirituelle. Leurs services religieux sont bruyants et n'indiquent pas assez de respect.

Les Samaritains ne cherchent pas à éviter des relations

e commerce ou d'amitié avec les étrangers, quoiqu'ils ne
'allient pas à eux par le mariage. Les quelques protestants,
atifs de Nablous, sont avec eux sur un pied de grande inti-
ité; les chrétiens grecs et beaucoup de Mahométans vivent
n bons termes avec la communauté. Mais leurs voisins juifs
e peuvent pas les souffrir. Ils les accusent d'hérésie et
même d'idolâtrie, et les fuient autant que possible, disant
e ce sont des adorateurs de pigeons. Ceci est une très-an-
ienne calomnie. — D'un autre côté, les Samaritains pré-
ndent que les Juifs négligent la loi de Moïse, qu'ils se sont
éloignés de la pureté de la vie et du culte, en suivant le Tal-
ud. Ils datent leur séparation des Juifs du temps du prêtre
éli, qu'ils regardent comme un usurpateur, parce qu'il
n'était pas de la famille sacrée d'Éléazar, mais un descendant
de Ithamar, quatrième fils d'Aaron.

En 1842, les Samaritains furent cruellement persécutés,
parce qu'ils ne voulaient pas embrasser la religion de Mahomet; et les Ulémas mahométans menacèrent de mettre à mort
toute la communauté, sous prétexte que les Samaritains
n'avaient aucune religion, ne croyant pas même à l'un des
cinq livres inspirés, qui sont : 1° la Loi de Moïse; 2° le Nouveau Testament; 3° les Psaumes; 4° les Prophètes; et 5° le
Coran. Toute secte qui reconnaît l'inspiration de l'un de ces
livres est tolérée par les Mahométans. Les Samaritains,
ayant appris l'accusation qui était portée contre eux, essayèrent de prouver leur croyance au Pentateuque; mais les
Mahométans, ne connaissant ni la langue sacrée ni les caractères dans lesquels elle était écrite, ne voulurent pas les
croire. Alors ils en appelèrent au principal rabbin des Juifs
de Jérusalem (représentant avoué de la foi juive), qui leur
donna une attestation écrite, certifiant : « Que le peuple samaritain est une branche des enfants d'Israël, qui reconnaît
la vérité du Tora (Pentateuque). » Ce document, accompagné

de présents, mit fin, pour le moment, à la persécution.
ais mention de ce fait, uniquement pour montrer de qu
manière sont regardés les Samaritains par les Juifs inst
et éclairés.

Ceux qui ont connu en Angleterre Yakûb esh She
seront peut-être bien aises de savoir ce qu'il est dev
C'est le seul Samaritain qui ait jamais voyagé en Occident
revint parmi ses compatriotes dans l'automne de l'
1856, et reprit promptement les habitudes simples,
actives de la vie des Samaritains. Il conseilla au prêtre
ran d'établir une école, et d'obliger tous les enfants de
communauté, garçons et filles, à s'y rendre régulièrem
afin que tous apprissent à lire et à écrire l'arabe, et aussi
compter. Yakûb regrettait beaucoup de ne pouvoir faire
l'un ni l'autre, mais il était trop vieux pour apprendre.
m'a dit depuis que cette école avait été fondée, et qu'
avait été appelée l'école de Shellabi, en mémoire du vo
de Yakûb en Angleterre, où il avait compris les avantages
l'étude et de la science.

Après tout, Yakûb n'épousa pas la petite Anithe. Elle n'é
tait pas encore d'âge à devenir sa femme, à l'époque de
retour, et l'on fit un autre arrangement, comme le témoi
gne le curieux échantillon de correspondance orientale
nous joignons ici. Cette lettre a été plus tard écrite à
frère, en réponse aux questions qu'il avait faites sur Ya
kûb, depuis son retour dans son pays.

Traduction vraie et littérale d'une lettre du Prêtre Am
ran à E. T. Rogers, Esq., vice-consul de Sa Majesté Britan
nique, à Haïfa.

« A la perfection de l'énergie, le très-vertueux et indomp
table, la présence du frère très-digne de louanges, Khawadja
Rogers, l'illustre. Puisse le Dieu tout-puissant prolonger ses
jours. Amen.

« Après de ferventes prières pour votre conservation, je demande la permission de vous apprendre que j'ai été honoré de votre bienfaisante lettre, datée du 27 de juin, selon calcul occidental, conjointement avec Daûd Tannûs[1], et que nous avons appris avec plaisir votre conservation; et nous vons remercié le Tout-Puissant de ce que vous vous êtes souvenu de nous. J'ai lu votre doux post-criptum, qui était inclus dans ladite lettre; et je trouve que vous me demandez si Jakûb esh Shellabi est marié ou non. Monseigneur, il a été marié, depuis l'année dernière, à une très-jolie épouse, qui est extrêmement bonne. Son nom est Shemseh (Éclairée du Soleil); et jeudi dernier, premier jour occidental de juin, elle a donné naissance à un enfant mâle, qui ressemble à la lune, et qu'ils ont nommé Emîn (fidèle). Plaise à Dieu qu'il puisse vous en arriver autant. Je vous ai donné ces joyeuses nouvelles, qui sont tout ce qu'il y a de nécessaire, en vous priant de m'honorer en me faisant connaître ce que je puis faire pour vous servir; et que Dieu prolonge vos jours. Monseigneur, « Votre Suppliant (signé et scellé) Amran le Prêtre. Écrit à Nablous, 9ᵉ de juillet, année occidentale 1858. »

Un autre enfant est né à Yakùb, et je l'ai entendu parler avec orgueil, amour et tendresse de ses petits enfants et de sa jeune femme, Shemseh, ainsi que des progrès de l'école samaritaine.

Quelques jours après mon arrivée à Nablous, j'étais assise dans le divan, à l'hôtel, avec une petite assemblée de Samaritains, de prêtres grecs, et d'Arabes protestants, lorsqu'une très-pauvre femme musulmane se glissa dans la pièce, quoique les kawass et les domestiques fissent tous leurs efforts

---

[1] Principal membre de la congrégation des protestants natifs de Nablous.

pour l'arrêter. Elle s'écriait : « Laissez-moi passer! Il faut que je parle à la dame anglaise, la sœur du consul. » Je dis: « Laissez-la parler. »

Elle était enveloppée des pieds à la tête dans un vieux drap d'étoffe du pays, rayé de bleu et de blanc.

Elle était très-âgée, et chancelait en traversant la chambre pour venir à moi ; quand elle se fut approchée, elle écarta son voile épais, et me baisa avec ardeur la tête et les mains, me suppliant instamment d'intercéder pour son fils, qui était emprisonné, pour avoir insulté et frappé notre kawass, dans le bazar.

« Je suis veuve, s'écriait-elle, et le coupable est mon fils unique, mon seul soutien. Parlez pour lui, pour l'amour de moi. Parlez pour lui, pour l'amour de la mère de votre frère. Parlez pour lui, afin qu'on le mette en liberté ! »

Et elle s'agenouillait, essayant d'embrasser mes pieds d'une manière suppliante. Je la relevai, en disant : « Allez en paix ; je parlerai au consul pour votre fils. »

Elle partit, en criant avec joie : « Les portes de la prison sont ouvertes ! Le coupable, mon fils, est déjà libre ; car la parole anglaise est donnée ! »

Je m'informai du prisonnier, et pour « l'amour de ma parole » mon frère demanda sa liberté ; avant le coucher du soleil il était relâché.

Il vint le soir, avec sa mère, pour me remercier, ayant appris que j'avais dit une bonne parole en sa faveur. Il avait été fouetté, mais il paraissait très-soumis, et enchanté de sa délivrance, à laquelle il était loin de s'attendre. Quand les portes d'une prison turque se sont fermées sur quelqu'un, elles ne sont pas près de se rouvrir, à moins que ce ne soit avec une clef d'or ; cet homme savait que ses amis étaient trop pauvres pour employer celle-là.

Il me dit : « O ma protectrice, en mémoire de votre intercession, je chercherai en tout temps l'occasion de vous rendre service, et, pour l'amour de vous, je ferai de même pour tous les Anglais. » Je lui répondis : « Prenez soin de votre mère, et tâchez de vivre en paix avec tous les hommes. »

Ils se retirèrent l'un et l'autre, en prononçant sur nous des bénédictions; et lorsque, quelque temps après, les protestants de Nablous furent cruellement attaqués par les Musulmans, cet homme les défendit avec zèle. Car les protestants sont regardés comme les *protégés* des Anglais, de même que les latins sont considérés comme sujets français, et les grecs, comme sujets russes.

J'eus plusieurs conversations intéressantes avec le maître d'école arabe de la petite communauté protestante de Nablous. Il était natif de Nazareth, et âgé d'environ trente ans. C'était l'oncle du garçon chargé de faire notre café et de porter nos pipes, Yusef, dont j'ai parlé dans un des premiers chapitres de ce livre. Il avait été élevé à l'école diocésaine de Jérusalem, et il parlait couramment l'anglais. Son accent étranger, son idiome particulier et ses constructions de phrases orientales m'amusaient extrêmement, et il était charmé d'avoir cette occasion de parler anglais. Il se montrait très-désireux de s'instruire au sujet des mœurs de l'Angleterre et des usages de la vie ordinaire, et curieux de connaître les coutumes et les lois relatives aux fiançailles, au mariage, au divorce, et aux conditions de la propriété. Je le satisfis sur tous ces points, autant que je le pus, et lui, à son tour, me raconta les détails de son mariage. Je rapporte ici autant que possible ses propres paroles, que je notai le soir même.

« Je vous ferai voir comment, dans ce pays, se font les mariages. Peut-être vos coutumes, sur ce point, ne sont-elles pas tout à fait bonnes, et les nôtres ne sont pas bonnes non plus. Il serait bon que nous prissions un peu de vous, et que vous aussi prissiez de nous quelques enseignements. Je fus, il y a quatre ans, à Nâsirah, ma ville natale, pour tâcher de me marier. Tout le monde savait que j'allais y chercher une jeune fille. Je n'avais point de père ; je n'avais point de mère. Je me rendis à la maison de ma tante, et je lui dis : « Cherchez-moi une fille, ô ma tante, que je puisse épouser promptement; » et elle me dit : « Soyez tranquille, ô mon fils! Je connais une « bonne fille pour vous; je parlerai à ce sujet. » Alors mon cœur fut lourd, parce que je ne pouvais pas la chercher et la voir, et je dis : « O ma tante, comment puis-je faire une « telle chose sans la voir? Peut-être a-t-elle mal aux yeux; « peut-être ses manières ne sont pas bonnes. Il faut que je la « voie ! Cachez-moi ; que je puisse la voir. » Ma tante fut très effrayée; mais elle m'aimait, et elle me dit : « Que votre « cœur se fortifie ; *je la tromperai pour l'amour de vous.* »

« Alors elle sortit et alla chercher la fille qu'elle voulait me faire épouser; c'était l'enfant de notre voisine. Quand elle l'eut trouvée, elle lui dit : « Ma fille; je vous cherche ; venez « avec moi dans ma maison. Nous travaillerons ensemble; j'ai « quelque chose à vous montrer. » Je restai debout à l'endroit où elle devait venir. Son visage était sans voile, et elle ne savait pas que j'étais caché. Elle resta un moment à parler et à travailler avec ma tante. Je vis qu'elle était blanche et très-belle ; elle avait onze ans. Elle parlait bien et avec douceur, et ses paroles étaient de bonnes paroles, et mon cœur sortit de moi pour aller vers elle. Un peu de temps après, elle vint du côté où j'étais, et elle vit que je la regardais avec ardeur. Alors elle devint très-rouge, et s'enfuit chez elle en courant; ma tante la suivit. Aussitôt que la fille vit sa mère, elle s'écria: « O mère! on me trompe, on me trompe! » Sa mère la consola et dit : « Soyez tranquille, ô ma fille ! Maintenant qu'il « vous a vue, il souhaitera que vous soyez sa femme; il vous « épousera. » Mais la fille était pleine de colère, et elle dit encore : « Ce n'est pas bien de me tromper! »

« Ma tante revint vers moi, et me dit quels étaient sa colère et son chagrin, et elle ajouta : « Il vaut mieux n'en plus « parler, et nous trouverons une autre fille. » Mais mon cœur m'avait quitté pour celle-ci, et je ne pouvais penser à une autre. Ainsi j'allai trouver le prêtre grec et lui contai toute l'histoire. Et alors il fut chez le père de la fille ; mais le père dit : « Non pas ainsi. J'ai deux filles plus grandes, « elles ne peuvent rester de côté ; il faut qu'elles soient fian- « cées avant cette petite. » Alors je dis au prêtre : « Parlez « encore pour moi, car il faut que j'aie la jeune fille. » Et le père fit un écrit, sur lequel je mis mon sceau ; et je convins de lui donner beaucoup d'étoffes de soie et de coton, et beaucoup de savon pour sa fille, beaucoup plus de toutes ces choses que je n'en aurais donné pour ses plus grandes filles, car il savait que mon cœur était allé hors de moi. Je la vis encore, pas tout à fait une minute, lorsque les fian- çailles furent faites devant témoins. Alors ma tante fit pré- parer une chambre pour moi dans sa maison, et beaucoup d'hommes vinrent manger avec moi, en grande fête. Et beau- coup de femmes allèrent manger avec la fille, dans la maison de son frère, et dansèrent devant elle, et chantèrent des chants de réjouissance. Et tout le monde savait que nous étions fiancés, mais je ne pus la revoir.

« Je retournai donc à Nablous ; et, au bout d'un an, quatre hommes allèrent de ma part à Nasirâh, avec des chevaux, pour la chercher et l'amener ici, et alors nous fûmes immé- diatement mariés. »

Il me présenta sa jeune femme et son petit enfant. Elle était fraîche et jolie, avec des yeux noirs très-brillants et une expression ouverte et riante. Elle disait que Nâsirah était beau- coup plus agréable à habiter, pour les chrétiens, que Nablous.

M. Zeller, un Allemand, avait été récemment chargé par l'évêque Gobat du soin de la communauté protestante à

Nablous, et il étudiait avec ardeur la langue arabe, afin de pouvoir commencer ses fonctions de missionnaire. Il avait quelquefois la bonté de quitter ses études solitaires pour explorer avec moi Nablous et ses environs.

Un matin, après avoir traversé plusieurs rues étroites et tortueuses garnies d'arcades, nous sortîmes par la porte la plus rapprochée, et nous montâmes sur la route élevée ou terrasse, qui fait presque le tour de la ville; M. Zeller me conduisit à la colline, au-delà du cimetière, d'où je pus embrasser des yeux toute l'étendue de Nablous, ses mosquées et ses minarets; ses groupes irréguliers de maisons, avec leurs dômes et leurs toits en terrasses; ses arcades sombres, ses colonnades et les jardins de citronniers et d'orangers qui l'environnent. Nous montâmes alors par un chemin aride et pierreux, pour voir une ancienne fontaine et un réservoir, formé d'un sarcophage, où des femmes, soigneusement voilées, lavaient leurs misérables vêtements. Un groupe d'hommes était négligemment occupé à rebâtir le mur de pierres à moitié démoli qui longeait le cours d'eau. Ils se servaient d'outils mal faits, et chacun d'eux avait un fusil passé sur son épaule.

Nous suivîmes le cours de la tranchée qui conduit l'eau de la fontaine, le long des terrasses, autour de la ville. Entre les pierres moussues de l'aqueduc, on voyait s'élancer des plantes vivaces du vert le plus brillant; et, à de courts intervalles, se trouvaient des ouvertures carrées, par lesquelles on pouvait voir courir l'eau limpide, à travers un encadrement de capillaires, de fougères et d'autres jolies plantes, aux fleurs blanches et lilas.

Nous arrivâmes à un ancien bassin ou réservoir, remis à neuf et bien rempli, puis à la nouvelle résidence du gouverneur, qui est la plus belle habitation que j'aie vue en Palestine. Elle est bâtie avec de belles pierres bien taillées, et enrichie de pavés de marbre, de colonnes et d'arcades. Mahmoud Bek Abdul Hady en a tracé lui-même le plan.

Nous rentrâmes dans la ville et nous nous arrêtâmes devant le portail de la mosquée. C'était originairement l'entrée d'une église chrétienne, comme on le voit clairement par l'architecture. Les groupes de colonnes, les chapiteaux aux élégants feuillages, et les moulures profondes, dentelées et en zigzag de l'arche en ogive, sont du style normand. Tandis que nous en examinions attentivement les détails, des signes impératifs nous furent faits par quelques-uns des gardiens de la mosquée, qui trouvaient que nous approchions de trop près du lieu de leur culte, et que nous y restions trop longtemps. Nous nous retirâmes donc, et nous traversâmes les bazars. Les boutiques étaient bien fournies et pleines de vendeurs et d'acheteurs très-affairés. Il y avait de petites arcades spécialement consacrées à la vente du tabac; d'autres, remplies de l'odeur rafraîchissante et parfumée des limons verts, des oranges, des citrons et des pamplemousses. Les bazars pour les légumes et les viandes préparées étaient difficiles à traverser, car ils étaient encombrés par les soldats turcs du camp du pacha, qui venaient y chercher la ration du repas de midi. Plusieurs d'entre eux portaient de grands plats de métal contenant un mélange de viandes et de légumes cuits, ou des vases creux en terre, remplis de poudings de pois, garnis de tranches de citrons, qui flottaient dans de l'huile. D'autres se poussaient à travers la foule avec des bols de soupe fumante, et se faisaient faire place assez promptement. Les soldats et les gens de la ville n'avaient pas les uns envers les autres des dispositions trop bienveillantes. Des voix aigres et des cris de colère se faisaient entendre de tous côtés, et il n'était pas rare qu'on en vînt aux coups avant de conclure un marché. En suivant le bazar long et étroit où se vendent les fruits secs, les olives, le riz, le beurre et le fromage, nous arrivâmes à l'entrée d'une importante mosquée, dont l'extérieur contient des vestiges de l'art chrétien au douzième siècle. Après nous y être arrêtés quelques instants, nous prîmes une rue basse, presque bloquée par des chameaux, et de là nous nous rendîmes dans le principal bazar, la plus belle arcade de la Palestine. Il est plus large et beaucoup plus élevé que l'*Arcade* de Lowther à Londres, et cinq ou six fois aussi long. Là, sont déployées les marchandises européennes, telles que les indiennes imprimées de Manchester, la coutellerie de Sheffield, les perles et les bijoux français, de très-petits miroirs, des bouteilles en verre de Bohême pour les narghilés, des mouchoirs de Suisse imitant les mundils de Constantinople, des fayences et des tasses à café de porcelaine. Mais les boutiques les plus brillantes sont celles où s'étalent les soieries de Damas et d'Alep, les vestes et les tarbouches brodés de Stamboul, et quantité de pipes turques, de rosaires d'ambre et de bracelets d'Hebron. Sur les comptoirs, très-peu élevés, les marchands, avec leurs grands turbans, sont accroupis au milieu de leurs brillantes marchandises, et fument, bavardent, caressent leur barbe et marmottent leur rosaire depuis le matin jusqu'au soir.

Une ouverture au milieu des arcades nous permit d'entrer dans un khan très-étendu, bien disposé, mais si dégradé qu'il devient presque inutile. C'est un grand espace carré et découvert, enclos par un rang de bâtiments à deux étages. Le rez-de-chaussée est bien adapté pour loger des chameaux et autres bêtes de somme; mais les chambres élevées au-dessus sont dans un tel état de délabrement qu'il est à peu près impossible d'y trouver un abri. Nous montâmes un escalier de pierre à moitié brisé, et nous gagnâmes avec difficulté le toit en terrasse, d'où la vue s'étend sur toute la ville.

Quand nous rentrâmes sous l'arcade, nous nous entendîmes tout à coup appeler par notre nom, et, en nous retournant, nous vîmes Ody Azam, mon hôte, dans sa petite boutique, qui vendait des plumes, des crayons, du papier et des objets de Birmingham. Il nous dit que les Arabes se demandaient comment je pouvais aller librement, sans voile, dans des endroits publics, ajoutant : « Nos femmes n'entreraient pas dans des bazars; ce serait pour elles une honte. »

Les principales productions de Nablous sont le coton, l'huile d'olive et le savon. On fabrique ce dernier article en grande quantité, et on le vend dans toute la Palestine. Il est d'un blanc grisâtre et donne une belle mousse. L'huile de Nablous est célèbre pour sa clarté et sa limpidité. Les environs produisent en abondance la vigne, les figuiers et tous les précieux fruits qui mûrissent au soleil. Les habitants sont très-attachés à leur ville et s'en montrent très-fiers. Ils ont l'air de croire que pas un endroit du monde ne peut lui être comparé.

En rentrant à l'hôtel, j'y trouvai un étranger en turban, qui attendait le vice-consul. Il se présenta à moi comme le Sheikh Mûssa. Il portait une large robe de drap couleur olive et bordée de fourrure, une robe de dessous en satin rayé brun et violet, et une pelisse de drap, violette aussi. Il me dit qu'il avait appris que je dessinais des figures sur du papier, et il ajouta que je pouvais faire son portrait, si je le désirais, mais à la condition que je dirais au consul de Jérusalem qu'il n'avait pas pris part aux derniers troubles. « J'aimerais bien, lui répondis-je, votre portrait; mais comment puis-je affirmer ce que je ne sais pas, et comment puis-je savoir que vous n'avez pris aucune part à ces troubles? — N'importe! reprit-il; faites mon portrait, et montrez-le au consul, M. Finn; cela le disposera en ma faveur. » Il posa patiemment pendant une heure, sa pipe et son rosaire à la main, et partit ensuite.

Peu après, Mahmoud Bek Abdul Hady, le gouverneur, entra avec mon frère. Je l'avais déjà vu plusieurs fois, et il me fit beaucoup de questions sur ma visite à ses parents, à Arrabeh. Je lui montrai les croquis que j'y avais faits. Il m'invita à aller à sa nouvelle maison, et me dit que ses femmes avaient exprimé un grand désir de me voir. « Mais, ajouta-t-il, si vous faites leurs portraits, il faut me promettre de ne les montrer à personne dans ce pays. Vous pouvez les montrer en Angleterre, à la reine et à vos amis ; mais ce serait une honte pour moi que des hommes de cette contrée vissent la figure de mes femmes. » Je fis la promesse qu'il exigeait, et il dit : « Cela suffit ; la parole anglaise est donnée. Venez au coucher du soleil, et vous serez bien accueillie. » Puis il ajouta : « Quelle ville aimez-vous mieux, d'Arrabeh ou de Senûr ? — Je me suis plu davantage à Arrabeh, répondis-je, et j'espère bien revoir les amis qui m'y ont reçue avec tant de bonté. » Alors il me dit : « Dieu soit loué de ce que Arrabeh a trouvé faveur auprès de vous ! » Et il partit.

Au coucher du soleil, mon frère m'accompagna chez lui. Deux kawass et des porteurs de lanternes nous précédaient. Nous fûmes conduits dans une vaste cour, pavée de marbre, où le gouverneur vint au-devant de nous, et nous fit entrer dans le divan ou salon de réception ; un grand nombre de gentilshommes musulmans y étaient assemblés. Ils se levèrent de dessus les divans élevés qui occupaient trois côtés de la pièce, et restèrent debout jusqu'à ce que mon frère et moi eussions pris les places qui nous étaient réservées sur le divan principal. Le gouverneur arrangea pour moi un coussin brodé, et s'assit à mes côtés ; puis il dit aux visiteurs, qui étaient restés debout : « Itfuddal ! » mot d'une signification très-étendue, correspondant au mot italien « *Favorisca,* » et signifiant, dans cette circonstance : « *Asseyez-vous.* »

La chambre était très-élevée. Les murs blancs étaient ornés de bordures bleues en arabesques, peintes à fresque. Les fenêtres en arcade et les portes très-larges étaient de forme sarrasine. Une partie du carreau était élevée, pour former une estrade, et couverte de beaux tapis ; au centre se trouvait un grand candélabre de cuivre, supportant une lampe. Dans la partie basse de la salle, un grand nombre de domestiques attendaient les ordres. C'étaient les serviteurs et les porte-lanternes des visiteurs. Des esclaves Abyssiniens, richement vêtus, passèrent à la ronde des tasses de café, parfumé d'ambre gris, et d'autres apportèrent des plateaux de confitures. On m'offrit un magnifique narghilé, dont l'embouchure était montée en diamants et en saphirs.

Je m'étais attendue à être conduite seulement au harem, et je fus toute surprise, en me voyant introduite dans cette nombreuse compagnie. Je ne pouvais me permettre de parler à Mahmoud Bek de ses femmes, en présence des hommes, parce que je savais que cela n'était pas convenable; et mon frère n'aurait pu le faire, sous quelque prétexte que ce fût. J'attendis longtemps, avec impatience.

Cependant une intéressante conversation s'était engagée sur la civilisation, et sur la manière de vivre dans les villes, les villages, et sous les tentes. Notre hôte mit sous nos yeux un plan pour l'achèvement de sa maison, et me demanda mon avis sur les décorations intérieures. Il montrait un goût naturel remarquable, et beaucoup de talent pour l'architecture, et pour le choix des matériaux de construction. Il me dit qu'il pouvait juger du plus ou moins de solidité et de durée d'une pierre, par le goût qu'il y trouvait. J'avais vu plusieurs fois les Arabes toucher du bout de leur langue une pierre nouvellement taillée, et je suppose que c'est de cette manière qu'il s'assurait de sa qualité. Il y a de belles carrières en Palestine, mais les pierres que préfèrent généralement les constructeurs, sont celles que l'on a tirées de quelque ancien bâtiment en ruine, et qui ont déjà subi l'épreuve des siècles.

Plus d'une heure s'était passée, et je n'avais pas encore reçu l'invitation de me rendre au harem. Je dis, tout bas, à Mahmoud : « Je suis venue ce soir pour répondre à votre invitation spéciale. » Il répondit : « Je suis grandement honoré de votre présence, ô madame, vous m'avez fait un grand plaisir, et j'ai profité de vos paroles et de vos conseils. Cette chambre, dans laquelle nulle autre femme que vous n'est jamais entrée, vous appartient ! »

Un messager spécial du pacha vint chercher mon frère, et nous prîmes congé de Mahmoud Bek. Il nous reconduisit jusqu'à la porte d'entrée, avec beaucoup de déférence et quantité de compliments, mais il ne fit pas le plus léger effort pour m'engager à visiter son harem. Je suppose qu'il craignit que je ne révélasse les secrets de « sa prison, » et sans doute après y avoir réfléchi, il crut dangereux pour ses dames que l'on fît leur portrait. Le bruit courait qu'il avait récemment épousé une très-belle jeune fille, et que son harem contenait plusieurs charmantes esclaves de Constantinople. Le fait est, je crois, que je n'avais pas répondu avec assez de réserve à ses nombreuses questions au sujet de mon séjour à Arrabeh, et que j'avais eu l'imprudence de lui montrer le portrait de la jolie Helweh, femme de son cousin Saleh. Depuis ce temps, j'ai toujours été sur mes gardes, en pareille circonstance. Ce gouverneur, Mahmoud Bek, était un homme assez âgé, avec une longue barbe grise. Il était plein d'énergie, et d'un caractère entreprenant, il paraissait intelligent, pénétrant, et plein de finesse, mais tyrannique et obstiné ; il était le chef d'une faction très-turbulente.

Le matin suivant, Sheikh Mûssa revint pour que je pusse finir son portrait. Il me dit : « Il y a des idiots et des « *majnûni* » qui croient qu'un homme est en danger de perdre son âme, si l'on fait son portrait sur du papier, avec la pointe d'un crayon ; mais il n'est pas bien de le faire en bois ou de le sculpter en pierre. » Il ajouta : « Dans ce pays, il y a beaucoup d'ignorance et de folie ; mais nous devons nous taire ; car si nous découvrions aux sots les pensées de nos cœurs, ils diraient : C'est votre folie et non pas la nôtre, — nous sommes sages, — vous êtes des fous, vous qui doutez de notre sagesse. » Ainsi les sages se taisent, et les sots de la terre en deviennent plus orgueilleux et plus forts dans leur folie. Tel est le décret. »

L'après-midi, l'air était remarquablement pur et embaumé, mon frère trouva le temps de faire une promenade à cheval avec moi, et nous fûmes accompagnés de M. Zeller et de quelques protestants arabes. Nous sortîmes de la ville par la porte orientale et nous descendîmes dans la vallée de Nablous et dans la direction du sud-est; nous avions le mont Hébal à notre gauche, et le mont Garizim, plus près de nous, à notre droite ; le premier paraissait aride et escarpé, tandis que le second était en beaucoup d'endroits couronné d'arbres et de verdure. Ody Azam nous dit, en nous montrant un arbre qui s'élevait au-dessus de nous : « Ce vieil olivier est le plus gros de tout le pays; quatre hommes, en joignant leurs mains, ne pourraient entièrement l'embrasser. »

Nous passâmes et repassâmes des ruisseaux et des cours d'eau artificiels qui serpentaient à travers les jardins et les champs cultivés de la vallée. Au bout d'une demi-heure, nous mîmes pied à terre, près d'une colonne de granit abattue, et à moitié ensevelie dans la terre, au pied du mont Garizim. Tout auprès était un trou, presque rempli de décombres et de terre, et entouré de larges pierres taillées. C'est là qu'était « le puits de Jacob. » Après me l'avoir fait remarquer, mon frère me dit : « C'est pour vous montrer cette fontaine comblée que je vous ai amenée ici aujourd'hui ; car les Juifs, les Samaritains, les Chrétiens et les Musulmans s'accordent tous pour attacher à ces lieux le nom du patriarche Jacob. Il est particulièrement intéressant pour les chrétiens, car c'est en ce lieu que Jésus-Christ eut son entretien avec la Samaritaine, lorsque, « fatigué de son voyage en *Judée*, il s'assit à côté du puits, à *midi*, tandis que ses disciples *allaient de la vallée* dans la ville, pour acheter de la nourriture. » Et nous sommes maintenant assis à l'ombre du Garizim, dont la femme parlait, quand elle disait : « Seigneur, nos pères ont adoré sur cette montagne, et vous dites, vous, qu'il faut adorer à Jérusalem, » et de cette place, auprès du puits, le Christ fit cette réponse mémorable : « Dieu est esprit, et il faut que ceux qui l'adorent, l'adorent en esprit et en vérité. » (Jean IV, 20, 23.)

Les contours des collines environnantes étaient nettement dessinés sur un ciel d'un bleu profond : le grand village appelé Tulluzah, que l'on suppose être l'ancienne et belle ville de Tirza, à mi-côte du mont Hébal, était devant moi ; à peine pouvait-on distinguer ses maisons des masses de rocs et de grandes pierres de la pente escarpée. Des vignes en terrasses et de beaux bois d'oliviers entouraient le village et en marquaient les limites. De magnifiques vergers ceignent la base de la montagne, et, çà et là, l'on aperçoit des groupes de chênes verts. La plaine et la vallée étaient couvertes de champs verdoyants de blé, d'orges, de fèves et de lentilles, tandis que de brillantes fleurs sauvages garnissaient les murs bas ou les bornes qui séparaient ces différents champs. C'était le 5 mars, et nous pouvions dire : « Il y a encore deux mois jusqu'à la moisson. » C'était sans doute un peu plus tôt, dans le printemps, que le Christ en regardant ce paysage dit à ses disciples : « Levez vos yeux et regardez les campagnes. » Il parlait au figuré, mais ces champs mêmes rappelaient la figure.

Quand la Samaritaine disait au Christ : « *Seigneur, le puits est profond,* » elle disait la vérité. C'est une ouverture circulaire, creusée dans le roc vif ; on lui a trouvé, en le mesurant, il y a quelques années, une profondeur de soixante-quinze pieds ; et cependant, le fond du puits n'était pas atteint ;

à cause de l'épaisse couche de terre qui s'y était accumulée. Yakûb esh Shellaby, lorsqu'il était enfant, avait été descendu dans ce puits, et je lui ai plus d'une fois entendu raconter comment la chose s'était passée. On en a publié le récit dans un petit livre intitulé : « Notice sur les Samaritains modernes, avec des épisodes de la vie de Yakûb esh Shellaby, recueillis de sa bouche et traduits par M. E. T. Rogers. » C'était mon frère. Je vais en donner un extrait où Yakûb raconte cette circonstance, car je suppose qu'aucun être vivant, excepté lui, n'est descendu dans ce puits. Il n'avait que douze ans, à l'époque dont je parle.

« Dans l'année 1841, un gentilhomme écossais, nommé le docteur Wilson, arriva à Nablous et fit de grandes recherches pour trouver le puits de Jacob. Ayant découvert la place exacte, le docteur loua dix hommes vigoureux et moi avec eux, pour l'y accompagner ; en passant par le bazar, il acheta quatre cordes de poil de chameau. Je ne comprenais pas ces préparatifs, mais en arrivant à l'entrée du puits, j'en découvris la raison. Un missionnaire écossais (le Rév. Andrew Bonar de Callace), quelques années auparavant, avait laissé tomber sa bible dans le puits, et le docteur Wilson tenait beaucoup à l'en tirer. Les hommes furent bientôt mis à l'œuvre pour enlever les énormes pierres qui fermaient l'orifice, et, à cause de la légèreté de mon poids, je fus choisi pour descendre et faire la recherche nécessaire.

« Je fus d'abord très-effrayé de l'entreprise; mais ensuite des paroles encourageantes et des arguments pécuniaires, avec la promesse du docteur Wilson de m'emmener avec lui en Angleterre, finirent par me décider. Une corde fut attachée autour de ma taille, et je fus descendu, toujours tournant dans le vide, parce que je n'avais aucun point d'appui, jusqu'à ce que je fusse tout à fait étourdi, et presque évanoui, à cause de l'impureté de l'air. On ajouta les quatre cordes les unes au bout des autres, et je n'avais pas encore atteint le fond. Deux châles qui composaient les turbans de deux Samaritains furent attachés à la dernière corde, et, par ce moyen, j'atteignis le fond du puits, en sureté, mais très-effrayé et tout anéanti. Ce fond était boueux, mais il n'y avait pas d'eau, par ce que le printemps avait été très-sec. Le docteur Wilson m'avait donné deux belles bougies blanches et une boîte de petits bâtons, pour me procurer de la lumière; ce fut la première introduction des allumettes chimiques à Nablous. J'avais vu le docteur Wilson en allumer une en plein air, et j'en avais déjà été très-surpris; mais quand, à cette profondeur et dans cette obscurité, je frottai une de ces allumettes sur la partie rude de la boîte, je fus bien plus frappé du bruit qu'elle fit et de la lumière qu'elle produisit. Aussi, pris-je la résolution de n'en pas employer une seule sans nécessité, et de garder soigneusement la boîte dans ma poche, la considérant comme une compensation suffisante de la peine que j'avais prise pour descendre. On m'avait dit d'ôter toutes les pierres placées à l'est et de les mettre à l'ouest, puis de les remettre où je les avais trouvées, et de transporter à l'est celles de l'ouest, en exécutant cette dernière opération, je trouvai un petit livre assez sale de six pouces de long sur quatre de large, et de trois quarts de pouce d'épaisseur. Le docteur Wilson m'avait crié à diverses reprises, de l'entrée du puits : « L'avez-vous trouvé; » et chaque fois je lui répondais, « non. » Mais cette fois, je ne savais que répondre. Se peut-il, pensais-je, que ce soit là le livre pour lequel on a pris tant de peine et dépensé tant d'argent? à moins, que ce ne soit un livre de nécromancie, pour guider le docteur dans la recherche de quelque trésor! Je répondis donc, « oui, » et quand le docteur Wilson eut appris que j'avais trouvé quelque chose, il me fit remonter et m'accueillit avec joie, ainsi que mon trésor, que j'avais presque honte de lui donner. Cependant il fut enchanté, me caressa affectueusement, et me paya largement ainsi que les hommes.

« Il enveloppa la Bible dans un mouchoir, et la déposa précieusement dans une poche intérieure. Tout le monde crut que c'était un livre de nécromancie, comme je l'avais pensé moi-même. »

Après avoir examiné quelque temps le puits, nous allâmes à cheval, à travers champs jusqu'au centre de la vallée, où, presque au nord du puits, se trouve un espace carré, entouré de murs de pierre élevés, revêtus de plâtre et blanchis à la chaux. Nous descendîmes de cheval, et, passant l'un après l'autre par une étroite ouverture, nous entrâmes tous dans l'enclos. Au milieu se trouvait une tombe massive de trois pieds de haut environ et de six pieds de long, dont le sommet se terminait par une pointe tronquée. Au pied et à la tête du tombeau sont placés des piliers de la même hauteur en pierre brute. Il y a dans le mur plusieurs niches destinées à recevoir des lampes, qui sont allumées pendant certaines fêtes et par les dévots en différentes occasions. Les murs sont presque couverts d'inscriptions en hébreu, en samaritain et en arabe, dont plusieurs, profondément gravées, semblaient avoir plus de deux cents ans de date. Les voyageurs européens modernes y ont aussi laissé leurs noms. On suppose que cette tombe est celle de Joseph. Il est écrit que, sur son lit de mort, il exigea de ses fils la promesse qu'ils porteraient ses os dans la terre donnée à Abraham et à sa postérité à toujours. Aussi, quand il mourut, « ses fils l'embaumèrent et le mirent dans un cercueil, en Égypte. » Et il est encore écrit : « Les enfants d'Israël emportèrent de l'Égypte les os de Joseph, et les enterrèrent à Sichem, dans une pièce de terre que Jacob avait achetée des fils de Hamor, le père de Sichem, pour cent pièces d'argent, et elle devint l'héritage des enfants de Joseph. » Une vigne s'étendait sur le mur septentrional, et je cueillis quelques-unes de ses jeunes feuilles. La nielle sauvage, aux fleurs blanches et rouges, s'épanouissait autour du tombeau.

Nous reprîmes la route de Nablous par le milieu de la vallée. Les nuages s'amoncelaient à l'ouest sur la mer; tout prenait la teinte rouge dorée du soleil couchant. Une petite tour, sur le mont Garizim, marque la place où se célèbre la fête de l'agneau pascal et où l'agneau est égorgé.

En approchant de la ville, nous vîmes une quantité de petits garçons musulmans qui s'amusaient au jeu de la crosse ou à quelque jeu semblable, sur une large plate-forme, à côté de la porte orientale; pendant que nous nous étions arrêtés un moment pour regarder les mouvements adroits des joueurs, nous entendîmes retentir dans l'intérieur de la ville des exclamations, un grand bruit et comme des cris de guerre. Nous nous hâtâmes d'entrer, et nous trouvâmes qu'une émotion violente et subite s'était manifestée parmi les Musulmans, dans un des quartiers de la ville. Nous en demandâmes la cause, et un mahométan nous dit que les villages des environs étaient en armes et se préparaient à venir attaquer Nablous. Il se trouva ensuite que cette nouvelle était une fable inventée pour nous tromper. La cause réelle de toute cette rumeur était le bruit répandu qu'un chrétien avait tué ou injurié, ou insulté un musulman.

Heureusement cela même était une erreur et on le reconnut, avant qu'il y eût du sang répandu; mais les voix élevées et furieuses qui s'étaient aussitôt fait entendre dans les groupes d'hommes et même de femmes, assemblés dans les rues, me convainquirent pour la première fois de la situation dangereuse des chrétiens en ce pays lorsque la basse classe des Musulmans était sérieusement excitée contre eux. Nous passâmes au milieu de la foule sans recevoir aucune insulte, ne soupçonnant guère qu'un massacre général des chrétiens venait d'être proposé. Nous ne comprîmes rien à tout ce bruit qu'en arrivant à l'hôtel, et alors le tumulte était entièrement apaisé, par suite de la découverte que c'était un chrétien et non pas un musulman qui avait été légèrement blessé. Je vis par là combien la moindre provocation, réelle ou imaginaire, suffisait pour produire une émeute et faire répandre le sang. Cependant je n'éprouvai aucune crainte, pour moi ni pour mon frère, et, sans bien savoir pourquoi, je pensai toujours que nous étions parfaitement en sûreté.

Quelques Musulmans de la haute classe vinrent passer la soirée avec nous, et, sans paraître y mettre de l'importance, firent tout ce qui était en leur pouvoir pour détruire l'impression défavorable qui pouvait nous être restée de la scène désagréable qui venait de se passer.

Le jour suivant, 6 mars, nous allâmes chez Michael Kawarre, le catéchiste et l'instituteur protestant arabe. Son frère était l'agent consulaire prussien, et leur père, Samâan Kawarre, ainsi que ses amis, nous reçut avec une grande cordialité dans une petite chambre voûtée, très-jolie, entourée de trois côtés de divans bas, avec des tapis et des coussins. Un grand plat creux, contenant au moins deux cents bouquets de violettes fraîchement cueillies, était placé sur un tabouret au milieu de la chambre, et le parfum de ces charmantes fleurs embaumait l'air. Comme j'en exprimais mon admiration à Samâan, il me dit : « Madame, je vous apporterai une plus douce et plus précieuse fleur. » Il sortit alors, et revint bientôt, tenant tendrement dans ses bras sa petite-fille Zahra, dont le nom signifie *fleur*. C'était une jolie enfant de quatre ans, mais aussi sérieuse et aussi posée que si c'eût été une femme. Elle portait aux poignets des bracelets de verre rouge, qui y avaient été mis quelques mois auparavant, et qui étaient devenus trop étroits pour qu'il fût possible de les faire repasser par-dessus ses petites mains potelées. On est souvent obligé de briser ces sortes de bracelets pour les ôter des bras des jeunes enfants, lorsqu'ils sont devenus trop justes, car ce sont de simples anneaux de différentes couleurs, et qui n'ont pas d'ouverture.

Je demandai à Zahra où poussaient les violettes. Elle me répondit : « Elles sortent de la terre, pour les dames, sous les citronniers. Elles commencent à venir maintenant, mais elles n'y sont pas toujours. — Que font les dames avec ces violettes, lui demandai-je. — Les dames les mettent dans leur coiffure, et elles sont très-contentes, parce que ces violettes ont une douce odeur. » Un des hôtes ajouta : « Cette petite ne sait pas encore que l'on fait sécher ces fleurs au soleil, et qu'on en fait une infusion pour les personnes qui ont la fièvre. »

Quand nous nous en allâmes, on nous dit : « Venez dans le jardin où sont les violettes. » Et l'on nous conduisit dans un spacieux enclos, où les limons, les citronniers, les orangers et les coignassiers formaient de délicieux ombrages, et où les pommiers et les amandiers étaient couverts de fleurs. La terre était complétement tapissée de plantes de violettes, dont les fleurs s'ouvraient de tous les côtés. Je les avais vues sur la lisière de nos bois, en touffes épaisses ou pressées autour des vieux troncs d'arbres; mais jamais, comme dans ce jardin de Nablous, je n'avais rencontré une telle profusion de ces charmantes fleurs. Nous ne pouvions faire un pas sans écraser sous nos pieds leurs feuilles et leurs boutons. On nous conduisit au milieu du jardin, où une très-grande pièce d'eau, ou réservoir, était entourée d'une balustrade en pierre. Vers le midi, on avait construit une sorte de pavillon de repos, voûté et dont l'entrée, en forme d'arcade élevée, s'ouvrait sur le bord de la pièce d'eau. On y avait étendu des tapis et des coussins. On nous y apporta du café, des pipes, des sorbets, des fruits et des fleurs.

Le beau idéal d'une après-midi en Orient c'est de fumer en paix son narghilé, à l'ombre d'une arcade, près d'un étang ou d'un ruisseau à l'eau jaillissante et étincelante, — au milieu d'un jardin rempli de fruits, — tapissé de violettes, au printemps, — ou d'immortelles blanches, dans l'été et l'automne. Ces délices sont le thème de la plupart des poëmes et des chansons des arabes modernes.

Avant le coucher du soleil, nous traversâmes la ville, d'un bout à l'autre, pour nous rendre chez Daûd Tannûs, principal chef de la communauté protestante à Nablous, qui nous avait invités à dîner. Nous fûmes conduits par un escalier tortueux à une cour irrégulière, sur laquelle donnaient plusieurs chambres et une cuisine, dans laquelle la maîtresse de la maison et plusieurs servantes se montraient fort affairées. Elles étaient sur le seuil de la porte, toute grande ouverte, cachant à moitié leur visage, mais nous regardant avec timidité, au moment où nous passions pour nous rendre à la chambre des hôtes. Des roses des quatre saisons et des œillets en pleine fleur, plantés dans de grands pots de terre rouge, étaient placés de chaque côté de l'escalier. La chambre était grande, peu élevée, avec des divans couverts d'étoffes de coton de Manchester ; un lit couvert d'une moustiquaire occupait le côté de la pièce qui n'était pas garni de divans. Quinze de nos amis de Nablous composaient l'assemblée, et parmi eux était M. Zeller. Il n'y avait aucune femme.

Tandis que nous étions assis sur le divan, un des hôtes me dit en mauvais anglais : « L'amitié qui existe entre vous et votre frère est déjà devenue proverbiale dans cette ville. — Comment cela ? » lui demandai-je. Il reprit : « Aujourd'hui, j'ai entendu des gens en colère, parlant et criant près de ma maison. J'ai demandé ce que c'était à un homme nommé Yusef, qui venait de ce côté; il m'a dit: « Ce sont « seulement des femmes qui se querellaient et se battaient, mais elles viennent de faire la paix en promettant de s'aimer, désormais, « comme le consul anglais et sa sœur. » — Est-ce donc chose si rare en ce pays, demandai-je, qu'un frère et une sœur aient une grande amitié l'un pour l'autre?

Un autre convive, homme intelligent et réfléchi, à qui ma question avait été répétée, dit en arabe : « Les gens de ce pays sont surpris que vous puissiez voyager avec le consul, partager ses occupations et les dangers auxquels il peut être exposé; être enfin si réellement et si complétement sa compagne. C'est une chose que l'on ne comprend pas ici, où l'éducation des hommes et des femmes est si différente, et où les frères et sœurs se voient si peu quand ils sont sortis de l'enfance, excepté après la mort du père de famille, parce que le fils aîné devient alors le protecteur de sa mère, veuve, et de ses frères et sœurs. Mais ces dernières sont mariées de bonne heure, et il cesse, par conséquent, de leur être nécessaire. Nos femmes s'étonnent beaucoup et causent entre elles en voyant que vous avez quitté votre pays et votre famille pour voyager avec le consul, tandis que vos parents vivent encore, et elles en concluent que vous devez avoir une grande amitié l'un pour l'autre. »

Un troisième prit la parole et dit : « Tu as dit la vérité; mais il faut apprendre aussi à notre sœur anglaise que nos femmes et nos filles se réjouissent grandement quand elles ont beaucoup de frères, et c'est leur désir et leur orgueil d'entendre leurs amies dire : « Tu es heureuse, ô sœur de « sept hommes; puissent-ils être bientôt mariés, et puisses-tu « vivre pour voir les enfants de leurs enfants! » Et on dit qu'une femme tient quelquefois plus à la vie de son frère qu'à la sienne propre, ou à celle de son mari ou de son fils.

« Quand Ibrahim Pacha, le fils de Méhémet Ali, gouvernait la Palestine, il envoya des hommes dans toutes les villes et tous les villages pour assembler une grande armée. Alors une femme de Sefurieh se rendit à Akka, et vint trouver Ibrahim Pacha. Quand elle fut en sa présence, elle se prosterna devant lui, et dit : « O monseigneur ! ayez pitié de votre ser« vante, et écoutez ma prière. Il n'y a pas longtemps, j'avais « trois hommes dans ma maison, — mon mari, mon frère et « mon fils aîné. Mais voyez, maintenant, ils ont tous été em« menés pour servir dans votre armée, et je reste avec mes « petits-enfants, seule et sans protecteur. Je vous en sup« plie, accordez-moi la liberté d'un de ces hommes, afin qu'il « puisse revenir à la maison. »

« Ibrahim eut pitié d'elle, et lui dit : « O femme ! lequel « de ces hommes demandez-vous, votre mari, votre fils, ou « votre frère ?

« Elle dit : « O monseigneur ! donnez-moi mon frère. » Et il reprit : « Qu'est-ce que cela, ô femme ! préférez-vous un « frère à un mari ou à un fils ? »

« La femme, qui était renommée pour son esprit et pour la promptitude de ses reparties, répondit par cet impromptu rimé :

Si la volonté de Dieu est que mon mari périsse à votre service,
Je suis encore une femme, et je puis avoir un autre mari.
Si mon premier né tombe sur le champ de bataille,
J'ai encore mes plus jeunes fils, qui après lui, si Dieu le permet, peuvent lui ressembler.
Mais, ô monseigneur, si mon seul frère devait périr,
Ce serait sans remède, car mon père est mort et ma mère est vieille,
Et où trouverais-je un autre frère ?

« Ibrahim fut très-satisfait des paroles de cette femme, lui dit : « O femme ! ton frère est plus heureux que beauco « d'autres; il sera libre pour l'amour de toi, ainsi que l « mari, et ton fils aussi. » Alors la femme ne put parler, tant sa joie était grande. Et Ibrahim lui dit : « Allez « paix, mais que personne ne sache que je vous ai pa « aujourd'hui. »

« Elle se releva et reprit le chemin de son village, se fi à la promesse du Pacha; et, trois jours après, son mari, fils et son frère revinrent près d'elle, et lui dirent : « No « sommes libérés du service, par ordre du Pacha, mais c' « pour nous un mystère. » Et tous les voisins s'émervei rent grandement. Mais la femme se tut, et cette histoire n' été connue qu'après le départ du Pacha, à la chute du gou vernement égyptien en Syrie, en 1840. »

On nous raconta quelques autres anecdotes semblab pendant les préparatifs du dîner. Nous fûmes servis par no kawass et par les domestiques des invités.

Après le dîner semblable, à quelques exceptions près, tous ceux que j'ai déjà décrits et que nous mangeâmes d'un manière tout à fait primitive, sans cuillers, fourchettes, couteaux, nous quittâmes la table, l'un après l'autre, pour faire les ablutions ordinaires, puis nous reprîmes nos pla sur le divan; les lampes furent allumées, et l'on apporta pipes et le café. La table fut ensuite portée dans la cour; on ajouta deux ou trois bols de riz aux plats que nous avi laissés pour les serviteurs et les gens de la maison qui, sou pant aussi à la lumière des lanternes, formaient un groupe digne de servir d'étude au pinceau de Rembrandt.

Je fus passer quelques minutes dans la pièce voisine pour voir les dames de la maison et les voisines qui étaient avec elles. Elles me reçurent d'une manière très-aimable, mais avec un peu d'embarras. L'une d'elles me dit : « J'espère que vous avez fait un bon dîner; — nous n'avons rien ici qui soit digne de vous être offert, — nous sommes des gens très-simples, et ne pouvons vous servir comme nous voudrions le faire. » Je répondis : « J'ai mangé avec beaucoup de plaisir ce que vos mains, — que la paix soit sur elles, — avaient préparé si bien; mais j'en aurais jouis plus encore si vous, mes sœurs ! aviez mangé avec nous. » Cette idée parut les amuser extrêmement; quelques-unes d'elles rougirent et se mirent à rire de tout leur cœur; mais une des femmes les plus âgées me dit sérieusement : « Ce n'est pas notre coutume, ô ma fille ! de manger avec les hommes, — ce serait une honte pour nous. » Et une jeune fille s'écria : « O madame ! le pain et la viande nous étrangleraient si nous les mangions dans la société des hommes. »

Je pris congé de ces dames et retournai au divan, et à huit heures les hôtes se séparèrent, car les dîners véritablement orientaux ne se prolongent jamais tard. Daûd Tannûs cueillit pour nous ses plus belles roses et ses plus beaux œillets, et nous retournâmes chez nous par les rues étroites, accompagnés de quelques amis, et précédés par des porte-lanternes.

L'on avait fait pendant ce temps les préparatifs de notre voyage à Jérusalem. Le consul, M. Finn, avait envoyé son drogman hébreu et le chef de ses kawass pour me chercher, afin que mon frère pût être libre de suivre Kamil Pacha, sans inquiétude sur mon compte, partout où il irait. On pensait que le Pacha visiterait tous les villages en état de rébellion, et peut-être assiégerait quelques-uns d'entre eux : dans ce cas, il serait absent de Nablous pour bien des jours. Dans ces circonstances, je n'avais qu'une chose à faire, et je m'apprêtai à partir le lendemain matin.

Jusqu'à une heure très-avancée de la soirée, amis et voisins de toutes sortes et de toutes classes vinrent prendre

20.

congé de moi et me souhaiter un bon et heureux voyage. Les Musulmans, surtout, ne pouvaient assez s'étonner que je me hasardasse à voyager si loin sans la protection de mon frère, et ils disaient et répétaient : « Que Dieu fasse un chemin droit pour vous sur la terre ! »

CHAPITRE XI

Voyage à Jérusalem. — Le prêtre Amran et le catholique grec. — Mon escorte. — Une route dangereuse. — La vallée des Figues. — Nous nous égarons dans l'obscurité. — Seule sur le sommet de la colline. — Un rayon dans les ténèbres. — Arrivée à Jérusalem à l'heure de minuit. — Jérusalem au printemps. — Les pluies ; le torrent du Cédron. — Son cours. — *En Rogel.* — Pâques à Jérusalem. — On annonce la naissance du prince impérial de France. — Fête au consulat français. — Insurrection de Nablous. — Attaques contre les chrétiens. — Délivrance du Rév. S. Lyde. — Fêtes pour célébrer la paix. — Petite guerre. — Les divers siéges de Jérusalem. — Le feu sacré. — Pèlerins grecs et arméniens. — « *L'évêque du feu sacré.* — Luttes des fanatiques. — Les soldats turcs. — Aveux d'un prêtre grec. — Les adorateurs du feu.

Je m'éveillai le lendemain matin, vendredi 7 mars, avec un sentiment étrange d'oppression et de crainte, comme si j'eusse eu à accomplir dans ce jour une tâche pénible ou laborieuse. Le porte-manteau fermé, et l'amazone placée près de mon lit, rappelèrent aussitôt à mon esprit les arrangements de mon voyage. J'avais résolu de parcourir en treize heures, c'est-à-dire en un jour, une distance qui exige ordinairement deux jours, parce qu'il n'y a sur la route ni un bon gîte, ni aucun village dans lequel il me fût possible de passer la nuit, sans la compagnie de mon frère, à moins d'une absolue nécessité.

Le temps de m'éveiller complètement suffit pour faire évanouir mes craintes. Mohammed, notre fidèle Égyptien, vint à ma porte pour demander mes bagages. « Bon courage, madame, me dit-il; puisse ce jour être lumineux pour vous? » Et le kawass d'Ody Azam, qui était à la porte, ajouta: « Si ce jour était sombre pour notre dame, il serait en vérité assombri pour beaucoup d'autres. »

Je déjeunai de bonne heure, mais il était huit heures et demie avant que les chevaux et les cavaliers fussent tous prêts. Alors, après avoir pris congé de ma bonne hôtesse, je montai à cheval et traversai la ville de Nablous en compagnie de quelques amis, qui s'étaient arrangés pour m'escorter jusqu'à une petite distance. Le prêtre samaritain Amran, qui marchait à côté de moi, la main sur le cou de mon cheval, s'écria : « La fête de Pâques est proche, et vous ne serez pas avec nous sur la montagne; ce sera un chagrin pour nous, car nos cœurs étaient à l'avance heureux de la pensée que vous prendriez part à nos réjouissances, et voilà que cet espoir nous abandonne. »

Je lui dis combien je regrettais de quitter si promptement Nablous. Alors il fit une prière et prononça sur moi une bénédiction, puis il me quitta.

Un cavalier de notre suite, qui appartenait à l'église grecque catholique, avait entendu les paroles d'Amran et les miennes : « Remerciez le ciel, madame, me dit-il, du privilège qui vous est donné de célébrer les fêtes de Pâques dans la cité sainte, à Jérusalem, et de faire vos dévotions dans l'église du Saint-Sépulcre. Cela vaut mieux pour vous que de passer la semaine sainte sur cette montagne, au milieu des Samaritains qui souillent de sang leurs visages, et ne croient ni au nom du Sauveur ni à sa mère bénie. » Les paroles du Christ à la femme de Samarie se retracèrent vivement à mon esprit : « Le temps est proche où vous n'adorerez le Père ni sur cette montagne ni même à Jérusalem. Dieu est esprit, et il veut que ceux qui l'adorent, l'adorent en esprit et en vérité. »

Il y avait eu de la pluie pendant la nuit. Les maisons de pierre de Nablous, les terrasses formées de blancs rochers qui servent de bordure aux jardins fruitiers, sur les pentes des collines, et les pierres plates et unies de la plaine luisaient comme des miroirs aux rayons du soleil. Le gazon, les fleurs sauvages, les arbres fruitiers et les vastes champs d'orge et de blé étaient encore humides de la dernière ondée et paraissaient du plus beau vert, lorsque les rapides nuages les couvraient de leur ombre.

Nous prîmes le sentier le plus élevé sur la côte de Garizim; le terrain était difficile et rocailleux, mais parsemé de champignons, de *ne m'oubliez pas*, et autres jolies fleurs des champs. Nous rencontrâmes beaucoup de soldats et de cavaliers. La présence de Kamil Pacha et de ses troupes donnait à cette époque une grande activité au commerce sur les chemins de Nablous. La route d'en bas, qui coupe la plaine à peu près dans son milieu et passe près du puits de Jacob, était continuellement fréquentée par des troupes de paysans et des bandes de chameaux, des ânes chargés de bois de chauffage, et des femmes portant des vases remplis de lait et de crème. On m'assura que le pays présentait une animation rare à cette époque de l'année, mais qu'il y avait encore beaucoup plus de mouvement et de gaieté au temps de la moisson.

Nous traversâmes deux petits villages, dont les sauvages habitants se précipitaient hors de leurs maisons pour nous voir passer, tandis que leurs enfants criaient en chœur, et que les chiens aboyaient avec fureur. En une heure et demie, nous arrivâmes à Hawara, qui est le troisième village sur la route de Nablous. C'est un grand bourg, solidement bâti, quoiqu'il ne soit pas entouré de murs, et dont toutes les maisons sont comme de petits châteaux. Les oliviers et les jardins qui l'entourent étaient dans un état très-florissant.

Près de ce village, la route d'en haut et la route d'en bas se rencontrent ; c'est en cet endroit que nous nous arrêtâmes. Mon frère et mes amis de Nablous prirent congé de moi, et partirent au grand trot par la route inférieure qui traverse la plaine, tandis que je poursuivais mon chemin, avec ma petite escorte, qui se composait de trois individus.

Le premier kawass de M. Finn, homme d'adresse et d'énergie, était en tête. Il portait une jaquette de drap écarlate, brodée d'or, un large pantalon d'étoffe blanche, et un tarbouche de drap rouge. Il était armé d'une épée et d'une paire de pistolets, et montait un beau cheval noir, dont il était très-fier.

Mohammed, qui avait la charge des bagages, était vêtu d'une grande pelisse de drap, à capuchon, faite à Alep, et ornée avec goût de larges lacets noirs. Il montait son infatigable petit âne.

Siméon Rosenthal, le drogman hébreu du consulat anglais à Jérusalem, marchait le troisième. Il était né de parents juifs à Bucharest, mais il avait embrassé le christianisme, et vivait à Jérusalem depuis plus de trente ans. Il parlait l'anglais facilement, mais avec des locutions orientales ; au fait, presque toutes ses phrases étaient comme autant de citations de la Bible. Siméon Rosenthal était un homme d'un certain âge, vigoureux, avec une figure rouge, des cheveux épais et blancs en partie, des petits yeux gris et brillants. Il portait des vêtements européens, sous un grand manteau blanc, en poil de chèvre, et un chapeau à larges bords, couvert de calicot blanc, avec de la mousseline blanche roulée autour, et tombant par derrière comme un voile. Il était armé d'une paire de pistolets. J'étais spécialement confiée à sa garde, quoique Mohammed semblât penser qu'il était mon protecteur naturel, et restât toujours aussi près de moi que le permettaient la charge de son âne et l'in-

alité de la route. Quelquefois il était gravement engagé
ntre ma monture et la pointe saillante d'un rocher, ou il
enait tout d'un coup sous les pieds de mon cheval, ou bien
l me suivait de si près, qu'il s'exposait à recevoir une
uade. Il était très-bon, très-attentif, et s'il me voyait regar-
er une fleur, il sautait à terre pour la cueillir; mais je ne
us jamais obtenir de lui qu'il y laissât une queue de plus
'un pouce de longueur, et il était rare qu'il m'apportât celle
ue je désirais.

De temps en temps, je jetais un regard en arrière pour
oir le plus longtemps possible mon frère et nos amis, qui
'en allaient par la verte vallée de Nablous; Siméon, qui
tait à côté de moi, me dit : « Je vous en prie, miss Ro-
ers, ne regardez plus en arrière. Lorsque vous vous re-
ournez ainsi, il semble que vous n'ayez pas de cœur pour
vancer, et cela me fait croire que vous n'avez pas de con-
ance en moi. Je vous en prie, regardez maintenant devant
vous. » Pour le rassurer, je ne portai plus mes yeux en arrière, et quoique je me sentisse assez triste, je ne voulus pas
e laisser paraître.

Pendant deux heures, nous passâmes au milieu d'une
région de plaines et de collines parfaitement cultivées, et
parsemées de villages, de bois d'oliviers, de vergers et de
champs verdoyants, où les laboureurs étaient très-occupés à
travailler. Des femmes, la tête couverte et le visage presque
caché par des voiles de lin ou de coton blanc, arrachaient
l'ivraie, de brillantes fleurs sauvages, et les mauvaises herbes qui croissaient parmi le blé. Quelques-unes d'entre
elles avaient des enfants suspendus à leurs épaules; et, dans
les pièces de terre qui n'étaient pas ensemencées, les jeunes
filles ramassaient les pierres. Des hommes étaient assis par
groupes, fumant et causant ensemble, tandis que d'autres
bêchaient la terre des jardins et des vergers et plaçaient de

larges pierres autour des vieux troncs d'oliviers. Ils interrompaient leur ouvrage pour nous regarder avec curiosité, et Siméon me répétait les remarques de ceux qui passaient près de nous. Ils se demandaient qui je pouvais être, et l'un d'eux résolut la question, en disant d'un ton affirmatif: « C'est une étrangère du harem de Kamîl Pacha; elle va à Jérusalem, pour y être mise en sûreté; car la guerre peut éclater bientôt dans le voisinage de Nablous. »

Un peu après midi, nous nous reposâmes pendant une demi-heure près d'un puits, au pied d'une colline très escarpée. On me servit, sur un bloc de pierre, des viandes froides, du pain et du vin. A une heure, nous nous étions remis en route, et nous entreprenions de monter la colline, par une route, la plus pierreuse et la plus mauvaise du pays. La mauvaise selle de Siméon glissa sur le dos de son cheval; mais il put heureusement se sauver d'une horrible chute, en s'attachant au cou et à la crinière de l'animal, et réussit à descendre à terre. Il ordonna alors au kawass de prendre une autre route, quoiqu'elle fût plus longue, et me dit : « Je crains pour vous, car s'il vous arrivait le moindre mal, je n'oserais plus jamais regarder votre frère en face. » Je consentis alors, non sans quelque regret, à prendre la route la plus longue, mais la plus facile.

La scène avait tout à fait changé; nous venions de laisser derrière nous les vertes plaines d'Éphraïm et les jardins en terrasses, qui s'échelonnaient sur les pentes des collines; et, à l'exception d'un chêne remarquablement beau, qui s'élève près des ruines d'un ancien château, nous ne vîmes plus un arbre sur le parcours de plusieurs milles. Mais le magnifique *poterium spinosum*, tout chargé de feuilles et de fleurs, croissait luxurieusement partout où il y avait un peu de terre sur les collines rocailleuses. Nous descendîmes dans un vallon étroit. Les hauteurs, des deux côtés, étaient rapides et escarpées, percées de cavernes, et arrosées par des petits cours d'eau. Dans le fond de la vallée, il y avait de grands rochers, de formes fantastiques, où les pluies avaient laissé des infiltrations, et qui présentaient un mélange de couleurs rouge, grise et orange, traversées de bandes noires et blanches. Sur les bords des rocs qui planaient au-dessus de nous, on voyait de maigres champs de blé, d'orge et de lentilles ; des oliviers et des figuiers s'y montraient encore, mais en petit nombre. Des troupeaux de chèvres et de gros bétail cherchaient une maigre nourriture, gardés par des pâtres de misérable apparence, et armés jusqu'aux dents. J'appris que nous traversions un district renommé, de temps immémorial, pour le caractère sauvage et audacieux de ses habitants. Je fus frappée par l'agréable bruit d'une chute d'eau, qui, descendant des hauteurs parmi des fougères, des mousses, des hépatiques, et de jolies petites plantes sauvages, ornées de fleurs bleues et jaunes, allait tomber dans des réservoirs creusés naturellement en cascades dans le rocher, au pied de la montagne. Cette jolie chute d'eau est à juste titre appelée « Ain el Harâamiyeh, » ou la « *Fontaine des Voleurs*, » car il s'y passe souvent des scènes de violence ; et les voyageurs sont fréquemment dépouillés par les bandits, dans ce vallon sauvage.

Vers trois heures, nous étions à peu près à moitié de notre voyage à Jérusalem, et nous faisions notre entrée dans « Wady el Tin » (*La Vallée des Figues*). Ce lieu est bien nommé, car il ne forme qu'un grand bois de figuiers ; mais le printemps était trop peu avancé pour qu'ils fussent dans toute leur beauté, bien que les petites figues vertes et les tendres feuilles commençassent à se montrer. Ces arbres m'apparaissaient comme une forêt pétrifiée, les troncs et les branches tortueuses étant presque aussi blancs que les pierres et les rochers, au milieu desquels ils croissaient. Cette

21

vallée est délicieuse, en été, lorsque les grandes feuilles vertes forment un abri ténébreux, que les fruits mûrs et abondants rafraîchissent les lèvres du voyageur altéré, et que l'air est embaumé d'une douce odeur, exactement semblable à celle de l'héliotrope. La route conduit à un plateau très-étendu, où les roses trémières, les anémones et autres fleurs brillantes croissent parmi les épines, et où se découvrent, çà et là, des pièces de terre cultivées. Sur les collines environnantes, on apercevait des villages solitaires, perchés comme des nids sur les grands rochers, au milieu vignes et des vergers.

Le chemin était sans obstacle pour les chevaux, et le soleil avait perdu son ardeur. Je priai donc le kawass de presser le pas, et je le suivis au trot, parmi les champs de blé, les épines et les fleurs printannières. Mais je vis bientôt que Siméon ne pouvait nous suivre, et je m'arrêtai pour l'attendre. Il nous rejoignit, hors d'haleine, et nous dit :

— Je regrette bien qu'il ne me soit pas possible d'aller vite.

Nous continuâmes alors plus lentement, et nous ne pûmes atteindre « Beitin » avant six heures.

Les ombres de la nuit s'étendaient rapidement ; aussi ne nous arrêtâmes-nous pas pour examiner des ruines très-remarquables, qui étaient sur la côte. Cependant nous mîmes pied à terre dans la vallée, près des restes d'une ancienne citerne, formée de pierres larges bien taillées. Au fond était un lit de gazon fin et frais, au milieu duquel coulait un ruisseau formé par une fontaine qui jaillissait d'un rocher assez élevé.

Les géographes anciens et modernes, versés dans les Écritures, s'accordent à reconnaître dans cette fontaine le Bethel de la Bible. Abraham, sans doute, s'est désaltéré à son eau, et les servantes de Sarah allaient tous les jours y remplir leurs urnes. Nous nous y reposâmes une demi-heure et nous y prîmes le café.

Le soleil était couché lorsque nous remontâmes à cheval pour continuer notre voyage. Il fallait trois heures encore pour parcourir la distance qui nous séparait de Jérusalem. Les étoiles brillaient avec éclat dans le ciel au-dessus de nos têtes; mais, à l'horizon, elles se perdaient dans un cercle d'une pâle clarté. La température venait de changer subitement, et nous revêtîmes avec plaisir nos capuchons et nos manteaux. Le kawass s'enveloppa dans un grand manteau brun en poils de chameau, et dans ce sombre accoutrement, sur son cheval noir, il était presque impossible de le distinguer de tout ce qui l'environnait, pendant qu'il chevauchait devant nous, à travers les vallées et les pentes rapides. De temps à autre, lorsque nous gravissions une colline ou traversions des plateaux élevés, je pouvais voir la silhouette de sa tête et de son tarbûsch qui se découpait sur le fond du ciel; mais je ne pouvais rien apercevoir autour de moi, excepté les blancs rochers au milieu des buissons et des épines sombres, et quelquefois une flaque d'eau qui reflétait les étoiles et paraissait très-profonde. Mon conducteur y entrait sans hésitation, et je trouvais, en le suivant, que l'eau mouillait seulement les pieds de mon cheval, et n'était autre chose que la trace des dernières pluies. Parfois j'apercevais encore un arbre isolé dont les lignes sombres se dessinaient sur les pierres blanches d'un monticule, ou sur les contours d'un village couronnant le sommet d'une colline; mais je ne pouvais calculer exactement les distances, et je fus plusieurs fois effrayée par des objets qui me paraissaient noirs, gigantesques et fort éloignés, tandis que, en réalité, ils étaient d'une grandeur insignifiante, et si rapprochés de moi que je pouvais les toucher du bout de ma cravache.

Nous marchions à la file, et j'allais immédiatement après

le kawass. Je finis par être si fatiguée des efforts qu'il me fallait faire pour ne pas le perdre de vue, que je dis à Siméon : « Ayez la complaisance de passer devant moi, afin que je puisse vous suivre. Votre cheval blanc et votre manteau blanc se voient à distance, même dans cette obscurité; mais il m'est très-difficile de distinguer le kawass. » Il passa devant moi et me précéda quelques instants ; mais, au milieu d'une rapide descente, il s'arrêta tout à coup, et me dit : « Je crains pour vous ; je ne puis me décider à vous laisser marcher sans vous voir. Jacob lui-même ne donna pas à ses fils une charge plus difficile, en leur confiant Benjamin, que celle qui a été remise à mes soins lorsque j'ai accepté la mission de veiller sur vous. Et comment pourrais-je consentir à vous laisser continuer autrement que sous mes regards cette route dangereuse? De grâce, permettez-moi de vous suivre, et restez aussi près du kawass qu'il vous sera possible. Ne laissez pas courir votre cheval ; il y a ici des pierres détachées, des endroits où les roches sont plates et glissantes; conduisez votre cheval avec précaution ! » Je cédai à ses instances, et me remis de nouveau à la suite du conducteur invisible. Je me fiai à mon cheval, quant à la sûreté du chemin, et continuai ma route comme dans un songe.

Tout à coup ma rêverie fut interrompue par un soubresaut de mon cheval qui reculait en se cabrant ; le kawass s'était brusquement retourné en arrière, en s'écriant : « Ma fi darb ! » — « Il n'y a pas de passage ! »

Et il nous expliqua qu'il était hors de la bonne route depuis une demi-heure, qu'il venait de découvrir que nous étions sur le sommet d'une pente escarpée, et que son cheval avait été sur le point de le précipiter au fond d'une gorge. Mohammed alors l'apostropha dans des termes violents, et lui adressa des sarcasmes à voix basse, tandis que Siméon était dans un grand trouble et paraissait très-alarmé.

Nous étions sur un sommet fort élevé, et nous avions des actions de grâces à rendre à Dieu pour n'être pas tombés et n'avoir pas été brisés dans le sombre défilé qui était au bas de la colline. Je demandai au kawass s'il ne connaissait aucun moyen de se rendre compte de l'endroit où nous étions; il me répondit que nous devions nous trouver entre Er Ram, — l'ancien *Rama*, — et Tel el Fûl, que beaucoup de géographes anciens croient être l'ancien *Guibha*. (Juges, xix.) Il proposa de descendre de cheval, de chercher quelque signe par lequel il pût retrouver la trace qu'il avait perdue, et un chemin praticable pour la rejoindre. Attachant alors leurs chevaux à des arbres, lui, Siméon et Mohammed partirent chacun dans une direction différente, pour voir s'ils reconnaîtraient un rocher, un arbre ou un ruisseau, une fontaine ou une ruine qui pût les remettre sur la voie. Mohammed me tendit un hookah, et je restai à cheval, fumant tranquillement, après avoir recommandé aux hommes de ne pas aller au delà de la lumière de mon hookah, ni hors de la portée de la voix.

Ce fut avec une étrange émotion que je les vis partir tous trois, et que je me trouvai seule, dans ces lieux, au milieu de l'obscurité.

J'aurais peut-être plus souffert de la peur si la singularité de ma situation n'avait excité mon intérêt et exalté mon imagination jusqu'à éveiller en moi l'amour des aventures. Le silence de la nuit était de temps en temps interrompu par les cris et les grognements des chacals, les aboiements et les hurlements des hyènes et des chiens sauvages.

J'entendais, par intervalles, les hommes s'appeler et se répondre; et quelquefois les chevaux hennissaient et cherchaient, en entendant la voix de leurs maîtres, à se dégager des liens qui les retenaient; mais mon cheval resta parfaitement tranquille, pendant que je fumais, que je pensais, et que je regardais le ciel, où les étoiles paraissaient innombrables, brillant alors dans l'horizon plus sombre. J'étais presque accablée de la multitude d'idées nouvelles et de tableaux animés qui s'offraient à mon esprit. « Mes pensées s'étaient élevées » en proportion du danger même qui menaçait, et de la hauteur de l'intelligence, commandaient aux sens, ne voyant que le fond et la signification des choses, plutôt que les choses en elles-mêmes[1] »

En moins d'une demi-heure, quoique le temps m'eût paru beaucoup plus long, le cri joyeux de : « El hâmdoulillah! » — « El hâmdoulillah! » — « Dieu soit loué! » — « Dieu soit loué! » se répéta d'un côté à l'autre; et bientôt Siméon, qui s'était peu éloigné, revint auprès de moi; les autres hommes nous eurent promptement rejoints. Ils avaient trouvé la bonne route et le chemin pour la rejoindre. Nous partîmes à l'instant, à la suite du kawass.

Nous avions à descendre une pente fort difficile et fort dangereuse. Mon cheval, quoiqu'il eût ordinairement le pied très sûr, trébucha sur la partie unie d'un rocher, et rencontrant une pierre détachée, tomba en avant. Je fus bien près d'être précipitée par dessus sa tête ; je dus mon salut à la supériorité de ma selle, mais je fus si ébranlée et si effrayée, que je tremblais de la tête aux pieds, et il fallut m'arrêter quelques instants. Un hookah, qui est le remède souverain des Orientaux, me fut aussitôt apporté. La vallée était si sombre qu'à peine pouvais-je distinguer un homme de l'autre, lorsque tous trois se rapprochèrent de moi. Je repris courage; mes sens se calmèrent bientôt, et nous continuâmes notre chemin. Nous traversâmes un ruisseau, franchîmes un terrain élevé, puis nous passâmes par un vallon rocailleux avant d'atteindre la route que nous devions suivre.

J'avais prié le kawass d'attacher à sa tête un mouchoir blanc qui pût guider mes yeux. J'observais ce point, et au

---

[1] Mrs Browning.

même moment, en montant une colline, je remarquai un cercle de lumière qui l'entourait comme une auréole, et j'entendis un petit bruit. Je vis alors que notre conducteur se préparait à allumer son narghilé par une méthode que je n'avais pas encore vu employer, quoiqu'elle fût très-commune.

Le tabac humide persan qu'on emploie pour les narghilés et les hookahs ne peut être allumé qu'au moyen d'un charbon ardent. L'amateur de tabac, quand il se met en voyage, se pourvoit toujours d'une pierre à fusil, d'un morceau d'acier, d'amadou, et d'un petit panier rond, en fil d'archal, de deux pouces de diamètre, suspendu par trois chaînes plus ou moins ornées, avec des perles et des glands de soie.

Quand on veut fumer une pipe, on allume un morceau d'amadou, on le met dans le panier avec du charbon, et l'on fait tourner rapidement le panier. Le charbon s'échauffe et rougit si promptement qu'il peut être placé dans le fourneau de la pipe, pour y remplir son office ordinaire.

Ainsi s'expliquait le mystère de l'auréole qui entourait la tête de mon guide.

Aussitôt que nous eûmes atteint les hauteurs du Tel el Fûl, « la Colline des Fèves, » je pus apercevoir, à l'ouest, les remarquables contours de Neby Samuel, et, à l'extrême orient, la ligne longue et unie des montagnes de Moab; au sud, précisément en face de nous, je reconnus les collines qui entourent Jérusalem. Bientôt après, du sommet du Scopus, nous aperçûmes les sombres minarets et les dômes de la sainte Cité, et le mont des Oliviers, où brillait une lumière dans la petite tour qu'on appelait alors « le Château de Graham. »

Il était onze heures et demie lorsque nous arrivâmes sous les murs crénelés de Jérusalem.

Les portes étaient fermées et un silence de mort régnait à

l'entour, lorsque le kawass frappa lourdement contre la porte de l'Est ou de Jaffa. Les sentinelles s'éveillèrent et crièrent: « *Qui est là?* » Nous répondîmes, et l'une des sentinelles nous dit : « Les portes sont restées ouvertes jusqu'à dix heures, mais maintenant les clefs sont chez le gouverneur. » Le gouverneur demeurait à l'autre bout de la ville ; cependant, on lui dépêcha immédiatement un messager, pour demander la permission de nous faire entrer. Un autre messager fut envoyé au consulat pour annoncer notre arrivée. Pendant ce temps, épuisés par la faim et les fatigues du voyage, nous attendions en grelottant à la fraîcheur de la nuit, en dehors de la porte ; vingt minutes se passèrent, avant qu'elle s'ouvrit devant nous. Enfin j'entrai avec joie, car là je me sentais chez moi, et en sûreté.

Je traversai en toute hâte la place du château, qui m'était bien connue, l'étroit passage au pavé raboteux, et dirigeai mon cheval vers l'entrée du consulat, où mes bons amis, M. et madame Finn, vinrent me recevoir. Ils me conduisirent, enveloppée et encapuchonnée comme je l'étais, dans leur salon splendidement éclairé, où se tenait une *conversazione* de la « Société littéraire de Jérusalem. » L'appartement avait une physionomie tout anglaise : il était orné de lampes allumées et de fleurs arrangées avec goût. La compagnie était composée d'Anglais, dont la plupart étaient des voyageurs récemment arrivés, étrangers pour moi, qui ne les avais jamais vus.

De grands morceaux de bois brûlaient en pétillant sur les chenêts. L'ensemble formait un contraste frappant avec les scènes et la société dont j'avais été dernièrement entourée, et le bonheur que j'en ressentis me fit presque oublier ma fatigue. Quand tout le monde fut parti, nous passâmes encore une heure auprès du feu, dans une intime causerie ; et ensuite, pour la première fois, je dormis et goûtai en paix un profond repos, dans les murs de Jérusalem !

Il me fut bien agréable, le matin, à mon réveil, de voir autour de moi les enfants du consul, et de m'entendre saluer en anglais par leurs voix aimées et joyeuses.

Je trouvai Jérusalem, au commencement du printemps, entièrement différent de Jérusalem dans le cours de l'été. Souvent, dans cette dernière saison, la ville m'avait paru « une cité de pierre, sur une terre de fer, avec un ciel de cuivre », lorsque à l'heure de midi, les places, privées d'ombre, étaient désertes, et que les gens qui en avaient le loisir, vivaient sous des tentes, dans les bois d'oliviers, dans les vallées, ou sur les collines qui environnent Jérusalem. Maintenant, tout était changé; les rares endroits découverts de la ville étaient verdoyants, couverts de gazon, d'orge ou de blé, et tout l'enclos de la mosquée était semblable à une prairie parsemée de fleurs. Les murs mêmes étaient garnis de feuilles et de plantes avec leurs fleurs brillantes, parmi lesquelles on me fit remarquer l'hysope amère et la jusquiame d'un jaune vif, croissant en profusion sur la tour d'Hippicus, dans les fossés desséchés et sur tous les plus anciens bâtiments, tandis que, dans les fentes des dômes et sur les plateformes, les plantes poussaient en festons épais.

L'activité régnait dans les rues; les pèlerins latins commençaient à se rendre en foule à Jérusalem, afin de pouvoir célébrer les fêtes de Pâques au Saint-Sépulcre. On voyait dans les principales rues des voyageurs anglais et américains s'efforçant de faire des dessins et des croquis, mais avec des difficultés infinies, au milieu de la foule; ou achetant, dans les bazars, aux marchands mahométans.

Hors de la ville enfin, la scène était changée : partout où il y avait un peu de terre sur les rochers et les collines, la verdure paraissait; les plaines, les cimetières et les vallées étaient émaillés de fleurs de toutes couleurs. Les plantes bulbeuses étaient en grand nombre, principalement les asphodèles, les hyacinthes, les scilles, l'ail, et l'étoile-de-Bethléem. Chaque soir, au coucher du soleil, on voyait des groupes de gens de toutes tribus et de toutes nations rentrer par les portes de la ville, au retour de leurs promenades dans la campagne.

Je fis de charmantes excursions dans le voisinage, et visitai de nouveau plusieurs des principaux endroits de Jérusalem, avec des voyageurs anglais; et ce fut ainsi que le temps se passa jusqu'au 18 mars, jour où, à ma grande joie, mon frère arriva, au lever du soleil, escorté du Pacha et des troupes.

Pendant le jour, un vent ardent, le sirocco, menaça de brûler et de détruire les moissons. Avant le coucher du soleil, nous sortîmes à cheval avec plusieurs personnes, pour voir les plantations des Juifs, où des oliviers, nouvellement greffés, montraient leurs jeunes feuilles, et où les abricotiers, les brugnons, et beaucoup d'arbres à fruits étaient en pleine fleur. Mais les champs d'orge et de blé et les couches de légumes étaient « altérés de pluie. » Les fermiers et les jardiniers priaient depuis plusieurs jours pour en obtenir. Ils nous firent remarquer, à l'ouest, un petit coin du ciel où s'amoncelaient des nuages noirs et épais; l'un d'eux nous dit : « Tout notre espoir est dans ces nuages. » Lorsque nous rentrâmes en ville, quelques larges gouttes de pluie nous rappelèrent les paroles du jardinier. Pendant la nuit, le vent s'éleva de l'ouest avec une violence inusitée, ébranlant la maison jusque dans ses fondements et troublant le repos de tous ceux qui l'habitaient. Les serviteurs arabes se levèrent et allèrent de chambre en chambre, pour s'assurer que toutes les fenêtres et les volets étaient bien fermés; et ils disaient : « Voilà qui est bien ; ce grand vent amènera la pluie; les citernes se rempliront, et le grain poussera. Que Dieu soit loué ! »

Le matin suivant, 19 mars, des torrents de pluie commencèrent à tomber, et continuèrent sans interruption, pendant le jour et pendant la nuit. Le jeudi, l'orage fut encore plus violent. Les grêlons étaient généralement aussi gros que des noyaux de cerises, mais quelques-uns l'étaient trois ou quatre fois davantage. A midi, il tomba de gros flocons de neige, mais ils fondaient aussitôt.

Le Vendredi-Saint, 21 mars, le premier bruit que j'entendis en m'éveillant fut la voix joyeuse des enfants. Ils frappaient à ma porte, en criant : « Le Cédron coule ! le ruisseau du Cédron, vous savez ! Il coule ; dépêchez-vous de vous lever, et venez voir. Tenez, voici de l'eau ! »

Je sus que les paysans étaient entrés dans la ville avant le lever du soleil, pour annoncer en triomphe la bonne nouvelle. Ils avaient apporté des jarres et des peaux de chèvres remplies d'eau. Les porteurs de bonnes nouvelles ont droit, comme autrefois, à un backshish, et ces paysans firent une bonne récolte ce matin-là dans la ville de Jérusalem.

L'orage continua sans interruption jusqu'au samedi matin, et à peine y eut-il une chambre élevée, dans Jérusalem, qui n'eût à en souffrir quelque dommage. On m'assura qu'aucun être vivant n'avait vu dans cette saison trois jours de pluie consécutifs. Les ondées du printemps étaient ordinairement de courte durée et promptement suivies par les rayons du soleil. Mais ce supplément d'eau inattendu fut accepté avec joie, car les pluies de l'hiver avaient été moins abondantes qu'à l'ordinaire, et n'avaient pas suffi pour remplir les mares ou « former les sources dans les vallées qui entourent les collines. »

Le samedi, après midi, le soleil brillait avec éclat sur la terre rafraîchie par la pluie, et des centaines de gens quittaient la ville, pour aller voir couler les eaux du Cédron. Je sortis à cheval, avec mon frère, par la porte de Jaffa et le long de la vallée de Gihon. Nous descendîmes en hâte à

En Rogel, la source du ruisseau. Elle se trouve au sud-est de Jérusalem ; les Arabes lui donnent le nom de Bîr Eyûb, « le puits de Job. » Notre surprise fut grande en voyant que non seulement la source bouillonnait comme à l'ordinaire, mais que la masse de l'eau avait une si grande force qu'elle avait dépassé la hauteur de cent vingt pieds, et débordait abondamment au-dessus des anciennes limites. Un grand concours de peuple s'y était déjà rassemblé.

Des groupes de Musulmans étaient assis sous les oliviers, près du torrent, fumant des narghilés, buvant du café, jouant avec leurs rosaires et paraissant jouir d'un suprême bonheur. Des garçons allaient et venaient, vendant des confitures et des gâteaux, qu'ils portaient sur des plateaux ronds, faits avec des roseaux. Les marchands de pipes et de café étaient nombreux et se faisaient concurrence. On pouvait croire qu'il y avait une foire à En Rogel. On avait apporté des outres, des jarres et des vases de formes et de grandeurs différentes, pour les remplir d'eau. Les femmes, couvertes de leurs manteaux blancs, étaient assises sur les rochers, séparées des hommes, ayant aussi leur part des narghilés, des pipes et des confitures, tandis que les enfants se balançaient sur des cordes attachées à des branches d'arbres. Beaucoup d'Européens, résidant à Jérusalem, se promenaient avec leurs petites familles, et les voyageurs anglais, nouvellement arrivés, regardaient ce spectacle avec des sentiments visibles de plaisir et d'intérêt.

« Suivrons-nous le cours du Cédron, pour voir jusqu'où il va ? » me demanda mon frère. J'y consentis aussitôt, et nous laissâmes la foule bruyante, mais pittoresque, pour descendre la vallée, à l'ombre des oliviers, tantôt poursuivant notre route au milieu de l'eau murmurante, à travers les pierres des petits murs qui servaient de limites aux jardins fruitiers et maraîchers, tantôt montant sur la berge élevée et retournant au ruisseau quand il s'y trouvait un passage praticable ou lorsque nous pouvions cheminer sur ses bords. Les âpres rochers d'alentour étaient couverts de plantes épineuses et grimpantes, formant de vertes et gracieuses guirlandes, tandis que dans les trous et les cavités des pierres calcaires des hauteurs, on voyait des massifs de capillaires et de fougères. C'était plaisir de suivre les sinuosités du torrent nouveau-né, en se rappelant que le matin seulement du jour précédent il avait jailli de sa source, libre et plein de fraîcheur, se faisant un passage dans la profonde vallée, invitant à couler avec lui tous les petits ruisseaux qui descendaient des collines. Dans un endroit, à un mille environ de En Rogel, il passait sur une large pierre rouge, polie par le temps, et franchissait une ligne de rochers, sur un lit formé de petits cailloux; puis ayant, dans sa course, acquis une nouvelle vigueur, il se précipitait avec impétuosité dans un canal de cinq pieds de large, creusé au milieu d'une plantation d'oliviers. Ainsi contenu, il avait un pied de profondeur, mais une fois délivré des entraves qui l'enchaînaient, il se répandait bien loin sur un fond de rochers, et mouillait seulement les pieds de nos chevaux lorsque nous le traversions.

Quelquefois le torrent ne dépasse pas les limites de ce bois d'oliviers. En d'autres temps, quand les pluies de l'hiver ont été abondantes, il s'écoule sur Wady er Raheb, *la vallée du Moine*, dans la direction du couvent de Mar Saba; mais sa destination primitive était évidemment la mer Morte, dans laquelle il allait tomber en quittant le « Wady Nar, » la *vallée de Feu*.

Nous suivîmes le cours du torrent pendant près d'une heure, et cependant, à notre grande surprise, il coulait encore avec rapidité. Mais le soleil se couchait; nous abandonnâmes notre entreprise et retournâmes sur nos pas. Nous retrouvâmes nos amis, qui se promenaient encore à l'endroit de la source.

Un kawass musulman du consulat britannique nous dit : « Ceci est la bénédiction des bénédictions. Qui a jamais entendu parler du Cédron coulant dans l'Adar? Il vient en hiver et même au printemps, mais qui a jamais vu ses eaux s'élever à l'époque où nous sommes? Cependant, ajouta-t-il, pendant que nous nous réjouissons et rendons des actions de grâces, il y a des hommes dont le cœur est endurci par l'amour de l'argent, qui seront fâchés de voir ces flots de pluie, car ils venaient précisément d'acheter ce qu'il y avait de blé, pensant que les récoltes manqueraient cette année, faute d'eau, et qu'ils vendraient leur blé bien cher. Que Dieu détruise leur maison! Leur espoir était de s'enrichir par la faim du pauvre! »

Le coucher du soleil nous avertit qu'il fallait nous hâter de rentrer dans la ville avant que les portes fussent fermées; nous revînmes sans perdre de temps, suivis d'une nombreuse et joyeuse compagnie.

Le jour de Pâques fut sans nuage. Le peuple de Jérusalem, plus animé et plus gai que d'ordinaire, avait pris ses plus beaux habits de fête. Les Arabes de l'Église latine se disaient l'un à l'autre en s'abordant, selon la coutume ordinaire : « *Le Christ est ressuscité. — Il est vraiment ressuscité.* »

Pendant toute la semaine de Pâques, la pluie et le soleil se succédèrent alternativement, et nous apercevions de temps en temps un brillant arc-en-ciel, s'étendant sur la vallée. M. Meshullam vint nous voir, et nous dit que lui et sa famille avaient été presque inondés et chassés de leur petite maison de la vallée d'Urtas : l'eau avait tout à coup pénétré par jets dans leur salle à manger et dans les écuries, et un torrent était descendu, à travers la vallée, balayant dans son cours et dispersant des pierres et de grands fragments de rochers ur les plants de fruits et de légumes, et causant aux maisons des dommages considérables. Les étangs de Salomon, qui, seulement quelques jours avant, avaient été pour les enfants de M. Meshullam un lieu de récréation sûr et comode, s'étaient entièrement remplis en moins de quatre heures. Les petits enfants étaient à cueillir des plantes dans les coins et au fond des étangs quelques instants avant l'irruption des eaux.

Le 31 mars, je fus éveillée de bonne heure par les coups répétés du canon, de la tour d'Hippicus, et j'appris que l'on venait de recevoir la nouvelle de la naissance d'un héritier au trône impérial de France.

M. Barrière, le consul de France, vint annoncer en personne cet heureux événement, et M. Finn fit faire immédiatement tous les préparatifs d'une soirée pour le célébrer au consulat anglais le jour même.

J'aidai à orner les salons de couronnes de verdure et de guirlandes de fleurs, et à placer des bougies en grand nombre aux fenêtres qui ouvraient sur la rue. Quand elles furent allumées, après le coucher du soleil, elles produisirent un très-joli effet tout à fait nouveau en Orient. Le consulat de Sa Majesté Britannique était porte à porte avec l'église protestante, et, contrairement aux autres demeures de Jérusalem, il avait une façade anglaise. Sur les toits, des fallots allumés jetaient de grandes flammes, auxquelles le vent donnait des aspects fantastiques, et brillaient avec éclat sur les kawass et les domestiques abyssiniens, chargés de les entretenir. Des pièces d'artifices habilement disposées dans la cour éclairaient de leurs gerbes les joyeux spectateurs.

Il y eut beaucoup de monde au consulat. Les voyageurs anglais et les Européens résidant à Jérusalem s'y étaient rendus en foule. Dans la soirée, on fit entrer des musiciens arabes, qui exécutèrent des morceaux à l'intention des étrangers présents. On chanta des strophes improvisées en l'honneur du prince impérial.

Tout le corps diplomatique avait reçu du consulat français une invitation à un *déjeuner à la fourchette*, pour célébrer d'une manière officielle, le jour suivant, 1er avril, la naissance du prince.

J'y allai avec M. et madame Finn et mon frère. Nous fûmes reçus par M. Barrière, le consul, et madame L. (née Lesseps), sœur du consul général en Syrie. Le Pacha et les consuls, en grand uniforme, furent bientôt présents, mais il n'y parut point d'autres dames que nous.

Comme cette *réunion* était assez singulière, je donne à son sujet quelques détails.

Après qu'on eut pris le café, Son Excellence Kamil Pacha conduisit mistriss Finn à la table, élégamment dressée dans la salle à manger, et la plaça à sa gauche. J'entrai au même moment et fus placée à sa droite. Madame L. s'assit en face du Pacha, ayant à ses côtés le consul anglais et le patriarche Latin. Ensuite le consul général d'Espagne et les autres consuls européens, l'abbé de Ratisbonne et plusieurs autres ecclésiastiques français de distinction, le comte de Fontenoy, et M. Gilbert, secrétaire du Pacha, prirent place à leur tour; nous étions en tout dix-huit personnes.

On avait fait appel à l'art culinaire de Turquie, de France, de Grèce et d'Italie pour préparer le repas. Les invités eurent une conversation très-animée en français, quelquefois en d'espagnol, de turc, d'italien et d'allemand; mais pas un anglais ne fut prononcé.

Le consul anglais proposa le premier toast; c'était l'honneur d'Abdul Medjid. M. Barrière y répondit, et patriarche Latin y fit un gracieux commentaire.

Ensuite le Pacha se leva, et, dans un discours très-élo

prononcé en langue turque, proposa la santé du fils et de l'héritier de l'Empereur. M. Gilbert interpréta ce discours, et plusieurs autres toasts suivirent. Le Pacha fit particulièrement allusion à l'alliance de la Turquie avec la France et l'Angleterre, et l'on y répondit de très-grand cœur.

Les hommes ne restèrent pas à table après nous, mais nous conduisirent au divan, où l'on distribua des cigarettes et des narghilés. Lorsque je vis que madame L. prenait une cigarette, je n'hésitai pas à accepter un narghilé. Le Pacha parla d'une manière aimable de ma visite à Nablous, et me demanda des détails sur mon voyage à Jérusalem. Du café et des bonbons français avec des devises nous furent servis tour à tour. Il s'écoula plus d'une heure avant qu'il fut question de se séparer ; mais enfin nous nous retirâmes les uns après les autres.

Je passai la journée du samedi, 5 avril, à la mosquée, en compagnie d'un grand nombre d'anglais. J'appris avec autant de surprise que de douleur, en arrivant au consulat, que l'on venait de recevoir une très-fâcheuse nouvelle. Le Rév. S. Lyde, sujet anglais, avait, par accident, causé la mort d'un musulman, sourd et muet, au moment où il allait quitter Nablous. Les Musulmans s'en vengeaient sur la population chrétienne, et leur furie se portait particulièrement sur les protestants. La maison d'Ody Azam, où nous avions logé, avait été attaquée, de même que beaucoup d'autres, et le quartier chrétien avait été pillé.

Le Pacha et plusieurs consuls tinrent aussitôt conseil. Mon frère offrit d'aller à Nablous pour constater l'état des choses, et voir quels moyens il y avait à prendre pour assurer la retraite de M. Lyde et son retour à Jérusalem. Il partit le lendemain matin, longtemps avant le lever du soleil, accompagné seulement de son kawass et du groom. Le Pacha et quelques uns des consuls avaient insisté pour qu'il se fit escorter d'un corps de troupes ; ils m'avaient même engagé à joindre mes instances aux leurs. Je comprenais instinctivement, comme mon frère, qu'il était plus sûr pour lui d'[aller] seul, que de se faire accompagner d'une force rivale et suffisante. On le vit partir avec anxiété, car la démarche qu'il allait faire était considérée comme très-hasardeuse.

Il arriva à Nablous avant que le tumulte fût apaisé ; le peuple fut pris par surprise, et parut calmé par la fiance que mon frère lui témoignait. M. Lyde avait été [heu]reusement protégé par Mahmoud Bek Abdul Hady, dans [sa] nouvelle et magnifique maison, qui avait été assiégée par [le] peuple, et considérablement endommagée, parce que le g[ou]verneur refusait de livrer le coupable. M. Lyde, craig[nant] tout de l'exaspération de la populace, fit son testament, écri[vit] quelques lettres, puis supplia le gouverneur de le lai[sser] sortir, afin que la foule fût apaisée par sa mort. « S['ils] ne peuvent me tuer, disait-il, beaucoup d'autres en so[uffri]ront certainement. » Cependant, le gouverneur persista à [le] protéger contre l'émeute, et lui dit qu'il devait se considér[er] comme son prisonnier, ajoutant : « Soyez tranquille, moi, ma famille, mes domestiques et toute ma maison nous exp[oserons] notre vie, plutôt que de souffrir le sacrifice de [la] vôtre. » La foule désappointée et menaçante se porta vers [la] maison, tira des coups de fusil, jeta des pierres, et finit [par] s'éloigner allant décharger sa colère sur les habitants [sans dé]fensifs du quartier des chrétiens.

L'extrait suivant d'une dépêche adressée par mon frère [à] M. Finn montrera la cruauté persistante des fanatiques [mu]sulmans :

« Je fus alors à la maison de M. Zeller, où je trouvai [les] chambres inférieures entièrement pillées, et les plan[chers] couverts de porcelaines brisées, de feuillets de livres, [de] cartes de géographie et de lambeaux de papiers de to[ute]

enres. A l'étage au-dessus, je trouvai les malles, les écri-
oires, les boîtes, les tiroirs, etc., etc., brisés et détruits.
u fait, la populace a causé tout le tort imaginable aux
hrétiens. Par bonheur, la plupart des protestants étaient
t sont encore avec l'évêque, autrement ils auraient cer-
ainement été assassinés. (Il est ici question de l'évêque
obat, qui était alors en tournée dans son diocèse, et avait
assé par Nablous, quelques jours avant l'émeute.) « Sa-
âan Kawarre, père du ministre de Prusse, est tué. Hanna,
omestique de M. Zeller, est dangereusement blessé ; on dé-
espère de sa vie. J. Tannûs et sa femme, et plusieurs au-
es, sont cruellement blessés ; en outre onze femmes sont
érieusement malades, par suite de l'extrême frayeur qu'elles
nt éprouvée, etc., etc. »

Le 10, vers midi, je fus attirée à la fenêtre par un bruit de
hevaux et le son des tam-tam, et je vis M. Lyde, au milieu
un petit corps de cavalerie irrégulière turque. Il descendit
u consulat, prisonnier *sur parole*. Nous allâmes tous au-
evant de lui pour le recevoir et le féliciter, et il nous fit la
elation de ce qui s'était passé. Il nous dit : « M. Rogers a
ouru un plus grand danger que ma vie ne le mérite. »

Le dimanche, 13, mon frère arriva. Le soulèvement était
paisé, mais les Chrétiens avaient moins de confiance que
amais dans les Musulmans de leur voisinage. Beaucoup de
rotestants étaient venus à Jérusalem ; les autres étaient à
azareth. Mon frère avait apporté avec lui les coiffures or-
ées de bijoux, les colliers d'or et de perles, appartenant à
lusieurs des Chrétiennes de Nablous, et me les confia.
eurs possesseurs l'avaient supplié de s'en charger, plu-
ieurs d'entre elles, ayant pris la fuite, et n'osant emporter
qu'elles avaient de plus précieux ; — et celles qui res-
aient chez elles, ne trouvant pas d'abri assez sûr pour les y
époser, pendant que la ville était encore en émoi.

Mahmoud Bek Abdul Hady, le gouverneur, avait certainement fait ce qu'il avait pu pour défendre et protéger les Chrétiens pendant l'émeute. L'indemnité de cinquante-cinq mille piastres, adjugée par la Porte aux Chrétiens maltraités, ne fut payée que deux ans après.

Le jugement de M. Lyde, à Jérusalem, occupa un temps considérable. Il fut condamné à payer une certaine somme, comme « *argent du sang*, » aux héritiers de l'homme mort, qui était très-connu et très-aimé à Nablous. C'était un sourd muet, n'ayant pas l'intégrité de son esprit, et, par cette raison, l'objet d'un respect superstitieux de la part des Arabes, en même temps qu'il était un amusement pour eux. Il faisait métier de mendier, et il était très-importun. Il paraît qu'il avait arrêté le cheval de M. Lyde, à la porte de Nablous, pour demander par signes une aumône qui lui fut refusée. Quand M. Lyde essaya de passer, le sourd-muet, pour le retenir, mit la main sur le canon d'un pistolet chargé, qui était dans une des poches de la selle; M. Lyde, comprenant le danger, essaya d'éloigner la main de l'homme, et le mouvement fit partir le pistolet, qui tua sur place le pauvre sourd-muet. Aussitôt, M. Lyde fut environné et menacé de toutes parts; il se hâta d'aller se livrer comme prisonnier au gouverneur. (M. Lyde ne survécut pas longtemps à cet événement. Son esprit en fut sérieusement affecté; il s'imaginait qu'il était le rédempteur du monde. Un séjour de quelque temps en Angleterre dissipa cependant cette illusion. Il retourna à son œuvre apostolique en Orient, dans un état apparent de bonne santé, mais il mourut très-regretté, peu de temps après.)

Le 15 avril, Jérusalem était remplie de monde. La population était presque doublée par l'affluence des pèlerins russes, grecs et arméniens, qui venaient passer la Semaine Sainte (vieux style) dans la Sainte Cité, pour visiter les lieux qu'ils révéraient, et assister aux offices de l'église du Saint-Sépulcre. Chaque jour s'augmentait la foule des pèlerins. Pour la plupart, c'étaient de pauvres gens ayant économisé l'argent nécessaire pour faire le voyage. Généralement, ils retournaient chez eux sans un sou, mais heureux d'avoir réalisé le grand objet de tous leurs désirs. Il y avait aussi quelques pèlerins de distinction, tenant un rang élevé par les emplois ou la fortune, et qui voyageaient avec une brillante escorte.

Le 24 avril, le canon retentissant de la citadelle me réveilla à trois heures. Il tonna, pendant quelque temps, de cinq en cinq minutes, et sa lumière éclairait ma chambre; ensuite tout retomba dans le silence et l'obscurité, et je me rendormis jusqu'à sept heures. Alors une nouvelle salve se fit entendre, et je me levai. Il y avait une grande activité ; Kamil Pacha avait invité, par une proclamation, « tous les habitants de Jérusalem à se réjouir et à rendre grâces à Dieu, et à illuminer les maisons, » pour célébrer l'événement qu'on venait d'apprendre, savoir : que la paix était conclue entre la Russie et la Turquie.

Les ferblantiers et les marchands de lampes, « vieilles et neuves, » ainsi que les fabricants de lanternes, firent des affaires d'or ce jour-là. C'était à qui inventerait une méthode d'illumination nouvelle, et il se fit dans les bazars de grands achats de fils d'archal dorés et de papiers de couleur, destinés à contenir les bougies.

A midi, il y eut, au Consulat, une réunion de jeunes Anglaises, convoquées pour travailler en commun aux embellissements de la fête, et nous nous mîmes gaiement à l'ouvrage. Des roses et des œillets de papier s'épanouissaient rapidement sous nos doigts, et étaient attachés à des branches d'arbres et des roseaux qui nous étaient fournis par Hadj Ali, le groom égyptien. Il nous en apporta la charge d'un baudet; mais comme il avait fait son choix sans discernement, et qu'il trouvait les feuilles de carottes beaucoup plus jolies que les branches de lauriers ou d'oliviers, il en avait apporté en grande abondance. Néanmoins, elles formèrent des guirlandes d'un vert très-agréable, et produisirent un très-bon effet avec nos fleurs, sans que personne s'aperçût de ce qu'elles étaient. Nous avions de nombreux visiteurs, qui s'amusaient infiniment de la promptitude avec laquelle s'épanouissaient les roses de notre jardin. Le consul général d'Espagne, le consul de France, et plusieurs voyageurs anglais vinrent nous voir. Le secrétaire du Pacha, qui nous inspectait de temps en temps, nous dit que son maître serait informé du zèle avec lequel nous nous conformions à ses ordres.

Le soleil se coucha, et, par degrés, la ville s'illumina. Des cordons de lumières entouraient les minarets et la plupart des dômes. Le couvent latin et la maison de l'évêque Gobat étaient éblouissants de flambeaux et de torches; des flots de lumière inondaient les fenêtres du Consulat, tapissées de guirlandes de verdure et de fleurs. Les femmes, enveloppées dans leurs voiles blancs, les hommes et les jeunes garçons se promenaient par groupes dans les rues, portant des torches et des lanternes de papier de couleur.

Une heure après le coucher du soleil, il y eut un combat simulé, sous la direction du commandant en chef des troupes. Nous montâmes pour mieux voir sur les toits des monuments publics. La tour d'Hippicus, occupée par les troupes régulières, fut assiégée par les troupes turques irrégulières et l'artillerie. La ville était ébranlée par le bruit du canon et des décharges d'artillerie.

De grands feux de joie et des paniers de fer, remplis de poix et de goudron, furent allumés sur les principaux points de la ville, pour faire croire que plusieurs des édifices avaient pris feu. On voyait à la lumière des hommes qui escaladaient les murailles, et recevaient en toute apparence sur leur tête de grandes masses de pierres. On traînait des canons, on battait le tambour, et les troupes se précipitaient sur le château carré. Nous entendîmes les cris et les acclamations des soldats. — Enfin, la tour fut prise, et l'on proclama la victoire. Les cors de chasse, les tambours, les fifres, les musettes et les tam-tam, résonnèrent avec éclat.

Toute l'affaire fut très-bien conduite, et nous offrit une vivante image des siéges que Jérusalem a supportés à différentes époques.

On trouve dans les annales historiques profanes et sacrées les descriptions ou la mention de trente-quatre siéges distincts, subis par cette ville.

Une grande assemblée se réunit ensuite au Consulat anglais, où se trouvaient le Pacha et sa suite, le commandant des troupes turques, et plusieurs consuls et voyageurs. Au nombre de ces derniers, était lord Abercrombie, qui était arrivé il y avait seulement quelques heures. Lui et ceux qui l'accompagnaient avaient traversé le désert, en allant au Caire, et ils avaient été retenus en quarantaine à Hébron, pendant quelques jours. En arrivant, vers minuit, en vue de Jérusalem, ils virent les flammes, entendirent le bruit du canon, et furent tellement effrayés, qu'ils étaient sur le point de se retirer et de chercher un refuge sur la côte, croyant la ville dans un état d'insurrection. Cependant, ils furent informés de ce qui se passait, et s'empressèrent de continuer leur route, pour venir prendre part à la fête.

Le samedi, 26 avril, ou Samedi Saint, jour qui précède la Pâque grecque, je visitai l'église du Saint-Sépulcre, pour voir allumer le feu sacré (lequel on dit être miraculeux) sur le tombeau du Christ. Après avoir traversé quelques rues tortueuses, pierreuses et bordées de maisons sans fenêtres, irrégulières et presque désertes, nous entrâmes dans le bazar bruyant qui conduit à l'église, et où, acheteurs et marchands, tous examinaient avec intérêt la foule qui se rendait en courant à la fête. Nous passâmes sous une arcade, et nous nous trouvâmes devant la belle façade, avec ses grandes portes et ses frises sculptées. Il était onze heures et demie. La cour carrée était garnie de soldats turcs. Les terrasses et les toits des maisons étaient couverts de femmes enveloppées dans leurs draperies blanches, assises ou debout, à la clarté éblouissante du soleil. Une foule de Grecs et d'Arméniens se précipitaient vers la porte. Je rencontrai là M. L., le chancelier du Consulat français, et ce ne fut pas sans difficulté qu'il me conduisit dans l'église et à travers la rotonde, où tout était mouvement et confusion. Les pèlerins couraient et sautaient dans toutes les directions, poussant des cris sauvages, ou entonnant une sorte de chant monotone. Le bruit était étourdissant. Avec le secours de M. L., j'arrivai, non sans peine, sur une plate-forme élevée; de là je montai un escalier branlant, qui menait à la galerie latine, au côté nord de la rotonde. Une partie de cette galerie avait été réservée pour les étrangers, et je me trouvai fort heureuse d'y être en sûreté. C'était comme une grande loge d'opéra, ayant sur le devant une balustrade lourde mais très-peu solide, tout près de laquelle des chaises étaient occupées par une baronne hollandaise et sa fille, un moine, le célèbre abbé de Ratisbonne, une dame américaine, et une dame écossaise, toutes personnes auxquelles j'avais été déjà présentée. Plusieurs femmes arabes étaient assises au fond de la tribune, à terre, sur des nattes, fumant des narghilés. Parmi elles, je reconnus avec plaisir la dame dans la maison de laquelle je m'étais reposée à Ramleh. Après avoir échangé quelques saluts et des paroles de politesse avec elle, je vins prendre sur le devant de la tribune le siége qui m'avait été préparé, et je pus contempler l'étrange spectacle qui s'offrait, en bas, à mes yeux. Dans le centre de la rotonde, le dôme de marbre sculpté et décoré, sous lequel est le tombeau supposé du Christ; le sommet de ce dôme s'élevait jusqu'à la hauteur de l'endroit que nous occupions. Des hommes, à l'aspect farouche, les habits en désordre, les bonnets et les tarbouches déchirés, quelques-uns avec de longs cheveux tombant sur leurs épaules, et d'autres, la tête nue et rasée, formaient en rond une sorte de galop. Ils gambadaient, ils montaient sur les épaules les uns des autres, ils levaient et agitaient leurs bras, dansant avec des mouvements frénétiques qui rappelaient les fêtes indiennes. Quelquefois, ces bacchanales s'arrêtaient un instant, mais seulement pour recommencer sous une autre forme.

Les acteurs, dont le nombre augmentait continuellement, se tenaient en groupes, en petits cercles, balançant leurs têtes et leurs bras en avant, en arrière, au signal d'un cri monotone, qui devenait de plus en plus fort, à mesure que les mouvements de la tête et des bras devenaient plus rapides. Ils continuèrent cette scène jusqu'à ce que l'excitation parût les rendre tout à fait fous, et qu'ils en vinssent à se frapper eux-mêmes et les autres d'une manière effrayante. Alors les cercles se rompirent, et tous se mirent à courir autour du Saint-Sépulcre avec une rapidité prodigieuse, foulant aux pieds ceux qui tombaient. Parfois un prêtre, jaloux de passer pour saint, s'abandonnait à la démence du peuple, et souffrait les plus indignes traitements. Son chapeau était mis en lambeaux, et lui-même était porté sur tous les bras en triomphe autour du tombeau. Les pèlerins croyaient que le feu ne sortirait jamais du sépulcre, si des bandes de fidèles ne tournaient ainsi pour l'attirer.

Pendant ce temps je causais avec la baronne. Elle avait été six mois sur le Nil. « Mon mari est mort, me dit-elle, et je n'ai pas de fils ; ma fille et moi sommes seules au monde ; nous voyageons partout ensemble, et nous avons vu tous les peuples de l'Europe. » A ce moment, l'abbé de Ratisbonne nous fit remarquer un changement de scène, dans l'église au-dessous de nous. La foule fanatique avait été écartée, pour faire place à une procession très-bien ordonnée, formée d'évêques et de prêtres, couverts de magnifiques ornements. Ils portaient des bannières de soie brodées d'or, et chantaient avec beaucoup de solennité et une grande émotion une très-belle litanie ; ils firent trois fois, lentement, le tour du sépulcre. Un passage avait été fait pour eux par un corps de soldats turcs, qui formaient une ligne à l'intérieur et à l'extérieur de la rotonde, et se tenaient immobiles comme des automates. Bientôt les pèlerins impatients s'avancèrent de nouveau et se ruèrent au milieu des rangs. La procession fut rompue, et les prêtres disparurent. Les soldats se retirèrent, et le peuple recommença sa danse frénétique, autour du sépulcre, avec une nouvelle énergie. Les adorateurs arabes s'écriaient de temps en temps :

« Le Christ, le Fils de Dieu, est mort pour nous !
Le Christ, le Fils de Dieu, est ressuscité pour nous !
Voici le tombeau du Christ, notre Sauveur !
    Dieu conserve le sultan !
Le Christ, Fils de Marie, est mort pour nous !
Le Christ, Fils de Marie, est ressuscité pour nous !
C'est ici le tombeau du Christ, notre Sauveur !
    Dieu conserve le sultan !

Toutes les galeries et même les niches creusées dans les colonnes étaient maintenant remplies de spectateurs. Kamil Pacha et sa suite occupaient une tribune dans la galerie latine, immédiatement au-dessus de nous. Le consul français, mon frère et plusieurs voyageurs anglais, étaient aussi présents. Les scènes que j'ai décrites durèrent plus de deux heures. Après ce temps, je remarquai que la foule s'écartait, devant une ouverture de forme ovale, pratiquée dans la balustrade autour du sépulcre, et vers laquelle s'avançait un prêtre, couvert d'une robe de soie jaune. Il fut accueilli par des cris formidables. Se courbant en avant, il introduisit sa tête, ses épaules et l'un des bras dans le trou, qu'il fermait entièrement. Il demeura longtemps dans cette singulière posture, battu et maltraité par le peuple, qui se pressait autour de lui. Il y eut alors des rixes terribles pour obtenir la place la plus favorable et la plus commode, d'où l'on pût voir le prêtre qui avait la mission de distribuer la flamme sacrée. Il était, pour cette raison, appelé le « *prêtre du feu saint* », et il avait dû payer une très-grosse somme d'argent pour obtenir le privilège de recevoir la flamme sacrée des mains de « *l'évêque du feu sacré* », qui était dans l'intérieur du tombeau, dans un état de nudité presque complet. Chacun des assistants portait une torche ou un cierge, prêt à être allumé.

Il y eut un moment d'attente et d'anxiété — un silence presque aussi saisissant que le bruit, et suivi d'une acclamation générale, si forte et si vibrante que le bâtiment en fut ébranlé jusque dans ses fondements. Une voix venant du sépulcre avait proclamé que le feu miraculeux était allumé. Le prêtre sortit alors sa tête du trou, et présenta une masse de feu, au milieu des cris et des actions de grâces de toute la multitude.

En moins d'une minute, une centaine de torches furent allumées, brillant d'un grand éclat, et la lumière se répandit bientôt autour de la rotonde. Nous regardions en bas les flammes ardentes portées par des bras nus, au milieu des frémissements et des cris de joie. C'étaient des vagues de flamme et de fumée, à travers lesquelles les hommes eux-mêmes étaient à peine visibles. Tout à coup il parut se faire dans la foule un mouvement extraordinaire. Les Grecs et les Arméniens s'attaquaient mutuellement avec colère, faisant tous leurs efforts pour éteindre les torches de leurs adversaires. La flamme sacrée, venant du ciel, avait été inégalement distribuée; le prêtre du feu l'avait, disait-on, communiquée à l'une des sectes avant l'autre, au lieu de la donner à toutes deux en même temps, d'après les lois prescrites. La priorité, réelle ou prétendue, devint alors le prétexte d'un combat général. Toutes les mains s'élevèrent pour l'attaque ou la défense; les torches enflammées furent agitées de tous côtés; les bâtons et les armes de toute nature se levèrent à la fois. On rappela les soldats turcs, mais il sembla d'abord que leur présence ne fît qu'ajouter à la confusion générale. Cependant, après dix minutes d'un violent conflit, les Arméniens réussirent à pousser les Grecs dans leur église, qui est du côté oriental de la Rotonde. Les grandes portes d'airain furent fermées sur eux, et quelques instants de silence et de paix succédèrent au tumulte.

Le Pacha, avec sa suite, descendit de la galerie qui était au-dessus de nous; il traversait l'arène, lorsque, tout à coup, les Grecs s'élancèrent hors de leur église, et avant que Son Excellence eût pu passer, recommencèrent un combat plus dangereux et plus acharné que le premier.

Des bâtons et des gourdins furent jetés aux Grecs du haut des grandes fenêtres de leur couvent. Les Arméniens étaient si bien pourvus d'armes semblables, et même de piques, que, de leur côté, on supposa l'affaire préméditée.

De grands coups et des cris sauvages se faisaient partout entendre sans interruption. Le Pacha lui-même fut rudement poussé; il perdit dans la bagarre plusieurs de ses décorations. Le commandant de la cavalerie fut renversé, et plusieurs personnages élevés en autorité furent attaqués par les furieux. On lançait de gros morceaux de bois contre les galeries, où, pour ajouter à la confusion, plusieurs des spectateurs jetaient des cris perçants. La porte de notre tribune fut ouverte, un grand nombre de femmes, enveloppées de leurs voiles blancs, y furent jetées pour être mises en sûreté, puis on referma la porte sur elles.

Nous, qui étions sur le devant, nous avions à craindre de tomber dans l'espace, car les balustrades de bois étaient ébranlées et formaient en dehors, sous la pression, un angle de près de quarante-cinq degrés. J'eus toutes les peines du monde à contenir les femmes arabes, qui se pressaient sur nous et nous poussaient ainsi sur la balustrade, au risque de la briser et de nous précipiter à terre. Elles étaient toutes frappées de terreur et poussaient des sanglots convulsifs. La baronne hollandaise était égarée par la frayeur, non pour elle-même, mais pour sa fille unique qui, cependant, conservait parfaitement son calme et sa présence d'esprit, et faisait tous ses efforts pour inspirer du courage à tous ceux qui se trouvaient autour d'elle. Le moine et l'abbé de Ratisbonne étaient pâles et paraissaient terrifiés. Ce dernier me dit : « Ce n'est pas la crainte, mademoiselle, mais l'indignation qui m'émeut. »

Les soldats essayaient de faire sortir les combattants de l'église, et l'on s'attendait à ce qu'ils reçussent l'ordre de faire feu sur les obstinés fanatiques qui, non contents de se blesser les uns les autres, commencèrent à s'attaquer au bâtiment lui-même. Les peintures des saints et des martyrs furent détruites par des bâtons pointus lancés contre les murs; les vases de bois sculptés et dorés qui ornaient la partie extérieure du tombeau furent, avec une intention marquée, précipités par terre, et l'on accabla de coups deux prêtres qui étaient montés avec intrépidité pour essayer de sauver les lampes d'argent et de cristal et autres objets de

prix. Aussitôt que ces objets saints eurent été brisés, les d
tructeurs les ramassèrent et s'en firent de nouveaux inst
ments de guerre en les lançant contre les galeries. Plusi
des grands morceaux furent dirigés vers nous et tombèr
à nos côtés; mais, par bonheur, pas un ne nous blessa.
dame écossaise eut une frayeur si grande qu'elle s'évano
alors, à ma pressante requête, les femmes arabes reculè
autant qu'il leur fut possible, afin de faire place pour qu'
lui portât secours, et aussi pour que nous puissions n
éloigner un peu de la balustrade qui était devant la tribu
Le conflit devenait de plus en plus furieux; de terribles bl
sures étaient portées et le sang coulait en abondance;
même temps, les gens qu'on avait renversés étaient foul
aux pieds: les cris, les imprécations et les prières de dés
poir remplissaient l'air. Ce combat sauvage dura plus d'
quart d'heure; puis, peu à peu il s'apaisa, et les soldats t
réussirent à entraîner les chefs des combattants, non
avoir reçu eux-mêmes des coups très-dangereux.

Lorsque la foule se fut en partie retirée, nous vimes le
pavé de marbre de la rotonde jonché de fragments de verre,
de chaînes d'argent, de morceaux de bois sculptés, de cierges brisés, de torches, de tarbouches, et le tout couvert
d'huile qui coulait à flots des centaines de lampes brisées et
foulées aux pieds. Nous nous occupions avec anxiété du sort
de nos amis, lorsque nous eûmes la satisfaction de les apercevoir avec les voyageurs qui avaient été présents. Tous
étaient pâles et inquiets, car ils comprenaient mieux que
nous le danger qu'on avait couru. Ils avaient craint, non
sans motifs, que les ouvrages en bois du monument ne pris-
sent feu, et alors il eût été à peu près impossible de s'é-
chapper des galeries. Ils s'approchèrent pour nous rassurer,
et nous engagèrent à attendre tranquillement qu'ils pussent
revenir nous chercher. Le consul de France et le comman-

dant de la cavalerie s'arrêtèrent au-dessous de notre tribune, et le premier, qui était fort animé, nous dit : « Je vous en prie, mesdames, n'essayez pas de sortir. »

Quelque temps s'écoula avant que l'on crût prudent de nous faire quitter notre retraite, car la bataille s'était violemment prolongée dans la cour et dans les rues qui entouraient l'église. Enfin, le consul de France, mon frère et quelques-uns de nos amis vinrent nous prendre, et nous pûmes nous en aller. La couche d'huile qui couvrait le pavé de marbre avait plus d'un pouce d'épaisseur. Les soldats turcs restaient encore en possession du bâtiment; ils avaient agi avec un grande modération pendant la durée du combat, et, selon toutes les apparences, ils n'avaient rien négligé pour empêcher l'effusion du sang. Ils avaient entièrement dégagé la cour extérieure lorsque nous la traversâmes, et ils étaient debout, tout autour, la baïonnette au bout du fusil. Mais les rues étaient obstruées de gens qui élevaient la voix avec colère, et les kawass trouvèrent beaucoup de difficulté à nous faire faire place. Quand nous fûmes en sûreté au consulat, mon frère retourna au Saint-Sépulcre pour calculer le dommage qui avait été fait. Il prit sans opposition, des mains d'un Arménien, un lourd bâton de cinq pieds de long et de trois pouces de diamètre, et il vit un grand nombre de gens qui étaient armés de piques.

Le Pacha tint immédiatement un conseil. On décida que, dorénavant, les Grecs et les Arméniens auraient leur service à des heures différentes, afin d'éviter dans l'église des collisions si effrayantes et si honteuses. On s'assura qu'il y avait eu peu de morts, mais beaucoup de blessures.

J'ai causé à ce sujet avec beaucoup de Grecs appartenant à la classe éclairée, prêtres et laïques, sur la nature de cette cérémonie, et j'ai constaté que tous, sans exception, en avaient sincèrement honte. Les uns reconnaissaient honnêtement que c'était une imposture ; les autres disaient que c'était un pieux mensonge ; mais tous s'accordaient à nous assurer qu'il ne serait pas prudent d'ébranler la foi de la masse du peuple, toute pénétré de la croyance que Dieu, lui-même, par sa glorieuse présence, allume le feu sur le tombeau, tous les ans, le Samedi saint. Un prêtre grec, homme bon et sincère, me dit en particulier : « S'il nous était possible, ce que je crois douteux, de détruire la croyance profonde et générale à la réalité de ce miracle, nous ferions plus de mal que de bien, car nous ébranlerions en même temps la foi de milliers de gens ; — ils douteraient de toutes choses, même de l'existence de Dieu ; — ils abandonneraient la sainte Église, et resteraient sans religion pour les soutenir et les guider. »

Je sympathisai avec lui de tout mon cœur, car sa position était très-difficile ; mais je sentis plus parfaitement que jamais 'que c'est une erreur que de prétendre *soutenir ce que l'on croit être la vérité par ce que l'on sait être faux.*

Malheureusement le raisonnement invoqué par cet aimable prêtre n'est que trop commun. La religion a été mêlée de tant de rites et de cérémonies, que ces cérémonies sont prises, par la masse du peuple, pour la religion même, ou du moins confondues avec son essence.

Les hommes craignent de réformer les cultes, ils craignent que le mensonge et la vérité ne tombent en même temps ; et ils semblent croire que cette religion, dans sa simplicité et sa pureté, ne pourrait se soutenir toute seule.

Quand le jour de la vérité brillera-t-il enfin, et quand viendra son triomphe ? Quand les hommes voudront-ils comprendre que la vérité est plus forte et moins dangereuse que la fraude et le mensonge, et qu'il n'y a jamais avantage à enseigner et à soutenir une erreur, mais, au contraire, qu'il est utile de la reconnaître ?

« Vous connaîtrez la vérité, et la vérité vous rendra libres (Saint Jean, viii, 32).

« N'habillez pas la vérité de vanité, et ne cachez pas la vérité avec connaissance de cause. (*Coran*, ii. Traduction de Sali.)

« L'essence même de la vérité est l'éclat et la sincérité. » (Milton.)

« Grande est la vérité et plus forte que toutes choses; elle vit et triomphe pour toujours ; elle est la force, la royauté, la puissance et la majesté de tous les siècles. Béni soit le Dieu de vérité. » (Zorobabel.)

Quelques personnes défendaient la célébration de cette fête, parce que c'était une ancienne coutume ; mais, comme le dit Cyprien :

« La coutume sans la vérité, n'est que la vieillesse de l'erreur. »

Malheureusement, il y a un autre motif très-puissant pour conserver cette solennelle jonglerie. Les pèlerins dépensent chaque année en Palestine de grandes sommes d'argent; ils viennent de toutes les parties de la Russie, de la Grèce et de la Turquie, et le peuple de Jérusalem, de Bethléem et de Nazareth regarde naturellement le temps de Pâques comme l'époque de sa plus abondante moisson.

Les prêtres, les marchands, les manufacturiers, les hôteliers, les propriétaires de chameaux, de chevaux et d'autres bêtes de somme, souffriraient un préjudice plus ou moins grand si les pèlerinages annuels cessaient d'avoir lieu, et comme le feu sacré en est le principal attrait, la tentation d'entretenir l'illusion est grande.

Cette étrange cérémonie est-elle un reste des croyances des anciens adorateurs du feu ? Il y a deux ou trois lieux de dévotion pour les Musulmans, qui s'illuminent miraculeusement à certains jours. J'ai appris que de bonne heure, au neuvième siècle, les chrétiens de Syrie croyaient qu'un ange de Dieu était chargé d'allumer les lampes sur le tombeau du Christ, la veille même de Pâques.

CHAPITRE XII

Jeunes paysannes. — La moisson des roses. — Les cavernes. — Préceptes pour l'observance du Ramadan. — Écoles de sir Montefiore pour les Juives. — Vente « en bloc ». — Urtâs. — Pierre Meshullam. — Un campement arabe. — Dar el Benât, l'asile de filles. — Le harem de Salomon. — L'anniversaire de la naissance de la Reine. — Ma résidence sur le mont des Oliviers. — Le sheikh d'El Tur, ses femmes et ses enfants. — Un enterrement musulman. — Les tombeaux des prophètes. — Combats sur le mont des Oliviers. — Le festin des Adieux à Urtâs.

Le samedi saint, une heure environ avant le coucher du soleil, nous fîmes, hors de la ville, une promenade à cheval, heureux de respirer l'air pur, après les fatigues et les émotions du matin. Nous sortîmes par la porte de Jaffa, et nous fîmes le tour de Jérusalem sans nous éloigner des murs. Je vis arriver vers nous, du bois d'oliviers qui est en face de la porte de Damas, un grand nombre de jeunes paysannes, pauvrement vêtues de voiles et de robes déchirées, en étoffes du pays. Elles étaient nu-pieds, mais elles paraissaient très-gaies, et portaient dans leurs mains brunies des branches d'arbres et des fleurs. Une des plus jeunes avait un bouquet de blanches aubépines, avec leur joli feuillage brillant et frais. C'était le « premier rameau de mai » que j'eusse en=

core vu cette année, et il nous fit tant de plaisir que j'arrêtai mon cheval et demandai à la jeune fille si elle voulait le partager avec moi. Elle me regarda en souriant, et apercevant un bouton de rose attaché à ma robe, elle me dit: « Madame, si vous voulez me donner la fleur que vous portez, vous aurez ma branche d'aubépine. » Je consentis à l'échange, et il fut bientôt fait.

Le 2 mai, nous apprîmes que des combats sérieux s'étaient engagés entre les factions rivales dans le district de Je Ce conflit avait eu lieu dans le petit village, bâti en te appelé « Khubeiseh, » que nous avions traversé pour a à Kefr Kâra. Plusieurs personnes que nous connaissions avaient pris part.

Le 5, mon frère partit pour Haïfa, par la route de Nablous et de Jenin, et une fois encore je restai avec mes bons amis au consulat, où j'eus tout le loisir nécessaire et d'excellentes occasions pour étudier, faire des croquis et observer tout ce qui se passait autour de moi.

Il n'y avait plus de pluie, et le soleil prenait tous les jours plus de force. Des voyageurs anglais continuaient d'arriver chaque jour. J'avais souvent le plaisir de les accompagner et de les guider dans leurs excursions au dehors ainsi que dans leurs courses à l'intérieur de Jérusalem.

Les roses étaient en pleine floraison ; c'était le temps où l'on faisait les conserves et l'eau de rose. Les paysannes portaient chaque matin à la ville des paniers remplis de ces fleurs. Souvent, au lever du soleil, on les voyait s'arrêter près d'un ruisseau et vider leurs paniers dans l'eau murmurante, faisant littéralement un lit de roses sur la rivière. Peut-être agissaient-elles ainsi, comme elles le disaient, uniquement pour laver leurs fleurs, conserver leur fraîcheur et leur donner l'apparence d'être encore humides de la rosée du matin ; mais je crois, et cela me paraît plus probable, que ur désir était de les rendre pesantes, car, dans le marché, elles les vendaient au poids.

Le mercredi 7 mai, il soufflait un vent lourd et chaud, le sirocco. Je sortis à cheval, dans l'après-midi, avec le petit Alexander Finn et son cousin L. Nous descendîmes dans la vallée de Hinnom, où les buissons d'aubépine, couverts de fleurs roses et blanches, embaumaient l'air. Les oliviers étaient en fleurs, et les figuiers se revêtaient de leur feuillage d'un vert tendre. Nous passâmes le Haceldama et gagnâmes En-Rogel. Il n'y avait pas d'eau dans le lit rocailleux du torrent, mais il n'avait pas coulé en vain ; les réservoirs étaient remplis, et la terre altérée avait repris la vie. Nous fîmes quelques pas dans la vallée, nous traversâmes le ruisseau desséché, et nous mîmes pied à terre. Nous montâmes la colline, à peu près jusqu'à moitié, du côté gauche, et nous atteignîmes une plate-forme ou terrasse naturelle, en face d'une hauteur escarpée, que L. m'assura être une caverne, quoiqu'il n'y eût rien à l'extérieur qui pût le faire supposer. La plate-forme était tellement couverte de hauts chardons qu'il était difficile de trouver où mettre le pied ; cependant nous parvînmes à les abattre, et nous vîmes la porte qu'ils cachaient. Le haut de cette porte était à peine plus élevé que le niveau du terrain, qui inclinait rapidement dans cette direction, semblable à l'entrée d'une cave souterraine dans laquelle on descendrait sans escalier. Avec le secours de Hadj-Ali et de son bâton, et en nous retenant aux racines et aux herbes sauvages, nous arrivâmes, en nous laissant glisser, jusqu'à l'entrée, et nous passâmes la porte de la caverne, que je mesurai et que je trouvai avoir quatre pieds de large sur sept d'élévation ; elle était taillée dans le roc vif. Au bout d'une ou deux minutes, nous commençâmes à nous accoutumer à l'obscurité et à distinguer en partie les objets qui nous entouraient : à gauche, à l'entrée, il y avait un

immense piédestal sans aucun ornement. Nous continuâ[mes]
de descendre de plus en plus profondément, l'un après l'[au]-
tre, dans l'obscurité, toujours glissant et tâtonnant a[vec]
précaution, et nous arrivâmes à une colonne de douze pi[eds]
environ de circonférence, supportant une voûte qui [me]
parut être d'une vingtaine de pieds au-dessus de nous. [La]
base de cette colonne était de beaucoup au-dessous du [ni]-
veau de la porte ; mais, comme elle était presque en fa[ce,]
elle était éclairée d'un côté par un reflet de lumière, g[râce]
auquel nous pûmes voir des capillaires qui croissaient a[bon]-
dantes et vigoureuses ; les autres faces étaient couve[rtes]
seulement de mousses pâles, mêlées de champignons, [qui]
prenaient des formes grotesques. J'écartai une touffe [de]
capillaires, pour examiner la nature du roc dont le pi[ed]
était formé ; il était tout à fait blanc et se pulvérisait facil[e]-
ment au toucher.

Pendant ce temps, L. et Skander exploraient les reco[ins]
éloignés, et leurs corps, semblables à des spectres glis[sant]
au-dessous de moi dans l'obscurité, me donnaient l'idée [de]
la profondeur et de l'étendue de la caverne. Le terrain,
était tout détrempé, continuait à descendre en pente. Il [y]
avait encore trois autres colonnes massives, dont la pl[us]
éloignée devait avoir, autant que je pouvais en juger, u[ne]
vingtaine de pieds de hauteur. Mes guides m'avertirent [de]
ne pas aller plus loin ; ils venaient d'arriver à une ma[re]
large et profonde. La pluie avait emporté l'espèce de di[gue]
qui était en haut, et s'était creusé pour elle-même un [lit]
jusqu'au fond de la caverne, couvrant son chemin du ri[che]
sol qu'elle avait enlevé à la terrasse. L'eau tombait goutte [à]
goutte de la voûte et le long des murs. Les chauves-souri[s]
effrayées par notre approche, se heurtaient contre nous [en]
fuyant, et l'atmosphère noire, froide et humide, nous fais[ait]
frissonner. Nous reprîmes, en grimpant, le chemin de l[a]

porte, et, avec le secours de Hadj-Ali, nous pûmes atteindre, sans danger, la terrasse couverte de chardons. Nous soupirions après un peu d'air pur, et nous restâmes une minute ou deux, éblouis par la clarté du jour, et nous réchauffant aux rayons ardents du soleil.

Nous grimpâmes ensuite sur des rochers escarpés, à travers des buissons de chardons et d'épines, et nous arrivâmes enfin à une retraite creusée dans un roc blanc et abrupte. C'était comme une chambre, entièrement ouverte d'un côté, d'environ onze pieds de hauteur, sur dix de profondeur et quatorze de largeur. C'était, selon toute apparence, une excavation naturelle, qui avait été en partie taillée par la main des hommes. En quelques endroits, la voûte semblait avoir été enduite d'un ciment grossier. Les murs, blancs, étaient humides et couverts de capillaires de la plus belle espèce que j'aie jamais vue; et beaucoup d'autres plantes qui aiment l'ombre croissaient là et y florissaient. Il n'y avait pas une crevasse d'où l'on ne vît sortir quelques feuilles avec de délicats rejetons. Cette grotte, sans aucun doute, avait été autrefois habitée par des êtres humains; des rois, des prêtres et des prophètes des temps anciens devaient en avoir fait leur demeure.

Skander avait grimpé plus haut sur la colline, et il nous appela en nous disant : « J'ai trouvé ici un endroit merveilleux; venez, venez voir! » Nous eûmes de la peine à arriver jusqu'à lui, et nous le trouvâmes étendu, la face contre terre, regardant avec grande attention dans une sombre ouverture qui pouvait avoir un pied de hauteur et six de largeur, tout près de la terre. Il nous dit que c'était comme le terrier d'un renard. Je ne pouvais entrer dans cette grotte; mais je m'arrêtai pour y jeter les yeux, et je vis qu'elle contenait quelques anciens sépulcres; j'en comptai quatre. Ils étaient, je crois, creusés dans le roc solide, et ornés de moulures et de reliefs.

Cet endroit semble mériter d'être exploré avec soin. L'entrée en sera probablement bientôt tout à fait cachée par les pierres et autres débris qui tombent d'en haut, et par la grande quantité de végétation qui croît et s'entrelace tout autour. n'y a pas de tradition qui s'y rattache, et c'est pour cela, doute, qu'il est si rarement indiqué aux voyageurs.

Nous montâmes à cheval pour retourner au consulat, ay devant nous le côté sud-est de la sainte Cité. Le soleil bri sur les terrasses qu'elle domine, et donnait aux champs d'orge l'éclat de l'émeraude. Sur la droite, au-dessus de E Rogel, apparaissaient les ruines de Siloë, et nous pouvions apercevoir au delà la colonne d'Absalon[1]. Comme nous tour nions autour de la base du mont Sion, Hadj-Ali cueillit une belle branche de grenadier, couverte de fleurs éclatantes, les premières que j'eusse vues cette année.

Nous nous rappelâmes alors que le Ramadan, le mois où les disciples de Mahomet jeûnent le jour et font bonne chère la nuit, avait commencé le samedi précédent, et nous hâtâmes le pas de nos chevaux, afin que Hadj-Ali pût préparer son repas du soir et fût prêt à le prendre au moment où le *Moga-rib*, signal donné par un coup de canon au coucher du soleil, se ferait entendre, signal si bien accueilli par les Musulmans altérés et affamés.

Le pauvre Hadj-Ali n'avait pris aucune nourriture, ni même fumé une pipe, depuis le lever du soleil. Ce jeûne, qui dure trente jours, est observé avec une fidélité extraordinaire par les personnes de toutes classes[2].

Le jeudi 28 mai, je fus invitée à visiter les nouvelles écoles

---

[1] C'est cette vue que le regretté M. Seddon a peint avec tant de fidélité. Le tableau se trouve dans le musée de Kensington.

[2] Dans le second chapitre du Coran, les règles pour l'observance du Ramadan sont ainsi prescrites :

« O vrais croyants, un jeûne vous est ordonné, comme il était or-

pour les jeunes juives, établies par sir Moses Montefiore. Le temps était brillant et magnifique. Nous dépassâmes les baraques, et nous entrâmes dans la rue qui conduit au couvent arménien. Le soleil était à son zénith, et le pavé de pierres polies reflétait la chaleur et la lumière. Les hautes murailles des maisons, de chaque côté, projetaient à peine une ligne d'ombre ; seulement les petites fenêtres en saillie et les fleurs qui grimpaient sur les treillis ou pendaient des toits, traçaient sur la terre des ombres délicates et fantastiques. On ne sentait pas un souffle d'air ; il était midi, et pas un être ne se montrait dans la rue silencieuse, large et sans abri, où même les chiens dormaient, anéantis par l'excessive chaleur. Nous tournâmes à gauche et passâmes sous une arcade, autrefois l'entrée d'une mosquée ; puis longeant le mur du couvent arménien, nous arrivâmes au quartier des Juifs, et bientôt nous frappâmes à la porte de l'école, sur laquelle était gravée une inscription hébraïque.

Pendant que nous attendions que l'on nous ouvrît, j'exa-

donné à ceux qui vous ont précédés, afin que vous appreniez à craindre Dieu.

« Le mois de Ramadan est le mois du jeûne dans lequel le Coran fut envoyé du ciel, afin de diriger les hommes et de leur apprendre à distinguer entre le bien et le mal. Ainsi, que celui qui sera chez lui, dans ce mois, jeûne pendant ce même mois ; mais celui qui sera malade ou en voyage, jeûnera ensuite le même nombre d'autres jours. Dieu vous accorde cette facilité, afin que vous puissiez remplir le nombre de jours et le glorifier pour ce qu'il vous a prescrit, et que vous puissiez lui rendre grâce.....

« Il vous est permis de manger et de boire, à la nuit jusqu'à ce que vous puissiez pleinement distinguer un *fil blanc* d'un *fil noir*, au point du jour. Alors observez le jeûne jusqu'au coucher du soleil. »

Selon les théologiens musulmans, il y a trois degrés de jeûne. Le premier et le second sont strictement matériels ; le troisième est le jeûne du cœur, ce qui signifie qu'on doit s'abstenir de tous les sentiments terrestres, afin de ne pas distraire ses pensées, qui doivent être toutes concentrées sur Dieu.

minai les fenêtres. Deux d'entre elles étaient de simples ouvertures carrées ; une troisième était saillante, et, à travers ses treillages de bois, bizarrement disposés, nous pûmes voir de rares et belles fleurs. La quatrième était une grande fenêtre carrée, soutenue par des moulures de pierre et protégée par un balcon en fer. Une multitude d'enfants à l'air joyeux y montraient leurs petites têtes et regardaient au dehors. Une d'elles, aux yeux noirs, avait un tarbouche de drap rouge sur le derrière de sa tête, et une rose dans ses cheveux d'ébène. Les autres portaient des mouchoirs de mousseline, de diverses couleurs, et attachés avec goût.

La porte nous fut ouverte ; nous traversâmes une petite cour, et l'on nous conduisit par un escalier extérieur à une terrasse dont les murs bas et larges étaient convertis en jardin ; des pots de fleurs avaient été placés dans la maçonnerie, à égale distance, sur toute la longueur des parapets, et formaient ainsi des espèces de créneaux fleuris qui produisaient un effet charmant ; les plantes, en effet, étaient toutes à peu près de la même largeur et de la même hauteur. Les rosiers, les œillets et les giroflées en pleines fleurs contrastaient d'une manière agréable avec le myrte au sombre feuillage, le jasmin du Cap et les blanches murailles.

Nous fûmes reçus poliment dans la cour par une Juive espagnole, qui nous conduisit dans une chambre claire et gaie, où nous vîmes des groupes animés de jeunes filles, dont l'âge pouvait varier de sept à quatorze ans. J'en comptai trente et une, mais le nombre complet de celles qui se réunissent là habituellement est de trente-cinq.

Huit banquettes et un double rang de pupitres donnaient à cette pièce un caractère tout à fait européen ; et la chaise élevée de la maîtresse était comme un témoignage d'ordre et d'autorité.

Les enfants étaient presque toutes occupées à des travaux

d'aiguille, et notre guide nous montra avec un sentiment évident d'orgueil et de plaisir une quantité considérable de vêtements confectionnés, produit du travail d'une semaine. Les vêtements, simples, étaient très-convenablement faits, si l'on tient compte surtout de cette circonstance, que la plupart des petites ouvrières ne savaient absolument pas coudre six ou sept mois auparavant. La maîtresse ne put nous dire ce que devenaient ces ouvrages, lorsqu'ils étaient finis, en sortant de ses mains, à la fin de chaque semaine. Les enfants étaient très-attentives à leur travail et paraissaient très-heureuses. Quelques-unes d'entre elles étaient remarquablement belles. Une grande jeune fille, de quatorze ans à peu près, remplissait le rôle de moniteur, et répondit en arabe à toutes nos questions avec beaucoup de calme et de modestie, puis elle retourna au milieu de ses petites compagnes avec infiniment de grâce et de dignité naturelle. Toutes ces jeunes filles étaient nées en Palestine; elles parlaient arabe et portaient le costume arabe; toutes, sans exception, avaient la tête couverte d'un mouchoir de mousseline ou d'un simple tarbouche rouge.

Les fenêtres de cette chambre étaient larges et grand ouvertes; elles donnaient à l'est et avaient vue sur toute l'étendue du mont des Oliviers, et, au loin, sur les montagnes brumeuses de Moab. La brise du midi s'éleva tout à coup et rafraîchit un peu l'air brûlant.

Après que nous eûmes admiré pendant quelques instants le panorama que nous avions devant nous, nous fûmes conduits dans une autre chambre, également grande, claire et aérée, où nous trouvâmes une trentaine d'enfants confiées aux soins de deux institutrices. Une mignonne petite créature apprenait sa leçon d'hébreu et épelait attentivement des mots composés de deux lettres. Une autre, de sept ou huit ans, lisait, avec très-peu d'hésitation, un passage des Écritures. Les autres enfants étaient confortablement assises avec beaucoup d'aisance et de liberté, mais sans désordre, sur de nattes, ou, dans l'embrasure de la fenêtre, sur un banc couvert d'un tapis. Là, je reconnus les heureux visages que j'avais remarqués de la rue. Elles me regardèrent en souriant, comme pour me dire : « Nous vous reconnaissons; — nous vous avons vue attendre à la porte. »

Toutes étaient occupées à des travaux d'aiguille, et je ne pus m'empêcher de remarquer l'extrême délicatesse et la be[auté] de leurs mains. Si, comme on nous le dit, c'est là une marque distinctive de noble origine, toutes ces jeunes filles d'Israël sont de race princière. Quelques-unes de ces petites mains étaient tachées de henné, et presque tous les ongles étaient teints et avaient la couleur délicate et rosée de ces jolies coquilles que l'on trouve dans le sable sur les côtes de l'Angleterre.

Les enfants étaient toutes également propres et bien tenues, et il y avait dans leurs costumes une variété pittoresque qui me frappa agréablement, par la comparaison que j'en fis avec les uniformes si laids que l'on porte dans les écoles publiques chez nous et à l'étranger. Comme nous allions nous retirer, une timide petite créature rassembla tout son courage pour venir m'offrir la rose qu'elle avait dans ses cheveux, et me regarda ensuite finement entre ses doigts effilés.

Ces deux chambres étaient spécialement réservées pour les enfants des parents appartenant à la congrégation Sephardim, composée de Juifs espagnols et portugais établis à Jérusalem.

Nous redescendîmes l'escalier; nous traversâmes de nouveau la cour, et, après avoir remonté par un autre côté, nous nous trouvâmes dans l'école de la congrégation Ashekenazi, formée de Juifs russes, allemands et polonais. Il y avait là quinze enfants, et toutes semblaient être au-dessous de sept ans. Elles étaient beaucoup plus blanches, quoique moins belles, que celles des autres chambres. Elles étaient assises, fort à leur aise, perchées sur les pupitres en pente, leurs petits pieds appuyés sur les bancs. Comme il était sage et bon de leur accorder cette liberté au moment le plus chaud de la journée! Il n'y avait pas un indice de fatigue, pas un signe de rébellion sur un seul de ces jeunes visages. Leur esprit était actif et leur corps au repos au milieu d'un air pur.

Les Juifs de Jérusalem ont un soin tout particulier d'empêcher leurs enfants d'avoir des relations avec les Chrétiens et les Musulmans; et ils ne souffrent pas que ces enfants s'éloignent de leurs maisons ou s'arrêtent à jouer dans les rues, dans la crainte qu'ils ne prennent de mauvaises habitudes, ou ne soient entraînés par la force ou la persuasion à se laisser baptiser dans une église chrétienne. En conséquence, ces pauvres petits êtres étaient confinés presque tout le jour dans les chambres petites, mal aérées du quartier juif, jusqu'à ce que cette école eût été établie. Ils se réunissent là de bonne heure, le matin. Ils ont des heures déterminées pour le repos, la récréation, les repas, et retournent chez eux au coucher du soleil. Déjà l'on remarque en eux une grande amélioration; ils paraissent mieux portants, et leur vie est plus heureuse.

Une petite fille de cinq ans, aux joues couleur de rose, aux yeux bleus, avec des cheveux si blonds qu'ils étaient blancs, lisait à haute voix dans un livre hébraïque, et s'intéressait évidemment à ce qu'elle lisait. Je demandai discrètement si elle savait par cœur tout ce qui tombait si couramment de ses lèvres. On m'assura que ce que j'entendais était simplement une lecture.

Nous descendîmes à la seconde chambre allemande, où la plupart des jeunes filles avaient de treize à quatorze ans;

les autres étaient plus jeunes. Nous entendîmes deux des plus âgées lire avec expression plusieurs pages de la vie de Moïse, — livre écrit spécialement pour l'usage des femmes et des enfants. C'est une paraphrase de l'histoire biblique de Moïse, dans un dialecte curieux et dur, car il est composé d'hébreu et d'allemand. Il est imprimé en caractères hébreux, et orné de gravures originales sur bois, dans le style que préfèrent les élèves d'Albert Dürer.

Cinquante-cinq élèves se rassemblent ordinairement dans ces deux pièces.

La femme, qui nous avait guidées de chambre en chambre, nous conduisit de là dans la sienne, et nous montra des chemises qu'elle et les plus grandes élèves avaient faites sur commande. Elles étaient très-bien cousues, très-bien ourlées et parfaitement confectionnées; la personne qui nous les faisait voir fut enchantée de notre approbation et de nos éloges, car il y avait là un perfectionnement nouveau, les Juifs de l'Orient portant ordinairement des vêtements de dessous infiniment plus simples.

Nous prîmes congé d'elle, et je retournai au consulat très-fatiguée. Mes amies continuèrent leur tournée et allèrent visiter les écoles Rothschild, dont elles me firent ensuite un rapport très-favorable.

Lorsque je retournai à Jérusalem, en 1859, je pris des informations sur ces écoles, particulièrement sur celle fondée par sir Moses Montefiore, avec l'intention de la visiter de nouveau : à ma grande surprise et à mon plus grand regret, j'appris qu'elles n'existaient plus, et je ne pus obtenir aucune explication satisfaisante sur ce sujet, ni savoir pourquoi on les avait dissoutes. Je suppose que l'indifférence qui existe en Orient pour l'éducation des femmes en est la principale cause.

Le 13 mai, mistriss Finn acheta une partie de la belle vallée d'Urtas, au profit de « l'Association d'agriculture de Jérusalem. » Je fus témoin du marché et de sa conclusion. Dix Arabes, les plus fiers et les plus sauvages que j'eusse jamais vus, s'assemblèrent dans les bureaux du consulat avec leur chef, homme grand et vigoureux, nommé Sheikh-Saph, dont la famille, disent les traditions locales, est depuis des siècles célèbre pour la taille et la force des hommes qu'elle produit [1].

Mistriss Finn s'avança et, debout au milieu du groupe des hommes, elle dit : « Ô Sheikh ! consentez-vous à vendre ? » Et Sheikh-Saph répondit : « Je consens à vendre, ô madame ! consentez-vous à acheter ? » Et mistriss Finn répliqua : «J'achète, ô Sheikh ! » Alors, l'acte de vente qui était tout préparé, fut lu, signé et scellé, et cent cinquante souverains furent comptés lentement dans les mains du Sheikh. Il reçut l'or avec une extrême gravité et une indifférence apparente; mais ses hommes le regardaient avidement avec des yeux de vautours. Après cela, selon la coutume, on jeta sur le plancher une centaine de pièces de moindre valeur, que tous les hommes présents ramassèrent avec un empressement tel que la somme exacte payée ne put être vérifiée. Cette manière de vendre pour une somme connue et l'autre inconnue, est appelée ; « Vente en bloc et sans compter. » Quand on néglige cette précaution dans les transactions avec les tribus arabes, un acheteur peut être obligé de restituer, à tout moment, la propriété à son premier possesseur moyennant le remboursement du prix reçu.

Le Sheikh-Saph et ses deux principaux compagnons furent invités à venir prendre le café dans le salon. Ils firent de grandes protestations de bonne foi et des promesses de bon

---

[1] Ceci est assez curieux, rapproché de II Sam. xxi, 18. — « Après cela, il y eut une autre guerre à Gob contre les Philistins, où Sibbéçaï le Husçathite tua Saph qui était des enfants de Rapha.

vouloir envers leur « noble dame, mistriss Finn, » disant qu'ils défendraient sa propriété au risque de leur vie, et comme si elle leur appartenait. Ils s'en allèrent très-satisfaits de leur marché.

Le 15, M. et mistriss Finn allèrent à Urtâs, dans l'intention d'y passer quelques jours, pour changer d'air et inspecter les travaux nécessaires pour enclore et cultiver la terre nouvellement acquise. Je fus invitée à aller passer un jour avec eux en compagnie d'un voyageur anglais, 'M. W., et de Skander Finn. Nous partîmes du consulat au lever du soleil, et nous traversâmes au galop de nos chevaux la plaine de Raphaïm, nous dirigeant vers le sépulcre de Rachel, et par delà les collines qui avoisinent Bethléem. Un kawass bien monté nous précédait, et une mule portant Debihu, le domestique abyssinien, avec une tente, fermait la marche. Nous atteignîmes, en deux heures, la charmante vallée, qui me parut plus belle que jamais, avec ses ruisseaux limpides, ses arbres fruitiers, et ses buissons de roses, couverts de fleurs.

Nous trouvâmes nos amis qui nous attendaient, assis à l'entrée d'une large grotte, sur un roc de pierre blanche, au-dessus du nouveau jardin. Nous allâmes ensuite tous ensemble à la jolie maison de M. Meshullam. Sa femme me montra une grande corbeille remplie de belles roses qui avaient été cueillies avant le lever du soleil. Nous déjeunâmes dans la chambre embaumée de leur parfum, puis nous prîmes un peu de repos sur les coussins d'un divan de pierre, à l'ombre d'un grand figuier, dont l'épais feuillage formait un abri parfait.

On proposa ensuite une promenade à cheval qui fut acceptée. M. Finn ouvrait la marche, et nous dirigea vers le sud-ouest, sur une colline escarpée, où aucun chemin n'était tracé, et qui semblait n'avoir été parcourue que par les chèvres sauvages et les lapins de garenne. Lorsqu'il fallut descendre, nous fûmes forcés de mettre pied à terre et de marcher l'un après l'autre, conduisant par la bride nos chevaux qui, comme nous, trébuchaient et glissaient sur de grands morceaux de rocs, inclinés et polis, ou sur des pierres détachées qui nous mettaient sans cesse en danger de tomber. Enfin nous arrivâmes à une plate-forme très-étendue, où s'étaient arrêtées des terres fécondes, et qui étaient couvertes de fleurs champêtres. Nous y attendîmes ceux de notre compagnie qui, prudemment, avaient préféré une route plus facile, et avaient fait le tour de la colline. Ils nous rejoignirent bientôt et nous rappelèrent que le pâtre et prophète Amos, qui a dit : *Des chevaux doivent-ils courir sur le roc?* habitait non loin de là, et que probablement il les avait vus souvent broncher ou n'avancer qu'avec précaution sur des collines comme celle-là. Nous reprîmes nos chevaux pour nous promener dans une vallée étroite et tournante, où les bruyères et le thym sauvage, et les sauges bleues, jaunes, rouges et blanches, croissaient en abondance, parmi les roches grises, à moitié couvertes de lichens orangés. L'air était chaud et parfumé.

À l'entrée de la vallée, l'on voyait une colline arrondie, couronnée d'un quinconce d'arbres bas, qui abritaient une tente blanche. Les pentes septentrionale et occidentale étaient couvertes d'orge barbue d'un vert charmant. Cette jolie portion de terres cultivées contrastait étrangement avec les collines stériles qui l'environnaient et sur lesquelles ne paraissait pas le moindre vestige de l'industrie humaine. M. Meshullam jouissait de notre surprise, et nous expliqua comment il avait défriché, ensemencé cette terre, et fait un petit jardin au sommet de la colline. Le sol était d'une riche qualité, mais répandu en une couche assez mince sur la surface du roc[1].

[1] Ce terrain a été depuis considérablement amélioré, et quand je l'ai

Des collines plus élevées existaient au delà, et abritaient cette retraite. Nous montâmes jusqu'à ce que nous eussions atteint le plus haut point de la chaîne, d'où on avait une vue des plus étendues dans toutes les directions.

En regardant à l'est, je reconnus immédiatement la mer Morte aux eaux calmes et bleues, et, au delà, la longue chaîne des montagnes de Moab; mais pour moi et pour M. W. tout le reste n'était qu'une masse confuse de collines grises, blanches et brunes, de sombres vallées enveloppées d'ombres et de nuages, sans routes ni points distincts quelconques.

M. Finn nous expliqua le paysage qui était autour de nous, et bientôt chaque trait m'en devint familier. Nous regardâmes à l'est, et il nous dit : « Ce sombre ravin, à droite, dans la chaîne de rochers de ce côté de la mer Morte, est la vallée du désert d'Engaddi, où David, durant son exil, « demeura dans des cavernes fortifiées. » Ce pic, semblable à un

revu, en 1859, j'ai trouvé que Pierre, un des plus jeunes fils de M. Meshullam, jeune homme brave et entreprenant, avait, à son retour de la campagne de Crimée, bâti là une petite maison, entourée d'une belle terre labourable. Il vivait souvent sur la colline pendant des semaines entières, ayant pour seuls compagnons deux ou trois paysans du pays et son chien favori, avec quelques autres animaux domestiques. Il adoptait alors le costume des Bédouins; il vivait tout à fait comme un Arabe, excepté pendant les visites qu'il faisait de temps à autres à Jérusalem et dans d'autres villes. Il avait vécu depuis son enfance dans la Palestine, et ses forces physiques, son activité et sa pénétration l'avaient rendu cher aux Arabes; il est connu et respecté de la plupart des sheikhs du district, et plus d'une fois on l'a prié de devenir le chef d'une petite tribu. Il m'a dit qu'il aurait accepté cette offre avec joie, s'il eût pu le faire sans devenir mahométan. Il était craint de tous les malfaiteurs à plusieurs milles à la ronde; il avait trouvé le voisinage infesté de sangliers, de chacals, de renards et d'autres bêtes de proie; il en avait tué un grand nombre et abattu souvent des aigles et des vautours.

Lorsque S. A. R. le prince Alfred visita la Palestine, au printemps de 1859, M. Pierre Meshullam fut l'un de ses plus fidèles compagnons dans son voyage de Jérusalem à Tibériade, et de là à Haïfa, où l'*Euryale* était à l'ancre.

ancien volcan éteint qui s'élève au-dessus des collines environnantes, est la montagne Franque, appelée par les Arabes « *Jebel Furidus* » (le mont du petit Paradis). Un peu à droite, sur cette colline arrondie et en forme de terrasse, sont les ruines de Tekoa, où Amos gardait les troupeaux de bœufs et de moutons, et cueillait des figues sauvages, au temps d'Hozias, roi de Juda, deux ans avant le tremblement de terre. Nous irons là quelque jour, et chercherons « une femme sage. » — Se tournant vers le nord-est, il dit : « Remarquez-vous un endroit où cette longue chaîne est moins élevée? Regardez un peu à gauche, vous distinguerez le toit plombé du couvent de Bethléem, et alors vous pourrez reconnaître les bâtiments qui l'entourent. Plus loin, au nord, est le mont des Oliviers ; — et, maintenant qu'un nuage sombre passe sur Jérusalem, vous pouvez facilement voir deux hauts minarets, blancs et brillants, dont les flèches s'élèvent au-dessus de la cité. »

Plusieurs des collines, spécialement à l'est et au midi, étaient couronnées de ruines, et conservaient des traces d'ancienne culture, mais elles étaient maintenant désertes. Les murailles et les pierres des anciennes terrasses étaient renversées, et la terre était entraînée par les pluies : là où croissaient jadis les vignes et les figuiers, les chardons et les épines poussaient librement ; toute cette terre était, en vérité, silencieuse et désolée. Nous avions sous les yeux une grande partie du territoire de la tribu de Juda. (*Voy.* Jér., VII, 34) : « Je ferai aussi cesser, des villes de Juda et des rues de Jérusalem, la voix de joie et la voix d'allégresse, la voix de l'époux et la voix de l'épouse ; car le pays sera en désolation. » Une file de chameaux et quelques cavaliers traversaient rapidement la campagne, et de temps à autre nous pouvions les apercevoir ; ici et là étaient plantées quelques tentes noires, autour desquelles paissaient des troupeaux; mais rien autre chose n'animait le paysage.

Le vent, qui s'était élevé par degrés, souffla alors si violemment que nous avions peine à lui résister. Le nuage qui avait couvert Jérusalem tournoyait au loin, et, si nous n'eussions exactement su où regarder et ce que nous regardions, il ne nous eût pas été possible de distinguer la colline sur laquelle est située la ville de celles qui l'environnent. Nous nous rappelâmes les paroles de Carlyle : L'œil ne voit que ce que porte en soi le pouvoir de voir. » Nous descendions dans la vallée pour y chercher un abri, lorsque nous eûmes tout à coup la tentation de remonter la colline qui était en face, et où nous apercevions quelques tentes noires, parmi les taillis et les buissons. Nous allâmes donc vers le campement, et, mettant pied à terre, nous fûmes bientôt entourés par un groupe d'Arabes au teint bruni. Ils avaient cultivé une pièce de terre et l'avaient ensemencée d'orge et de fèves; quelques oliviers sauvages croissaient au pied de la colline. Leurs petits enfants, demi-nus, jouaient avec les chèvres, sautaient de rocher en rocher, et se roulaient par terre; les plus grands ramassaient du bois pour alimenter le feu. Les femmes surveillaient un chaudron plein de riz, que, à la façon des Bohémiens, elles avaient suspendu sur un feu de bois, en plein air. Elles s'assemblèrent autour de mistriss Finn et de moi, nous examinant avec curiosité, et s'étonnant surtout à la vue de nos gants et de nos bottines. Elles avaient toutes un air languissant et fatigué, probablement à cause du jeûne auquel elles s'assujettissaient chaque jour, car elles étaient de très-rigides musulmanes, originaires de Bethléem. Nous leur demandâmes combien de temps elles comptaient demeurer là; et elles nous répondirent: « Nous resterons ici jusqu'à ce que le Ramadan soit fini. »

Du sommet de la colline, on pouvait voir la lueur du « mogarib » ou canon tiré de la citadelle de Jérusalem, au

coucher du soleil, et c'était en partie pour cette raison que
les Arabes avaient choisi cet endroit pour leur campement.
Outre cet avantage, il y avait de l'eau près de là, des pâturages pour les troupeaux, des chênes nains et des buissons
d'épines résineux, qu'ils pouvaient couper pour faire du feu.
Le gommier cistus y florissait, et était couvert alors de délicates fleurs, blanches, roses et lilas, dont les pétales tombaient, quand on ébranlait l'arbuste, et s'envolaient emportées par la brise, semblables à des papillons.

Nous remontâmes à cheval et prîmes une autre route
pour retourner à Urtâs, passant par des ruelles étroites, et
traversant des rangées de monticules, où des houx d'une
hauteur peu ordinaire et des hibiscus croissaient en abondance. Nous arrivâmes ainsi à une colline sur laquelle étaient
des ruines considérables et qui offraient beaucoup d'intérêt.
Nous descendîmes de cheval pour grimper parmi des rochers,
des pierres taillées, puis des chardons et des buissons
d'épines, qui poussaient sur les anciennes terrasses. Lorsque
nous eûmes atteint le plateau, sur le sommet de la colline,
M. Finn, qui déjà avait exploré cet endroit, nous montra les
fondations d'un grand bâtiment, divisé en compartiments.
Les murs étaient écroulés, mais, dans quelques parties, ils
avaient encore quatre pieds de haut. Ils étaient construits
en blocs de pierres très-grands et très-soigneusement travaillés, qui n'étaient point joints les uns aux autres, par du
mortier, mais dont les interstices étaient remplis avec des
pierres réduites en poudre. La terre était jonchée d'espèces
de mosaïques carrées, de trois quarts de pouces environ, avec
lesquelles les espaces enclos de murs avaient été évidemment pavés.

D'après le style de la maçonnerie et l'ensemble général,
M. Finn jugea que nous avions sous les yeux un spécimen
remarquable de l'art juif, à une époque très-reculée, et tel,

peut-être, qu'il n'en existait pas de plus ancien dans le pays.

Les bâtiments devaient avoir occupé un très-grand espace, et paraissaient se rattacher au bâtiment central, qui était aussi le principal.

Les Arabes appellent cette ruine le « *Dar-el-Benât* », la maison ou « *Retraite des filles* » ; mais ils n'ont point de chronique à raconter à ce sujet. Il n'y a pas de notice historique ou de tradition qui puisse faire penser qu'un couvent chrétien ait jamais, en aucun temps, existé à cette place; et il n'y a pas non plus la moindre trace d'art chrétien dans le plan général.

Les grandes pierres équarries qui sont éparses sur toute la colline, et en monceaux dans la vallée, comme si elles y avaient été précipitées par un tremblement de terre, sont exactement semblables à celles qui ont servi à construire les Étangs de Salomon et d'autres travaux anciens. M. Finn émit l'idée que cet endroit pourrait être un de ceux dont parle Salomon, quand il dit : « J'ai fait de grands travaux, je me suis bâti des maisons » ; et le singulier nom traditionnel, « Dar-el-Benât », qu'il a conservé, peut signifier que c'était un établissement dépendant du harem de Salomon, qui contenait, dit-on, « sept cents femmes et trois cents concubines. »

Je me reporte au temps où les murs, maintenant tombés, étaient debout et renfermaient des chambres fraîches, des galeries soutenues par des colonnes, des terrasses, des cours, des fontaines, et des jardins de rosiers et de citronniers, où les coteaux étaient couverts de vignes, et où les vallées, bien arrosées, produisaient toutes sortes de fruits savoureux et d'épines odoriférantes. Je vois en imagination, réunies là, « *des vierges sans nombre* », agiles et gracieuses montagnardes du Liban, fières et nobles filles de Jérusalem, douces et timides enfants des plaines de Saron, et les plus belles d'entre les belles filles de Sunem, formant contraste avec les jeunes et charmantes exilées africaines, gracieuses dans leur mélancolie, qui portaient « la livrée sombre du soleil brûlant », et se glorifiaient des teintes qu'il imprimait sur leur visage [1].

Gardées par les « hommes vaillants d'Israël », et environnées de jeunes servantes et d'esclaves, elles étaient nourries là dans le luxe et la splendeur, parées d'ornements d'or, d'argent et de pierres précieuses, vêtues de fin lin, de soie et d'étoffes brodées, ointes d'huile, et parfumées des plus douces odeurs. Tout ce qui pouvait ajouter un nouveau charme à la beauté était employé pour elles. J'entends encore leurs chants de réjouissance, « quand les pluies de l'hiver avaient cessé », et que les fleurs reparaissaient sur la terre ; je les vois, aux premiers rayons du jour, dans les vignes, ou sur les escaliers taillés dans le roc, au penchant des collines, descendant dans les jardins de noisetiers, pour voir les fruits de la vallée, pour voir si la vigne fleurissait, et si les grenadiers étaient en boutons ; et aujourd'hui encore, à chaque mariage qui se célèbre dans le pays, leurs chants d'amour animés et passionnés sont répétés dans un langage qui est presque celui qu'elles parlaient.

J'espère, un jour, avoir occasion de m'étendre plus longuement sur ce sujet, dans quelques notes sur la vie et l'époque de Salomon, et son Cantique des Cantiques.

Nous nous arrêtâmes longtemps parmi ces ruines. Je ramassai une poignée de mosaïques, et ensuite nous descendîmes dans la vallée. Nous y trouvâmes, çà et là, dans le roc, des traces d'un escalier, œuvre tout à la fois de l'art et de la nature.

A la base de la colline croissaient des grenadiers et des

---

[1] « Je suis noire, mais belle, ô vous, filles de Jérusalem. » (*Cantique de Salomon*, 1, 5.)

arbustes sauvages. Au moment où nous montions à cheval, j'aperçus sur le haut d'un rocher, inaccessible en apparence, un très-beau chèvrefeuille; M. W... voulut le cueillir pour nous. Il sauta par-dessus le lit sec et profond du torrent, escalada les rocs et les buissons, et revint bientôt en triomphe avec un trophée de houx rose si grand et si brillant (une branche de cinq pieds au moins), et un bouquet de chèvrefeuille si énorme, que les chevaux eurent peur à son approche. Nous partîmes chargés de fleurs. Le chèvrefeuille embaumait; ses fleurs étaient grandes et d'un jaune pâle, nuancées de blanc et de rose.

Nous retournâmes très-rapidement à Urtâs, et, après dîner, nous nous assîmes quelque temps sous le figuier. Les paysans descendirent de l'ancien village pour nous regarder, et nous profitâmes de cette occasion pour en dessiner quelques-uns et les mettre dans nos albums. Puis nous remontâmes à cheval, et nous eûmes une route délicieuse jusqu'à Jérusalem. Il y avait longtemps que le soleil était couché lorsque nous arrivâmes aux portes, mais le gardien-chef avait été retenu pour nous ouvrir.

Le 24 mai, jour anniversaire de la naissance de notre Reine bien-aimée, fut célébré au consulat. Dès le matin de bonne heure, le drapeau britannique fut salué par les canons de la citadelle. Les visiteurs commencèrent à affluer à la maison, et furent reçus par M. et madame Finn, qui étaient revenus d'Urtâs la veille. Je n'avais jamais vu, même en Orient, réunie dans un appartement, une foule si pittoresque et si mêlée. Il y avait là les consuls en grand uniforme, couverts de croix, de rubans, d'étoiles et d'ordres étrangers, accompagnés de leurs *chanceliers*, côte à côte avec les missionnaires protestants, dans leurs habits sévères; le patriarche latin, avec l'abbé de Ratisbonne, et une quantité de moines, franciscains et bénédictins. Puis vinrent les principaux dignitaires des églises grecque, arménienne, syrienne et cophte, dans leurs robes flottantes; les savants rabbins, dans leurs gabans longs et étroits et avec leurs sombres turbans, les Juifs zélés de Safed, Hébron et Tibériade, dans différents costumes orientaux; se mêlant à ceux de leur nation qui avaient embrassé la religion chrétienne et adopté les vêtements européens.

On y voyait aussi Ody-Azam et plusieurs autres réfugiés de Nablous. Du café, des pipes, des sorbets et des gâteaux furent passés à la ronde par les kawass et les domestiques noirs, qui tous avaient été habillés à neuf pour la circonstance. Tout le monde avait un air gai, joyeux et amical. Des compliments et des félicitations furent échangés, et l'on pria Dieu, en bien des langues, de répandre ses bénédictions sur notre Reine et sur le pays.

Un peu avant midi, Son Excellence Kamîl-Pacha entra avec M. Gilbert, ainsi que le commandant et le premier chirurgien des troupes turques, qui étaient suivis d'un grand nombre d'effendis, dont la plupart m'étaient déjà connus. Plusieurs me rappelèrent le jour où ils avaient mangé le canâfi avec moi à Nablous.

Le Pacha et sa suite s'excusèrent gracieusement de ne pouvoir accepter de rafraîchissements, et exprimèrent le regret qu'une telle fête fût tombée dans le mois de Ramadan. (L'année arabe étant lunaire, chaque mois se trouve parcourir toutes les différentes saisons, dans l'espace de trente-trois ans.)

La petite Constance Finn prit pitié du Pacha, et, à son grand amusement, remplit de bonbons les poches de son brillant uniforme, lui disant de les manger aussitôt après le coucher du soleil.

Dix moines grecs et autant de juifs, avec plusieurs marchands chrétiens et musulmans, se tenaient au bout de l'appartement, tandis que Son Excellence était présente. Dans l'après-midi, on reçut des visites moins cérémonieuses; et, le soir, la compagnie étant presque exclusivement anglaise, on chanta « God save the Queen » avec enthousiasme et sincérité, au consulat du mont Sion.

C'est ainsi que le printemps se passa agréablement. Chaque jour mon attention et mon intérêt avaient été excités par des scènes et des accidents qui éclaircissaient à mes yeux les riches souvenirs du passé et répandaient, pour moi, une lumière nouvelle sur la chronique hébraïque et l'histoire de l'Évangile.

J'avais été initiée aux mœurs et aux sentiments des habitants du pays dans leurs différentes situations ; j'avais trouvé un abri sous les tentes de peuplades errantes et sans lois, et j'avais été traitée comme une sœur par les jeunes filles des Bédouins. Je m'étais arrêtée au milieu des tribus plus paisibles, qui vivent sédentaires sous la tente avec une simplicité patriarcale, et entourées de troupeaux et de bestiaux. J'avais logé avec les Fellah, dans leurs rustiques villages de pierre et de boue, environnés de vergers, de jardins, de champs, de pâturages, et je m'étais mêlée aux hommes des villes, aux grands personnages, aux législateurs et aux gouverneurs de la terre. En même temps, j'avais l'avantage de me trouver fréquemment dans la société de quelques uns des plus nobles et des plus illustres représentants des nations civilisées de l'Europe. J'avais pu trouver avec tous quelque point sympathique, et je me dis que réellement un lien de parenté unit entre eux tous les membres de l'espèce humaine.

Le désir de faire partager mes plaisirs à mes amis d'Angleterre, et de leur offrir comme un reflet de tout ce que je voyais, m'inspira l'idée d'étudier toutes choses avec attention. Je paraissais posséder un courage et des forces plus qu'ordinaires pour résister à la fatigue, et j'acquis des habitudes minutieuses et constantes d'observation. J'avais presque toujours ma plume ou mon crayon à la main. En vain, de vieux amis me répétaient souvent : « Vous travaillez trop, vous ne prenez pas assez de repos. » Ou, « si vous ne prenez pas sur vous de travailler moins, vous tomberez malade, tôt ou tard. Dans ce pays, pendant cette saison, il est absolument nécessaire d'avoir un peu de sommeil ou de rester parfaitement calme au milieu de la journée.

Je ne profitai pas de ces avertissements, et enfin vinrent les nuits sans sommeil, qui furent suivies de journées de lassitude, de manque d'appétit, et mes forces surexcitées et exercées à l'excès finirent par m'abandonner soudainement. Je me rappelle qu'une nuit où la chaleur était accablante, après avoir vainement essayé de dormir, je me levai et m'assis à l'une des fenêtres du consulat, donnant à l'est, sur le mont Sion, espérant voir le soleil se lever par-dessus le mont des Oliviers. J'attendis longtemps avant d'apercevoir aucun changement dans le ciel gris, et sans que la terre se colorât d'aucune teinte; tout était calme et silencieux comme la mort. Tout à coup une clarté pâle et dorée s'étendit à l'est, et les sombres montagnes de Moab se couvrirent d'une vapeur lumineuse, dont l'éclat augmentait en montant vers le ciel, et qui, comme par enchantement, devint orange, rose et bleue. Les hauts palmiers, si noirs et si immobiles, quelques instants auparavant, agitaient doucement leurs têtes majestueuses, et les fins gazons des terrains et des toits environnants frémissaient et s'agitaient comme s'ils s'éveillaient de leur sommeil. Les oiseaux sortirent de leurs nids en battant des ailes et commencèrent à chanter et à gazouiller en chœur; mais il se passa quelque temps, avant que le soleil se montrât au-dessus du mont des Oliviers. C'était le 26 mai.

Depuis ce jour, je m'affaiblis de plus en plus, laissant passer le temps, sans en prendre aucun souci. Quelquefois, je me rendais, lentement, à cheval, dans un bois d'oliviers;

pour me reposer à l'ombre des arbres, en regardant nonchalamment jouer les enfants, ou en suivant l'ombre vacillante produite par les ailes des oiseaux, ou les insectes grimpant et rampant sur les pierres et parmi les fleurs sauvages. Mais il y avait des jours où je ne pouvais quitter mon lit, et quelquefois il me semblait que j'allais mourir. Il m'arriva, par excès de faiblesse, d'être entièrement sourde, pendant deux ou trois jours. Le docteur Macgowan me donna des soins constants, et je n'oublierai jamais la bonté de mes gardemalades, en tête desquelles était mistriss Finn.

Le 18 juin, Um-Issa, une des servantes, vint près de mon lit, et me dit doucement en arabe : « Soyez contente et réjouissez-vous, car bientôt vous serez guérie. Le consul est arrivé. Dieu soit loué ! »

A partir de ce moment j'allai mieux; le jour suivant, je me rendis à cheval avec mon frère, à la petite tour de M. Graham, sur le mont des Oliviers, et m'y fixai pour quelques semaines. C'est une construction tout à fait arabe. Au rez-de-chaussée sont des écuries et une cuisine; au-dessus, une chambre voûtée avec une large fenêtre, et un profond renfoncement, qui sert de salle à manger. Quelques marches en pierre conduisent à un toit plat, qui forme une jolie terrasse, protégée par un mur bas, comme le sont la plupart de ces toits plats, et comme ils doivent avoir été dans les temps anciens, conformément à ce précepte : « *Quand tu bâtiras une maison neuve, tu feras des défenses tout autour de ton toit, de peur que tu ne rendes ta maison responsable du sang, si quelqu'un tombait de là.* » Deut. XXII, 8. De cette terrasse nous planions pour ainsi dire au-dessus de Jérusalem, que nous pouvions contempler dans toute son étendue; en jetant les yeux sur les pentes du mont des Oliviers, parsemées d'arbres et de rochers, nous voyions la profonde vallée de Josaphat, qui nous séparait de la cité sainte.

M. Graham et mon frère allaient à la ville tous les matins, et j'avais l'habitude de m'asseoir à la fenêtre, parcourant le paysage au moyen d'un excellent télescope; observant, dans les mosquées, les adorateurs de Mahomet; fixant mes regards sur les collines qui entourent Jérusalem, jusqu'à ce que chaque objet me devînt aussi familier que le visage d'un ami.

Les oliviers et les figuiers fleurissaient, les grenadiers étaient couverts de feuilles et de fleurs, et le fruit commençait à se former. Le froment et l'orge, sur les terrasses, avaient été récoltés, et les chardons et les épines croissaient dans les champs. Mes amis du consulat venaient quelquefois passer avec moi une heure ou deux au milieu de la journée, et mon frère arrivait généralement à temps pour pouvoir faire, le soir, avec moi, ma petite promenade. Cette vie tranquille me rendit mes forces, et je pus, à ma grande joie, reprendre, d'une main ferme, ma plume et mes crayons; je sentis que, à la condition de me reposer régulièrement à certaines heures, je pourrais travailler et aller voir tout ce qu'il y avait de curieux, sans en éprouver d'effets fâcheux.

Le dimanche, je remarquai qu'un grand nombre de femmes étaient réunies sur la pente de la colline, en face de moi, au-dessous de la porte de Saint-Étienne. Elles s'assirent par petits groupes sous les oliviers. Toutes étaient enveloppées de leurs draps blancs; mais beaucoup d'entre elles ôtèrent leurs mundils, ou voiles de mousseline, croyant qu'aucun étranger ne pouvait les voir; — au moyen du télescope, je pus distinguer leurs traits.

Des cordes étaient attachées aux branches des arbres, et les enfants commencèrent à se balancer de l'air le plus heureux. Bientôt les femmes suivirent leur exemple, et parurent s'amuser infiniment de ce mouvement égal et monotone.

A midi, il y avait plus d'une centaine de femmes assemblées, sans compter les groupes d'enfants qui étaient si remuants que je ne pouvais les compter. Elles étaient accompagnées par des servantes abyssiniennes, sans voile. Plusieurs esclaves noirs sortirent par la porte de Saint-Étienne, portant des provisions; ils les remirent aux servantes, et se retirèrent aussitôt. Bientôt une quantité de plateaux ronds furent placés à l'ombre, et couverts de mets simples et de confitures. De l'eau, contenue dans des jarres, fut versée sur les mains des femmes qui s'assirent autour des plateaux. Elles n'étaient pas, à beaucoup près, aussi silencieuses que les hommes, dans leur repas, qu'elles firent durer longtemps, et je pus voir qu'elles riaient et causaient très-gaiement. Ensuite elles se lavèrent de nouveau les mains, prirent du café, et fumèrent des narghilés, tandis que les servantes dînaient à leur tour. Elles restèrent là, quelques-unes dormant, les autres causant, jusqu'à une heure avant le coucher du soleil; alors elles se voilèrent soigneusement et retournèrent à la ville. C'est une habitude très-commune, dans l'été, de passer ainsi les jours de fête.

Le vendredi, 4 juillet, le vent s'éleva tout à coup à midi, et devint si violent, que je fus obligée d'avoir toutes les fenêtres fermées; et, même alors, les rideaux étaient fortement agités, et les papiers s'envolaient par toute la chambre; et cependant la chaleur était étouffante.

Le samedi, 5, j'allai avec mon frère, de bonne heure dans l'après-midi, à un petit village, situé sur le sommet du point central du mont des Oliviers. Nous nous présentâmes dans la maison qui touche à la mosquée, et nous entrâmes dans une cour, où un escalier de pierre nous conduisit à une large terrasse; de chaque côté de la porte en arcade étaient des divans de pierre, et la porte donnait entrée dans une grande chambre. On se hâta d'apporter des tapis et des coussins, et de les étendre sur des siéges élevés; et un beau Musulman, fils d'un effendi de Jérusalem, qui était là pour changer d'air, nous invita à regarder sa maison comme la nôtre.

Au bout de quelques minutes, arriva le maître de la maison, un Sheikh superbe, à barbe grise, et dont la tête était ornée du turban. Après que nous eûmes pris des sorbets, du café et un narghîlé, il ouvrit une porte qui était au bas du minaret, et nous montâmes un escalier tournant, qui nous conduisit au sommet, où se trouvait un balcon. Là, nous restâmes muets de plaisir devant la délicieuse et magnifique perspective qui s'offrait à nos yeux. En regardant à l'est, par delà les déserts des collines onduleuses, nous voyions une grande étendue de la mer Morte, et, au-dessus, les montagnes de Moab se succédant bien loin, du nord au sud. Le soleil brillait avec éclat, et répandait comme une auréole de gloire sur chaque objet. Au premier plan, un *wely*, où dôme, s'élevait sur une colline arrondie, qui était couverte d'oliviers et de figuiers; on l'appelle le « Dôme des Témoins. » Au delà, il n'y avait pas signe de vie, — tout était désolation. Mais, en regardant à l'ouest, nous pûmes voir Jérusalem, qui se déroulait au-dessous de nous comme une carte de géographie; sur presque toutes les collines il y avait des ouvrages attestant l'industrie et l'habileté des hommes.

Tandis que nous étions là, le chancelier du Consulat français et M. Gilbert vinrent nous trouver. Ce dernier nous dit que Kamil-Pacha était allé au château pour nous voir, et que, ayant appris où nous étions, il nous avait suivis. En conséquence, nous descendîmes sur la terrasse pour le recevoir.

Notre hôte me demanda tout bas s'il me plairait de visiter son harem, ses femmes ayant exprimé le désir de me voir.

Avec la permission de mon frère, je consentis. Le vieillard me fit traverser une cour, puis me conduisit à un toit en terrasse, où m'attendait une femme âgée, l'épouse de sa jeunesse. Il se retira, et elle me dit : « Soyez la bienvenue, ô ma fille; nous avons entendu parler de vous, et nous étions impatientes de vous voir et de parler avec vous. » Elle me conduisit à un petit jardin, sur le haut de la maison, et deux belles femmes, aux traits égyptiens, vinrent au-devant de moi, et me saluèrent. Elles s'étonnèrent que j'eusse osé demeurer seule dans le château solitaire de la colline, et me dirent : « Nous n'oserions vivre là. Dieu a donné du courage aux jeunes filles anglaises. » Je leur demandai alors combien de jeunes filles anglaises elles avaient connues. « Nous vous connaissons, et nous en avons connu une autre seulement. Elle a vécu pendant longtemps dans le château avec son père. » Je compris qu'elles faisaient allusion à la fille de M. Barclay, auteur de la « City of the Great King » (Cité du grand Roi). Elles me demandèrent de ses nouvelles avec beaucoup d'empressement et de bienveillance.

Tout à coup, tandis que nous causions, les deux plus jeunes femmes tressaillirent et s'élancèrent de l'autre côté du jardin, puis se courbèrent, à l'ombre du mur, et descendirent avec précaution à leur chambre. Je demandai ce qui les avait dérangées. La vieille femme, qui n'avait pas fait un mouvement, m'indiqua une fenêtre, ou plutôt une petite ouverture carrée, à une maison peu éloignée. Un homme y était, et regardait, évidemment surpris d'apercevoir une étrangère, car il souleva quelques enfants pour qu'ils pussent me voir. La vieille femme nous dit : « Ne faites pas attention; cueillons des fleurs, avant de descendre. » Il y avait des dahlias, du houx, des balsamines, des scavias, des immortelles, des roses, du basilic, et des myrtes en pleine floraison. Je fis un bouquet de ces trois dernières fleurs, et la femme me dit : « Pourquoi avez-vous laissé toutes les autres fleurs pour choisir celles-ci? — Parce que, répondis-je, ce sont celles que je préfère, à cause de leur parfum et de leur beauté. — Eh bien, reprit-elle, de même que vous aimez une fleur mieux qu'une autre, Dieu aime une créature mieux qu'une autre. Vous êtes une des favorites de Dieu, et il vous protégera dans tous les dangers. »

Elle portait à son côté une boîte plate en or, de quatre pouces de largeur et de six de long, suspendue par une double chaîne. On y voyait gravées des sentences du Coran, et elle me dit que cette boîte renfermait un charme contre le pouvoir du mauvais œil et contre les sortiléges. Je lui dis que je ne portais jamais de charmes, et elle répondit : « Vous n'en avez pas besoin, — personne ne peut vous faire de mal. »

Nous descendîmes dans la chambre des femmes. Les deux plus jeunes nous attendaient à la porte, qu'elles avaient ouverte, et avaient préparé pour moi du café et des sucreries. La chambre était grande et basse, sans aucune fenêtre ; il y avait de petits trous près du plafond.

Je vis plusieurs jeunes enfants ; ils paraissaient être très-négligés, et on laissait les mouches les tourmenter ; elles s'assemblaient sur les bords de leurs paupières malpropres et bourdonnaient autour de leurs lèvres incrustées de sucre.

Le soleil disparaissait à l'horizon, et le muezzin se fit entendre du minaret voisin ; je rejoignis donc mon frère, et nous nous retirâmes, pour permettre à nos amis musulmans de faire leur repas du soir. Je retournai à cette maison plusieurs fois dans la suite, pour dessiner du haut du minaret et pour revoir les femmes.

Le dimanche matin, 6 juillet, j'étais seule, assise chez moi à la fenêtre, au mont des Oliviers, et je regardais les funérailles d'une femme musulmane. Le cortége sortit par la porte de Saint-Étienne. Plusieurs soldats et d'autres hommes portaient la bière découverte. Le corps, enveloppé d'un drap, était couché à plat, mais la tête était très-élevée et couverte d'un mundil. La tombe, ouverte, était tout près du bord du chemin; beaucoup d'hommes se tenaient autour, et quelques femmes qui regardaient de la hauteur, pleuraient et se lamentaient, en balançant leurs corps d'un côté à l'autre et élevant les bras, comme si elles eussent prié avec ferveur. La bière fut appuyée contre un rocher, et le corps tomba maladroitement assis. Deux hommes descendirent dans la fosse et disparurent. Le cadavre fut alors retiré de la bière; on enleva le drap, et une figure exactement semblable à une momie égyptienne fut mise à découvert. Elle fut passée, sans beaucoup de formes ni de respect, aux deux hommes qui étaient dans la fosse, et huit autres tinrent le drap au-dessus. Au bout d'une ou deux minutes, le drap fut retiré, les hommes qui avaient couvert le corps apparurent au-dessus de la terre, et la fosse fut promptement fermée. La foule se dispersa, et en peu de temps tout redevint tranquille.

Il faisait très-chaud, et j'étais tout à fait seule, car on m'avait dissuadée d'aller à l'église à la ville. Vers trois heures, je vis un corps nombreux de troupes turques irrégulières sortir par la porte de Saint-Étienne. Ils marchaient sur une seule ligne, en se dirigeant vers la vallée, puis ils gravirent le mont des Oliviers en suivant la route qui conduit au village en haut. Tous étaient armés de fusils, et beaucoup d'entre eux avaient de longues lances. Il n'y avait point d'uniformité dans leur habillement, mais presque tous portaient sur la tête un *kéfia*, ou châle de soie rayé rouge et jaune, bordé d'une frange. J'en comptai cinquante-deux dans les premiers détachements; mais d'autres qui vinrent par petits pelotons, prirent la route qui longeait la vallée, et disparurent derrière le jardin de Gethsemané.

Un peu avant le coucher du soleil, mon frère revint, et, en réponse aux questions que je lui fis au sujet de ces soldats, il me dit : « Ils se rendent à Abu-Dis, village situé derrière la colline, qui est en armes contre El-Tûr, le village qui est juste au-dessus de nous. Plusieurs escarmouches ont eu lieu depuis trois jours, et il y a eu des gens tués des deux côtés. Le pacha est maintenant bien résolu à mettre fin à la lutte. Son Excellence m'a dit tout à l'heure que son intention était de camper là, et il plantera sa tente près de cette tour. » Et en effet, peu de temps après, nous aperçumes sous les oliviers ses jolies tentes vertes.

Le jeudi 8 juillet, M. Graham et mon frère revinrent de la ville, de bonne heure, et me dirent : « Allons, mettez sur vous quelque chose que la boue ne puisse salir et que les rochers ne puissent déchirer, et nous irons explorer les tombeaux des Prophètes. »

Je m'équipai en conséquence, et après m'être munie de bougies, nous gagnâmes, à cheval, le sommet de la colline, en passant par le petit village poudreux de El-Tûr. Nous traversâmes les grands jardins de concombres qui le dominent, et nous entrâmes dans un beau verger de mûriers. Une troupe de petits garçons, au teint brun et à moitié nus, étaient montés sur les arbres, cueillant, au milieu des rires et des chants, des fruits mûrs et abondants, tandis que quelques femmes, en robes de toile violette, et la tête couverte de voiles de coton, se tenaient sous les arbres, avec de grands plateaux et des paniers de roseaux tressés, qui se remplissaient rapidement.

Nous descendîmes de cheval, et une femme qui semblait avoir de l'autorité sur les autres, s'avança vers moi et m'offrit des mûres ; jamais je n'en avais mangé d'aussi belles,

Ensuite, à ma grande surprise, on me conduisit à l'orifice d'un puits circulaire sans eau et presque entièrement rempli de poussière et de décombres. Nous descendîmes dedans et nous entrâmes dans un trou qui se trouvait sur le côté; puis nous nous traînâmes sur nos pieds et sur nos mains le long d'un passage étroit et tournant, au bout duquel nous nous trouvâmes dans une pièce ronde, où nous pouvions nous tenir debout. Cette pièce avait environ vingt-quatre pieds de diamètre, et au centre, dix pieds à peu près de hauteur. Un filet de lumière parvenait jusqu'à nous par un trou percé en haut dans le roc vif. Là nous allumâmes nos bougies, et M. Graham signala à mon attention trois trous, qui conduisaient dans des directions différentes. Il entra dans celui du milieu, allant à reculons et se faisant un chemin en rampant sur la terre. Je le suivis en marchant la tête en avant, et sans beaucoup de difficulté. Nous descendîmes graduellement, et nous nous trouvâmes bientôt dans un corridor qui formait une courbe de chaque côté, faisant partie d'un cercle, dont la chambre que nous venions de quitter semblait être le centre. Ce corridor avait à peu près dix pieds de haut et six pieds de large; il était voûté avec du ciment, et le carreau, qui était le roc même, était uni. Il y avait dans les murs un grand nombre de niches et de chambres, mais nul vestige de cercueils d'aucun genre. De cette galerie, qui n'était qu'un quart de cercle, partaient d'autres passages. Nous entrâmes dans l'un d'eux, qui nous conduisit à une galerie toute pareille à la première, mais plus grande, et qui formait une partie plus étendue du cercle. M. Graham me conseilla de ne pas m'aventurer dans les passages qu'il n'avait pas encore explorés, car ils étaient un véritable labyrinthe pour des étrangers sans guide. Le quart de cercle extérieur a, dit-on, cent quinze pieds de long, et il est à soixante pieds de la chambre ronde qui est son centre. Les passages qui y conduisent et qui réunissent ces deux quarts de cercle sont grossièrement taillés dans le roc. Quelques-uns des plus étroits semblaient être des fissures naturelles. Le sol sur lequel nous marchions ou rampions était ferme, uni et sec, et ni poudreux, ni graveleux. L'atmosphère était froide et pourtant suffocante. Nous retournâmes vers l'entrée du puits, et nous fûmes bien contents de revoir les rayons du soleil à travers le feuillage des mûriers, et de respirer encore l'air pur et embaumé [1].

La chaîne du mont des Oliviers est divisée, par de légères dépressions, en trois parties. Sur la colline septentrionale, la petite tour que nous occupions est ce qu'il y a de plus remarquable. Celle du centre, qui est la plus élevée, est couronnée par le village El-Tûr. Sur la colline méridionale, il n'y a pas de bâtiments, mais les oliviers y sont plus nombreux que sur aucune autre partie de la chaîne. Nous remontâmes à cheval et nous nous dirigeâmes au sud, nous arrêtant sous les arbres, sur le sommet de la colline. En regardant du côté de Jérusalem, nous vîmes une troupe nombreuse de Bachi-Bouzouks qui galopaient sur la colline et entraient dans la ville. Le soleil allait disparaître à l'horizon. Bientôt nous entendîmes des chants et des cris de triomphe, et nous vîmes apparaître des villageois armés. Ils pouvaient être une centaine, et ils marchaient sans ordre sur le sentier rocailleux qui était au-dessous de nous, près de Siloë. C'était, me dit mon frère, la petite armée envoyée par Siloë pour prendre part à la bataille.

Comme nous retournions à El-Tûr, nous fûmes rejoints par un jeune paysan de bonne mine, qui chantait de tout son cœur. Il était monté sur un petit âne noir, qui sautait et dansait comme s'il eût été aussi joyeux que son cavalier.

---

[1] Je suis allée encore une fois dans ce lieu étrange, et j'ai trouvé alors les murs tout à fait mouillés et le sol comme une terre glaise.

L'enfant interrompit ses chants et l'âne s'arrêta immédi[atement]
ment, comme par une convention tacite. Ils s'étaient a[rrêtés]
à côté du puits, et j'attendis moi-même pour faire boire [mon]
cheval dans une auge de pierre, qui était tout près, et qu'[un]
vieillard venait de remplir avec l'eau qu'il portait dans [une]
peau de chèvre. Le jeune garçon nous dit qu'il y avait [eu]
ce jour-là, une rude bataille sur la colline, et il ajouta [que]
« cinq âmes avaient été tuées. » Cependant il se trouva [que]
deux de ces « âmes » étaient des chevaux. Nous nous [arrê]
tâmes dans le village pour parler au vieux Sheikh de la [mos]
quée. Il me dit : « Bonne nuit, et que la bénédiction de [Dieu]
soit sur vous, ô ma fille ! » Je répondis : « Cent bonnes [nuits]
pour vous, ô mon père ! » La lune brillait avec éclat lo[rsque]
nous regagnâmes la tour.

Le 18 juillet, j'allai à la ville, pour passer quelques j[ours]
chez le révérend Nicolayson, afin de prendre congé de [mes]
amis de Jérusalem et de faire mes préparatifs de voyage [pour]
retourner à Haïfa. Quand tout fut prêt, on dressa ma t[ente à]
Talibiyeh, où M. Finn campait de nouveau. M. Graham [était]
à la veille de son départ pour l'Angleterre, au grand r[egret]
des Juifs convertis et même des Juifs les plus opiniâtres [de]
Jérusalem, pour lesquels il s'était montré constamment pl[ein]
de bonté. Mrs Finn et les personnes qui l'aidaient à régir [la]
plantation juive, ainsi que M. Meshullam et sa famille, se [réu]
nirent pour lui donner un témoignage public de la [grati]
tude que chacun éprouvait pour lui ; les principaux Isra[élites]
chrétiens de Jérusalem furent invités à passer à Urtâs [la]
journée du 24 juillet avec lui et ses amis, au nombre d[es]
quels nous étions.

Mes lecteurs connaissent déjà la route qui conduit [aux]
agréables jardins d'Urtâs. L'aspect du paysage était lég[ère]
ment changé, car tous les blés avaient été moissonnés, e[t le]
millet croissait dans les plaines.

Nous arrivâmes à la vallée, de bonne heure. La petite mai-
n,ne pouvait contenir la moitié des invités; aussi nous
ûmes conduits par M. Meshullam à une chambre des hôtes,
réparée tout exprès pour la circonstance. Cette chambre
tait à la fois l'œuvre de l'art et de la nature : trois de ses
ôtés étaient formés par des roches escarpées, pareilles à
lles qu'on voit au bord de la mer ; dans le quatrième, bâti
pierres taillées, était une large porte, car cet endroit servait
rdinairement d'étable pour les vaches, les chevaux et les
hameaux. Son étendue est de cinquante pieds sur trente.
eux beaux figuiers croissent au centre, et leurs branches
ouvertes de feuillage forment un toit très-élégant. Des di-
ans, des tapis et des coussins avaient été placés sur le sol,
t par-dessus l'on avait étendu des rameaux et des feuilles
e citronniers odorants ; sur les pentes brunes et jaunes des
chers poussaient des fleurs sauvages, et un grand houx
ouvert de ses fleurs roses occupait fièrement un des coins
e la chambre. Les chèvrefeuilles tombaient de l'échan-
rure d'en haut et recouvraient les murailles. Une table fut
lacée au centre de la pièce, et l'on y servit le déjeuner.
Il y avait là présents vingt-trois Israélites chrétiens, sans
ompter M. Graham et une douzaine de ses amis environ,
vec M. et mistriss Finn et le révérend Nicolayson. Ce der-
ier, après le déjeuner, se plaça à l'ombre d'un rocher et
ous fit un discours plein d'une gravité douce et affectueuse.
e révérend M. Hefter, un Israélite, se leva ensuite et adressa
a parole à ses frères, en hébreu, et quands ils l'entendirent
s'exprimer dans leur propre langage, ils gardèrent un reli-
cieux silence. M. Nicolayson nous répétait en anglais quelques-unes des principales remarques de M. Hefter. Ensuite
on chanta en hébreu le troisième psaume, avec des soli et des
chœurs alternés. C'était une mélodie orientale très-ancienne,
que répétèrent les échos des rochers et des collines envi-

ronnantes, rochers et collines que David lui-même, très probablement, avait parcourus! — Les brillants chardonnerets, du haut des arbres, joignirent leurs chansons à nos chants pieux.

La compagnie se sépara ensuite en petits groupes : les uns se promenèrent dans les vignes, dont les pampres étaient chargés de fruits; d'autres allèrent voir la source, et nous restâmes près du ruisseau, écoutant le bruit de l'eau murmurante qui coulait juste à côté de la chambre des hôtes.

Je décidai un jeune paysan à me laisser faire son portrait. Il s'assit sur un rocher, en face de moi, moitié dans l'ombre, moitié éclairé par le soleil; il portait un turban formé d'un châle rouge et jaune, une chemise de grosse toile et une ceinture de cuir rouge; il avait au doigt une large bague d'argent avec une petite pierre bleue : c'était un préservatif contre le mauvais œil et les sortiléges.

Quelques Sheikhs d'Hebron vinrent à Urtàs, pour régler certaines affaires. Ils parurent très-surpris de voir là tant d'étrangers.

Lorsque les ombres du soir commencèrent à s'étendre, nous nous réùnîmes de nouveau, et la table fut couverte de volailles et de différents mets italiens et orientaux. Le plat principal était un bel agneau farci de riz, de raisins, de pastèques, de graines de pins, d'épices, et rôti tout entier dans un trou creusé tout exprès dans la terre. Le jardin avait fourni des légumes en abondance, et des épis de maïs ou blé indien, que l'on avait fait bouillir tout ensemble. Ce que l'on remarqua le plus au dessert, ce fut une pyramide de belles pêches, les premiers fruits du jardin.

On prononça plusieurs discours intéressants et inspirés par la circonstance; et M. Graham, après avoir parlé de la beauté de sa vallée en particulier, et de la fertilité de tout le pays, dit : « Quoiqu'il y ait tant de terres en friche et tant de collines désolées, elles ne sont pas stériles; elles n'ont besoin que de culture. Soyons de la même opinion que Caleb, le fils de Jephunné, et de Josué, le fils de Nun, qui firent un rapport favorable de cette Terre promise ; alors tous ceux qui étaient présents s'écrièrent d'un seul accord : *C'est un bon pays! c'est un bon pays!* »

Bientôt après, nous remontâmes à cheval pour partir; la lune brillait dans le ciel lorsque nous arrivâmes à Talibiyeh.

CHAPITRE XIII

Abu-Ghôsh. — Arts et poésies des Arabes modernes. — Éducation des filles indigènes. — La plage et le sanctuaire. — L'appel à la prière. Edwin Arnold. — La récolte des melons. — Les ruines de Césarée. — La rivière des crocodiles. — Une fable. — Naufrage d'un bateau arabe. — L'enfant hébreu adopté par des Bédouins. — Les carrières de pierres. — L'appel à la prière dans un village musulman. — Nous soupons au village. — Un piano à Hâifa. — Mes amis musulmans d'Arrabeh. — Saleh Bek et ses enfants. — La maison de la fille du jardinier. — Le jeu d'échecs. — Nouvelles idées dans le harem de Saleh Bek. — Les questions d'Helweh. — Les Juifs. — Un tremblement de terre. — La veuve et ses enfants. — Les jours néfastes. — La fête de sainte Barbe. — Puissance des coutumes. — Helweh et son premier enfant. — Perplexités de Saleh Bek au sujet de l'éducation de ses filles. — Quelques pensées sur les femmes musulmanes. — Les missionnaires le jour des compliments. — Société pour la diffusion des connaissances utiles. — Pétition et proposition de Yassin-Agha.

Le vendredi 25 juillet, tout était prêt pour notre retour à Haïfa, par la route de Jaffa; Khawadja-Ody-Azam, de Nablous, s'était arrangé pour nous accompagner, et nous partîmes une heure avant le coucher du soleil.

Nous suivîmes les vallées en franchissant les collines, qui maintenant m'étaient bien connues, et nous arrivâmes à Kyriat-el-Enab, communément appelé Abu-Ghôsh, à neuf heures. Tout près du village est une grande plate-forme ronde, en terre, un peu élevée, et entourée de pierres et de buissons, au centre de laquelle se dresse un gigantesque mûrier. Presque chaque jour, les principaux du village s'assemblent sous son ombrage : c'est leur salle de conseil, leur bourse, leur lieu de conversation et le théâtre de leurs jeux. Ils y fument, y dorment, jouent aux échecs, et y négocient toute espèce d'affaires. Cet endroit est celui que les voyageurs préfèrent pour leur campement, et c'est là que nous nous arrêtâmes. Mon frère me guida par-dessus les pierres jusqu'à la plate-forme. Deux ou trois lanternes étaient suspendues aux branches de l'arbre et éclairaient une petite réunion de Musulmans, assis en cercle précisément au-dessous. Ces Musulmans se levèrent en nous voyant et nous saluèrent gravement. Une grande natte, qui était roulée et posée contre le tronc du murier, fut immédiatement étendue pour nous.

On fit savoir notre arrivée à Haj-Mustafa-Abu-Ghôsh, le gouverneur; et il nous envoya ses compliments, avec quelques melons, des raisins, du café et deux bougies. Faute de chandeliers, nous plantâmes dans la terre ces deux bougies, et une serviette blanche, étendue sur la natte, forma notre table pour souper. Les Musulmans nous regardaient dans le plus grand silence, tandis que nous mangions, en causant, nos poulets froids rôtis.

Les étoiles brillaient d'un splendide éclat; une brise légère agitait doucement les feuilles de l'arbre qui nous servait d'abri. Pendant ce temps, nos tentes avaient été dressées. Les Musulmans retournèrent au village, et nous nous retirâmes pour nous reposer.

A cinq heures, le lendemain matin, nous nous remîmes en route. Nous déjeunâmes à Kubâb, dans un jardin fruitier, où les poires étaient belles et abondantes, et nous atteignîmes Ramleh à onze heures. Nous nous reposâmes, pendant la grande chaleur du jour, dans la maison que nous avions visitée au mois d'août. On avait bâti depuis un nouveau salon ou divan, et les blanches murailles, bordées de dessins bleus en arabesques, étaient ornées de curieuses peintures, modèles de l'art calligraphique. De longues histoires étaient écrites en caractères arabes pleins d'ornements, et arrangés de manière à représenter des animaux réels ou imaginaires. Il y avait un lion, très-soigneusement fait ; à une petite distance, on eût dit que ce n'était autre chose qu'un dessin à l'encre de Chine, quoique, en réalité, chaque ligne fit partie d'un mot. Les Arabes admirent beaucoup ces productions imagées, si éloignées de l'art, et qui coûtent énormément de temps à leurs auteurs. Presque toute la poésie arabe moderne, — celle qui est publiée, — se ressent de cet esprit d'ingénieuse frivolité ; car le principal but que l'on se propose paraît être de composer des vers dans lesquels certains noms et certaines phrases sont entremêlés en forme d'acrostiches, à force de travail, mais sans aucun sentiment vraiment poétique.

La poésie réelle du pays n'est pas écrite ; elle est dans le langage ordinaire du peuple. Tous sont, — plus spécialement les Bédouins et les paysans, — poëtes sans le savoir.

Leurs goûts artistiques *naturels* et leur sentiment du beau se montrent dans leurs costumes, qui sont toujours harmonieux de couleur et n'ont jamais de broderies dont les dessins ne soient purs et gracieux. Leur habileté et leur bon goût se révèlent encore dans les formes simples, mais bien appropriées, qu'ils savent donner à leurs vases, à leurs plats, à leurs fourneaux et autres objets à l'usage domestique, qu'ils font eux-mêmes en terre, et qu'ils exposent ensuite au soleil jusqu'à ce qu'ils soient complétement cuits.

Des fenêtres de la nouvelle chambre on avait une vue superbe, et ce que l'on admirait surtout au centre du tableau, c'était la haute Tour des Sarrazins, cette tour qui a rendu fameux le nom de Ramleh. Elle fut bâtie au commencement du quatorzième siècle. De chaque côté sont des jardins fruitiers, et les dômes des maisons apparaissent entre les arbres au vert feuillage. Dans un espace découvert qui se trouve en face, une troupe de chameaux fatigués étaient agenouillés, et leurs conducteurs dormaient à l'ombre des murs d'un jardin et d'une haie de cactus. Les bois d'oliviers et les palmiers de Ramleh, ainsi que la grande plaine onduleuse de la Judée, se voyaient au delà, et le tableau se terminait par une chaîne de collines grises et bleues, qu'un soleil vaporeux faisait paraître plus éloignées qu'elles ne l'étaient en réalité. J'esquissai cette scène, tandis que ma bonne hôtesse, suivant des yeux mon crayon, me disait : « La paix soit sur vos mains, ô ma fille ! »

Nous remontâmes à cheval à cinq heures, et traversâmes au galop la plaine sablonneuse ; une heure environ après le coucher du soleil, nous arrivâmes aux jardins de Jaffa, où l'air balsamique, chaud et parfumé nous rappelait l'atmosphère d'une orangerie anglaise. Nous allâmes droit au couvent latin, en suivant le bord de la mer, et là, nous ne fûmes pas peu surpris en apprenant que le patriarche de Jérusalem avait donné ordre de préparer pour nous une suite d'appartements qui lui appartenaient. Un moine espagnol passa la soirée avec nous sur la terrasse, illuminée par la brillante clarté des étoiles, et qui donnait sur la Méditerranée.

Le lendemain, dimanche, nous déjeûnâmes avec le docteur Kayat, le consul anglais, et ensuite nous l'accompagnâmes à la Mission, où le service était fait par M. Krusé. Je passai le reste du jour avec sa famille. Madame Krusé avait établi une école pour les jeunes filles arabes. Elle me dit qu'elle avait rencontré dans cette entreprise bien des difficultés ; qu'elle avait presque perdu courage, non que les enfants manquassent de capacité, mais parce que les idées qu'ils puisaient chez eux, et dont l'influence était d'autant plus forte peut-être qu'ils s'en doutaient moins, venaient sans cesse rendre stériles les leçons qu'ils recevaient à l'école. Nous restâmes longtemps assis sur la terrasse, à la fraîcheur du soir, jouissant du parfum des fleurs et de la vue du soleil couchant.

Le jour suivant, mon frère fut très-occupé au consulat, où il termina par un arbitrage une longue et ennuyeuse contestation qui s'était élevée entre un sujet anglais naturalisé et un protégé anglais. Les Arabes louèrent hautement le tact et le jugement dont il fit preuve, en disant : « Il a bien et sagement jugé. Il a sauvé l'agneau sans laisser le loup souffrir de la faim. »

A quatre heures nous partîmes pour nous rendre par terre à Haïfa, en côtoyant la mer. Un grand nombre de nos amis nous accompagnèrent jusqu'aux portes de la ville, et prirent congé de nous, en disant : « Allez en paix! » et : « Dieu vous conduise! » La route, large et sablonneuse, était, pendant l'espace d'un mille, bordée de gens assis sur des tabourets, ou étendus sur des nattes. Je ne connais pas d'endroit où l'on puisse voir plus de gens désœuvrés, bien mis et bien coiffés de turbans et de tarbouches, fumant, causant et jouant avec leurs rosaires, que hors des portes de Jaffa, au moment du coucher du soleil. Là se tient encore un marché, le matin, de bonne heure, et alors la foule est aussi grande que le soir, mais beaucoup plus mêlée, plus bruyante et plus affairée.

Nous fûmes bientôt sur la côte, partout semée de coquillages. La mer roulait vers nous ses flots à notre gauche; les vagues, blanches d'écume, venaient se briser contre les débris à moitié ensevelis des nombreux vaisseaux et des bateaux qui avaient fait naufrage, et jetaient sous les pieds de nos chevaux des masses de plantes marines et de larges fragments d'éponges. De petits oiseaux s'envolaient devant nous, le long des falaises, et les mouettes étendaient leurs grandes ailes blanches au-dessus de nos têtes. Les rochers, à notre droite, étaient très-bas et couverts çà et là de chardons et de buissons. Quelquefois nous pouvions voir l'intérieur du pays, la plaine de Saron, bornée au loin par les collines de la Judée. La plage est large et presque entièrement composée de coquillages brisés.

Nous approchions d'une rivière appelée « Nahr-el-Aujéh. » nous vîmes quelques paysans, qui nous précédaient, se disposer à la traverser. Ils ôtèrent leurs vêtements; l'un d'eux fit des siens un petit paquet bien serré, et le lança d'une main sûre, jusque sur le bord opposé. Les autres, plus prudents, attachèrent les leurs sur le dos de leurs mules lourdement chargées. Puis ils s'enfoncèrent dans le courant, et conduisant avec précaution leurs montures rétives, ils marchèrent dans l'eau, qui s'élevait aussi haut que leur ceinture. Ils arrivèrent ainsi tous sains et saufs de l'autre côté où, en se pressant, ils eurent le temps de se rhabiller avant que nous eussions atteint la rive du fleuve. Nous trouvâmes que le courant était très-rapide, et même dans les endroits les plus guéables, il n'avait pas moins de trois pieds de profondeur. Mon cheval était grand, pour un cheval arabe, et il me porta si bien que je ne fus pas très-mouillée; cependant en sautant pour gravir l'autre bord, nous fûmes tous passablement aspergés. Le soleil se couchait sans nuages; des ombres s'étendaient sur le ciel par des gradations imperceptibles, passant d'un rouge foncé, qui tirait sur l'orangé, à des teintes toujours moins vives, dont enfin la plus pâle se perdait dans une large ceinture d'un vert tendre, qui se fondait avec le ciel bleu que nous avions au-dessus de nous.

Une multitude de crabes quittaient les trous qu'ils habitaient dans le sable, pour courir vers la mer, et les pêcheurs d'huîtres étaient très-occupés à chercher leur repas du soir. Les falaises que nous avions à notre droite devenaient infiniment plus hautes et plus escarpées; elles étaient formées d'une agglomération de coquilles et de sable. En quelques endroits, la baie était étroite et rocailleuse. Le crépuscule tombait rapidement, et un brouillard épais s'élevait de la terre, en sorte que nous ne pouvions apercevoir que la partie la plus élevée des objets qui se mouvaient devant nous. Nous rencontrâmes une file de chameaux, marchant nonchalamment, suivis par un groupe de Bédouins. Il y avait quelque chose d'étrange dans leurs ombres, en partie cachées et en partie grossies par le brouillard. Notre kawass qui allait tranquillement devant nous, semblait glisser, sans pieds ni jambes. Nous nous hâtâmes de gagner El-Haram, où nous arrivâmes en suivant des fissures curieuses et singulières qui s'ouvraient dans les falaises. C'est un ancien cours d'eau, qui aujourd'hui sert de route. Un mur de rochers haut de quelques pieds qui se trouve au milieu le divise en deux chaussées naturelles.

Le groom mit pied à terre, et nous guida en tâtonnant le long du chemin tortueux, avec une grande lanterne à la main. Aussitôt que nous eûmes atteint les plus hauts sommets de la falaise, nous nous trouvâmes au-dessus du brouillard et nous pûmes distinguer la silhouette de « El-Haram-Aly-ebn-Aleim, » *le sanctuaire d'Aly fils d'Aleim.* » Cet endroit consiste en quelques maisons de pierre, bien bâties, qui entourent une ancienne mosquée. C'est une retraite favorite des derviches et des saints musulmans. On nous conduisit à travers plusieurs cours et passages à un escalier extérieur en pierre, qui aboutissait à une grande terrasse, où quelques Musulmans étaient assis autour d'une petite montagne de riz, qu'ils mangeaient silencieusement, et vite, à la lueur des étoiles et à celle d'une lanterne.

Le Sheikh du village nous accueillit avec bienveillance et nous invita à entrer dans une pièce vaste et élevée, qui s'ouvrait sur la terrasse. De petites lampes en terre rouge, de forme antique, étaient allumées et placées dans des niches, autour de la chambre, et nous pûmes voir alors que le toit était fait en dôme, le plafond ciselé, et que les murailles étaient blanchies et couvertes d'ornements. Mais la surface en était noircie par la fumée des feux de bois qui, pendant toute la saison d'hiver, brûlent constamment au milieu de la chambre.

Il n'y avait rien dans cette pièce, excepté quelques vieilles nattes de roseaux, qu'on étendit tout autour, près des murs. Nous fîmes apporter quelques-uns des meubles de notre tente, et après avoir soupé, pris quelques notes, et causé avec le Sheikh en buvant notre café et en fumant nos narghilés, nous nous promenâmes quelque temps sur la terrasse, où nos compagnons de voyage et nos serviteurs, enveloppés dans leurs manteaux et dans des couvertures ouatées, étaient déjà profondément endormis. Nous reposâmes quelques heures dans la grande chambre des hôtes; et quand le muezzin chanta, du petit minaret voisin, en disant : « Éveillez-vous, dormeurs; il vaut mieux prier que dormir, » nous répondîmes à l'appel, et nous allâmes ensuite sur la terrasse.

L'aube commençait à blanchir; il était trois heures, et une voix forte et vibrante qui s'élevait de la cour, nous rappela que c'était le *premier chant du coq.* » (Le second, est au lever du soleil.) La lune venait seulement de se lever; elle était dans son dernier quartier, mais très-claire et très-brillante.

Après déjeuner, nous montâmes à cheval; il était quatre heures, et nous continuâmes notre voyage, vers le nord, tout le long de la côte, mais à une certaine distance de la mer, qui nous était cachée par une chaîne de petites collines de sables. Nous traversâmes une plaine aride et onduleuse, sans habitations, sans culture, sans arbres et sans eau, n'ayant aucune route tracée. Il y avait seulement des touffes de *poa bulbosa*, plantes de guimauve, de houx de mer et de chardons de plusieurs espèces, avec des fleurs roses, bleues et jaunes.

Notre guide était obligé de regarder très-attentivement autour de lui, pour ne pas s'écarter de la bonne route, car il n'y avait nulle part aucune trace de chemin ; cependant de temps à autre, des squelettes de chameaux, de chevaux, et des os blanchis et à moitié ensevelis dans les sables, nous rappelaient que nous n'étions pas les premiers voyageurs qui eussent passé par là.

Quoique le soleil ne fût pas encore au-dessus de l'horizon, il illuminait déjà tout l'Orient, et nous permettait de distinguer les sombres lignes des collines éloignées. Nous guettions le moment où il allait se montrer. Tout à coup apparut la moitié du globe enflammé, puis, par degrés nous le vîmes tout entier se reposer pour ainsi dire sur une ligne du ciel. Au bout d'un instant, il sembla s'élancer dans l'espace. Au même moment, d'un commun accord, nous prononçâmes tous le nom de « Edwin Arnold, » nous rappelant sa douce chanson, le « mariage du Rhin et de la Moselle, » et nous en répétâmes les paroles avec un nouveau plaisir, tout en continuant notre route. Le ciel était d'un bleu foncé, et la lune brillait encore au-dessus de nous.

Un peu plus tard nous rencontrâmes plusieurs troupes de chameaux, chargés de melons. C'était le moment de la récolte des melons. A mesure que nous avancions nous trouvions la terre plus ferme sous nos pas et plus fertile. Les longues racines fibreuses des plantes de guimauve avaient consolidé les sables, et fait pour ainsi dire un lit où poussaient des buissons de tous genres ; mais tous étaient piquants et épineux. Quelques chênes verts égayaient cette scène semblable à un désert. Nous nous approchâmes d'une rivière étroite et sinueuse, dont le cours était marqué par des grands roseaux en fleurs qui, de loin, ressemblaient à des palmiers en miniature ; elle était bordée par des touffes de lupins, de lauriers roses et de l'herbe de Saint-Jean, toutes en fleurs également. Nous traversâmes ce ruisseau, qu'on appelle le « Nahr-el-Fulik, et nous remarquâmes à notre gauche les ruines étendues d'une ancienne ville et d'une forteresse, qui nous parurent remonter aux Romains. Nous passâmes à travers une pépinière sauvage, formée principalement d'ilex, d'arbousiers et d'aubépines. De temps à autre, des endroits les plus élevés, nous avions la vue de la mer, qui n'était encore qu'en partie éclairée par le soleil. Des lignes de lumière traversaient sa surface unie, brillant entre les ouvertures et les crevasses des falaises.

Nous avions atteint le district des melons, et nous eûmes sous les yeux une peinture animée de la vie arabe. Jusqu'au bord même des falaises, tout le long de la côte, aussi loin que la vue pouvait s'étendre, nous voyions des couches de différentes sortes de melons; et des groupes de paysans basanés, en chemises blanches, avec des turbans blancs, étaient activement occupés à les cueillir, à les compter, et à les ranger en pyramides. Il y avait là aussi des centaines de chameaux, dont les uns s'en allaient chargés, tandis que les autres restaient patiemment agenouillés pendant qu'on remplissait leurs paniers. Nous passâmes par plusieurs villages bâtis en terre. Des tentes blanches étaient plantées au milieu des jardins; on me dit que c'étaient les tentes des receveurs des taxes, qui étaient venus pour réclamer l'impôt établi sur la récolte des melons.

Nous descendîmes de cheval au milieu de cette scène, près du florissant village de Um-Khalid. Il était sept heures et demie. Nous nous reposâmes un peu sous un grand arbre isolé. En regardant à l'occident, nous pouvions voir une large zône de la mer Méditerranée, alors éclairée par le soleil, au-delà des jardins de melons, qui ne sont rien moins que pittoresques. Les feuilles larges et rugueuses des melons sont étalées sur la terre, qui, de loin, a l'air d'être parsemée de grandes billes de marbre, vertes et jaunes, avec lesquelles pourraient jouer des géants. Ni haies, ni arbres, ne rompent la monotonie de cette vue; seuls, les laboureurs qui travaillent lui donnent quelque vie. Les pièces de terre sont séparées par des sillons, sur lesquels fleurissent les épines et les chardons. J'esquissai cette vue, rien que pour sa simplicité et sa singularité. Nous désirions acheter quelques melons. Le régisseur des travaux nous dit que nous pouvions en prendre autant que nous en voudrions, mais qu'il ne pouvait les vendre que par cent. Après nous être reposés et rafraîchis, nous remontâmes à cheval et, pendant des milles et des milles, nous traversâmes un pays couvert de melons. Partout où les champs étaient en friche, ou en jachère, la coloquinte sauvage poussait en abondance. Ce fruit avait en moyenne trois pouces de diamètre, et il était ferme et dur comme la pierre, avec une écorce unie verte, jaune et blanche, jaspée comme un beau marbre. Nous en remplîmes les sacs de nos selles, car les Arabes ne les considèrent pas autrement que comme de mauvaises herbes. Les scilles aussi poussent à profusion, mais elles sont détruites par le choc de la charrue.

Nous descendîmes au bord de la mer, où nous trouvâmes sous les falaises peu élevées un agréable ombrage. Des tas énormes de melons attendaient là prêts à être chargés dans des bateaux arabes, et des chameaux allaient et revenaient rapidement sur la route, de la falaise à la plage, et de la plage à la falaise.

Nous fîmes boire nos chevaux à un ruisseau appelé Abu-Zabura, qui n'a pas assez de force pour atteindre la mer, mais qui forme, non loin du rivage, un lac assez profond.

Bientôt après nous aperçûmes les ruines pittoresques de Césarée. Il était dix heures et demie; nous mîmes pied à terre et nous nous reposâmes à l'ombre d'un grand portique en pierre. On dessella les chevaux et nous fîmes nos arrangements pour rester en cet endroit pendant la chaleur du jour. En peu de temps le sommeil gagna presque tous ceux qui formaient notre petite caravane, et j'essayai de suivre l'exemple des autres, mais ce fut en vain. Je me décidai alors à monter sur la falaise, pour regarder le pays.

Pas un être humain n'était visible. Les ronces et les épines croissaient sur les colonnes abattues et les grandes masses de maçonnerie. On reconnaît les restes d'une ancienne église chrétienne à quatre arcs-boutants massifs, qui sont encore droits et fermes, quoique les murs qu'ils étaient destinés à soutenir soient écroulés depuis longtemps. Le débris le plus important de l'ancienne Césarée est le môle, qui reste debout, avancé dans la mer, battu par les vagues, dont le ressac le couvre d'une frange d'écume. Les grandes pierres taillées et les colonnes de granit sont tombées, dans un désordre étrange; mais elles paraissent s'attacher les unes aux autres et se soutenir mutuellement dans leur commune désolation. Je redescendis sur les sables; et, assise exactement en face, sous l'abri d'un court tunnel, qui perce la falaise dans une pente inclinée conduisant à la mer, je dessinai soigneusement ces ruines remarquables pierre par pierre. Je supposai que ce tunnel faisait partie d'un ancien égout. Je cueillis quelques grands pavots de mer à fleur d'un jaune pâle, qui croissaient à côté, et ramassai quelques coquilles peu remarquables.

Après avoir pris quelques rafraîchissements, nous remontâmes à cheval, à trois heures et demie, et continuâmes notre route sur les sables. Nous pûmes voir, dans les endroits crevassés des falaises, quelques portions des fondements des murs extérieurs de Césarée : la ville, originairement, était entourée de trois murailles, situées à une distance considérable les unes des autres. La plage était semée de blocs de marbre. Des masses de maçonnerie couvrent les rochers festonnés de plantes marines, et restent là, fermement établies, quoique sans cesse battues par les vagues.

Nous continuâmes à marcher rapidement jusqu'à « Nhar-

Zurka », « *la Rivière des Crocodiles.* » Plusieurs personnes m'avaient assuré que maintenant encore on y trouvait de petits crocodiles. La tradition nous raconte que, sur les bords de cette rivière, il y eut autrefois une colonie égyptienne. Les colons se procurèrent quelques jeunes crocodiles, pris dans leur fleuve bien-aimé, le Nil, et réussirent à les établir en cet endroit.

Il y a une fable arabe qui donne une autre origine à l'introduction des crocodiles dans cette rivière :

« Autrefois, un vieillard et ses deux fils habitaient sur les bords de la rivière, et faisaient paitre leurs troupeaux dans les vastes pâturages de la plaine.

« Le vieillard mourut, laissant à ses deux fils son trésor, ses troupeaux et ses bestiaux.

« Le plus jeune de ces fils était prudent et laborieux, et ses richesses s'accrurent considérablement.

L'aîné était paresseux et prodigue, et bientôt il tomba dans la pauvreté ; alors il regarda avec une jalouse colère les troupeaux et les bestiaux de son frère, et chercha dans son cœur comment il pourrait les détruire. Il partit pour l'Égypte, en rapporta de jeunes crocodiles, et les mit dans la rivière. Son espérance était que les troupeaux de son frère seraient dévorés quand ils iraient boire l'eau du fleuve, ou qu'ils seraient à paître sur ses bords.

« Mais voilà que, quelque temps après, ce mauvais frère alla se baigner dans la rivière, oubliant le péril auquel il s'exposait, et dont l'idée lui avait été inspirée par sa propre méchanceté.

« Les crocodiles s'approchèrent promptement, le saisirent et le dévorèrent.

« Telle fut la volonté de Dieu ; et ainsi les méchants tombent dans les filets qu'ils ont tendus pour les autres. »

Du côté méridional de la rivière est un bâtiment de pierre, isolé, qui tombe maintenant en ruine. Nous supposâmes qu'il devait avoir été l'un des avant-postes de Césarée, et peut-être se trouve-t-il à la place même de la ville, appelée par les anciens géographes : « la ville des Crocodiles. »

La rivière était difficile à traverser ; elle était profonde, large et rapide, et nous n'avions personne qui pût nous dire s'il y avait un gué en amont ou en aval. Souvent, dans l'espace de quelques heures, la hauteur des eaux varie beaucoup, à l'embouchure d'une rivière ; le vent peut emporter entièrement le barrage de sable, ou en changer la position. Notre kawass fit bien des tentatives avant de trouver un passage sûr, que nous traversâmes avec beaucoup de précautions, l'un après l'autre, à la file, et nous abordâmes de l'autre côté, mouillés et transis.

Nous arrivâmes bientôt à une baie très-pittoresque, mais dangereuse et hérissée de rochers, où de petits bâteaux côtiers font souvent naufrage. C'était là, que le colonel Walpole avait peu de temps auparavant attaqué un parti d'Arabes, qui dépouillaient sans merci quelques marins à moitié noyés, et pillaient le vaisseau naufragé. Le colonel fit prisonniers quelques-uns des pillards, et les conduisit à Jaffa. Nous vîmes sur le rivage une cinquantaine de paniers de riz, restes de la cargaison du vaisseau qu'il avait protégé.

En 1858, une petite embarcation arabe, chargée d'oranges et de riz, et portant une famille juive, composée d'un père, d'une mère et de plusieurs enfants, fit naufrage en cet endroit, par une horrible tempête. Le bateau fut lancé contre les rochers et s'ouvrit en deux. Un ou deux des marins se sauvèrent. Les passagers furent tous noyés, ou écrasés contre les brisants, à l'exception d'un petit garçon d'un an, qu'une grande vague jeta sain et sauf sur le rivage, où une troupe de pillards s'étaient assemblés, attendant quelle serait la destinée du vaisseau. Ils restèrent tout étonnés à la vue de l'enfant, qu'ils recueillirent. Quelques Bédouins qui passèrent en ce moment offrirent de se charger de la pauvre petite créature et de l'élever parmi eux comme un de leurs propres enfants, ajoutant : « Ne lui faites pas de mal, car c'est la volonté de Dieu qu'il vive. » Les pillards le leur donnèrent, et le petit Hébreu fut emporté, je ne sais où. Des paysans qui allaient à Haïfa furent témoins de cette singulière transaction, et c'est d'eux que j'ai appris ce fait. Ils disaient que l'enfant était blanc, fort, bien constitué, et que si les Bédouins ne l'eussent pas demandé, eux-mêmes l'auraient pris. Cet enfant a peut-être été nourri par une femme des Bédouins, et il apprendra à vivre errant sur la terre de ses pères, dans une complète ignorance de sa véritable origine. Il serait intéressant de le suivre dans sa carrière, si la chose était possible, et de voir jusqu'à quel point il conservera les caractères physiques et moraux de sa propre nation, et quelle influence il pourra exercer sur la petite tribu avec laquelle, sans doute, il s'alliera par les liens du mariage. J'aimerais à le rencontrer, lorsqu'il sera arrivé à l'âge d'homme, si je pouvais être convaincue de son identité.

Les Bédouins donnent souvent à leurs enfants des noms qui se rapportent à quelque circonstance de leur naissance, ou à quelque événement contemporain ; et il y a toute raison de croire que ce petit Hébreu a reçu, comme Moïse, un nom faisant allusion à son étrange histoire. Par exemple : « Ebn-el-Bahr », — *Fils de la mer*, ou « Minbahr », — *de la Mer*, seraient les noms bédouins qui lui conviendraient naturellement. Il serait difficile, mais non pas, je crois, impossible, de le retrouver maintenant. Mon premier mouvement, en apprenant cette aventure, fut de me mettre à la recherche de cet enfant et de le rendre à la communauté juive, mais il n'était pas en mon pouvoir de le faire.

On me dit que ses parents étaient des Juifs algériens qui venaient s'établir en Palestine. Le vaisseau naufragé les avait apportés d'Égypte, à une tombe prématurée, sur le rivage de la terre qu'ils avaient tant souhaité de voir, et que leur plus jeune enfant devait seul atteindre en sûreté. Probablement, c'était le seul de la famille qui n'avait point appris à l'aimer, et à croire que c'était la terre promise à son ancêtre Abraham et à sa postérité pour toujours.

Peut-être les descendants de ce petit Hébreu seront-ils quelque jour un sujet de discussion et une énigme ethnologique, qui embarrassera de savants voyageurs.

Au delà de la baie, la plage sablonneuse était large et unie. Je pus voir à distance, droit devant nous, les îles rocailleuses et le village de Tantûra, que nous n'avions pu oublier, et où, en septembre, nous avions abordé, « parce que les vents étaient contraires. » Lorsque nous eûmes presque atteint cet endroit, nous nous détournâmes de la côte, en nous dirigeant dans l'intérieur des terres, vers un petit village musulman, appelé Kefr-Lamm. Nous nous y rendîmes par un district, où l'on voyait de beaux et nombreux bâtiments de pierre. Nous parcourûmes d'anciennes carrières, de grandes plates-formes de rochers aussi polies que du marbre; nous visitâmes des enfoncements en arcades, et pénétrâmes du regard dans de vastes et sombres cavernes, où, peut-être, dans les temps anciens, les tailleurs de pierre avaient l'habitude de manger et de dormir. Ces carrières n'avaient évidemment pas été exploitées depuis des siècles, peut-être pas depuis que Athlite et Dora furent bâties. De grands arbres et des buissons étaient sortis de la terre qui s'était éboulée d'au-dessus, ou avait été poussée par les pluies et les vents dans des endroits abrités, au fond des carrières.

Le Sheikh et les principaux de Kefr-Lamm vinrent au-devant de nous, car nous étions attendus et bien connus dans ce lieu. Nous traversâmes des champs, riches en blé indien, en millet, en sésame et en tabac, et nous descendîmes de cheval à l'entrée du village, bâti de terre et de pierres. Je trouvai ma tente, qui m'avait précédée, déjà plantée au milieu de petites montagnes de blé et d'orge, près d'une aire très-étendue, où des bœufs étaient employés à fouler les épis, pour en faire sortir le grain. L'on se hâta d'étendre des tapis et des coussins sur des élévations de terre, en plein air, et l'on apporta des pipes et du café. Le Sheikh, le prêtre et les vieillards du village s'assirent en face de nous, en demi-cercle, tandis que les jeunes gens restaient debout, tout autour, ou s'appuyaient sur les monceaux de froment qui étaient tout près.

Nous n'étions pas à un mille de la plage, et nous pouvions voir la mer et le soleil couchant. Nous apercevions une longue ligne de côte. Les îles rocheuses et les ruines de Tantûra — l'ancienne Dora — s'élevaient un peu au sud, et la haute tour de Athlite, ou Castellum Pelegrinum, apparaissait au loin dans le nord.

Au moment où le soleil se plongea dans la mer, le prêtre du village se leva, et, debout au milieu d'une grande aire, très-nette et très-propre, qui était à côté, les regards solennellement tournés vers l'occident, il chanta d'une voix haute et sonore l'appel à la prière. Il n'y avait dans le village ni minaret, ni mosquée. Le Sheikh et les anciens, qui étaient assemblés autour de nous, se levèrent immédiatement aussi et se réunirent sur l'aire, en double rang derrière le prêtre, qui avait bien réellement l'air du chef de la petite troupe. Ils répétaient ses paroles, et suivaient tous ses mouvements avec précision, s'agenouillant et inclinant la tête jusqu'à terre, étendant les mains et levant les pieds avec un accord parfait. Les laboureurs des autres aires et nos serviteurs musulmans se joignirent à eux; mais les plus jeunes hommes, qui étaient restés à causer avec nous, hésitèrent d'abord à répondre à l'appel à la prière. Ils se regardèrent les uns les autres, comme indécis sur ce qu'ils devaient faire, puis se tournèrent vers nous d'un air embarrassé. Nous tâchâmes, en restant parfaitement tranquilles et silencieux, de leur faire comprendre que nous n'attendions, ni ne désirions qu'ils négligeassent pour nous leur devoir religieux. Soudain, ils se levèrent tous à la fois, et se rangèrent sur une ligne au bord de l'aire; et ils mêlèrent leurs fortes voix à celles de leurs pères, en disant avec eux : « Il n'y a d'autre Dieu que Dieu, et Mahomet est son prophète. »

Aucune femme ne vint pour prier, mais j'en vis au loin quelques-unes qui regardaient l'assemblée. Les prières durèrent un peu peu plus d'un quart d'heure, et je n'ai jamais vu un service conduit avec plus de solennité, même dans l'enceinte sacrée du sanctuaire, à Jérusalem.

Immédiatement après, on apporta notre souper, et, en même temps, un bol de bois, assez profond, d'un mètre de diamètre, et rempli de riz fumant, bouilli dans du beurre, fut placé à une petite distance de nous. On y ajouta des plats de métal, contenant de la viande, des œufs, des légumes et de la crème. Le Sheikh, le prêtre et les anciens du village s'assirent tout autour. Ils se mirent à manger très-vite et en silence, trempant des tranches minces de leur pain dans les plats d'œufs frits et dans la crème, déchirant les morceaux tendres avec leurs doigts, et plongeant ensemble leurs mains dans les pyramides de riz, qu'ils tiraient proprement et adroitement en boules. Lorsqu'ils furent rassasiés, ils se retirèrent l'un après l'autre pour laver leurs mains, et allumer leur pipe. Leurs places furent promptement prises par les jeunes hommes et les garçons; et, lorsque tous eurent fini, les serviteurs se réunirent à leur tour, mangeant aux mêmes plats, dont les plus simples avaient été de nouveau remplis. Un grand nombre d'Arabes se succédèrent et prirent leur repas, tandis que nous mangions tranquillement le nôtre, en nous aidant de nos fourchettes et de nos couteaux. On n'emporta point les débris du souper, avant que tous les hommes et tous les enfants du village eussent mangé; — quant aux femmes, elles mangeaient quelque part ailleurs en particulier.

L'on nous servit quelques belles figues vertes, les premières que j'eusse goûtées cette année. Nous trouvâmes les fruits et les légumes beaucoup plus avancés dans la plaine de Dor, qu'ils ne l'étaient dans la contrée montagneuse de la Judée.

Après être restée en plein air jusqu'à neuf heures environ, je me retirai dans ma tente; mes compagnons de voyage, y compris mon frère, s'enveloppèrent dans des manteaux, et dormirent sur les monceaux de blé. Je me levai à cinq heures, et, de la porte de ma tente, je contemplai le soleil se levant au-dessus de la chaîne du Carmel.

Après avoir déjeuné avec du lait et du café excellents, nous reprîmes notre voyage, à travers les champs cultivés, les jardins fruitiers, les potagers, et les carrières abandonnées, au nord de Kefr-Lamm. Nous fûmes bientôt sur le bord de la mer, et dans la route que nous avions parcourue au mois de septembre. Nous revîmes encore avec admiration les ruines d'Athlite, et passâmes par l'ancien défilé dans la plaine, où se trouvait autrefois la route dont il reste encore bien des traces. Cette plaine était alors beaucoup plus belle et plus verdoyante que quand nous l'avions vue la première fois, et la fontaine, appelée « Ain-Dustrei, » était bordée de lauriers roses en pleines fleurs.

Vers huit heures, nous nous arrêtâmes près d'un ruisseau, au bord des sables, à moitié chemin entre Athlite et le promontoire du Carmel. De l'autre côté du ruisseau, est un bâtiment carré, qu'entoure un profond réservoir. C'est là que nous descendîmes de cheval, et que nous déjeûnâmes avec du poisson et du pain de paysan; puis nous repartîmes pour nous rendre en toute hâte à Haïfa, où nous arrivâmes à dix heures, le 30 juillet, et où nous reçûmes un accueil plein de bienveillance et d'affection, qui nous fit beaucoup de plaisir.

Notre ami Mohammed Bey fut l'un des premiers qui vinrent nous voir, et bientôt il fut suivi par Saleh-Bek-Abdul-Hady, l'ancien gouverneur, qui nous dit que ses femmes, que j'avais visitées à Arrabeh, étaient établies à Haïfa, et qu'elles avaient le plus vif désir de me voir. La colonie européenne s'était accrue de quelques personnes; et quand le signor Vegetti, le vieux consul hollandais, vint nous voir, il nous apprit qu'il s'était procuré un piano. C'était le premier que l'on eût jamais vu à Haïfa, et, excepté moi, il n'y avait personne dans la ville qui sût en jouer.

Le signor Vegetti invita, quelques jours après notre arrivée, tous les Européens à une soirée, afin d'inaugurer le nouvel instrument. Je l'avais préalablement essayé, et je consentis à présider dans cette occasion, puisque nul autre ne pouvait le faire à ma place.

Cette soirée fit sensation dans Haïfa, et tout l'espace libre qui s'étendait devant la maison fut bientôt entièrement rempli d'auditeurs, parmi lesquels étaient le nouveau gouverneur Zachariah Agha, un Turc, Mohammed Bey, et tous les chefs musulmans. Ils allèrent, le jour suivant, chez le signor Vegetti, le suppliant de m'inviter chez lui avec eux, pour qu'ils pussent m'entendre et me voir jouer. Ils se rendirent ensuite chez mon frère, et le prièrent de me faire accepter l'invitation. Un jour fut fixé, et nous y allâmes. Nous trouvâmes le gouverneur et environ une vingtaine de Musulmans, dans leurs plus riches costumes brodés, assemblés dans le salon, chez le vice-consul hollandais, et nous fûmes reçus par le signor Vegetti, son vieux père et sa vieille mère. L'antichambre était encombrée de domestiques et de porteurs de lanternes.

Presque tous les assistants avaient essayé le piano les uns après les autres, et ils me dirent : « Nous ne pouvons lui faire parler le même langage que vous, madame. » Je leur tendis quelques morceaux de musique, en leur demandant : « Le pourriez-vous en vous aidant de ceci? » C'était très-amusant d'entendre leurs exclamations et de voir la surprise avec laquelle ils suivaient mes doigts, surtout quand ils s'aperçurent que, pendant tout le temps que je jouais, je regardais le livre qui était devant moi. Ils sont accoutumés à ne voir que de petits instruments portatifs, et ils s'étonnaient de la facilité avec laquelle je faisais jaillir l'harmonie d'un aussi grand. Ils disaient : « Les laboureurs, au temps de la moisson, ne travaillent pas tant et ne remuent pas leurs mains si vite. » Ils paraissaient plus frappés de la rapidité avec laquelle les notes étaient touchées que des sons qu'elles produisaient jusqu'au moment où je me mis à jouer leur hymne national, « Abdul-Medjid; » tous alors semblèrent transportés, et un chanteur dont la voix était belle et claire, le *Sims Reeves* de Haïfa, s'avança et se mit à chanter. Le reste de la compagnie se joignit à lui en chœur. Un des beys parut apprécier tellement la musique, que je lui dis que je donnerais des leçons à sa femme s'il voulait lui acheter un piano ; il me dit : « O ma sœur ! nos femmes ne sont pas capables d'apprendre, — leurs têtes sont faites de bois, — il serait aussi facile d'instruire des ânes qu'elles. »

Peu à peu chacun dans la ville se familiarisa avec les sons du piano, et le goût qu'on y prit donna lieu à des soirées très-agréables. Ce fut l'aurore d'une ère nouvelle dans l'histoire de la petite colonie européenne de Haïfa, et l'on se mit à y étudier avec ardeur le chant et la musique.

Par suite de l'absence que j'avais faite, le soin de remettre notre maison en ordre me demanda beaucoup de temps. Catherine, mon ancienne servante, était retournée à Bethléem, et je dressai une jeune fille de Haïfa à prendre sa place.

Je n'eus pas le temps de visiter le harem de Saleh-Bek avant le 11 août, qui était le premier jour du Bairam, jour où l'on voit tous les Musulmans en habits de fête. Je me rendis chez lui accompagnée d'un kawass, qui attendit dans la cour intérieure, pendant qu'on me fit monter par un chemin couvert à une petite cour carrée, et delà à une chambre vaste et haute, mais assez sombre. En un instant je fus entourée de toutes mes amies d'Arrabeh, dont j'avais parfaitement conservé le souvenir. Les enfants s'avancèrent timidement, et Helweh me conduisit à un siège formé de coussins, posés sur le plancher en disant : « Nous soupirions après le moment de vous voir, ô lumière de nos yeux ! venez souvent ici. Vous n'êtes pas comme nous; vous pouvez venir quand votre cœur vous le dit, mais nous ne pouvons aller à vous. Quand nous sommes arrivées ici, que nous nous sommes trouvées dans des lieux étrangers et que nous avons appris que vous n'y étiez point encore, nous avons senti nos cœurs défaillir. »

La maison qu'elles occupaient était dans le square du château, et n'était pas aussi confortable ni aussi bien bâtie que celle où je les avais vues à Arrabeh. Des matelas étroits étaient rangés autour de la principale pièce du harem où je fus reçue, et le plancher était couvert de nattes. Le plafond était voûté, et toutes les fenêtres qui donnaient sur les places publiques étaient bouchées, en sorte que la lumière ne pénétrait que par la porte et une croisée qui s'ouvrait sur une cour intérieure à moitié couverte. Les matelas, les oreillers, les couvertures étaient empilés dans un large enfoncement voûté, et un rideau de mousseline était tiré devant. Deux boîtes rouges et un berceau, rouge aussi, étaient au fond de la chambre, et un brasier de charbon, avec tous les ustentiles nécessaires pour faire le café et préparer les narghilés se trouvait tout près de la porte. Un grand manteau brodé, en poil de chameau, une épée, un fusil et une lance étaient pendus aux murs blancs et revêtus de ciment.

Du café parfumé d'ambre gris et un sorbet délicat fait avec des amandes et des feuilles de roses me furent présentés. Les servantes étaient celles que j'avais vues à Arrabeh.

Helweh, la plus jeune et la plus jolie des trois femmes, paraissait bien plus formée et plus posée, mais non moins affectueuse que la première fois que je l'avais vue. Elle portait un large pantalon de soie rose, une veste de Damas, rayée de violet et de blanc, semée de bouquets de fleurs, et un beau châle de cachemire serrait sa taille. La plus âgée avait également un vêtement en soie, et ses trois filles, — dont l'aînée nommée Asmé était devenue très-belle, — portaient des vestes de soie violette, brodées d'argent, et fermées par devant. Leurs pantalons étaient en mousseline très-larges et très-longs. Elles portaient toutes un petit tarbouche de drap rouge de Constantinople, coquettement placé un peu de côté. La troisième femme était fort occupée d'un petit garçon, dont elle paraissait très-fière.

Tandis que je répondais à toutes leurs questions sur les incidents de mon long voyage, et que je recevais leurs compliments de condoléance sur ce que mon frère et moi n'étions pas encore mariés, le seigneur du harem fit dire qu'il désirait, avec ma permission, entrer pour me saluer; et, en effet, il vint. Dès qu'il parut, ses femmes et ses servantes se levèrent, et restèrent respectueusement debout jusqu'à ce qu'il se fût assis; alors, en reprenant leurs siéges, elles le saluèrent en portant gracieusement leurs mains à leur front. En même temps, les enfants s'avancèrent et lui baisèrent les mains. Il paraissait très-bon et très-aimable pour toute sa famille. Il me dit : « Je me réjouis de vous voir ici, ô madame! j'espère que vous viendrez souvent; car, où vous êtes, est la clarté et le bonheur. »

Ses enfants, sans s'en douter, me prouvèrent qu'ils étaient accoutumés à être caressés par lui, car ils s'assemblèrent autour de lui avec amour, et le petit Saïd me parut particulièrement démonstratif. Il lui dit d'un air câlin : « O mon père! puis-je aller voir la maison de la dame anglaise? Son désir est que j'y aille. » Asmé, sa fille aînée, dit à peine une parole. Elle s'assit, calme et impassible; et son visage qui, quelques minutes auparavant me paraissait si beau, animé par la vivacité et la gaieté, perdit tout son attrait.

Il me semble que l'étiquette, en Orient, veut que les enfants aînés gardent une sorte de grave décorum en présence de leur père; les plus jeunes enfants ont seuls la permission de donner libre cours à leurs sentiments naturels, et une affection démonstrative est considérée comme un enfantillage sans dignité.

Les femmes ne paraissaient pas tout à fait à leur aise, peut-être parce que c'était la première fois qu'elles voyaient leur mari en présence d'une étrangère, mais elles préparèrent sa pipe et le servirent avec empressement. Les servantes et les esclaves restaient debout près de la porte, se parlant tout bas et paraissant s'amuser beaucoup.

Saleh-Bek m'apprit qu'il allait envoyer deux de ses fils, âgés de quinze et seize ans, au collége latin, à Antûra; c'était un établissement français, situé à peu de distance de Beyrouth. Il ajouta que s'il y avait eu un collége anglais dans le pays, où l'on eût donné une aussi bonne éducation, il l'aurait choisi de préférence. Pendant que nous causions, on annonça une dame arabe. Saleh-Bek se leva immédiatement, et, prenant congé de moi, se retira en toute hâte. La dame garda son visage étroitement voilé, en passant devant lui, dans la cour. Quand elle entra dans la chambre, la plus âgée des femmes se leva, et, l'accueillant d'une manière aimable, l'aida à ôter son drap blanc, son voile de mousseline, et remit l'un et l'autre à une esclave pour qu'elle les pliât. Il se trouva que la nouvelle arrivée était Um-Selim, qui avait quitté Jaffa pour se fixer à Haïfa, près de nous. Elle était venue au harem pour m'y rencontrer. Après que nous eûmes échangé les salutations d'usage, une conversation animée s'engagea entre elle et deux des femmes. Elles parlaient si vite et avec tant de véhémence que je pouvais à peine comprendre un mot de ce qu'elles disaient; mais Helweh, qui était à côté de moi, m'expliquait avec simplicité, en parlant doucement, le sujet de la conversation et ce qui occasionnait leurs fréquents éclats de rire.

Après avoir invité de nouveau les enfants à venir me voir, un jour que je désignai, je pris congé de mes amies et descendis avec Um-Selim, dans la cour où le kawass m'attendait. Nous passâmes devant la porte ouverte du divan ou chambre de réception pour les hommes; il était rempli de visiteurs. Le fils de Yassin-Agha, en me voyant, sortit de la salle, et me demanda la permission de me conduire à sa maison pour voir sa mère. J'y allai, et de là dans trois autres harems.

Le second jour de la fête, je visitai quelques pauvres familles musulmanes dans les petites rues de la ville. Précédée par le kawass, je passai avec Um-Selim dans des ruelles sales et étroites, au milieu desquelles tombait l'eau des gouttières.

Nous nous arrêtâmes à la maison d'un Musulman, employé

par mon frère, et qui avait récemment épousé la fille d'un pauvre jardinier. Nous passâmes sous une porte en arcade pour entrer dans une cour carrée, mal pavée, où une tente ou baraque de branches de palmiers et d'arbustes verts avait été construite. Une vieille natte était étendue dans l'intérieur, et nous fûmes invitées à nous y asseoir. La jeune femme était timide, et son apparence n'avait rien d'agréable. Elle avait la bouche large, et ses grandes dents brillantes paraissaient d'autant plus avancées, qu'elle avait tout autour de ses lèvres épaisses une rangée de taches bleues. Ses yeux étaient brunis avec du kohl, et sa poitrine découverte était peinte. Elle semblait entièrement dominée par une femme âgée, — sa belle-mère, je suppose, — qui prenait le rôle de maîtresse de maison et de gardienne de la jeune femme, qui ne paraissait pas à son aise, ni s'être accoutumée à sa nouvelle existence. Elle n'avait jamais vu son mari avant le jour de son mariage, qui avait eu lieu il y avait à peine un mois. Les Musulmans ne connaissent pas la « lune de miel, » et n'ont, je crois, ni une idée, ni un mot qui y réponde.

Lorsque nous eûmes pris une petite tasse de café sans sucre, la vieille femme nous fit voir la maison, qui consistait en une seule chambre donnant sur la cour. Elle était grande et haute, mais sans fenêtre, et ressemblait à une grange. La porte était si large qu'elle aurait pu donner passage à un chameau tout chargé. Cette chambre servait de parloir, de cuisine et de chambre à coucher; mais dans le beau temps on occupait la tente de branchages. Je fus très-surprise de voir, cloué contre le mur, noirci par la fumée, un vieux tableau italien, représentant Moïse, qui tenait à la main les tables de la Loi; des œufs d'autruche et des lampes assez ornées pendaient du plafond. Je demandai à la femme à quoi servaient les œufs; elle me répondit : « A éloigner de nous les chagrins et l'obscurité. » Mais elle ne savait pas d'où venait le tableau, ni ce qu'il représentait, et fut étonnée quand je lui dis que c'était « Neby Mûssa, » le prophète Moïse.

Quelques jours après, Saleh-Bek-Abdul-Hady, étant venu nous faire une visite, vit un jeu d'échecs sur la table. Il demanda avec empressement si nous connaissions ce jeu, ajoutant : « Je n'ai pas fait une partie d'échecs depuis le temps d'Ibrahim-Pacha, où je jouais souvent avec ses officiers, à Akka. » Lorsqu'il apprit que je connaissais ce jeu, il s'écria: « El hâmdou lillah ! (Dieu soit loué !) je viendrai tous les jours jouer avec vous ! » Je répondis : « Excusez-moi, ce serait trop souvent ; je n'ai pas le temps de jouer tous les jours. » Néanmoins nous passions une après-midi aux échecs à peu près tous les quinze jours ; et je trouvai en lui un antagoniste très-habile et très-attentif. C'était le seul Arabe, à Haïfa, qui jouât aux échecs.

Ses enfants, spécialement les garçons, venaient souvent chez nous et y étaient aussi à leur aise que chez eux-mêmes. Eux et leurs jeunes cousins d'Arrabêh, que nous voyions quelquefois à Haïfa, étaient très-intelligents, et cherchaient à s'instruire ; ils apprirent, sans y penser, beaucoup de choses par nos livres illustrés.

Les trois petites filles venaient quelquefois, mais elles étaient toujours accompagnées d'une vieille servante, — ou duègne, — pour empêcher qu'elles ne fussent vues par des étrangers. Ces visites n'avaient jamais lieu que lorsqu'on savait que mon frère était hors de la ville. Les femmes vinrent une fois me voir, par une permission spéciale ; mais les portes du consulat furent gardées par leurs propres serviteurs tout le temps qu'elles furent là. J'allais chez elles aussi souvent que je pouvais, et je recevais toujours l'accueil le plus empressé. Excepté les jours de fête, elles portaient généralement des pantalons et des vestes de jaconas imprimé ou de mousseline.

Je sus que la femme la plus âgée, qui, évidemment, avait été jadis très-belle, avait premièrement appartenu à un riche Turc, qui en avait fait présent à Saleh-Bek dans sa jeunesse, en récompense d'un service important. Elle avait été élevée dans une grande réclusion dans un harem, à Constantinople, et de là conduite à sa nouvelle demeure, à Arrabeh, où elle s'était d'abord trouvée très-malheureuse, car elle y était complétement étrangère et ne parlait que la langue turque. Heureusement pour elle, Saleh-Bek la comprenait, et elle, avec le temps, parvint à parler l'arabe. Quoiqu'elle vînt d'une grande ville, elle en avait vu si peu de chose, qu'elle était aussi ignorante du monde et de son histoire que ses compagnes d'Arrabeh, et autant peut-être que les femmes, concubines et servantes que Saleh-Bek prit ensuite dans les petits villages voisins. La réclusion dans laquelle sont tenues les filles musulmanes est plus ou moins stricte, selon leur rang ou leur position, les pauvres ayant nécessairement plus de liberté que les riches.

Helweh, qui venait du petit village de Kefr-Kâra, paraissait avoir plus d'intelligence et de moyens naturels qu'aucune des autres femmes.

Elles avaient depuis longtemps entendu parler des Chrétiens, mais dans des termes si vagues, qu'à peine les regardaient-elles comme des créatures qui leur fussent semblables. Maintenant qu'elles vivaient près de la mer dans la petite ville de Haïfa, dont la population mélangée se composait de Musulmans, de Juifs et de Chrétiens de différentes sectes, et de gens de beaucoup de nations, elles recevaient par degrés de nouvelles impressions, et se formaient des idées qui probablement ne seraient jamais entrées dans leur esprit si elles eussent continué de vivre dans l'intérieur du pays, et dans un district aussi exclusivement musulman que le Jebel Nablôus.

Elles avaient déjà fait connaissance avec quelques-unes de

leurs voisines, et elles apprenaient continuellement des choses qui, pour elles, étaient nouvelles et étranges. Chaque fois que j'allais les voir, elles avaient quelque merveille à me raconter ou quelque histoire à me dire, qu'elles avaient apprise, soit d'une servante, soit de Chrétiennes ou de Juives qui étaient venues les voir, ou de chanteuses de profession, ou plus souvent encore par le caquetage des femmes qui servent aux bains turcs : histoires qui étaient presque toujours mal comprises et donnaient lieu à de fausses, mais fortes impressions. C'était pour moi une étude pleine d'intérêt que d'observer les idées qu'elles se formaient des circonstances, des mœurs, des coutumes et des différents cultes, dont elles entendaient parler, mais qu'elles ne pouvaient comprendre ni s'expliquer. Je trouvai qu'il était presque aussi difficile de leur faire comprendre qu'il y avait des usages qui n'étaient pas les leurs, et une façon de penser toute différente de celle qu'on leur avait enseignée, qu'il le serait de décrire la nature et les effets de la lumière et des couleurs à un aveugle de naissance.

Helweh, particulièrement, me faisait beaucoup de questions au sujet de la religion. Elle me disait souvent : « Pourquoi tous les hommes ne sont-ils pas de la même religion? Pourquoi ne sont-ils pas tous Musulmans? Cela serait beaucoup mieux. »

Elle semblait toujours oublier que je n'étais pas musulmane; et quelquefois elle en appelait à moi avec une touchante confiance sur ce qu'elle devait faire dans certaines circonstances particulières. Au lieu de me ranger à son avis, j'essayais d'éveiller dans son esprit quelque principe par lequel elle pût juger sagement par elle-même.

Je trouvais souvent des réponses appropriées à ses questions, en employant les paroles mêmes du Christ, qui contiennent les leçons de charité les plus simples et les plus intelligibles qui furent données, il y a longtemps sur cette même terre. Elles y furent reçues par un peuple aussi ignorant que Helweh, et par les scribes et les pharisiens, qui furent réduits au silence par ces paroles qui s'adressaient, non à une secte en particulier, mais au monde entier.

Ces femmes, en me questionnant ainsi, m'apprenaient à réfléchir plus profondément que je ne l'avais jamais fait, et elles m'aidaient, sans le savoir, à comprendre la naissance et le progrès naturel des idées. Je pouvais, en m'identifiant avec elles, imaginer ce que serait l'absence de toutes ces pensées, de ces sentiments, de ces conceptions qui étaient pour ainsi dire, avec moi, qui avaient grandi à mesure que nées, j'avais grandi, jusqu'au moment où elles étaient devenues, pour ainsi dire, une partie de moi-même.

Mais cet intéressant harem n'était pas ma seule école. Je me mêlais en même temps aux Européens, aux Chrétiens natifs du pays, et spécialement à la famille Sekhali, et à des Juifs dévots, qui m'aidaient avec bonté à comprendre les lois, les jeûnes et les fêtes qu'ils observaient. Les Chrétiens orientaux sont malheureusement très-amers dans leur haine contre les Juifs. Généralement, ils les traitent avec un grand mépris, et se font un mérite de fuir tout commerce avec eux; mais ils conviennent, ainsi que les Mahométans, que les Juifs sont, dans tout l'Orient, dans leur ensemble, remarquables par la pureté de leur vie, la simplicité de leurs mœurs et l'exactitude avec laquelle ils observent les règles de leur religion. D'un autre côté, cependant, ils se font remarquer par les querelles qui naissent entre eux, et par les disputes éclatantes qui s'élèvent entre les chefs des différentes congrégations ou communautés. Les Juives, surtout celles des communautés de l'Ashekenazi, sont renommées pour leur industrie et leurs vertus privées.

Le 5 octobre, mon frère fut appelé à Beyrouth pour affaire. Je restai à Haïfa, et plus que jamais je pus voir combien mes voisins, de toutes classes, étaient attentifs et bons. J'eus surtout à remercier M. Aumann, le consul français, et sa famille, de la sympathie bienveillante et amicale qu'ils me témoignèrent et qui me fit oublier que j'étais seule, quoiqu'il n'y eût pas une personne dans toute la ville qui pût échanger un mot d'anglais avec moi.

Presque toutes les dames musulmanes de Haïfa profitèrent de cette occasion pour me rendre visite, et le gouverneur et les membres du conseil de la ville vinrent plusieurs fois me demander s'ils pourraient me servir en quelque chose.

Le 10 octobre, le matin de bonne heure, un bateau se perdit dans un gouffre, en vue de Haïfa. Le temps était extrêmement chaud, et le soir la mer était parfaitement calme et l'air très-lourd. Après avoir passé quelques heures avec le consul français et sa famille, dans une cour pavée de marbre et à la clarté de la lune, je revins chez moi, et quoique la chaleur fût presque suffocante, je dormis profondément jusqu'au moment où je fus éveillée par un bruit sourd qui ressemblait à un tonnerre souterrain ; je sentis mon lit trembler sous moi. Ma première pensée fut qu'un vent d'orage s'était élevé, mais la chose était impossible, car les rideaux de mousseline du moustiquaire n'étaient pas plus agités que mon lit de cuivre, qui se balançait de l'est à l'ouest. Je compris bientôt que, pour la première fois de ma vie, je faisais l'expérience d'un tremblement de terre. Je me levai sur-le-champ. La chambre était illuminée par le clair de lune qui pénétrait par les ouvertures des stores vénitiens ; j'ouvris la fenêtre. La lune était presque dans son plein et juste au-dessus de la chaîne du Carmel ; elle était rouge comme le soleil paraît l'être quand on le voit à travers un brouillard en Angleterre. La terre trembla violemment à trois reprises distinctes ; le second choc fut le plus violent. De gros nuages orageux étaient suspendus sur Haïfa ; à l'ouest, les bords en

étaient frangés par la lueur ardente de la lune. Ma femme
de chambre dormait profondément ; je sortis dans la cour
de la maison. Les deux kawass, couchés sur des matelas, dans
le corridor, et enveloppés dans leurs couvertures, dormaient
également. Bientôt le tonnerre éclata, accompagné d'éclairs ;
je marchai dans la maison de chambre en chambre, observant les progrès de l'orage et le déchirement des nuages.

Le lendemain, de bonne heure, le gouverneur, plusieurs
des vice-consuls et beaucoup de nos amis arabes vinrent
savoir si j'avais été troublée et alarmée par le tremblement
de terre. Ceux qui demeuraient près de la mosquée me dirent qu'ils avaient pris la précaution de quitter leur maison,
la nuit, parce que le minaret se balançait si fortement, que
chacun s'attendait à le voir s'écrouler. Heureusement, il
n'arriva point d'accident sérieux ; de vieux murs seulement
furent ébranlés et se fendirent. M. Aumann me dit que
pendant le choc il avait remarqué que la mer était violemment agitée et couverte d'écume, quoique il n'y eût pas de
vent.

Les Arabes étaient tous dans une grande consternation,
parce qu'ils regardent ces convulsions de la nature comme
étant d'un mauvais présage. Pendant plusieurs jours, on ne
parla pas d'autre chose. Les secousses avaient été fortement
senties à Akka, à Sûr, à Saïda. Elles ne l'avaient été que légèrement dans l'intérieur.

Chacun de mes visiteurs avait une histoire à me raconter
sur les tremblements de terre précédents, et particulièrement sur celui de 1837, qui avait été terrible, et où Safed
et Tiberiade avaient été détruites et Haïfa presque abandonnée,
pendant trois jours, le peuple vivant hors de la ville, en
plein air, et n'osant rentrer dans les maisons, tant les secousses étaient fréquentes. Le ciel, disaient-ils, était sombre,
à midi, et la mer était d'une teinte rouge extraordinaire.

Plusieurs personnes allèrent jusqu'à assurer que « ses eaux s'étaient changées en sang, » et tous s'accordaient à dire qu'elles avaient perdu leur saveur saline et qu'elles étaient presque douces.

Le 22 octobre, la pluie tomba sans interruption toute la journée, et le soir je fus témoin d'un des plus grands orages que j'eusse jamais vus; il fut suivi d'un violent ouragan et de vent et de pluie, qui durèrent toute la nuit. Peu après le lever du soleil, le vent cessa et il y eut un grand calme; mais les rues de Haïfa étaient comme autant de canaux, et quelques-uns des vieux murs qui avaient été endommagés par le tremblement de terre s'étaient tout à fait écroulés. Dans les jardins, beaucoup des plus beaux arbres étaient déracinés et dépouillés de toutes leurs branches; le flexible palmier semble être celui de tous qui résiste le mieux à la furie de ces coups de vent de l'équinoxe.

Je passai l'après-midi du 23 octobre avec la jeune veuve d'Ibrahim-Sekhali, qui pleurait encore amèrement la perte qu'elle avait faite. J'essayai de la distraire en lui parlant des jours de mon enfance et du temps que j'avais passé en pension, et je réussis, en effet, à détourner le cours de ses douloureuses pensées; elle sembla oublier un instant sa peine, en exprimant son étonnement de ce que j'avais pu quitter mes parents, ma patrie, et de ce que je consentais à rester seule dans une ville où il n'y avait personne de « mon pays. »

Nous étions ainsi à causer lorsque son esclave noire, qui était assise sur une natte, au soleil, près de la porte ouverte, se leva tout à coup, et me baisant les mains, me dit : « Il y a de la joie pour vous! joie pour vous! Votre frère le consul est arrivé; j'entends le bruit de plusieurs voix dans la cour. » Elle avait raison, car au moment même nous vîmes hisser le drapeau, et, comme je me hâtais de sortir, elle me dit :

« C'est votre récompense, Dieu vous a envoyé le bonheur pendant que vous étiez venue apporter de douces paroles à la mère d'enfants orphelins. »

Une minute après j'étais avec mon frère. Il était accompagné par un gentilhomme turc, qui venait d'être nommé gouverneur de Haïfa, et avait fait, depuis Beyrouth, le voyage avec lui. Il avait amené son fils, charmant garçon de dix ans environ. Ils dînèrent avec nous, et le petit Turc parut trouver très-difficile de se servir d'une fourchette et d'un couteau. Son père me demanda si je voulais me charger de le civiliser. Comme ils étaient complétement étrangers dans la ville, ils restèrent deux ou trois jours dans notre maison.

Le 25, Zachariah-Agha, l'ex-gouverneur, vint prendre congé de moi, et le nouveau gouverneur s'établit alors au château. Il me dit qu'il ne croyait pas devoir faire venir ses femmes, ne sachant pas combien de temps il aurait à passer à Haïfa.

Quelques riches Musulmans ont une maison et une femme ou deux dans chacune des villes ou villages où leurs affaires publiques ou privées les obligent à résider, pour un temps plus ou moins long dans l'année.

Quelques jours après le retour de mon frère, je remarquai que presque toutes les boutiques de Haïfa étaient fermées, et que les rues et les marchés étaient presque déserts. J'en demandai la cause, et j'appris que « le jour de mauvais augure » était arrivé; jour où les Musulmans, sous aucun prétexte, ne concluraient un marché ou une transaction. Ce jour redoutable est le premier mercredi du mois de Safar, le second mois de l'année mahométane. (En 1856, l'année dont je parle, il tombait le 29 octobre). Les Musulmans, s'il est possible, éviteront même de penser à aucun sujet d'importance, et généralement pendant ce jour fatal, ils restent enfermés chez eux.

Mohammed Bey vint au consulat, à midi, me demandant d'être son gardien ce jour-là, et de lui permettre de rester avec moi jusqu'après le coucher du soleil, parce que là, disait-il, les mauvais esprits ne pourraient s'approcher de lui.

Un « vrai croyant » m'a assurée que les mauvais anges ont, ce jour-là particulièrement, plein pouvoir de mettre à effet tout le mal qu'ils ont comploté pendant l'année. A Constantinople tous les bureaux, ainsi que les administrations publiques, sont fermés en raison de cette croyance!

Le jeudi, 4 décembre, la fête de sainte Barbe fut célébrée par tous les chrétiens de l'église latine à Haïfa. J'allai de bonne heure dans la matinée, faire une visite à madame Aumann. Je la trouvai semant des graines de froment, d'orges, de millets, de lentilles et de gazon, dans des assiettes, des soucoupes et de grandes coquilles. Elle les couvrit d'eau et rangea ensuite les vases au soleil. « Nous ne manquons jamais de faire cela, me dit-t-elle, le jour de sainte Barbe, et à Noël tous ces grains et toutes ces semences auront poussé. » Mais elle ignorait quelle signification était attribuée à cette coutume.

Elle nous invita à venir passer la soirée avec tous les Européens au consulat français, et nous y allâmes. Nous y trouvâmes tout le monde plein d'entrain et de gaîté, et l'un des invités, un M. Jullien, qui arrivait d'Alger, où il avait servi dans l'armée, se présenta avec une solennité affectée, vêtu d'une robe rouge et avec la barrette de cardinal, dans le rôle de prêtre de Sainte-Barbe : A ma grande surprise, personne parmi les catholiques fervents qui se trouvaient là ne parut en être blessé. Je demandai à une dame que je savais très-sincère dans la pratique de ses devoirs de religion si elle n'était pas peinée d'assister à une pareille comédie, mais elle me répondit simplement : « C'est l'usage, et il n'y a pas de mal à cela. »

Lorsque nous fûmes tous assemblés, on nous conduisit dans une chambre, au centre de laquelle était un tabouret bas, où était posé un très-grand plat de bois, rempli de froment, bouilli dans du miel ou du sucre, et mêlé de grains de grenades. Des bonbons et des noisettes blanchies au soleil étaient répandus sur la surface, et tout autour du plat brûlaient douze cierges. Au milieu était planté un drapeau.

Avant que l'on goûtât à ces friandises, le *soi-disant* prêtre chanta une litanie, dans une langue inconnue, que ni lui, ni aucune des personnes présentes ne comprenait. Quand cette cérémonie ridicule fut terminée, madame Aumann prit une épingle d'argent, mais, dont la pointe était émoussée, de trois pouces de long à peu près, et épaisse d'un huitième de pouce, avec une tête ciselée. Ensuite elle brûla de la gomme et de l'encens à la flamme d'une petite lampe antique, et tint l'épingle dans la flamme, jusqu'à qu'elle fût tout à fait noire; puis, après que l'épingle fut refroidie, elle l'inséra adroitement entre ses paupières à demi-fermées, et la roula comme si réellement elle eût voulu se déchirer les yeux[1], selon l'expression de Jérémie, jusqu'à ce qu'elle eût produit l'effet si admiré des Orientaux. On se passa le petit instrument à la ronde, et presque tous les invités suivirent son exemple. Il est étonnant combien l'apparence et l'expression de tous les visages, principalement des plus beaux, s'altéraient immédiatement. Je reconnaissais à peine mon frère, qui certainement ne se serait pas soumis à cette espèce de tatouage, s'il n'avait pas cru qu'il lui serait facile de le faire disparaître bien vite; mais, à son grand déplaisir, il se passa plusieurs jours avant que les marques noire s'effaçassent, et encore, il fut obligé pour cela de se frotter longtemps et avec persévé-

[1] Jérémie : ch. IV, v. 30.

rance. Hélany, une des servantes, prit la lampe et l'encens dont madame Aumann s'était servie et tint une petite assiette de porcelaine au-dessus de la flamme; de cette manière elle obtint une quantité de suie. Cette suie est ensuite mêlée à de l'antimoine et conservée dans de jolies petites bouteilles, pour être employée dans l'occasion, de la manière qui a été expliquée précédemment.

Les Européens, principalement les demi-Européens, repoussent rigoureusement ces coutumes, qu'ils considèrent comme particulières aux Arabes, mais à la fête de sainte Barbe, ils semblent tolérer ce que, dans d'autres temps ils condamneraient avec sévérité.

Personne ne put me donner la raison de cette fantaisie, ni me rien dire de son histoire ou de son origine, non plus que de ce que sainte Barbe avait à faire avec la germination du grain, le plat sucré, et les douze bougies qui, je suppose, représentaient les douze apôtres. Même le curé du village, à qui je m'adressai le lendemain, ne put me donner aucune explication, et me dit : « C'est une coutume particulière aux chrétiens de l'Orient. » Les Grecs font à peu près de même, le 16 décembre. En consultant « la Vie des Saints, par Butler, j'ai trouvé à la date du 4 décembre, le nom de sainte Barbara, vierge et martyre » honorée avec une dévotion particulière, dans les églises latine, grecque, moscovite et syrienne; mais son histoire est rendue obscure par la diversité des traditions. Quelques-uns prétendent qu'elle était élève d'Origène, et qu'elle souffrit le martyre à Nicomédie; d'autres, au contraire, disent que sa mort eut lieu à Héliopolis, en Égypte, vers l'an 306. Il existait auprès d'Edesse un ancien monastère qui portait son nom.

Je fus surprise de l'enthousiasme et de la fidélité avec lesquels on célébrait cette fête, sans cependant témoigner la moindre curiosité pour en connaître l'origine. En réalité, ils observent toutes sortes de jeûnes et de fêtes, et accomplissent toute espèce de cérémonies, sans s'arrêter à en rechercher la signification. Il leur suffit de savoir que ce sont « d'anciennes coutumes » et les coutumes, en Orient, sont comme les lois des Mèdes et des Perses. Je ne prétends pas que nous soyons en Angleterre tout à fait exempts de ce genre de folie, mais il est beaucoup plus apparent parmi les Grecs et les Latins de l'Orient.

Le samedi, 6 décembre, tandis que j'étais à jouer aux échecs avec Saleh-Bey Abdul-Hady, un de ses serviteurs entra dans le salon et, s'approchant de son maître, lui dit : « Un fils vous est né, seigneur. » Mohammed-Bey et Saleh-Sekhali, qui étaient présents, s'unirent à moi pour féliciter le père, mais il reçut cette nouvelle très-tranquillement et, à ma grande surprise, insista pour finir la partie. Il conserva jusqu'au bout ce calme qu'il avait eu jusqu'alors. Il resta ensuite pour lire tout haut à mon frère un morceau d'ancienne poésie arabe, et ne se retira que longtemps après le coucher du soleil.

Le lundi, 8 décembre, j'allai visiter son harem. Dans la principale chambre, un grand nombre de personnes étaient assemblées ; un lit composé de deux matelas avait été fait dans un coin, sur le plancher, et Helweh, ma favorite, y était couchée. Lorsque je m'approchai d'elle, elle se jeta à mon cou, et fondit en larmes ; mais elle se remit promptement, et me dit : « Soyez la bienvenue, ô lumière de mes yeux ! » Je lui dis doucement : « Vous êtes heureuse, Helweh, d'être mère d'un fils. Où est l'enfant ? » « Je n'ai pas de fils, répondit-elle tristement ; mon enfant est une fille ; on n'en fait aucun cas. »

Je m'assis sur le bord du lit ; elle leva les épaisses couvertures qui étaient à côté d'elle, et me montra un petit corps emmailloté de linge blanc et rouge et de soie cramoisie, dont la tête était couverte de bandeaux et qui avait les paupières noircies avec du kohl. « Quel nom donnerez-vous à votre petite fille? » lui demandai-je. « Le Bey la nommera, répondit-elle, moi je n'ai aucun pouvoir! » « Mais avez-vous fait un choix? » repris-je. « J'aimerais, répondit-elle, qu'elle s'appelât Miriam, parce que c'est votre nom; c'est un beau nom. » « Cela me ferait un grand plaisir, lui dis-je; et votre petit enfant vous ferait toujours souvenir de moi. Je prierai le Bey d'y consentir. » « Oh! alors, répondit-elle vivement, la chose est faite; l'enfant se nomme Miriam. »

Plusieurs femmes étaient assises autour de la chambre, le dos appuyé contre les murs. Après qu'on m'eut apporté le café, et qu'on m'eut préparé un narghilé, la nourrice, femme à l'air étrange, dont les cheveux étaient si profondément teints de henné, qu'ils en étaient devenus d'un rouge tanné, se mit à chanter sur un ton bas et monotone la naissance du premier-né de Helweh, et toutes les femmes battirent la mesure, en frappant dans leurs mains.

Je sus qu'il y avait eu une querelle sérieuse dans le harem, et que, afin de prévenir un malheur, Saleh-Bey avait été obligé de louer une maison séparée pour une de ses femmes, qui était allée l'habiter avec ses enfants et ses servantes.

Peu de temps après, je retournai chez moi, où je trouvai Saleh-Bey; je lui demandai s'il avait vu son enfant nouveau-né. « Non, me dit-il, l'usage ne me permet pas de le voir, non plus que sa mère, avant que sept jours soient écoulés. » Il ajouta: « J'ai appris que vous désiriez que l'enfant fût appelée Miriam; cela suffit, et je suis consolé d'avoir une fille au lieu d'un fils, puisqu'elle portera votre nom. Si, dans trois ans, vous voulez vous charger d'elle, et l'élever comme on vous a élevée vous-même, je me trouverai très-heureux. »

Il me dit ensuite que le messager qui lui avait apporté la fausse nouvelle de la naissance d'*un fils*, savait parfaitement que c'était *une fille* qui lui était née; mais, ajouta-t-il, dans ce pays, le monde est tellement sot, que mon serviteur était honteux de m'annoncer en public la naissance d'un enfant du sexe féminin, car ce n'est point un honneur que d'être père d'une fille [1].

Il m'assura que, quant à lui, il était exempt de ce préjugé, quoique certainement il fût plus fier de ses fils que de ses filles. Cela était naturel, car il pouvait élever les premiers selon ses idées et son jugement, tandis que les autres étaient pour lui un sujet de grandes perplexités. Il était convaincu que la civilisation d'un pays dépend beaucoup du caractère et de la position des femmes, et il avait des notions éclairées et libérales sur l'influence heureuse que peut exercer l'éducation et la liberté dont elles jouissent; mais il ne savait par où entrer dans la voie des réformes. Il faisait sagement observer que tout changement soudain serait dangereux, et produirait plus de mal que de bien. — C'est un sujet sur lequel, moi aussi, j'ai réfléchi souvent et sérieusement, et j'ai trouvé qu'il était difficile d'arriver à une conclusion pratique.

Pour que la réforme d'un système ou d'une institution repose sur des fondements solides, et qu'elle soit sûre et du-

---

[1] Ce préjugé existe non-seulement parmi les Musulmans, mais encore parmi les Chrétiens nés dans ce pays, et l'on m'a assuré que les mêmes idées dominent dans le sud de l'Italie. Miss Cobbe, dans un article sur *Les femmes en Italie*, 1862, écrit : « Une dame anglaise qui avait longtemps habité Naples et avait épousé un Napolitain, m'a dit que, jusque dans ces derniers temps, c'était la coutume parmi les classes les plus pauvres de pendre un petit drapeau noir à la fenêtre de la chambre où une fille venait de naître, pour s'épargner la pénible nécessité de dire à ceux qui viendraient le sexe infortuné de l'enfant qui était venu au monde. »

rable, il faut qu'elle s'accomplisse naturellement, et qu'elle vienne de ceux qu'elle intéresse le plus. Des femmes comme mon amie Helweh, pourraient beaucoup pour l'amélioration de la manière de vivre dans les harems, et des hommes comme Saleh-Bey, seconderaient et encourageraient de pareilles tentatives.

Il me semble que tout ce que nous pourrions faire, serait de sympathiser avec les femmes musulmanes, d'essayer d'éveiller et de développer en elles leurs sentiments les plus élevés, de les aider à comprendre qu'il est en leur pouvoir de grandir et de régner, et de les encourager à exercer ce pouvoir, et à penser sérieusement. Cela peut se faire sans le secours des livres, et sans les fatiguer, en leur enseignant de nouveaux mystères et de nouveaux dogmes. Nous pourrions les amener insensiblement à comprendre et à reconnaître ces lois d'amour, si anciennes et si universelles, que le Christ a déclaré être le fondement de toute religion;— « Le Seigneur notre Dieu est le seul Dieu..... Aime-le de toute ton âme, de tout ton cœur, de toutes tes forces et de toute ta pensée, et aime ton prochain comme toi-même. Fais cela, et tu vivras. »

Des paroles comme celles-là n'exciteraient ni colère, ni opposition, et elles deviendraient de jour en jour plus claires et plus intelligibles pour quiconque les prendrait véritablement pour guide et pour règle de sa vie.

En s'efforçant sincèrement d'obéir à ces simples lois, en y rapportant toutes leurs actions et toutes leurs pensées, les femmes, enfermées dans leurs harems, deviendraient chrétiennes, quoiqu'elles pussent continuer à être appelées musulmanes. Alors, leurs filles apprendraient, dès l'enfance, à aimer Dieu avec une respectueuse confiance, et à contribuer au bonheur de tous ceux qui les entoureraient. Leurs fils, dont le cœur et l'esprit seraient naturellement ennoblis et agrandis, arriveraient à l'âge d'homme, en honorant et en respectant celles qui leur auraient enseigné ces principes.

Ainsi, par degrés, les femmes pourraient être émancipées sûrement et sans danger, et les harems, aux portes desquels on veille avec le plus de jalousie, seraient graduellement convertis en intérieurs de famille éclairés et heureux. Le caractère de toute la nation pourrait ainsi être modifié ; mais toute tentative ou toute influence qui viendraient du dehors, échoueraient infailliblement, si les préjugés religieux, ou les anciennes coutumes du peuple, étaient directement attaqués ou condamnés, car un dangereux esprit d'indignation et d'antagonisme s'élèverait immédiatement. Tout ce que nous pouvons faire, c'est d'exhorter les Musulmans à penser plus sérieusement, et de tâcher d'éveiller en eux l'esprit de vérité, qui les amènera à condamner toutes ces pratiques et ces coutumes, dont il est ennemi, mais que nous ne pourrions, ni par nos paroles, ni à force de volonté, leur faire abandonner. Il est même probable qu'ils les défendraient avec plus d'obstination que jamais si l'on s'avisait de les attaquer. « C'est par le bien qu'il faut vaincre le mal. »

Des missionnaires, dans l'acception du mot, éprouveraient de grandes difficultés à pénétrer dans les harems. Je ne parle pas des hommes, car l'entrée leur en serait absolument interdite ; mais des sœurs de charité, ces femmes si persévérantes, si courageuses et si capables — qui sont établies, en différents endroits de la Syrie, dans des couvents latins, où elles étudient l'arabe — et des femmes si dévouées des missionnaires protestants. Quand bien même elles y seraient admises, elles n'arriveraient à aucun résultat, en enseignant des croyances ou des doctrines, ou en essayant de démontrer que le christianisme est vrai, et que l'islamisme est faux — que la Bible est une révélation divine, et le Coran un mensonge — que le Christ est le Fils de Dieu, et que Mahomet est un imposteur. Tout cela ne toucherait pas les cœurs, et n'impressionnerait point l'esprit des femmes musulmanes, qui ne sont sensibles qu'aux faits matériels. Mais quiconque les aidera à se relever, et à réformer leur vie intérieure, contribuera indirectement à la consolidation et à la puissance de la Turquie, comme nation, car les hommes seront plus vigoureux et plus nobles de cœur quand les femmes seront devenues libres.

Le 13 décembre, juste une semaine après la naissance de ma petite Miriam, je fis une autre visite au harem de Saleh-Bey. Je le trouvai rempli de monde, car c'était un des jours de félicitation. Avant même d'entrer, j'entendis le son d'un tambourin et les voix des femmes qui chantaient. Lorsque je fus amenée, il y eut un silence qui dura une ou deux minutes, et l'on me fit place pour que je pusse m'approcher d'Helweh. Elle était dans un coin, appuyée sur des coussins; elle avait l'air délicat, mais plus jolie que jamais. Elle était très-élégamment habillée; elle avait dans les cheveux un bouton de rose et une rangée de perles. Ses paupières étaient nouvellement bordées de kohl, et ses mains étaient teintes de henné. Son visage rayonnait de joie, et avait une expression frappante de résolution, de tendresse et d'ardeur, quand elle remit entre mes bras la petite créature emmaillotée, qui était devenue mon homonyme. Je m'assis à côté d'elle. Une esclave se leva, et plaça sur mes genoux un petit matelas mince, pour que je pusse y poser l'enfant[1].

Pendant ce temps, le tambourin avait recommencé à se faire entendre, et la principale cantatrice chanta un impromptu, où elle appuyait principalement sur ce fait, que l'enfant avait été nommée par moi, faisant entendre qu'il

---

[1] Les nourrices se servent communément de ces matelas, qui sont ou brodés ou recouverts en soie.

était d'un bon augure pour elle d'avoir obtenu mon amour et ma protection dès le moment même de sa naissance. Ce furent ensuite des chants à ma louange, avec d'extravagantes comparaisons, mais si pittoresques, si remplies d'images, qu'elles me faisaient penser au Cantique des Cantiques de Salomon. Une troisième femme chanta une espèce de prière pour moi, ou plutôt des souhaits pour ma prospérité. Dans ce chant elle dépeignit avec enthousiasme le plus grand bonheur qui existe dans les idées de l'Orient, — les délices d'une mère, qui, dans sa jeunesse, ouvre les yeux sur son premier-né, et, dans sa vieillesse, se voit entourée des enfants de ses enfants. — Il y avait une émotion passionnée dans ses paroles, et toutes les femmes présentes semblaient la partager. Je ne pense pas que ce fût une improvisation, c'était plutôt un de ces anciens chants, inédits, que les chanteurs se transmettent d'une génération à l'autre, et qu'elle avait arrangée selon les besoins de la circonstance.

On dansa ensuite, et il y eut des chants spéciaux en l'honneur des différents hôtes, à mesure qu'ils arrivaient. La chambre était chaude, étouffée, et remplie de fumée; car toutes les femmes étaient pourvues de narghilés; je fus heureuse de sortir et de respirer l'air frais du dehors.

Le jour de Noël, dès le matin, les principaux Musulmans de Haïfa vinrent au consulat pour nous saluer, et nous souhaiter d'heureux retours de la « *Eid-el-Miladi* », « la fête de la Nativité. » Environ quarante personnes vinrent et restèrent assez longtemps pour prendre le café, fumer un narghilé ou une chibouque, et goûter de nos confitures. Saleh-Bey et Yassin-Agha restèrent après les autres, et le premier me dit qu'il avait envoyé sa femme Heïweh et la petite Miriam à Arrabeh, pour les faire changer d'air, parce que toutes deux n'étaient pas très-bien. J'appris avec surprise qu'il avait laissé partir la petite fille sans l'avoir regardée une seule fois. Plus tard dans la journée, après qu'on eût célébré la grand'messe dans l'église latine, nous reçûmes les visites de la population chrétienne.

Le 2 janvier 1857, le docteur Kolle, un Allemand, arriva à Haïfa, sous les auspices de la Société des Missions de l'Église anglicane, et j'eus le plaisir de recevoir sa femme, qui était Anglaise, et sa petite fille. Il y eut une menace d'excommunication faite par les églises contre quiconque oserait louer une maison au nouveau missionnaire. Néanmoins on en trouva une excellente, dont le propriétaire nous dit : « Cela me vaudra probablement d'être excommunié ; mais, s'il en est ainsi, je me ferai instruire dans la religion anglaise; et le nouveau prêtre me recevra dans sa communion. »

L'arrivée du docteur ne produisit en général aucune sensation dans la ville, car il menait une vie studieuse et retirée. Il avait été très-malade, à Damiette, d'une fièvre chaude, et on l'avait envoyé à Haïfa pour reprendre des forces et apprendre l'arabe. Il étudiait cette langue laborieusement dans les livres, et non en fréquentant les gens du pays, ce qui rendait sa tâche doublement difficile[1].

Le 20 janvier, mon frère invita les plus instruits d'entre les Arabes, quelle que fût leur croyance, à se réunir, le soir, au consulat; son but était de former une société dont l'objet serait la vulgarisation des connaissances utiles, telles que l'enseignement des arts, des sciences, et de l'histoire de la civilisation. Ce projet fut accueilli avec empressement, et mon frère fut élu président. Le consul de France, M. Aumann, prononça le discours d'inauguration devant une nombreuse assemblée, le mercredi suivant. Il parla énergiquement des facultés de l'esprit humain, des avantages des

---

[1] Le docteur Kolle et sa famille quittèrent Haïfa après y être restés environ deux ans et demi.

études et des recherches scientifiques, et il rappela avec beaucoup d'éloquence l'histoire passée de l'Orient, sa grandeur, ses connaissances, et l'influence intellectuelle et morale qu'il avait exercée sur le reste du monde.

Il y eut des sujets que l'on étudia avec une véritable ardeur, tels que les éléments de géographie, les voyages de découvertes, l'histoire générale, et la naissance et les progrès de la civilisation dans les différentes contrées. Quelques membres s'occupèrent avec un intérêt particulier de l'histoire des arts et des manufactures. Je n'assistai jamais à aucune de ces réunions; j'avais l'habitude de me retirer dans ma chambre quand le président prenait possession du fauteuil.

Un soir, comme à l'ordinaire, j'avais quitté le salon, et j'étais occupée à écrire un exercice arabe, lorsqu'on frappa à ma porte. C'était Yassin-Agha, l'un des Musulmans les plus riches et les plus influents du pachalik. Il s'excusa de me déranger, et me dit : « Je vous supplie de me permettre d'entrer et de fumer ma pipe auprès de vous, afin que je puisse vous demander conseil sur un sujet de grande importance. » Je lui dis que j'étais prête à l'entendre, et, après avoir refermé la porte, il prit un siège, et me dit : « Je désirais beaucoup vous parler; il y a maintenant deux mois, vous êtes venue à ma maison; pourquoi avez-vous cessé d'y venir? » Je répondis : « Depuis la mort malheureuse de votre femme, il n'y a plus personne chez vous pour me recevoir, et c'est pour cela que je n'y vais plus. » — « C'est précisément ce que je pensais, me dit-il, mais je viens maintenant vous demander de me rendre un grand service. J'ai l'intention de prendre une autre femme, et je désire avoir votre avis. Il y en a une à qui j'ai pensé, — vous la connaissez, — et je voudrais que vous me dissiez si elle est bonne et si elle est belle. C'est la fille de Saley-Bey-Abdul-Hady, et son nom est Asmé. » — « Dans tous le pays, répondis-je, je ne pense pas qu'il y ait une jeune fille plus belle et plus agréable qu'Asmé. »

J'avais fait son portrait, qui était très-ressemblant, et je le montrai à Yassin-Agha. Il en fut enchanté, et pendant qu'il le regardait, il me dit : « Quelle est sa taille? Parle-t-elle avec douceur? Quel est son âge? Sa mère vous connait-elle bien? » — Je dis : « Oui. » — « Alors, reprit-il, elle doit avoir confiance en vous, Dites-lui, je vous prie, combien je désire avoir sa fille pour femme ; dites-lui tout ce que vous pourrez pour qu'elle prenne de moi une opinion favorable; dites-lui que j'ai une belle maison neuve; dites-lui que ma femme vivra comme une princesse. Si vous faites cela pour moi, je serai votre esclave à tout jamais. J'ai un désir ardent d'épouser cette jeune fille. Parlez aussi à son père Saleh-Bey. Faites-le venir ici pour jouer aux échecs avec vous, mais ne pensez pas au jeu; ne pensez qu'aux moyens de m'obtenir cette jeune fille. Saleh-Bey suivra vos conseils. »

Lorsqu'il eut terminé cet appel pressant à mes sentiments, il commença à se calmer, en fumant sa chibouque. Je lui dis que j'avais besoin de réfléchir avant de lui promettre de parler en sa faveur, mais que je m'informerais d'abord si Asmé n'était point déjà fiancée ou promise. Je savais qu'un de mes amis musulmans avait eu autrefois la pensée de la demander, et je le questionnai à ce sujet, je sus alors qu'il avait abandonné ce projet.

Peu après, j'allai au harem de Saleh-Bey; tout m'y paraissait changé, maintenant que Helweh et ma petite Miriam n'y étaient plus. La première femme, la dame turque, me reçut d'une manière très-aimable, et ses filles furent très-affectueuses et très-gentilles dans l'accueil qu'elles me firent. J'appris avec certitude, dans le cours de la conversation, que Asmé était fiancée à son jeune cousin, le fils de Mohammed-Bey-Abdul-Hady, d'Arrabeh, et que le mariage devait se faire très-prochainement. Le fiancé n'avait que seize ans.

De retour à la maison, j'envoyai chercher Yassin-Agha, pour lui faire part de ma découverte, afin qu'il renonçât dès lors à son projet.

CHAPITRE XIV

L'anniversaire de la Naissance de la reine. — Fête-Dieu. — Le Bahjeh. — Furrah Giammal et sa lettre d'amour. — Lebibeh dans son nouvel intérieur. — Carmella et sa domestique africaine. — Contraste entre les femmes de Damas et celles de Haïfa. — Pastrina. — L'hiver à Jérusalem. — Surreya-Pacha. — On numérote les maisons de Jérusalem. — Influence des Russes en Palestine. — Le docteur Levisohn et le *Pentateuque* samaritain. — Visite du prince Alfred. — Les réfugiés d'Arrabeh. — Une demande de protection. — Dakhal. — Les prisonniers d'Arrabeh. — Le gouverneur demande mes protégés. — Sa bienveillance. — L'on saisit les jeunes garçons et on les emmène à Akka. — Mes adieux à Haïfa. — Miss Fremer. — Un bateau à vapeur russe. — La fête du grand-duc Constantin. — La bénédiction de l'évêque. — Fête en l'honneur des pèlerins. — Le Démétrius. — Le juif d'Alep. — Collision. — Timidité de Rabbi-Shaayea. — « *Hallo, Jack!* » — Le capitaine et Salomon. — Disparition de Shaayea. — On le cherche sans succès. — Enquête officielle à ce sujet.

Après Pâques, nous pûmes jouir assez fréquemment de la société des voyageurs anglais qui s'arrêtaient de temps à autre dans le voisinage, soit sous leurs tentes dressées parmi les arbres hors de la ville, soit au couvent du mont Carmel.

Le 22 avril, le beau petit yacht *Sylphide* arriva, et resta pendant plusieurs semaines à l'ancre à Haïfa. Je passai plus d'une fois des heures délicieuses à son bord. Le capitaine Leyland, qui était propriétaire de ce yacht, y avait véritablement établi ses pénates, car il était accompagné de sa femme, de sa fille avec sa gouvernante, de son fils avec son précepteur, et du docteur Antony, médecin et photographe amateur.

Le dimanche, 24 mai, qui est le jour de naissance de notre reine bien-aimée, se trouva être aussi le jour de la grande fête mahométane du Baïram, qui suit le long et fatigant jeûne du Ramadan. La petite ville de Haïfa était, en conséquence, pleine d'une gaieté inaccoutumée ; chacun avait revêtu ses plus beaux habits, et le yacht *Sylphide*, ainsi que le vaisseau de guerre anglais *Desperate*, qui se trouvait alors dans le port, étaient couverts de drapeaux et de banderoles. On eût dit que Akka était de nouveau assiégé, car les coups de canon tirés des remparts à intervalles très-rapprochés, enveloppaient la ville de nuages de fumée, et retentissaient sourdement, à travers la baie.

Nous célébrâmes la fête le jour suivant. Le drapeau britannique fut salué dès l'aurore, et les visiteurs se succédèrent sans interruption jusqu'au soir. Juifs, Chrétiens, Musulmans, Druses, gens de la ville, paysans et marins, natifs de l'Europe, de l'Asie, de l'Afrique et de l'Amérique, vinrent nous féliciter et prononcer une bénédiction sur notre reine et une prière pour son pays.

Le jeudi, 11 juin, il y eut une grande procession en l'honneur de la « Fête-Dieu. » Les moines et les prêtres du mont Carmel, et presque tous les consuls, assistèrent à cette cérémonie. Les Musulmans n'y firent pas la moindre opposition, quoique une telle démonstration n'eût jamais eu lieu à Haïfa. On pria mon frère de hisser le drapeau anglais à cette occasion, et de permettre que ses kawass, *quoiqu'ils fussent musulmans*, marchassent devant les prêtres pour frayer le chemin, avec ceux des autres consulats européens. Mon frère s'y refusa poliment, mais avec fermeté ; on ne prit pas son refus en mauvaise part, et la demande ne fut pas réitérée.

Dans l'après-midi, nous allâmes, à cheval, tout le long de la plage, autour de la baie, jusqu'à Akka, et, de là, au « Bahjeh », « *le Jardin des Délices* », à vingt minutes environ de la ville. Cet endroit, un des plus jolis du pachalik, était autrefois le harem d'Abdallah-Pacha, qui employa des artistes grecs et italiens pour satisfaire ses idées de confort et de splendeur.

Cette propriété appartient maintenant à M. Girgius Giammal. Lui et sa famille occupent la grande villa, bâtie dans le style italien, et située au milieu du jardin, où les cyprès et les pins s'élèvent au-dessus des orangers, des citronniers et des acacias, et où abondent les fruits et les fleurs. J'avais fait connaissance avec les dames de cette famille d'abord à Jaffa, et je leur avais rendu visite à leur maison de ville à Akka. Les messieurs nous avaient souvent rencontrés à Haïfa, et ils m'avaient invitée à venir au « Bahjeh »; mon frère m'y laissa donc, tandis qu'il faisait une tournée dans l'intérieur du pays, qui avait été récemment agité par la guerre civile.

Les Arabes qui ont eu beaucoup de rapports avec les Européens et qui ont reçu une sorte d'éducation européenne, adoptent très-souvent nos mœurs et nos coutumes et semblent avoir honte des leurs, mais ce n'était pas le cas dans la famille de M. Giammal, et, quoique plusieurs de ses membres fréquentassent assez souvent les Anglais, ils n'avaient abandonné presque aucune des habitudes orientales, soit dans leurs costumes, soit dans leurs mœurs. Furrah, la plus jeune des sœurs de Girgius, avait été élevée par les missionnaires américains, à Beyrouth; elle parlait l'anglais avec facilité, mais avec des tournures de phrases et des expressions orientales qui donnaient à tout ce qu'elle disait un charme particulier, et elle était du petit nombre des jeunes filles arabes qui pouvaient lire et écrire leur propre langue. Elle était fiancée à un excellent homme fort instruit qui demeurait alors à Haïfa. Il était Arabe et ne savait parler que sa langue, mais il la connaissait à fond, et ma jeune amie jouissait du rare avantage de pouvoir correspondre avec lui sans le secours d'un secrétaire.

Une après-midi, tandis que je me promenais avec elle dans le jardin des roses, elle me montra un petit poëme, sous forme de lettre, qu'il lui avait adressé, et dans lequel il se plaignait d'être resté plusieurs jours sans recevoir de ses nouvelles.

Furrah est maintenant une heureuse femme, une heureuse mère, et j'espère qu'elle me pardonnera de placer ici une traduction de la lettre qui ce jour-là fit briller la joie sur son visage. Je l'écrivis alors sur mon livre de notes, aussi exactement que je le pus, après qu'elle eût eu la complaisance de me la lire en arabe, deux ou trois fois, m'expliquant soigneusement en anglais la signification de chacun des mots que je ne comprenais pas. (Ne vous fâchez pas, Furrah!) La lettre était datée de Haïfa, 15 juin 1857 :

O mon cœur ! où es-tu ?
Tais-toi, ô mon cœur, aie patience dans ta douleur.
Vois, Dieu donna à Job la patience !
J'ai appelé Furrah, mais Furrah reste silencieuse ;
J'ai parlé, mais elle ne m'entend pas.
Pourquoi mes paroles restent-elles sans réponse ?
Si on ne lui permet pas d'écrire,
Qu'elle descende dans le jardin des roses,
Qu'elle murmure son amour à l'air embaumé.
Je m'assieds sous le palmier,
Et l'air m'apportera son amour.
Le palmier écoute le bouton de rose !
Je me suis assis sous le palmier,
Mais aucun zéphir ne m'a apporté son amour.
Pourquoi son amour refuse-t-il de répondre au mien ?
Mon amour est grand. Si elle voyait ma souffrance,
Elle en aurait pitié ! Son extrême douceur
Ne pourrait me causer tant de peine !
Grand est mon amour ! S'il s'adressait au Sakhara,
Le grand et merveilleux rocher de Sakhara,
Il se briserait en mille pièces.

> Grand est mon amour! S'il s'adressait à la grande montagne,
>   La grande montagne de Pétra,
>   Elle en serait tout agitée.
> Grand est mon amour! Si mon cœur s'adressait au soleil,
>   Au soleil de midi,
>   Sa face en serait obscurcie.
> Grand est mon amour! Quand mon cœur se réjouira-t-il
>   Avec toi, ô ma Furrah!
>   Furrah! ma véritable joie!

Le mot arabe *furrah* signifie *joie*, et c'était en même temps le nom de la jeune fille à qui les vers étaient adressés.

Le *Sakhara*, auquel ces vers font allusion, est le grand rocher du mont Morijah à Jérusalem, et le magnifique dôme qui le surmonte, le Kubbet es Sakhara (le *Dôme du Rocher*) est presque toujours pris par les voyageurs pour la mosquée d'Omar qui est, en comparaison, un monument très-insignifiant.

En arabe, le soleil est un mot féminin, tandis que la lune est du genre masculin.

Il y avait aussi une strophe sur la lune, mais je ne l'ai pas notée au moment, et je ne me la rappelle plus.

Il y avait au service de M. Giammal plusieurs jeunes filles abyssiniennes fort agréables. Elles portaient leurs pittoresques habits de fête en étoffe de laine écarlate, avec des colliers d'argent, des anneaux aux chevilles et des bracelets de verre aux bras. Des tarbouches rouges et des mouchoirs de mousseline aux brillantes couleurs ornaient leur tête.

Un jour, je les vis toutes animées d'une grande joie, et l'on n'entendait dans la maison que des paroles d'actions de grâce et de félicitations. J'en demandai la cause, et j'appris qu'une jeune esclave, louée par M. Giammal, venait d'être mise en liberté. Elle appartenait à une dame arabe, veuve, qui résidait à Akka. Cette dame venait d'arriver au « Bahjeh, » et avait donné la liberté à son esclave, lui apprenant, en même temps, qu'elle avait fait un testament en sa faveur.

La pauvre fille fut d'abord comme inondée de bonheur et d'étonnement, mais elle se mit à trembler à l'idée de l'isolement et de la responsabilité qui la menaçaient. Elle demanda à sa maîtresse si celle-ci pourrait l'aimer tout autant qu'auparavant, et elle ajouta : « J'aimerais mieux conserver votre amour que d'avoir ma liberté. » La dame lui expliqua qu'elle devenait vieille, qu'elle ne pourrait plus longtemps veiller sur elle, et que c'était la pensée d'une mort prochaine qui l'avait déterminée à donner la liberté à sa jeune esclave.

Furrah me dit que cette jeune fille avait eu la fièvre au printemps de cette année, et que sa maîtresse était venue d'Akka, avait passé deux nuits au chevet de son lit, et n'avait pas voulu la quitter avant qu'elle fût entièrement rétablie.

La jeune fille resta au service de M. Giammal. Le seul changement qui se fit dans sa position fut que ses gages durent être payés à elle-même au lieu d'être remis à son ancienne maîtresse. Quelques jours après, je la questionnai sur ce qu'elle éprouvait. « Je suis libre et je me sens très-heureuse, me répondit-elle, mais je ne sais pas ce qui me rend si contente. Je suis la *même* que j'étais; je travaille et je vis comme auparavant; mais tout le monde dit qu'il vaut mieux être libre. »

Vendredi soir, le 17 juin, mon frère arriva et me dit qu'il fallait retourner à Haïfa le lendemain, d'aussi bonne heure que possible, afin de partir pour Beyrouth, par le premier bateau à vapeur, parce qu'il avait reçu l'ordre d'aller gérer le vice-consulat, pendant quelques mois, à la place de M. Moore, qui se rendait en Angleterre.

Je passai ensuite une quinzaine de jours à Haïfa, pendant lesquels je fus très-occupée et dont j'employai les derniers à prendre congé de mes amis : il y en avait plusieurs que je ne devais jamais revoir.

A quatre heures et demie du matin, le 4 juillet, un grand nombre de personnes, juifs, chrétiens et musulmans descendirent avec nous jusqu'au lieu d'embarquement au milieu des rochers, et nous suivirent des yeux tandis que nous glissions doucement sur les flots dans une petite barque arabe qui devait nous mener jusqu'au steamer autrichien. Nous étions accompagnés du consul français et de Mohammed-Bey, qui montèrent à bord et ne nous quittèrent qu'au dernier moment.

Pendant que les devoirs de mon frère le retenaient à Beyrouth, j'eus l'occasion de visiter le mont Liban et d'apprendre l'histoire des habitants des montagnes, — les Druses et les Maronites. Mon frère m'aida à comprendre les complications et l'aspect menaçant des affaires, car dès lors il prévoyait que, tôt ou tard, les montagnes deviendraient le théâtre d'une guerre civile, — mais je ne veux pas traiter ici ce sujet.

Nous ne retournâmes en Palestine qu'au mois de novembre. Nous arrivâmes dans la baie d'Akka au lever du jour, et ce fut avec plaisir que nous revîmes la chaîne du Carmel, ainsi que le couvent aux blanches murailles, dont chaque fenêtre réfléchissait avec un éclat éblouissant les premiers rayons du soleil levant. Nous fûmes bientôt descendus dans un petit bateau arabe; et les sombres bois de palmiers, les florissants vergers et la ville de Haïfa semblèrent s'élever de la mer, comme par magie, pour nous recevoir, tandis que nous approchions rapidement du rivage. Combien je fus heureuse d'y aborder de nouveau, et surtout de revoir les visages bien connus de mes amis, et d'entendre retentir en plusieurs langues des paroles de bienvenue et de franche affection!

Mais je trouvai dans ces lieux beaucoup de changements, — des morts, des naissances, des mariages, des arrivées et des départs, — de vieilles maisons abattues, et de nouvelles maisons bâties. Saleh-Bey-Abdul-Hady, avec qui j'avais l'habitude de jouer aux échecs, était parti avec sa famille pour s'établir à Arrabeh, et j'appris avec un profond regret que son enfant, ma petite homonyme Miriam, et sa mère, mon amie Helweh, étaient mortes toutes deux; l'enfant d'abord, puis la mère, peu de temps après. Deux des fils de Saleh-Bey étaient au collége français à Antûra, près de Beyrouth.

Un de nos voisins, le signor Luis Catafago, un veuf, était le plus riche et le plus influent des chrétiens arabes de Haïfa. Plus instruit dans la littérature arabe qu'aucun autre habitant du pachalik, il savait en outre l'italien et le français, et il vivait presque à l'européenne. Ses fils étaient élevés au collége et s'habillaient comme des Européens; mais ses petites filles étaient tout à fait orientales. Il s'était remarié pendant notre absence; sa nouvelle femme était de Damas. La renommée de sa beauté et de son amabilité s'était répandue dans le pays, et le signor Luis résolut de faire tous ses efforts pour obtenir sa main. Il partit pour Damas, emportant avec lui de riches présents : des étoffes de soie de Lyon, — tissées d'or, — des perles et des bouquets de diamants. Il réussit dans sa recherche, et ramena chez lui en triomphe sa jeune épouse Lebibeh; il avait soixante ans, et elle n'en avait que seize. Lebibeh n'avait jamais eu aucunes relations avec une société européenne ou demi-européenne; mais, avec sa grâce naturelle, elle s'accoutuma promptement à sa nouvelle maison et à sa nouvelle vie.

J'allais souvent la voir. Elle était le type le plus parfait de la femme chrétienne de l'aristocratie orientale, sans aucune nuance d'innovations européennes. La femme de l'aristocratie musulmane est tout à fait différente et d'un ordre très-inférieur; elle est relativement barbare dans son luxe et sa splendeur.

Le visage de la jeune épouse me plut extrêmement. C'était un pur ovale, avec un teint d'un doré transparent, qui paraissait presque blond, relevé par des nattes d'un noir brillant; des yeux *violets* et de longs cils noirs. Sa bouche était petite et bien dessinée : il est très-rare de voir une bouche délicate parmi les femmes arabes; les jeunes filles ont souvent de jolies lèvres, mais une fois qu'elles sont mariées, leur bouche se déforme et s'épaissit.

La première fois que j'allai chez Lebibeh, c'était un jour de fête chrétienne. Elle était habillée dans le style moderne de Damas. Ses pantalons étaient longs et très-larges, en étoffe de soie rose, avec une étroite broderie d'or de chaque côté. Sa veste de velours violet, richement brodée, était courte, avec des manches étroites, et tout à fait ouverte sur le devant, laissant voir une petite chemisette de crêpe lilas qui cachait à peine sa poitrine. Autour du cou et sur le devant de cette chemisette était brodée en fil d'or et en caractères arabes, une sentence appelant une bénédiction sur celle qui la portait; cette broderie formait un bel ornement de deux pouces de large. Lebibeh portait un collier de très-grosses perles orientales, au milieu duquel pendait une croix de diamants. Ses cheveux noirs étaient séparés et divisés en quatorze nattes grecques, longues et droites. Chaque natte était tressée avec des rubans de soie noire pour ajouter à son poids et à sa longueur; elle se terminait par de petits pendants de perles et d'or.

Sa coiffure consistait simplement en un petit morceau de crêpe lilas, gracieusement arrangé, et rattaché avec des bouquets de diamants, d'émeraudes et un bouton de rose. Autour de sa taille elle portait un châle de fine mousseline blanche, brodée d'or. Elle me montra son trousseau et ses ouvrages à l'aiguille. Elle était très-habile dans tous les genres de broderie, et faisait elle-même tous ses modèles avec goût et précision. Elle se servait d'un très-joli métier de bois noir, incrusté de nacre de perle et d'ivoire.

Dans les jours ordinaires, Lebibeh ne portait que des mousselines françaises ou des étoffes imprimées de Manchester; mais elle paraissait toujours élégante, et généralement elle avait des fleurs dans sa coiffure, soit une rose, soit un œillet, ou un petit bouquet d'immortelles.

Je l'ai toujours trouvée dans sa chambre particulière, assise sur des coussins, ayant devant elle son métier à broder, et avec la plus jeune de ses belles-filles, Carmella, charmante enfant de trois ans, qui se roulait sur le divan, à ses côtés. La bonne de la petite fille était une esclave africaine, rieuse et de bonne humeur, habillée de jaune et de rouge, avec des pièces d'or autour du cou, de grands anneaux aux doigts (chacun d'eux était un talisman contre la magie), des bracelets de verre sur ses bras noirs et nerveux, et de brillants ornements autour de ses chevilles. Elle portait sur le derrière de la tête un tarbouche de drap écarlate, duquel pendait un long gland de soie bleue, attaché par un croissant doré.

À l'un des côtés de son large nez, se voyait une belle turquoise, montée en argent, qui formait la tête d'un clou d'argent, épais et court, fixé dans un trou percé à cette intention dans l'une des ailes du nez[1].

Cette fille avait toujours quelque chose de comique à me dire lorsque j'arrivais, et inventait sans cesse les plus drôles de contes pour amuser les enfants. Elle admirait beaucoup sa jeune maîtresse, et paraissait la considérer comme sa pro-

---

[1] C'est une coutume très-ordinaire, et j'ai vu souvent de pauvres filles enfoncer dans ces trous des clous de girofle en guise de joyaux. Un clou de girofle artificiel en or, renfermant une perle qui forme la tête du clou, est un *bijou de nez* très à la mode. Ces *clous de nez* sont portés par les plus jeunes filles, et très-*fashionables;* les femmes plus âgées les remplacent par des anneaux.

priété personnelle, comme une chose très-précieuse qu'elle mettait ses délices à caresser, embellir et protéger.

Si-Lebibeh ne parlait que l'arabe, et ne savait pas lire; mais elle était réfléchie, intelligente, spirituelle, et je me suis toujours beaucoup plu dans sa société. Elle était membre de l'Église latine.

Il y avait un an qu'elle était à Haïfa, lorsqu'elle me dit un jour : « Ma sœur, il ne faut pas que vous jugiez le caractère et les habitudes des femmes arabes sur ce que vous voyez ici et dans le voisinage; car, à Damas, mon pays, et à Alep, elles sont bien plus civilisées, quoiqu'elles ne soient nullement devenues Européennes. Je ne trouve ici aucune compagne semblable à celles que j'ai laissées à Damas. Ici, presque toutes les femmes arabes, chrétiennes ou musulmanes vivent comme des paysannes et sont très-ignorantes. Elles se tatouent et se peignent d'une manière barbare; elles couvrent leur tête de lourds ornements d'argent qui ne sont bons que pour la tête des chevaux. Elles ne tiennent proprement ni leurs maisons, ni elles-mêmes, ni leurs enfants. Je ne puis me lier avec elles, et le peu d'entre elles qui ont eu l'occasion d'apprendre quelque langue étrangère et qui se sont mariées dans des familles européennes ou demi-européennes ont presque cessé d'être Arabes. Elles préfèrent l'italien ou le français à la langue que leur ont enseignée leurs mères, et je me sens également séparée d'elles. »

Mais un bonheur inattendu était réservé à Lebibeh. Peu de temps après cette conversation, sa mère quitta Damas et vint vivre avec elle, pour l'aider à soigner son fils, premier-né, Yusef. Lorsque je fis ma visite de félicitations, je trouvai la jeune mère dans une extase de joie qui lui ôtait presque la parole; mais la grand'mère était éloquente en faisant l'éloge du petit garçon emmailloté, qui dormait dans un berceau de bois de noyer, incrusté d'ivoire et de nacre de perles, et entouré d'un rideau de fine mousseline. La couverture de l'enfant était en velours rouge brodé d'or. Lebîbeh était très-jolie dans sa longue pelisse de drap bleu, doublée et bordée d'une légère fourrure; et elle souriait avec bonheur quand elle s'entendait appeler : « Um Yusef, » — *la mère de Joseph.* « Que la paix soit avec elle ! »

Le premier jour de l'an fut, comme à l'ordinaire, un jour de fête pour tout le monde. Il y eut échange de visites et de bons souhaits depuis le matin jusqu'au soir. La première fois que je passai un jour de l'an en Syrie, je fus surprise d'entendre nos domestiques et ceux de nos voisins, ainsi que tous les Arabes des classes les plus pauvres, nous saluer du mot : « Bastrina ! » Je vis ensuite que c'était un usage répandu sur toute la côte, et que la personne qui vous adresse cette parole s'attend toujours à un présent de quelques piastres, qui lui est rarement refusé. Cette coutume est vraiment un impôt sur les gens qui ont une position élevée dans les villes du Levant.

Je ne pus pas deviner l'origine de cette coutume, ni la signification de ce mot. Les Arabes disent : « Allah sait d'où est venu ce mot; il est très-ancien, mais certainement il n'est pas d'origine arabe. » Je m'informai parmi les Européens; mais je n'en obtins aucun éclaircissement. Un *Essai sur les beaux-arts*, par E. L. Tarbuck, me fit penser que cette coutume est un reste du culte païen, et que le mot *bastrina* se rapporte aux offrandes que l'on avait coutume de faire à la déesse Strenia. Nous ne pouvons pas espérer que les païens qui ont embrassé le christianisme abandonnent tout d'un coup leurs premières croyances et leurs anciennes coutumes. Macaulay dit : « Le christianisme a conquis le paganisme; mais le paganisme a infecté le christianisme; les rites du Panthéon ont passé dans son culte, et les subtilités de l'Académie dans ses dogmes. » Bien des coutumes païennes furent adoptées par la nouvelle Église. T. Hope dit dans son *Essai sur l'architecture* : « Les saturnales se perpétuèrent dans le carnaval, et les offrandes à la déesse Strenia dans les étrennes de la nouvelle année. » A ceci je puis ajouter que, sur les côtes de Syrie, on les appelle *bastrina*; la préfixe *ba* signifie, en arabe, *à cause de*, *pour l'amour de*, *pour*, *par*.

Au mois d'avril, nous visitâmes Nazareth et son voisinage avec M. J. Lewis Farley, qui a fait un récit de cette tournée dans son *Voyage en Syrie*.

En juillet, nous allâmes à Esfia, village druse dans la chaîne du Carmel. J'y restai quelque temps, pour jouir de l'air frais de la montagne, et je fus très-bien reçue par les habitants. J'eus d'excellentes occasions de connaître les particularités et les mœurs du pays; mais j'espère parler avec plus de détail de ces villages druses dans une autre occasion, en même temps que de ceux du Liban et du Hauran.

Au mois d'août, mon frère alla à Jérusalem, avec l'espérance de revenir au bout d'une semaine; mais il y fut retenu plus longtemps par ses fonctions. Je restai seule à Haïfa; et, comme il m'avait toujours mise à même de comprendre ses occupations, ainsi que les principes qui le guidaient dans ses actes, j'eus le plaisir de pouvoir, pendant son absence, lui servir d'agent dans la plupart de ses affaires. La responsabilité et beaucoup de travail m'empêchèrent de sentir l'ennui ou de souffrir de la solitude; et je suis heureuse de pouvoir rendre ici témoignage à la respectueuse bienveillance et aux bons sentiments dont firent preuve envers moi les Arabes chrétiens ou musulmans, ainsi qu'à la courtoisie amicale des Européens, tandis que je me trouvais sans protecteur.

En novembre, je me rendis à Jérusalem, et j'y passai l'hiver à l'hôtel d'Angleterre. Ce fut pour moi une triste saison; le Rév. J. Nicolayson était mort, miss Creasy avait été cruellement assassinée; mes amis du consulat soignaient, sans espérance, un enfant malade dont ils eurent à pleurer la perte avant la fin de l'année; enfin, mon frère fut attaqué d'une fièvre dangereuse. Dans son délire, il ne cessait de me dire adieu, me répétant à chaque instant qu'il « était mort, » et qu'il ne pourrait être en repos jusqu'à ce qu'il me sût saine et sauve parmi les miens en Angleterre. Mais ces terribles jours, ces cruelles nuits prirent fin; grâce aux bons soins et à l'habile traitement du docteur Edward Atkinson, la fièvre céda, et la nouvelle année commença pour nous sous de meilleurs auspices.

Je fus surprise de la rigueur du froid à Jérusalem. Deux fois je vis la ville couverte de neige; mais le soleil l'eut bientôt fondue, ne laissant que quelques festons de glace sur les bords des dômes et des coupoles exposés au nord. Beaucoup de nouveaux bâtiments s'élevaient en dehors des murs de la cité. De grands terrains avaient été achetés par la Russie[1], la France et l'Autriche, et des écoles étrangères, des hospices et d'autres établissements devaient y être fondés.

Notre ami, Kamil-Pacha, n'était plus à Jérusalem; Surreya-

---

[1] Les maçons et les entrepreneurs sont très-occupés dans le Meidan (la plaine du côté nord de Jérusalem), dont une portion appartient à la Russie, et contient seize mille mètres carrés entourés d'un mur de pierre. Plusieurs maisons y ont été bâties, quatre grandes citernes creusées pour avoir de l'eau.

« Une cathédrale dédiée à la sainte Trinité s'est élevée comme par enchantement, et est prête maintenant à recevoir ses coupoles. Une grande maison pour la mission ecclésiastique russe est presque terminée. Un hôpital, qui recevra dix lits, est arrivé au premier étage; le second étage sera fini cette année. On a creusé les fondations d'un asile qui pourra recevoir trois cents pèlerins.

« Dans l'intérieur de la ville, le terrain appartenant à la Russie, près du Saint-Sépulcre, a été déblayé de tous les décombres dont il était couvert, à la hauteur de trente-cinq pieds. On a trouvé en creusant la terre des piliers et des portiques du temps de Constantin. Avant la fin de l'année, un asile pour les pèlerins russes sera commencé. » — *Jérusalem*, août, 1862.

Pacha lui avait succédé. C'était un homme d'un caractère entièrement différent. Il n'avait pas autant de sympathie pour les Européens. C'était un strict musulman, qui tenait les mosquées et tous les lieux saints religieusement fermés devant les infidèles et qui entretenait autour de lui un esprit de fanatisme. On convenait cependant que c'était à beaucoup d'égards un habile gouverneur, aussi énergique que vigilant. On disait qu'il n'acceptait pas de présents, mais qu'il augmentait régulièrement les impôts. La plupart de ses prédécesseurs avaient agi d'après ce principe qu'il est plus commode de recevoir des présents que de faire payer l'impôt.

Pour faciliter la répartition des taxes de Jérusalem, Surreya-Pacha avait fait numéroter toutes les maisons, et l'on voyait maintenant de grands numéros arabes sur les portes. Il n'y avait pas comme dans les villes d'Europe des divisions en rues et en quartiers, mais les numéros commençant par les unités, s'élevaient jusqu'aux centaines, jusqu'à ce que chaque demeure quelque obscure qu'elle fût, eût sa marque particulière. On fit ensuite un registre de tous les noms des propriétaires et des habitants.

C'était tout à fait une nouveauté, et l'on me dit que jamais jusque-là, la moderne Jérusalem n'avait été systématiquement numérotée. Les plus basses classes parmi les Arabes considéraient cette mesure comme devant porter malheur et se montraient très-mécontents; d'autres disaient que c'était un *procédé tyrannique*. Esaïe, xxii, 10, dit d'un ton de reproche: « *Vous avez fait le dénombrement des maisons de Jérusalem.* »

Nous quittâmes la sainte Cité au mois de janvier, et nous traversâmes à cheval les collines de Judée et les plaines du pays des Philistins, dont plusieurs endroits étaient dangereux, à cause des eaux qui y séjournaient en larges flaques et rendaient le sol marécageux ; mais notre guide connaissait bien la route, et nous arrivâmes sains et saufs à Jaffa, à temps pour nous embarquer sur un steamer russe, qui nous conduisit à Haïfa.

Notre petite ville croissait rapidement en importance; beaucoup de grandes maisons avaient été bâties dans l'année, et, en dehors du mur occidental, s'élevait un hameau que les Européens appelaient le faubourg du mont Carmel. Une belle église avec une grande coupole venait d'être achevée pour la congrégation catholique grecque ou melchite.

Le gouvernement russe avait obtenu un firman qui lui accordait la permission de construire une jetée à Haïfa, et le signor Pierotti, architecte et ingénieur au service de la Russie, autrefois capitaine du génie dans l'armée Sarde, vint inspecter les travaux, qui fournirent de l'emploi à un grand nombre de gens, et donnèrent beaucoup d'activité à la ville. La jetée fut faite en bois, et coûta au gouvernement russe au-delà de trois mille livres (75,000 fr.) Il n'y a pas un lieu de débarquement semblable sur la côte de Syrie, et il est d'un libre accès pour tous les peuples, sans taxe ou péage d'aucun genre.

Un hospice attenant à l'église grecque était en voie de construction. Quand tous ces travaux furent finis, le signor Pierotti se rendit à Nazareth, pour y inspecter la construction d'une église grecque. Il est maintenant architecte du pacha de Jérusalem.

Lorsque je demandai la raison pour laquelle le gouvernement russe faisait la dépense de bâtir une jetée et un hospice à Haïfa, puis un autre hospice à Nazareth, les employés russes et les turcs, en apparence très-satisfaits, me répondaient invariablement : « C'est pour le service des pèlerins grecs, qui viennent chaque année, en grand nombre, afin de visiter les Lieux Saints. » Mais il y avait des Européens qui haussaient les épaules d'un air soupçonneux et disaient : « Peut-être la jetée n'a-t-elle été construite que dans l'intérêt de l'Église grecque, mais néanmoins elle serait très-commode pour débarquer des troupes. Peut-être les hospices n'ont-ils été bâtis que pour abriter les pèlerins, mais ils feraient d'excellentes casernes pour des soldats. » Quant aux Arabes, ils étaient en général tout à fait contents ; ils disaient : « Dieu est bon ! » « Les Franjis ont de longues bourses. » D'autres disaient : « Dieu sait ce que ces choses présagent ! » Puis ils se remettaient à fumer silencieusement leur pipe.

L'influence russe augmente partout. Une ligne de bâteaux à vapeur du gouvernement a été établie sur la côte de Syrie, et ils se rendent à Haïfa deux fois par semaine. Nous étions ainsi fréquemment en contact avec les capitaines et les officiers russes, et nous les trouvions aimables, bien élevés et d'un esprit libéral. En général, la Russie est fort bien représentée, et les consuls, presque toujours, connaissent et parlent parfaitement les langues étrangères, ce qui les rend indépendants des interprètes du pays, et leur fait éviter les disputes et les mésintelligences qui naissent très-souvent des intrigues ou des méprises des drogmans consulaires.

L'empereur de Russie a des agents chargés de rechercher avec soin toutes les anciennes productions littéraires de la Syrie. On a mis à contribution pour lui tous les monastères, et c'est ainsi que les premiers manuscrits des évangiles et des épîtres ont été retrouvés. D'après les pressantes instances et les offres de la Russie, les Samaritains ont été amenés à se défaire de plusieurs précieuses copies manuscrites du Pentateuque. Le fac-simile de l'un de ces manuscrits a été fait (et reproduit par la lithographie à Jérusalem en 1864), par le docteur Levisohn, qui s'est entièrement dévoué, pendant quelque temps, à la littérature samaritaine. Il lit dans cette langue si peu connue, aussi facilement que le prêtre Amran, le lévite. L'or de la Russie a été largement répandu pour des œuvres semblables, qui intéressent le monde entier, et qui enrichissent toutes les bibliothèques de l'Europe. Le docteur

Levisohn publiera sans aucun doute, la découverte qu'il a faite de certaines variantes qui existent entre les versions hébraïques et samaritaines des lois de Moïse, et qui n'ont pas encore été mentionnées par les commentateurs.

Au mois de mars, on reçut l'ordre de balayer et de nettoyer les principales rues de Haïfa, afin qu'elles fussent en état de recevoir Son Altesse Royale le prince Alfred, qui avait débarqué à Jaffa et, de là était allé à Jérusalem, à Hébron et à la mer Morte, ou « Bahr Lutt, » c'est-à-dire la « *mer de Lot.* » Il revenait par l'intérieur à Haïfa, pour s'embarquer sur un vaisseau l'*Euryalus*, qui était dans le port depuis plusieurs jours. Le pacha d'Akka ordonna à tous les officiers qui lui étaient subordonnés de se tenir prêts pour aller avec lui au-devant du jeune marin royal, qui venait de Tibériade par Shefa-Amer et qui arriva à Haïfa, avant le coucher du soleil, le 4 avril 1859, avec le commandant et plusieurs des principaux officiers de l'*Euryalus*. Il était accompagné du consul, M. Finn, et de mon frère.

Le jeune prince fit une favorable impression sur tous ceux qui eurent le bonheur de le voir en Syrie. Chacun avait quelque chose à dire à la louange de sa figure franche et ouverte, de ses yeux bleus, brillants et pénétrants, ou quelque trait à raconter de son bon sens et de sa bonté.

Ceux qui avaient accompagné Son Altesse Royale dans sa tournée en Palestine, parlaient de sa gaieté, et de son caractère vif et entreprenant, de la vivacité de son intelligence, et plus encore de sa prompte et complète soumission à son gouverneur et son ami, le major Cowell. Il était singulièrement actif et se livrait avec un extrême plaisir à tous les exercices du corps, jouissant infiniment de la liberté de la vie sous la tente. Il ne sacrifiait jamais ses aises à la représentation, à moins que l'étiquette ne l'y obligeât; par exemple, s'il arrivait qu'un Mutsellim lui envoyât un cheval richement caparaçonné avec une selle couverte d'ornements et de broderies, il le montait seulement pendant quelques minutes, dans quelque grande occasion, pour reconnaître la politesse qui lui avait été faite, puis il revenait à sa simple selle anglaise. Lorsqu'il se rendit à Hébron, il montait par devoir et en grand apparat un des chevaux favoris du pacha. Des centaines de gens s'étaient réunis pour lui rendre hommage, et il répondit à leurs salutations avec beaucoup de grâce et de gaieté; puis sautant à bas de sa selle magnifique, il traversa la foule pour arriver à l'endroit choisi pour le campement, prit un gros marteau et se mit à enfoncer les pieux des tentes, avec un entrain qui remplit d'étonnement les cérémonieux Orientaux. Une des chaloupes du vaisseau fut portée à dos de chameau, de Jaffa à la mer Morte, afin que Son Altesse Royale, qui aime beaucoup à aller en barque, pût jouir du plaisir de ramer sur ses lourdes eaux. Il navigua aussi sur le lac de Tibériade.

Le mercredi, 6 avril, le royal aspirant de marine explora Akka, et ensuite rejoignit son vaisseau, pour se rendre à Beyrouth. C'était le premier prince anglais qui eût visité la terre sainte, depuis le temps des Croisades.

Le dimanche, 17 avril, dans l'après-midi, mon frère et moi, nous lisions ensemble au vice-consulat, lorsque nous fûmes interrompus par la brusque entrée d'un grand esclave noir et de six jeunes garçons musulmans. Ils fermèrent soigneusement la porte, aussitôt qu'ils se virent tous en sûreté dans la chambre. Ils paraissaient effrayés, fatigués, agités, comme s'ils cherchaient à échapper à un grand danger. Les garçons s'attachèrent à nous, baisèrent avec ardeur nos mains et nos vêtements, et s'écrièrent : « Ana dakhaliek! Ana dakhaliek[1]! »

---

[1] « Ana dakhaliek » peut difficilement se traduire dans notre langue. Cela signifie « je suis votre protégé. » Parmi les Bédouins, il y a une ancienne loi appelée la loi de « Dakhal. » Un prisonnier échappé, ou un

Je reconnus immédiatement ces jeunes garçons pour les fils et les neveux de mon ancien ami Saleh-Bey-Abdul-Hady. L'esclave, qui était avec eux, m'expliqua, en quelques brèves paroles, que Arrabeh avait été assiégé par les troupes turques, aidées des factions Jerrar et Tokan, et que la famille Abdul-Hady, se voyant hors d'état de défendre la ville, Saleh-Bey avait renvoyé ses fils, pour qu'ils cherchassent un asile à Haïfa. Les garçons étaient persuadés que s'ils pouvaient seulement arriver au vice-consulat anglais, ils y seraient en parfaite sûreté. Ils avaient échappé à plusieurs dangers sur la route, et l'esclave termina son récit, en disant : « Grâce à Dieu, j'ai vu ces enfants en sûreté sous le toit de monseigneur, leur protecteur ! » Et il se hâta de partir, avant que nous pussions lui répondre.

Les pauvres garçons étaient très-fatigués. Ils s'étaient étendus sur le tapis, près de moi, et deux d'entre eux s'étaient attachés à ma robe, qu'ils tenaient fortement, en répétant : « Ya habeebee ! ya sittee Inglesi ! (*O bien-aimée ! O dame anglaise !*) Vous nous protégerez — vous ne nous laisserez pas mettre en prison — vous ne nous renverrez pas ! »

Ils observaient avec anxiété la physionomie de mon frère, tandis qu'il me parlait en anglais, car ils ne savaient pas ce qu'ils pouvaient craindre ou espérer. Ils me disaient : « Par-

homme en danger d'être pris par son ennemi, peut, d'après cette loi, se réfugier sous la tente d'un Arabe, même dans le campement d'une tribu ennemie. Il entre dans la tente, se saisit de la robe de celui qui l'occupe, et s'écrie : « Ana dakhaliek ! » Il devient ainsi un « dakhiel, » un protégé. Un véritable Arabe défendra son « dakhiel » au péril de sa vie. La loi de « Dakhal » n'est cependant en pleine vigueur que parmi les tribus qui par leur force ou leur position géographique sont indépendantes du gouvernement turc. Chez ces tribus, un homme qui trahirait son dakhiel serait déshonoré pour la vie. L'expression « Ana dakhaliek » est employée par les Arabes des villes comme un terme d'affection exprimant une entière confiance et un parfait abandon.

lez au consul pour nous. Dites de bonnes paroles pour nous, ô madame ! »

Nous ordonnâmes qu'on leur préparât promptement à manger; ils entendirent cet ordre, et l'un d'eux s'écria : « Nous ne pourrons pas manger, jusqu'à ce que le consul nous ait donné l'espoir de sa protection. »

Mon frère répondit alors : « Je ferai pour vous tout ce que je pourrai, mes enfants. Mangez maintenant, et que la paix soit avec vous. »

Tandis qu'ils mangeaient, mon frère me rappela qu'il lui était défendu par la loi de protéger un sujet turc; mais, comme ces garçons étaient trop jeunes pour être personnellement coupables, il était décidé à écrire à ses supérieurs, le consul et le consul général, pour les informer de ces circonstances, et les consulter sur ce qu'il devait faire. Il ajouta : « Nous prendrons soin de ces jeunes garçons jusqu'à ce que je reçoive des instructions à leur sujet; et nous pouvons espérer que Saleh-Bey sera en état de prouver qu'il n'a pas trempé dans cette rébellion. »

Il mit ce plan à exécution, et dépêcha un messager à Beyrouth et à Jérusalem. Peu après, ainsi que nous nous y attendions, le gouverneur vint avec des soldats pour réclamer les jeunes gens, comme prisonniers. Mon frère lui fit connaître sa décision, et le gouverneur se retira poliment; mais il posta une sentinelle près de la porte du vice-consulat, pour conduire en prison ceux des garçons qui s'aventureraient à sortir de la maison. Cette surveillance fut cependant abandonnée au bout de peu de jours.

Nous donnâmes une chambre à ces jeunes gens; lorsque nous sortions, ils s'y enfermaient eux-mêmes en dedans, et ne se hasardaient à ouvrir la porte, qu'après avoir entendu notre voix. Quand ils savaient que j'étais seule à la maison, ils me disaient : « Peut-être le gouverneur viendra-t-il et essayera-t-il de vous décider à nous abandonner, — mais vous serez ferme et forte en notre faveur. — Vous ne nous laisserez pas conduire en prison, — même s'il vous le demandait cruellement. » Ils m'apprirent que leur sœur Asmé était morte bientôt après son mariage; « et peut-être, ajoutèrent-ils, sommes-nous maintenant les seuls vivants de notre famille. »

Le vendredi, 22, vers midi, le son du tambour et de grandes exclamations m'attirèrent à la fenêtre, et je frissonnai en voyant un régiment d'infanterie turque traverser Haïfa. Il venait d'Arrabeh, la ville avait été prise, et ces soldats avaient joui du privilége du pillage pendant une heure ou plus. On disait qu'ils s'étaient emparés de pipes ornées de pierreries, de pièces anciennes en or, de colliers, de chaines, de coiffures, et d'autres objets de prix. Ils paraissaient féroces et barbares, excités, comme ils l'étaient, par le succès et la joie du butin. Ils étaient chargés d'une troupe de prisonniers enchaînés, qu'ils conduisaient aux galères d'Akka.

A cette vue, les pauvres garçons furent plus affligés et plus alarmés que jamais, car ils n'avaient encore pu apprendre avec certitude quel était le sort de leurs parents, quoiqu'on assurât qu'ils s'étaient échappés, et qu'ils étaient au delà du Jourdain.

On disait que la ville avait été détruite, toutes les femmes et tous les enfants mis à mort avec barbarie, et presque tous les hommes tués ou faits prisonniers. Nous ne découvrimes que quelque temps après que ceci était, pour la plus grande partie, une exagération orientale. Les pauvres garçons restaient dans la terreur, le doute et l'inquiétude; ils ne pouvaient savoir s'ils étaient ou non orphelins. Le plus jeune d'entre eux, qui avait déjà onze ans, me dit un jour : « Si mon père a été tué, que Dieu m'accorde de vivre jusqu'à l'âge d'homme, pour que je puisse venger sa mort. » Il était difficile d'apaiser ces malheureux enfants ou de leur répondre.

Il y avait quelques autres réfugiés d'Arrabeh dans la ville, mais tous furent bientôt faits prisonniers, et conduits à Akka. Mes petits protégés, ou *dakhiels*, comme on les appelait, semblaient être oubliés. Mon frère les transporta dans une maison voisine, où il les remit aux soins d'un Musulman.

Le vendredi, 6 mai, dès que la poste fut arrivée, mon frère me remit mes lettres d'Angleterre, et sortit. J'étais absorbée dans la lecture de ces lettres, lorsque la porte s'ouvrit tout à coup, et quatre de mes petits protégés, se précipitant dans la chambre, sautèrent sur le large divan, où j'étais assise. Deux d'entre eux passèrent derrière moi, et jetèrent leurs bras à mon cou, tandis que les deux autres essayaient de se couvrir avec le pan de ma robe. Tous criaient et tremblaient violemment, ne pouvant que répéter, au milieu de leurs sanglots : « Ana dakhaliek ! Ana dakhaliek ! »

Avant que je pusse apprendre d'eux la cause de leur effroi, le gouverneur, suivi de deux officiers et de quelques soldats armés, entra dans la chambre. Les jeunes gens jetèrent de véritables cris de terreur et de désespoir, en s'attachant à moi plus fortement que jamais. Je me levai à moitié, et priai le gouverneur de prendre un siège à mon côté. Les soldats restèrent en rang devant la porte, et les officiers s'assirent près d'eux. Après avoir échangé quelques paroles de politesse, le gouverneur me montra l'ordre qu'il avait reçu de s'emparer des jeunes garçons ; ceux-ci pleuraient si douloureusement que je ne pus m'empêcher de pleurer aussi, et que le gouverneur lui-même paraissait ému.

Je dis avec autant de calme qu'il me fut possible : « Dites-moi, monseigneur, où l'on veut conduire ces enfants ? » —

« A Akka, me répondit-il, devant Son Excellence le pacha, ô madame. » Les garçons s'écrièrent : « Nous n'irons pas à Akka, à moins que la dame anglaise, notre protectrice, ne vienne avec nous! Vous pouvez nous tuer ici, mais vous ne pourrez nous séparer d'elle. » Ils en dirent beaucoup plus, mais je ne pouvais pas les comprendre, tant ils parlaient avec véhémence, et tous à la fois.

Je tâchai de les calmer, et je leur demandai où étaient les deux autres. « Ils sont prisonniers, me dit l'aîné. Nous étions ensemble, quand nous avons entendu les pas et les voix des soldats. Nous avons sauté d'une haute fenêtre dans la rue, pour venir auprès de vous ; mais mon plus jeune frère est tombé et s'est cassé le pied, de sorte qu'il ne pouvait courir ; lui et son cousin, qui était resté pour lui porter secours, ont été pris par les soldats, mais nous avons échappé et nous sommes venus ici. »

Le gouverneur parla alors avec bonté aux enfants, et leur dit : « Vos frères sont tout à fait en sûreté. Venez avec moi, et je vous conduirai près d'eux. Ne pensez pas que vous soyez mes prisonniers ; je serai pour vous comme un père, et vous serez mes fils. »

Mais les garçons refusèrent toute consolation. Ils savaient qu'une récompense avait été offerte pour la capture de leurs parents, vivants ou morts, et ils n'avaient ni confiance ni espoir dans aucun officier turc.

Le gouverneur aurait bien voulu les sauver, si cela eût été en son pouvoir ; mais, comme il me le disait, il n'en était pas le maître, et son devoir était de les conduire à Akka.

J'avais déjà expliqué aux garçons que mon frère ne pouvait leur offrir qu'une protection temporaire et conditionnelle ; mais ils avaient une confiance enfantine et sans bornes dans mon pouvoir et ma volonté de les sauver, et ils furent remplis d'étonnement lorsque je leur dis, aussi tendrement que je le pus, qu'ils devaient se soumettre au gouverneur et aller avec lui. Les larmes et les sanglots recommencèrent, et je me sentis tout à fait accablée. J'essayais de me soustraire à leurs embrassements, mais ils me suppliaient avec passion de ne pas les abandonner. L'un d'eux me dit : « Demandez au gouverneur de vous donner notre petit frère, qui est malade ; demandez qu'on vous l'apporte. O mon frère, mon frère ! » — Un autre dit : « Bien-aimée dame, ne nous laissez pas emmener ! Protégez-nous ! sauvez-nous ! »

Ils étaient toujours cramponnés à moi. Le gouverneur se leva. Il y avait des larmes dans ses yeux, et il me dit : « Madame, je ne puis supporter votre douleur. » — Puis, à ma grande surprise, il prit congé de moi, parla avec douceur aux enfants, et se retira suivi de ses hommes.

Mon frère rentra peu de temps après. Il parla d'une manière consolante aux enfants, qui sanglottaient encore, et me dit ensuite : « Nous allons les laisser ici, pendant que nous déjeunerons. » Je le suivis donc sans méfiance dans la pièce voisine. Nous y étions depuis peu d'instants, lorsque j'entendis les pas des soldats, dans la cour de la maison. Je regardai à la fenêtre, et je vis les pauvres garçons auxquels on faisait descendre l'escalier. Ils pleuraient amèrement, mais n'opposaient aucune résistance. Le gouverneur lui-même conduisait l'aîné avec une douce fermeté, et les autres étaient tenus chacun par un soldat. Je les regardai en silence, et ils ne me revirent plus.

Mon frère me dit qu'il avait reçu par la poste un ordre de rendre les jeunes garçons, et qu'il avait espéré pouvoir le faire sans que j'en eusse connaissance. C'était principalement dans la pensée que cet ordre lui serait donné qu'il avait fait sortir ces enfants du vice-consulat, afin qu'ils ne fussent pas emmenés devant moi. « Lorsque je suis rentré, ajouta-t-il, j'ai rencontré le gouverneur, qui semblait très-troublé, et me dit : « *O M. Rogers, je vous en prie ; trompez votre sœur à cause de nous. Les jeunes Abdul-Hady sont avec elle, et je ne puis les lui enlever ; son chagrin est trop grand pour moi. Trompez-la ; laissez les garçons tout seuls, et je reviendrai les prendre.* »

En apprenant ceci, je désirai parler au gouverneur ; mon frère ne s'y opposa pas, et j'envoyai un kawass pour le prier de passer un instant chez moi, avant de partir pour Akka. Il fut assez aimable pour venir en effet, et je lui demandai sérieusement à quel sort il croyait que mes jeunes amis étaient réservés. « A cause de leur grande jeunesse, me répondit-il, et parce qu'ils sont d'une grande famille, je pense qu'ils seront traités avec douceur, et seulement gardés comme otages, jusqu'à ce qu'on les ait rachetés. Je les conduirai moi-même au Pacha, au lieu de les envoyer par des soldats, et j'intercéderai pour eux en votre nom. » —« Voulez-vous, lui dis-je, me donner de leurs nouvelles aussitôt que possible ? » Il le promit, et tint sa parole. Quelques jours après, un homme à cheval vint d'Akka, de la part du Pacha, pour me saluer et pour me dire que les jeunes garçons étaient en bonne santé, bien nourris et bien logés dans un appartement du sérail. Et quoiqu'il ne leur fût pas permis de sortir de la ville, ni même d'aller dans les rues, ils pouvaient se promener sur les remparts, autant qu'ils le voulaient. Ils étaient simplement gardés en otage, et traités presque comme des hôtes. Son Excellence me faisait savoir qu'il avait donné à chacun d'eux des tarbouches et des souliers neufs, ainsi que des vêtements de dessus et de dessous, et qu'il avait juré, par la vie de son fils, que pas un cheveu de leur tête ne serait touché. Je reçus ensuite plusieurs autres messages, qui tous me donnèrent les mêmes espérances[1].

---

[1] Pour compléter le récit de cet incident, je dirai ici que Mahmoud-Bek-Abdul-Hady, après avoir perdu son emploi, par suite de sérieuses

Nous étions très-occupés alors de nos préparatifs pour faire une visite en Angleterre. Nous nous étions arrangés pour y passer les mois de l'été ; mais au moment de partir, le vice-consul se trouva forcé de rester à son poste, et je dus me résigner à voyager seule, car on me rappelait à grands cris dans ma famille.

Tous les steamers autrichiens étaient partis pour grossir la flotte de l'Empereur ; mon frère se proposa donc de me conduire à Beyrouth sur un bateau russe, et là de me mettre à bord d'un navire marchand, partant pour l'Angleterre.

Hanné, ma servante arabe (une fille de la fameuse Angelina) âgée de dix-sept ou dix-huit ans, et qui était avec moi depuis près de trois années, demanda instamment à me suivre, et quand je lui eus représenté que cela n'était pas possible, elle s'écria, avec une éloquence impétueuse et pas-

---

accusations portées contre lui, avait été rétabli, en 1858, dans le poste de gouverneur de Nablous, par Kourshid-Pacha, à cause, disait-on, d'une grosse somme d'argent qu'il avait donnée au Séraï. Mais, en janvier 1859, Mahmoud fut arrêté, sans opposition, et envoyé à Beyrouth, et un Turc, Riza-Bey, lui succéda. En avril, on envoya à Arrabeh une expédition militaire pour arrêter les chefs et les membres factieux de la famille Abdul-Hady, et tous ceux qui étaient impliqués dans les émeutes de Nablous en 1856. Le peuple résista, et la ville fut assiégée par les troupes turques, aidées de deux factions opposées, et également importantes. Il est dans la politique turque d'opposer ainsi les intérêts et les affaires deviennent très-compliquées lorsque les mêmes troupes, qui ont combattu un moment avec et pour une faction, sont ensuite employées à combattre contre elle. La ville d'Arrabeh ne fut pas aussi maltraitée qu'on l'avait dit d'abord ; les étages supérieurs seulement furent détruits. Des officiers turcs les firent démolir, parce que ces chambres élevées, avec leurs tourelles crénelées, qui donnaient à la ville une apparence si pittoresque, avaient été converties en forteresses par les assiégés.

Pour le moment, le pouvoir de la famille Abdul-Hady est détruit ; les chefs sont bannis, mais Saleh-Bek et quelques autres, qui n'avaient pas agi activement dans cette occasion, sont rentrés en faveur ; et les enfants, mes protégés, ont été rendus à leurs parents.

sionnée : « Pourquoi *vous êtes-vous fait aimer de moi,* si vous vouliez me laisser ? Pourquoi m'avoir prise à ma mère et m'avoir appris à aimer les Anglais, si vous vouliez me renvoyer vivre parmi les Arabes ? Je ne puis plus vivre avec les Arabes. » Je n'avais pas tenté de lui enseigner l'anglais, et elle en avait seulement retenu trois ou quatre mots. Elle n'avait en rien changé son costume, mais elle avait su apprécier l'ordre et la propreté ; elle ne pouvait plus songer sans effroi au sol inégal et nu, aux murs noircis par la fumée que l'on retrouve dans toutes les maisons arabes habitées par la classe pauvre.

Je raisonnai avec elle, je lui montrai combien elle pouvait rendre heureux un intérieur arabe, ajoutant qu'elle me rendrait un bien plus grand service en restant à Haïfa qu'en m'accompagnant en Angleterre.

Le 2 juin, elle s'approcha de mon lit, avant le lever du soleil, et m'éveilla en disant : « Ana da khaliek, ya habibi ! » « Le steamer est ici, et le jour de notre séparation est arrivé ! »

Un grand nombre de nos amis étaient déjà assemblés au vice-consulat pour nous dire adieu, et un voyageur anglais était venu du couvent pour nous accompagner jusqu'à Beyrouth.

Nous fûmes bientôt au bord de la mer, au milieu d'une foule bruyante de bateliers, de kawass, de porteurs et de bagages ; car les vice-consuls français et prussien de Haïfa, et le Père-Vicaire du couvent du mont Carmel venaient avec nous.

Je partis dans le premier bateau avec Hanné et quelques amis. J'étais pressée d'arriver au steamer, car je savais que Mademoiselle Frédérica Bremer était à bord. Je la trouvai bientôt dans le salon, et quoique nous ne nous connussions que par correspondance, nous nous abordâmes sans cérémonie. J'eus grand plaisir à lui serrer la main et à entendre sa voix. Elle parlait l'anglais distinctement, mais avec un accent étranger tout à fait musical.

J'étais engagée avec elle dans une sérieuse conversation, lorsque ma femme de chambre, qui pleurait à côté de moi, murmura tout bas : « Quelle est cette étrangère qui me dérobe les derniers moments que j'ai à passer avec vous? Si elle n'est pas votre mère, comment pouvez-vous être si contente quand je suis si remplie de douleur? »

Je tâchai de la calmer, en lui disant : « Cette dame est étrangère ici; elle est mon amie, et voyage tout à fait seule; elle débarquera à Haïfa avec vous. Pour l'amour de moi, tâchez de lui être utile; allez avec le kawass la conduire à la maison du docteur Kolle où une chambre est préparée pour elle. »

Avec sa spontanéité habituelle, Hanné baisa la main de mademoiselle Bremer, en disant : « Je suis votre servante, ô madame. »

Une heure après, je pris congé de mes amis de Haïfa, avec la perspective de nous revoir dans quelques mois, et ce fut avec un mélange d'émotions contraires que je suivis des yeux le petit bateau qui les reconduisait à Haïfa, tandis que le steamer quittait la baie.

Le pont était chargé de pèlerins grecs et russes, hommes, femmes et enfants, qui avaient passé la semaine de Pâques dans la sainte Cité et qui, à leur grande satisfaction, s'étaient baignés dans les eaux du Jourdain. Dans le joli salon, se trouvaient plusieurs passagers français, italiens, prussiens et suédois, que je connaissais pour la plupart, mais il n'y avait pas de dames.

Il y avait peu de temps que nous étions en marche, quand le capitaine du steamer vint à moi et me dit en français : « Mademoiselle, c'est aujourd'hui la fête de notre grand-duc Constantin; avec votre permission, l'évêque de *** la célébrera, et nous serons heureux que vous vouliez bien assister au service. »

Immédiatement après, quatre prêtres grecs en robes noires entrèrent et étendirent sur une table, au bout du salon, « une nappe de lin » sur laquelle ils posèrent un vieux tableau byzantin représentant un sujet sacré. L'auréole qui entourait la tête du principal personnage était de métal doré, et plusieurs pierres précieuses étaient incrustées dans le costume.

Les prêtres tenaient ce tableau avec un grand respect. Ils l'appuyèrent soigneusement, et placèrent devant lui un bassin d'argent rempli d'eau bénite, et trois grands chandeliers avec des bougies de cire dorées et allumées.

Le capitaine et les officiers en grand uniforme, les matelots, l'intendant, les domestiques et la première classe des passagers étaient groupés dans la partie basse du salon, en face de l'autel improvisé.

Ensuite un évêque russe et un archidiacre entrèrent. C'étaient des hommes au regard sérieux et énergique. Ils étaient couverts de très-beaux ornements, comme s'ils eussent dû célébrer le service dans une cathédrale.

Ils avaient de longs cheveux bruns ondés, partagés par le milieu et pendant sur les côtés de manière à se réunir à leurs moustaches et à leur barbe épaisse.

Ils s'agenouillèrent l'un à côté de l'autre devant le tableau, la tête découverte. Un des prêtres assistants mit un grand missel devant l'évêque, qui lut les prières, l'épître et l'évangile du jour, en langue russe; puis un second prêtre prépara un encensoir et le balança pendant que l'archidiacre chantait une litanie. Il commença sur un mode mineur d'une voix basse et plaintive; puis changeant tout à coup, il entonna une mélodie très-simple et plus gaie, et finit par un chant qui ressemblait à des acclamations de joie et de triomphe. Les répons étaient faits avec beaucoup d'entrain, surtout par les matelots; et ces chants évidemment familiers à tous étaient entendus et répétés par les trois cents fidèles qui étaient sur le pont.

L'évêque termina le service en prononçant une bénédiction générale. Il tenait à la main une petite croix qui avait été taillée dans un morceau du rocher de la colline sur laquelle est située Jérusalem. C'est une pierre molle, dont la couleur est à peu près celle du marbre de Sienne. Le capitaine s'avança solennellement et s'agenouilla pour baiser cette croix; alors l'évêque trempa dans l'eau bénite un doigt de sa main droite, dont il fit le signe de la croix sur le large front du capitaine toujours à genoux.

Tous les officiers, puis les marins s'avancèrent à leur tour, avec une dévotion sérieuse et simple pour recevoir cette bénédiction, et M. Aumann, ainsi que plusieurs des passagers, quoiqu'ils appartinssent à l'église latine ou à d'autres, suivit cet exemple.

Ensuite l'évêque alla sur le pont donner sa bénédiction à tous les pèlerins qui s'y trouvaient, et leur faire baiser la croix, tandis que les prêtres les aspergeaient d'eau bénite et balançaient les encensoirs. Lorsque l'évêque passa au milieu de la foule agenouillée, les pèlerins portèrent à leurs lèvres le bas de sa robe, et levèrent les yeux vers lui comme s'ils eussent contemplé un ange descendu du ciel.

Au service succéda une fête *matérielle*. De grandes écuelles de soupe et de viande et des pains furent distribués à tous les passagers du pont, au nom et pour l'amour du grand duc Constantin, frère de l'empereur, tandis que les passagers de la première classe étaient invités par le capitaine à partager un *déjeuner à la fourchette,* arrosé de vin de Champagne.

L'autel temporaire fut promptement enlevé; le tableau reprit sa place au bout du salon [1], et la table fut bientôt couverte de fruits et de fleurs, disposés avec goût. Le capitaine m'offrit le bras pour me conduire à un siége auprès de lui, et le reste de la compagnie suivit. Nous étions vingt-deux personnes, y compris l'évêque et l'archidiacre. On servit un déjeuner russe très-recherché, dont les plats, qui étaient nombreux, se composaient de curieux mélanges. Ceux auxquels je goûtai avaient une saveur piquante et très-singulière.

On proposa un toast pour le grand-duc, et le capitaine pria mon frère d'en porter un, à la mode anglaise, en l'honneur de Son Altesse Impériale. Alors les « hurrah ! hurrah ! » résonnèrent plusieurs fois dans le salon, répétés par des voix russes, françaises, prussiennes, italiennes, suisses, qui se mêlaient étrangement avec des accentuations variées ; et les pèlerins, comprenant ou devinant la signification de ces cris, les entonnèrent à leur tour aussi bien et aussi bruyamment qu'ils purent.

(Je remarquai que presque tous ceux qui étaient à table parlaient facilement le français ; mais je pense que le seul étranger présent qui comprît l'anglais était le savant linguiste, le docteur Rosen, consul de Prusse à Jérusalem.)

Après quelques autres toasts chaleureux et des discours de félicitation, dans lesquels on fit particulièrement allusion à l'Alliance, le piano fut ouvert, et les chants nationaux de Russie, de France, d'Angleterre et de Turquie furent chantés en chœur, tandis que je les accompagnais.

Nous arrivâmes à Beyrouth dans l'après-midi, et, quand nous prîmes congé du capitaine et des officiers du navire, ils nous assurèrent qu'ils n'avaient jamais eu une si agréable traversée sur les côtes de Syrie.

[1] Dans les salons et les cabines des steamers russes, on voit toujours des tableaux représentant les saints patrons ou la sainte famille.

Nous allâmes à l'hôtel de Bellevue avec notre compagnon de voyage anglais. De la terrasse élévée, je vis, après le coucher du soleil, le steamer russe brillamment illuminé. Ses contours étaient distinctement indiqués par des cordons de lumière, et des feux d'artifice se succédaient rapidement sur le pont, tandis que de la résidence de plusieurs marchands grecs de la ville des fusées s'élançaient et sifflaient dans le ciel rouge de la nuit, et que des pluies d'étoiles retombaient avec lenteur en l'honneur du grand duc Constantin. Son Altesse Impériale avait récemment voyagé en Syrie avec la grande duchesse et une suite nombreuse.

Le matin du jour suivant, j'étais dans une belle chambre, éclairée par plusieurs fenêtres, et entourée de rosiers et de lauriers-roses en fleurs, et d'arbres couverts de grandes campanules blanches. Je comparais, avec un touriste anglais, des croquis et des notes de voyages, lorsque mon frère entra et me dit qu'il avait arrêté mon passage sur le *Démétrius*, navire marchand en partance pour Liverpool. J'eus peine à contenir mon émotion et à conserver ma fermeté.

Nous nous rendîmes à bord dans l'après-midi du lendemain, le samedi 4 juin. Je fus présentée au capitaine, un bon, mais rude marin de Sunderland. J'étais la seule passagère de cabine, et, quoique je retournasse dans mon pays et ma famille, je me sentis étrangement désolée quand mon frère eut pris congé de moi et que nous nous éloignâmes des côtes de la Syrie. Mais j'étais résolue à faire de mon mieux pour jouir de ce voyage, et je fus bientôt en bonne intelligence avec le capitaine, qui semblait presque effrayé de la responsabilité qu'il avait acceptée et ne savait qu'imaginer pour assurer mon bien-être. Je lui demandai s'il avait des livres. « Rien que des livres de marin, miss, me dit-il; pas un qui puisse plaire à une jeune dame. » Cependant il me les montra, et je trouvai des guides fort intéressants pour les côtes de la Méditerranée, et qui expliquaient très-bien les grandes cartes que possédait le capitaine. Lorsqu'il vit combien j'en étais satisfaite, il se sentit tout de suite à son aise avec moi, car c'était un vrai marin, enthousiaste de son métier. Il prit la peine de m'expliquer les mouvements du navire et de me faire comprendre quelques-uns des principes de la navigation. Il me montra tous ses instruments nautiques, m'en détailla l'usage, et me promit de me faire connaître ses observations de chaque jour. Le dimanche, la terre était hors de vue. Le capitaine me fit un divan avec des coussins qu'il couvrit d'un pavillon du Royaume-Uni, à l'abri d'une tente dressée sur le gaillard d'arrière.

Les marins du bord étaient des hommes rangés et tranquilles. L'un d'eux, homme qui avait fait lui-même son éducation, employait tous ses moments de loisir à étudier les règles du français, et j'eus le plaisir de pouvoir l'aider, de temps à autre, à surmonter quelques difficultés.

Le lundi matin, 6 juin, nous jetâmes l'ancre dans le port d'Alexandrie, où le *Démétrius* avait à prendre une cargaison de coton. Là tous les passagers du pont débarquèrent, à l'exception d'un Juif d'Alep qui allait à Liverpool. Le capitaine voulant un jour lui donner quelque indication, avant que nous fussions à Alexandrie, s'était aperçu qu'il ne pouvait se faire comprendre, et il me pria de lui servir d'interprète. Je me rendis sur le pont et m'approchai du Syrien solitaire, auquel je n'avais pas fait attention jusque-là, parce qu'il occupait l'autre bout du pont. C'était un homme de trente ans environ, qui paraissait fort intelligent, mais extrêmement timide. Ses vêtements, scrupuleusement propres, étaient du genre de ceux habituellement portés par les habitants respectables des villes arabes. Quand je fus près de lui, je lui dis en arabe : « Dieu vous garde ! » Il tressaillit de surprise,

et, s'inclinant, baisa mes mains avec ardeur, en s'écriant :
« Que Dieu vous bénisse ! que Dieu bénisse la voix qui me
parle en arabe ! Je croyais être seul dans le monde ! » Lorsqu'il apprit que j'allais jusqu'à Liverpool, il dit avec ferveur :
« Dieu soit loué ! Dieu soit loué ! » Après lui avoir annoncé,
de la part du capitaine, qu'on lui avait préparé un endroit
abrité pour coucher, à l'avant du navire, j'entrai en conversation avec lui, et j'appris qu'il allait chez des marchands
syriens de Manchester, auxquels il avait été recommandé;
mais il n'avait jamais vu aucun d'eux et ne connaissait personne en Angleterre. Il me demanda comment il pourrait
trouver son chemin de Liverpool à Manchester et me pria
de l'aider. Il me fit plusieurs questions qui me prouvèrent
qu'il n'avait pas la moindre idée de l'énorme différence qui
existe entre la vie de l'Orient et celle de l'Occident. Il ne
savait pas un mot d'anglais. Il écrivit son nom « *Shaayea
(Isaïe) Ateyas* » en caractères arabes dans mon carnet, et un
ou deux jours après je lui écrivis en anglais et en arabe les
noms des trois marchands de Manchester dont il m'avait
parlé. Je lui donnai aussi une lettre de recommandation
pour un *gentleman* syrien de Liverpool. Depuis ce moment,
quand j'étais sur le pont à lire, à étudier les cartes ou à
dessiner, Shaayea était à côté de moi, et il attendait toujours
avec impatience mon arrivée, me saluant des mots : « Ana
dakhaliek ! » Il me parut savoir très-bien l'hébreu. Il avait
plusieurs livres imprimés et manuscrits, et quelquefois, à
ma requête, il traduisait des passages du Pentateuque hébreu en arabe. Ainsi le temps passait agréablement. Nous
ne quittâmes pas le port d'Alexandrie avant le 10, parce que,
le 7, le *Démétrius* avait été heurté par le *Méandre*, bâtiment
à vapeur français. Notre avant avait été endommagé, la plus
grande ancre emportée, et le grand mât rompu en deux. La
partie supérieure était tombée sur le tillac où j'étais seule

assise. Il s'abaissa aussi lentement que le font les cheminées des steamers quand on les couche pour passer sous les ponts de Londres, et j'eus tout le temps de l'observer et de m'éloigner pour l'éviter. La collision fut très-violente. La proue du *Démétrius* se leva sur le *Méandre*, et s'y logea pendant plus de vingt minutes, ce qui causa beaucoup d'agitation et d'alarme et de grandes allées et venues sur le pont des deux steamers. Le second me dit : « Le *Méandre* s'est fait autant de mal qu'il nous en a fait, miss ! » Il y eut un arbitrage à l'amiable, les réparations furent promptement faites, et le *Démétrius* continua son voyage.

Nous arrivâmes à Malte le 14, et nous passâmes le détroit de Gibraltar le 21. J'avais vu, pendant la traversée, la Méditerranée quelquefois calme et bleue sous un brûlant soleil ; d'autres fois, labourée en profonds sillons qui semblaient vouloir nous engloutir. — Un fort vent d'ouest avait régné pendant plusieurs jours.

Je remarquai que Rabbi Shaayea semblait faible et malade. Je pensai que la nourriture qu'il prenait n'était pas suffisante. Il avait apporté ses provisions, car il ne pouvait manger aucun aliment préparé par des Chrétiens, et il n'avait que du pain et des confitures d'Alep, des citrons, du café et du tabac. Je tâchai de le décider à tuer une volaille et à la faire cuire lui-même ; mais il me dit qu'il ne le pouvait pas, parce qu'il n'avait pas de couteau propre à cet usage[1]. Je lui demandai s'il n'y avait aucun genre de nourriture que nous

---

[1] Tuer les animaux pour s'en nourrir est, chez les Juifs, une affaire de grande importance, et sous l'inspection immédiate du principal rabbin. Les Juifs ne peuvent tuer aucune espèce de bestiaux ou de volailles sans une licence. Cette licence n'est jamais accordée avant que la personne qui la demande n'ait été strictement examinée. Tuer les bestiaux est considéré comme un acte religieux qui exige des connaissances rabbiniques et traditionnelles. Le couteau qu'on doit employer est minutieusement examiné, et quand le boucher sollicite un renouvelle-

pussions lui donner, et qu'il pût manger sans enfreindre la loi. Il me répondit : « J'ai du pain en abondance : cela me suffit. »

Le capitaine était très-tourmenté à ce sujet, et disait souvent de son ton brusque, mais bienveillant : « Je n'aime pas à voir un homme mourir de faim, quand il y a sur le bateau abondance de bonne nourriture. » Et, un jour, comme il assistait à la distribution de la soupe aux pois, il s'écria : « Je voudrais bien, miss, que vous pussiez décider Salomon à manger de cette soupe! — Mais je suppose qu'elle sent trop le porc! »

Le 23, nous étions à la hauteur de Lisbonne; aussitôt que je fus sur le pont, Shaayea vint à moi, se jeta sur ses genoux, et saisissant le bas de ma robe, se mit à pleurer d'une manière pitoyable. Je le relevai, et lui dis : « Qu'avez-vous pour trembler ainsi, Shaayea? » Il paraissait terrifié, et répondit : « Les matelots veulent me tuer; ils me tueront! j'ai peur d'eux! — Dites-moi tranquillement, Shaayea, si quelqu'un vous a fait mal? » Il dit tout bas : « J'ai peur! » — En vérité, Shaayea, repris-je, vous n'avez rien à craindre; je puis vous protéger. Dites-moi ce qui est arrivé. » Il prit son couteau, l'ouvrit, et fit un signe qui indiquait la crainte qu'on voulût lui couper la gorge. Je lui dis : « Fermez ce couteau, Shaayea, et répondez-moi simplement. Quelqu'un sur ce bateau vous a-t-il fait du mal, ou a-t-il essayé de vous en faire? — Non, répondit-il; mais ils me disent des mots terribles; ils me maudissent! — Comment savez-vous qu'ils vous disent de mauvaises paroles, puisque vous ne comprenez pas leur langage? Répétez-moi ce qu'ils disent. » Il allait répondre, mais il regarda d'abord autour de lui, et voyant

---

ment de sa licence, il faut qu'il soumette de nouveau son couteau à l'inspection. La licence est révocable à volonté, soit pour cause de mauvaise conduite, soit pour quelque erreur ou négligence.

tout près un matelot, très-occupé à son ouvrage, il ne voulut plus parler, mais prit mon crayon de ma main et écrivit sur une feuille blanche d'une grammaire hébraïque et italienne les lettres arabes qui représentent les sons : J A K. Je crus que c'était un mot arabe, et lui dis, en le prononçant d'après cette pensée : « Il me semble n'avoir jamais entendu ce mot ; que signifie-t-il ? — Chut ! madame, répondit-il ; ce n'est pas de l'arabe, c'est de l'anglais. » Alors la signification de ce mot, qui m'était si peu familier en caractères arabes, frappa mon esprit, et je ne pus m'empêcher de sourire en prononçant en anglais : *Jack*, avec le véritable accent. Shaayea s'écria : « Oui, oui, madame, c'est le mot avec lequel ils me maudissent continuellement. — O Rabbi ! lui dis-je, ce mot n'est pas une malédiction, ce n'est pas un mauvais mot ; Jack est la manière anglaise de dire : *Yuhanna*. Les matelots ne savent pas que votre nom est Shaayea Ateyas, et ils vous appellent Jack ; ils me donneraient peut-être le même nom si j'étais un garçon. » Il parut satisfait et devint plus calme. Il fuma quelques cigarettes en silence, et suivit des yeux mon crayon pendant que je faisais une esquisse de la belle ville de Cintra. Mais le lendemain matin, le capitaine me dit : « Salomon veut vous parler, je pense, miss ; il est à votre porte, et il a l'air si malheureux ! » J'allai donc à lui avant de déjeuner, et le trouvai plus désolé que jamais. Il me dit que les matelots avaient crié, en le regardant : « Hallo, Jack ! » et tous mes efforts pour le rassurer furent inutiles. Il restait convaincu que c'était une malédiction qu'on avait prononcée. Il me demanda si je n'avais pas eu peur lorsque j'étais restée seule parmi des étrangers sur ce navire ; et il ajouta : « J'ai vu le consul vous quitter ; n'avez-vous pas eu peur alors ? — Non, lui répondis-je ; j'étais affligée de quitter mon frère, mais je n'avais pas peur ; nous sommes en sûreté ici. » Il reprit : « Vous êtes en sûreté, parce que vous êtes parmi vos compatriotes ; mais, moi, je suis Juif, et les matelots chrétiens me maudissent tout haut. » J'essayai de le convaincre du contraire, ajoutant : « les Chrétiens d'Angleterre aiment les Juifs ; notre pays est gouverné, nos lois sont faites par les Chrétiens et les Juifs réunis. Nous avons des Juifs dans nos villes, et les gens de toutes croyances sont en sûreté parmi nous. » Mais il ne se laissa pas persuader, et dès lors il ne voulut plus aller à l'avant du navire ; il restait tout le jour aussi près de moi qu'il le pouvait. La nuit, il dormait dans un petit réduit qu'il s'était fait avec une toile goudronnée entre des balles de coton, et qui était en face de la porte de la cabine. Le capitaine avait la bonté de fermer les yeux sur cette infraction à la règle et de le laisser faire comme il voulait.

Cependant je m'apercevais que la faiblesse et la timidité de Shaayea allaient toujours en augmentant ; mais sa confiance en moi était sans bornes. « Où irez-vous, me demanda-t-il un jour, quand vous aurez débarqué à Liverpool ? — Chez mes parents, à Londres, répondis-je. — Alors, reprit-il, j'irai aussi à Londres ; je veux aller avec vous. »

Je lui dis que cela n'était pas possible, et je lui conseillai de ne rien changer à ses arrangements. « Sans aucun doute, ajoutai-je, vous n'avez pas quitté Alep sans avoir fait tous vos plans ; il faut y persévérer et les mettre à exécution. Vous êtes maintenant faible et timide, faute de repos et d'une bonne nourriture ; mais vous redeviendrez fort et heureux lorsque vous serez parmi vos compatriotes, à Liverpool et à Manchester. » J'avais prié le capitaine et le second d'user de leur influence auprès des matelots pour les empêcher d'effaroucher Shaayea de quelque manière que ce fût, particulièrement par le terrible mot de *Jack*, et je leur parlai aussi à ce sujet ; mais quoique tous eussent de très-bons sentiments à l'égard du pauvre garçon, cette recommandation leur parut une plaisanterie. Je crois pourtant qu'ils prirent quelque soin d'éviter le mot, quoique, au moment de la manœuvre, quand il fallait hisser ou carguer les voiles en toute hâte, un « Allons, Jack, » ou « Gare, Jack, » échappât aux mieux intentionnés. Shaayea n'en continua pas moins à témoigner une crainte extrême des matelots, et me dit que chaque fois qu'un Juif se trouvait seul parmi des Chrétiens, il ne pouvait manquer d'être assassiné. Et il m'en cita plusieurs exemples arrivés récemment à Alep et à Damas. Le capitaine, qui l'appelait invariablement « Salomon, » ne manquait jamais de le saluer d'un ton de bonne humeur et de bonté, mais toujours d'une voix très-haute et dans un anglais mêlé de quelques mots français qu'il savait ; il semblait croire qu'il suffisait, pour se faire comprendre d'un étranger, de parler très-haut dans une autre langue que la sienne.

C'est là, probablement, ce qui faisait supposer à Shaayea que le capitaine était fâché contre lui. Il me disait souvent : « Je vous prie, ô madame, de demander au capitaine qu'il me pardonne ! » Et, à ma requête, le capitaine venait à lui d'une manière amicale, lui tapant sur l'épaule, et lui disant : « Courage, mon vieux ; vous ne mangez pas assez ; » ou, si c'était le soir : « Allons, égayez-vous, Salomon ; cela ira mieux demain ; dormez, dormez. »

Un soir, le 25 juin, Shaayea me surprit étrangement en me déclarant qu'il était chrétien. « Pour quelle raison, lui demandai-je, dites-vous que vous êtes chrétien ? » Et il m'étonna plus encore, en me répondant : « Pour l'amour du Messie ; » et il ajouta : « Dites, je vous prie, au capitaine que je suis chrétien, et il ne sera plus en colère contre moi. » Je lui assurai de nouveau que le capitaine n'était pas et n'avait jamais été en colère contre lui ; que musulman, chrétien ou juif, il était aussi en sûreté sur le vaisseau qu'il le serait à Alep même ; et que s'il pouvait comprendre le capitaine, il verrait combien il était bon. Mais tout fut inutile ; il fallut lui promettre de répéter au capitaine ce qu'il m'avait dit, quoique je visse bien qu'une crainte excessive et mal fondée était le seul motif de sa résolution. Je lui rappelai le courage que David et Daniel avaient montré dans de véritables dangers et leur confiance en Dieu ; je lui dis qu'il pouvait accepter sa nourriture de nos mains sans faire violence à sa conscience en se déclarant chrétien. J'ajoutai : « Je suis sûre que si le rabbi Mussa lui-même pouvait vous parler, il vous dirait : « La paix soit avec vous, Shaayea ; mangez, afin que vous vi« viez. — Rappelez-vous que David et ses compagnons, étant poussés par la faim, mangèrent des pains de proposition. » Il me répondit : « Que Dieu vous bénisse, ô ma protectrice ! » Puis il prit une tasse de café du maître d'hôtel, comme il l'avait déjà fait quelque fois, et fuma une cigarette. Il paraissait plus tranquille qu'à l'ordinaire quand je lui souhaitai une bonne nuit.

Le lendemain, dimanche, 26 juin, quand je vis Shaayea, j'évitai de revenir sur la conversation de la veille, et l'entretins de sujets généraux, tels que le commerce, les produits et les manufactures du nord de la Syrie ; je le priai de m'enseigner l'alphabet hébreu. Cela l'amusa quelques instants, et quand je me fus mise à lire tout bas, il s'assit à côté de moi en fumant et en lisant le psautier hébreu. Nous avions traversé la baie de Biscaye, et, le soir, nous restâmes à la porte de la cabine, regardant le soleil qui se couchait, rouge et brillant, derrière les sombres nuages, étendus sur le vert océan. Shaayea me dit qu'il regrettait que la nuit fût venue, ajoutant qu'il se sentait très-abattu et très-fatigué du voyage. Je lui répondis que dans un jour nous serions à Liverpool, et je lui donnai mon adresse à Londres, le priant de m'écrire de Manchester pour me donner de ses nouvelles, et me dire s'il aimait l'Angleterre, et si je pouvais lui être utile en quelque chose. Il baisa mes mains, et pleura, comme par suite d'une extrême faiblesse. Le capitaine me pria de lui conseiller de coucher cette nuit dans un endroit abrité, parce que la mer était agitée, et qu'il serait probablement mouillé, s'il restait dans une partie exposée du pont. J'en fis part à Shaayea, mais il répondit : « Je ne puis pas aller à l'autre bout du navire ; j'ai peur ! » Il paraissait très-agité, et quand le capitaine rentra dans sa cabine, Shaayea l'arrêta et baisa ses mains et ses pieds avec une grande véhémence. Le capitaine le releva : « Pas de cela, Salomon, dit-il ; allons, soyez un homme ! Remettez-vous. Dormez bien ! »

Il demanda une boisson un peu excitante, et je priai le maître d'hôtel de lui en préparer une, ce qu'il fit.

Vers dix heures, je lui dis : « Il est tard, Shaayea, il faut aller vous reposer ; que la paix soit avec vous ! » Il me dit : « Bonne nuit, ô ma protectrice ! » A quoi je répondis : « Puissiez-vous avoir cent bonnes nuits, ô Shaayea ! » Il ôta ses pantoufles de maroquin, et les plaça soigneusement en lieu de sûreté, puis il s'enfonça dans son réduit, entre les balles de coton, et mit sur lui sa couverture ouatée. — Je ne revis plus le pauvre Shaayea ! — Le lendemain matin, en ouvrant ma porte, j'appelai le maître d'hôtel, et lui dis : « Comment va Salomon ce matin ? » Il me répondit très-tristement : « Je n'en sais rien, miss ; on ne le trouve pas. — Que voulez-vous dire ? — Mais, miss, reprit-il, le capitaine l'a cherché partout, et ne peut le trouver, — et il en est terriblement inquiet, et il a regardé dans tous les trous, dans tous les coins, miss, excepté dans votre cabine. »

Après avoir vérifié ces faits surprenants, je rentrai dans ma cabine, qui contenait deux lits. Le plus bas m'avait toujours servi à déposer mes vêtements ; je tirai d'une main tremblante le petit rideau rouge, espérant et craignant d'y trouver Shaayea; mais il n'y était pas. Le capitaine entra en ce moment dans une grande agitation. Il me dit qu'il avait cherché jusque dans les moindres recoins où un chat aurait pu se cacher; qu'il n'avait jamais perdu homme ou garçon, dans aucune circonstance, et qu'il ne savait que faire. « Mais, demandai-je, qui a vu Shaayea pour la dernière fois? » Après avoir pris des informations, on sut que l'un des matelots qui avaient été de service dans la nuit, se rappelait avoir vu Shaayea, vers minuit, appuyé contre le bord du navire, au delà du grand mât, ce qui lui parut étrange, parce qu'il n'avait jamais vu Shaayea dans cette partie du bâtiment; mais comme il était sans soupçon, il ne s'occupa pas davantage de cette circonstance. Aucune autre personne ne put donner le moindre renseignement sur ce qui s'était passé. Je remarquai que les pantoufles de Shaayea étaient à la place où je les lui avais vu mettre la nuit précédente.

Tout le monde était triste et pensif. Le sentiment général était que Shaayea s'était précipité dans la mer, mais je dis au capitaine qu'il n'était pas probable qu'un Juif eût eu l'idée du suicide, et nous en revînmes à la supposition d'un accident. Le capitaine me pria de faire le tour du vaisseau avec lui, afin que je pusse juger par moi-même s'il y avait quelque endroit par où un passager pût tomber dans la mer involontairement. Après avoir tout examiné soigneusement et fait les recherches les plus minutieuses, je fus obligée, quoiqu'à regret, de conclure que, égaré par la crainte la plus excessive et par une imagination surexcitée, le pauvre Shaayea avait perdu toute conscience de lui-même, et que, soit volontairement, soit sans s'en rendre compte, il s'était jeté dans la mer[1].

---

[1] Je ne savais pas que le trouble et les émotions violentes pussent causer la folie; sans quoi, j'aurais exercé une surveillance attentive et continuelle sur Shaayea, mais je ne supposais pas qu'il courût un

On rassembla tout ce qui lui avait appartenu ; j'aidai le capitaine à en faire l'inventaire, puis on le mit sous les scellés.

Nous arrivâmes aux docks de Liverpool le mardi matin, 28 juin. J'eus un entretien avec l'officier de quarantaine; puis, après avoir inscrit sur son livre, en arabe et en anglais, le nom du passager « *manquant,* » je m'empressai de me rendre à Londres.

Une enquête officielle fut faite sur l'histoire et la disparition du Rabbi Shaayea, par l'ordre du consul turc à Manchester ; et, comme on sut bientôt que j'étais la seule personne, à bord, qui eût causé avec le pauvre garçon, je fus appelée pour rendre compte de tout ce que je savais sur lui. J'avais tenu un journal très-exact de tout ce qui s'était passé pendant la traversée, en sorte que je pus fournir des renseignements qui prouvèrent jusqu'à l'évidence que l'esprit de Shaayea avait été découragé par des craintes sans fondement et de continuelles anxiétés. Je signai une déclaration solennelle de tous les faits mentionnés ci-dessus, en présence d'un magistrat, dont la signature fut légalisée par le consul général de Turquie, à Londres, et le rapport fut envoyé au gouvernement ottoman.

L'histoire du pauvre Shaayea et plusieurs circonstances semblables, dont j'ai été témoin, me prouvent que les Juifs de l'Orient regardent encore une bénédiction ou une malédiction avec un profond sentiment de crainte et de respect : Une bénédiction, prononcée par erreur, ne fût-elle pas déclarée irrévocable par Jacob, et Balak ne pria-t-il pas Ba-

---

danger réel. Je me rappelai ses craintes excessives d'un péril imaginaire, en lisant dernièrement ce fait important ; que « la folie est souvent causée par de brusques et émouvants changements d'existence, et prend la forme soit d'une agitation violente des passions, soit d'un état chronique d'émotion anormale se manifestant par une idée fixe ou un désir unique. » Voir la *Psychologie de Shakspeare,* par Bucknill, p. 133.

laam de « maudire le peuple d'Israël, » paraissant croire qu'une malédiction aurait une sorte d'influence magique et pourrait changer le cours des événements. Le cas de Shaayea est un exemple, entre beaucoup d'autres que je pourrais citer, de la crainte excessive inspirée par les Chrétiens aux Juifs de l'Orient, et principalement aux Juifs de la Syrie septentrionale. C'est la preuve triste et frappante que le christianisme de l'Orient n'est pas ce christianisme conciliant et universel qui a été enseigné par le Christ.

FIN

TABLE DES MATIÈRES

Préface des éditeurs. 1

CHAPITRE PREMIER

De Londres au Levant. — Vue de Jaffa. — Arrivée en Palestine. — La station de quarantaine. — Déjeuner à Jaffa. — Toilette des dames Arabes. — Sit Leah et son premier-né. — Les jardins de Jaffa. — Ai-Wa. — Ramlé. — Les lépreux. — « Le village des Vignes. » — « La fontaine des oiseaux. » — Vue de Jérusalem. — Arrivée à Talibyeh. — La vie sous la tente. 5

CHAPITRE II

Jérusalem. — L'église de Saint-Jean. — Vers luisants. — Le campement de l'évêque Gobat. — La chèvre de Holman Hunt. — Le dimanche sur la montagne de Sion. — Bazars et marchands. — Jeunes filles de Béthanie et de Siloé. — Un fou voyageur. — Constructions mauresques. — Vue de la terrasse du sérail. — Les habitations européennes à Jérusalem. — Domestiques indigènes. — Un ouragan pendant la nuit. — Le couvent de la Croix.. 35

CHAPITRE III

J'apprends l'Arabe. — Course à cheval à Beit-Lahm (Bethléem). — Le couvent et ses sanctuaires. — Le sculpteur de Bethléem et sa famille. — Le voile de Ruth. — *La mère de Joseph.* — La maison et son mobilier. — Note sur un passage de saint Marc. — Les champs de Booz. — Miracles de la grotte du Lait. — Les jeunes filles de Bethléem. — Bédouins en marche. — Les jardins de Salomon. — Urtàs. — Le réservoir. — Aqueducs et routes. — Un remède contre la morsure des moustiques.   54

CHAPITRE IV

L'arc-en-ciel. — Les guêpiers. — La fontaine de Philippe. — Un cheval échappé. — Catherine et ses déceptions. — Départ pour Haïfa. — La jeune fille boiteuse de Kubâb. — Sieste à Ramlé. — L'esclave abyssin. — Le chant du Bédouin à son chameau. — Un dimanche à Jaffa. — Exhibition d'une chèvre savante. — Circoncision. — Fabrication du pain. — Scènes sur un bateau arabe. — La douane à Tantûra. — Ruines de Dora et d'Athlite. — Une noce. — Les berceaux. — Les carouges et le miel sauvage. — Les moines du mont Carmel. — Haïfa.   78

CHAPITRE V

Arrivée à Haïfa. — Notre maison et nos serviteurs. — Pétition de la pauvre veuve. — Population de Haïfa. — Siége de la ville. — Retraite des Tiréhites. — Secours d'un vaisseau anglais. — Une fausse alarme. — Un mariage à l'église grecque. — La procession des noces. — Chants et danses. — Manière dont on prépare les fiancées. — Les bains turcs. — Le Kohl et le Henné. — Angelina et le clergé de Haïfa. — Condamnation des mitaines de soie. — Le bazar par une nuit de fête. — Jane Eyre et les conteurs arabes. — Mohammed-Bey et Miriam. — Le sheikh Abdallah et ses sept femmes. — Le dictionnaire de divination. — Mon rêve interprété.   108

CHAPITRE VI

À Nazareth (Nàzirah). — Le kishon. — Le four du village. — Les chercheurs de trésors et les voyants. — La petite sœur de Saleh. — La congrégation de l'Église latine. — Costume des habitants de Nazareth. — Le mont Thabor. — L'ermite Erinna et son *Vendredi*. — Plumes et encriers des scribes. — Le dîner au bord du ruisseau. — La chambre des hôtes chez Stéphani. — Danses, chants et souper. — Les clergés grec et latin. — Le château de Shefa-Amer. — Le harem du gouverneur. — Écoles indigènes. — La synagogue. — La récolte des olives. — Les champs de coton. — Fertilité de la plaine d'Akka.   142

CHAPITRE VII

La mort à minuit. — Une bière musulmane. — Remèdes arméniens contre le choléra. — Une panique à Haïfa. — Le *vent jaune*. — Suleyman, le tailleur.

— Quarantaine au couvent. — Un songe et ses conséquences. — Notre nouvelle maison. — Contenu de notre chambre aux provisions. — Respect des Orientaux pour le pain. — Mort d'Ibrahim. — Procession funèbre. — Douleur et mort de la mère. — Service funéraire. — Khalil le veuf et sa jeune fiancée. — Élias Sekhali. — Gouvernement de la Syrie. — Mort d'Élias. — La veuve et ses enfants. — Chants et lamentations en l'honneur des morts. — La danse des épées. — Mort de Khalil. — Oraisons funèbres.. . . . 184

CHAPITRE VIII

Moineaux sur le faîte des maisons. — Une prairie et une moisson sur les toits. — *Polericum speciosum.* — La couronne d'épines. — Mes visiteurs bédouins. — Catherine Sekhali et sa cousine. — La jument blanche et l'amulette de saphir. — Notre groom égyptien, Mohammed. — Les bergers nomades. — Incursions des Bédouins. — La garde à cheval de la Galilée. — Un souper chez Salikh-Agha. — Une lutte. — Un intérieur à Shefa-Amer. — Les femmes à la boulangerie. — Le lézard. — Vue perçante des Bédouins. — Une chasse aux gazelles. — Un dîner bédouin. — Crabes sur le bord de la mer. — Prières des Musulmans et des Chrétiens au soleil couchant. — Persécution des Juifs. — Traits distinctifs des enfants arabes. — Mon professeur musulman. — Explication de l'usage du rosaire. — Un libre penseur mahométan. — Baptême de Jules Aucaann. — Fête au consulat français. — Rapidité d'un messager nègre. — L'adieu de Saleh-Bek. 215

CHAPITRE IX

Catherine et son scapulaire. — Préparatifs de voyage. — Un campement de Bédouins. — Leurs femmes. — Leur manière de faire le pain. — Villages musulmans. — Nous cherchons un gîte pour la nuit. — Les femmes de Kefr-Kâra. — Les questions d'un aveugle. — Conjectures au sujet de « *la Nativité* et de *la Crèche.* » — Un camp de bohémiens. — Jongleries et tours de gymnastique. — Le gouvernement de Nablous-Arrabeh. — Le divan, le harem. — Helweh, la plus jeune épouse du chef. — Le dîner. — L'amidon et les conserves de roses. — Une dot. — Chants de réjouissances. — Une discussion au sujet de la reine d'Angleterre. — Un chant de guerre. — La mère et son nouveau-né. — Je me prépare à passer une nuit dans le harem. — L'Oraison dominicale et les femmes musulmanes. — Prières et salutations chez les Musulmans. — Quelques scènes dans le harem à l'heure de minuit. . . . 252

CHAPITRE X

D'Arrabeh à Senûr. — Le château de Senûr. — Portrait d'Ibrahim-Jerrar. — Le harem dans le château. — Approche de la cavalerie turque. — Nous empêchons les hostilités. — Notre course à Nablous. — La tête d'Ibrahim est mise à prix. — Le mariage chez les Samaritains. — Selâmeh, le vieux prêtre. — La synagogue samaritaine. — La maison d'Habib et de Zora. — Anithe la fiancée. — Lois et coutumes samaritaines. — Le sacerdoce. — La Pâques. — Les femmes samaritaines. — Yakûb-esh-Shellabi. — Lettre du prêtre Amram. — La veuve et son fils. — Le maître d'école à la recherche d'une femme. — Les fiançailles. — Les protestants de Nablous. — Les bazars. — Le sheikh Mûssa. — Visite au gouverneur de Nablous. — Son moyen pour reconnaître les bonnes pierres de construction. — Les idées du sheikh Mûssa sur la sagesse et la folie. — Le puits de Jacob. — Une bible cherchée au fond de ce puits. — La tombe de Joseph. — Fausse alarme. — La petite Zahra et les violettes. — Plaisirs orientaux. — Frères et sœurs. — Ibrahim-Pacha et la femme de Sefurieh. — Récompense d'un trait d'esprit. — Un dîner chez Daûd Tannûs. — Appartements des femmes............... 306

CHAPITRE XI

Voyage à Jérusalem. — Le prêtre Amran et le catholique grec. — Mon escorte. — Une route dangereuse. — La vallée des Figues. — Nous nous égarons dans l'obscurité. — Seule sur le sommet de la colline. — Un rayon dans les ténèbres. — Arrivée à Jérusalem à l'heure de minuit. — Jérusalem au printemps. — Les pluies ; le torrent du Cédron. — Son cours. — *En-Rogel*. — Pâques à Jérusalem. — On annonce la naissance du prince impérial de France. — Fête au consulat français. — Insurrection de Nablous. — Attaques contre les chrétiens. — Délivrance du Rév. S. Lyde. — Fêtes pour célébrer la paix. — Petite guerre. — Les divers sièges de Jérusalem. — Le feu sacré. — Pèlerins grecs et arméniens. — « *L'évêque du feu sacré.* — Luttes des fanatiques. — Les soldats turcs. — Aveux d'un prêtre grec. — Les adorateurs du feu................. 355

CHAPITRE XII

Jeunes paysannes. — La moisson des roses. — Les cavernes. — Préceptes pour l'observance du Ramadan. — Écoles de sir Monteflore pour les Juives. — Vente « en bloc ». — Urtâs. — Pierre Meshullam. — Un campement arabe. — Dar-el-Benât, l'asile de filles. — Le harem de Salomon. — L'anniversaire de la naissance de la Reine. — Ma résidence sur le mont des Oliviers. — Le sheikh d'El-Tur, ses femmes et ses enfants. — Un enterrement musulman. — Les tombeaux des prophètes. — Combats sur le mont des Oliviers. — Le festin des Adieux à Urtâs................. 395

CHAPITRE XIII

Abu-Ghôsh. — Arts et poésies des Arabes modernes. — Éducation des filles indigènes. — La plage et le sanctuaire. — L'appel à la prière. — Edwid

Arnold. — La récolte des melons. — Les ruines de Césarée. — La rivière des crocodiles. — Une fable. — Naufrage d'un bateau arabe. — L'enfant hébreu adopté par des Bédouins. — Les carrières de pierres. — L'appel à la prière dans un village musulman. — Nous soupons au village. — Un piano à Hâifa. — Mes amis musulmans d'Arrabeh. — Saleh-Bek et ses enfants. — La maison de la fille du jardinier. — Le jeu d'échecs. — Nouvelles idées dans le harem de Saleh-Bek. — Les questions d'Helweh. — Les Juifs. — Un tremblement de terre. — La veuve et ses enfants. — Les jours néfastes. — La fête de sainte Barbe. — Puissance des coutumes. — Helweh et son premier enfant. — Perplexités de Saleh-Bek au sujet de l'éducation de ses filles. — Quelques pensées sur les femmes musulmanes. — Les missionnaires le jour des compliments. — Société pour la diffusion des connaissances utiles. — Pétition et proposition de Yassin-Agha. 454

CHAPITRE XIV

L'anniversaire de la Naissance de la reine. — Fête-Dieu. — Le Bahjeh. — Furrah Giammal et sa lettre d'amour. — Lebibeh dans son nouvel intérieur. — Carmella et sa domestique africaine. — Contraste entre les femmes de Damas et celles de Haïfa. — Pastrina. — L'hiver à Jérusalem. — Surreya-Pacha. — On numérote les maisons de Jérusalem. — Influence des Russes en Palestine. — Le docteur Levisohn et le *Pentateuque* samaritain. — Visite du prince Alfred. — Les réfugiés d'Arrabeh. — Une demande de protection. — Dakhal. — Les prisonniers d'Arrabeh. — Le gouverneur demande mes protégés. — Sa bienveillance. — L'on saisit les jeunes garçons et on les emmène à Akka. — Mes adieux à Haïfa. — Miss Bremer. — Un bateau à vapeur russe. — La fête du grand-duc Constantin. — La bénédiction de l'évêque. — Fête en l'honneur des pèlerins. — Le Démétrius. — Le Juif d'Alep. — Collision. — Timidité de Rabbi Shaayea. — « *Hallo, Jack!* » — Le capitaine et Salomon. — Disparition de Shaayea. — On le cherche sans succès. — Enquête officielle à ce sujet. 482

PUBLICATIONS DE LA SOCIÉTÉ DES ÉCOLES DU DIMANCHE

LE MUSÉE DES ENFANTS

JOURNAL ILLUSTRÉ

Il paraît tous les samedis. Chaque numéro contient huit pages (seize colonnes d'impression), et est accompagné d'une couverture de couleur. Il forme à la fin de l'année un beau volume de 424 pages, illustré par MM. E. Girardet, G. Roux, Cuthbert, L. Morel-Fatio.

PRIX DE L'ABONNEMENT POUR UN AN

Paris...... 5 fr. | Départements... 6 fr.
Le numéro, pris à l'Agence..... 10 c.

LE TOME PREMIER, ANNÉE 1864, EST EN VENTE :

Pris au bureau, broché............... 5 fr. »
— relié en toile anglaise....... 6 fr. 50

Ajouter 1 franc pour le recevoir *franco* par la poste.

BIBLIOTHÈQUE DES ÉCOLES DU DIMANCHE

La Société publie sous ce Titre des ouvrages variés d'*Histoire, Biographies, Nouvelles, Voyages*.

Elle a obtenu pour ces publications l'une des grandes médailles de bronze à l'Exposition universelle de Londres, en 1862.

Trente volumes ont déjà paru. Le catalogue détaillé est distribué à l'Agence de la Société.

DERNIÈRES PUBLICATIONS

MÉMOIRES D'UN PROTESTANT. condamné aux galères de France pour cause de religion (réimpression du Journal de Jean Marteilhe (de Bergerac) Beau vol. in-12 de 570 pages, avec 4 gravures, par M. Morel-Fatio................ 3 fr. 50

LA COUSINE DE VIOLETTE. par mademoiselle Couriard, auteur de *Lucie ou les deux Influences*, 1 vol. in-12...... 3 fr.

LES RUINES DE NINIVE, par L. Fier, 1 beau vol. in-8, avec de nombreuses gravures................ 7 fr.

www.ingramcontent.com/pod-product-compliance
Lightning Source LLC
Chambersburg PA
CBHW071412230426
43669CB00010B/1525